Les Avantures De Gil Blas, De Santillane

Alain René Le Sage

LES
AVANTURES
DE
GIL BLAS,
DE SANTILLANE.

Par Monſieur LE SAGE.

Derniére Edition revue, et corrigée.

Avec des Figures.

TOME SECOND.

A DUBLIN.

Chez JEAN EXSHAW, M.DCC.LXIII.

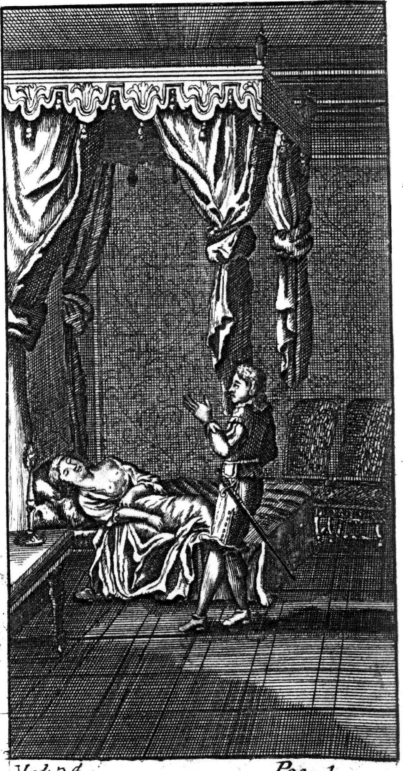

LES
AVANTURES
DE
GIL BLAS,
DE SANTILLANE.
LIVRE PREMIER.

CHAPITRE I.

Des Amours de Gil Blas, et de la Dame Lorença Sìphora.

J'ALLAI donc à Xelva porter au bon Samuel Simon les trois mille ducats que nous lui avions volés. J'avouerai franchement que je fus tenté fur la route de m'aproprier cet argent, pour commencer mon intendance fous d'heureux aufpices. Je pouvois faire ce coup impunément. Je n'avois qu'à voyager cinq ou fix jours, et m'en retourner enfuite comme fi je me fuffe acquitté de ma commiffion. Don Alphonfe et fon Père n'auroient pas foupçonné ma fidélité. Je ne fuccombai pourtant point a la tentation, je puis même dire que je la furmontai en garçon d'honneur ; ce qui n'étoit pas peu louable dans un jeune-homme qui avoit fréquenté de grands fripons. Bien des perfonnes qui ne voient que d'honnêtes gens, ne font pas fi fcrupuleufes ; celles fur-tout à qui l'on a confié des dépôts qu'elles peuvent retenir fans intereffer leur réputation, pourroient en dire des nouvelles.

Après avoir fait la reftitution au Marchand, qui ne s'y étoit nullement attendu, je revins au château de Leyva. Le Comte de Polan n'y étoit plus. Il avoit repris le chemin de Tolède avec Julie et Don Fernand. Je trouvai mon nouveau Maître plus épris que jamais de fa Séraphine, fa Séraphine enchantée de lui, et Don Céfar charmé de les posséder tous deux. Jé m'attachai à gagner l'amitiè de ce tendre Père, et j'y réuffis. Je devins l'Intendant de la maifon, c'étoit moi qui règlois tout, je recevois l'argent des Fermiers, je faifois la dépenfe, et j'avois fur les valets un empire defpotique. Mais contre l'ordinaire de mes pareils, je n'abufois point de mon pouvoir, je ne chaffois pas les domeftiques qui me déplaifoient, ni n'exigeois pas des autres qu'ils me fuffent entièrement dévoués. S'ils s'adreffoient directement à Don Céfar, ou à fon fils, pour leur demander des graces, bien loin de les traverfer, je parlois en leur faveur. D'ailleurs, les marques d'affection que mes deux Maîtres me donnoient à toute heure, m'infpiroient un zèle pur pour leur fervice. Je n'avois en vue que leur intérêt. Aucun tour de paffe-paffe dans mon adminiftration. J'etois un Intendant comme on n'en voit point.

Pendant que je m'aplaudiffois du bonheur de ma condition, l'Amour, comme s'il eût été jaloux de ce que la Fortune faifoit pour moi, voulut auffi que j'euffe quelques graces à lui rendre. Il fit naître dans le cœur de la Dame Lorença Séphora, prémière femme de chambre de Séraphine, une inclination violente pour Monfieur l'Intendant. Ma conquête, pour dire les chofes en fidéle hiftorien, frifoit la cinquantaine. Cependant un air de fraîcheur, un vifage agréable, et deux beaux yeux dont elle favoit habilement fe fervir, pouvoient la faire encore paffer pour une efpèce de bonne fortune. Je lui aurois fouhaité feulement un teint plus vermeil, car elle étoit fort pâle ; ce que je ne manquai pas d'atribuer à l'auftérité du célibat.

La Dame m'agaça longtems par des regards où fon amour étoit peint ; mais au-lieu de répondre à fes œillades, je fis d'abord femblant de ne pas m'appercevoir de fon deffein. Par-la je lui parus un Galand tout neuf, ce qui ne lui déplut point. S'imaginant donc ne devoir pas s'en tenir au langage des yeux, avec un jeune-homme qu'elle croyoit moins éclairé qu'il ne l'étoit, dès le prémier entretien que nous eûmes enfemble, elle me déclara fes fentimens en termes formels, afin que je n'en ignoraffe. Elle s'y prit en femme qui avoit de l'école. Elle feignit d'être déconcertée en me parlant ; et après m'avoir dit à bon compte tout ce qu'elle vouloit me dire, elle fe cacha le vifage, pour me faire croire qu'elle avoit honte de me laiffer

voir

voir fa foibleffe. Il fallut bien me rendre ; et quoique la
vanité me déterminât plus que le fentiment, je me montrai
fort fenfible à fes bontés) J'affectai même d'être preffant,
et je fis fi bien le paffionné, que je m'attirai des reproches.
Lorença me reprit, mais avec tant de douceur, qu'en me
recommandant d'avoir de la retenue, elle ne paroiffoit pas
fâchée que j'en euffe manqué. J'aurois pouffé les chofes
encore plus loin, fi l'objet aimé n'eût pas craint de me
donner mauvaife opinion de fa vertu, en m'accordant une
victoire trop facile. Ainfi nous nous féparâmes jufqu'a
une nouvelle entrevue ; Séphora, perfuadée que fa fauffe
réfiftance la faifoit paffer pour une Veftale dans mon
efprit ; et moi, plein de la douce efpérance de mettre
bientôt cette avanture à fin.

Mes affaires étoient dans cette difpofition, lorfqu'un
laquais de Don Céfar m'aprit une nouvelle qui modéra ma
joie. Ce garçon étoit un de ces domeftiques curieux, qui
s'apliquent à découvrir ce qui fe paffe dans une maifon.
Comme il me faifoit affidûment fa cour, et qu'il me réga-
loit tous les jours de quelque nouveauté, il me vint dire un
matin, qu'il avoit fait une plaifante découverte ; qu'il vou-
loit m'en faire part, à condition que je garderois le fecret ;
attendu que cela regardoit la Dame Lorença Séphora,
dont il craignoit, difoit-il, de s'attirer le reffentiment. J'a-
vois trop d'envie d'aprendre ce qu'il avoit à me dire, pour
ne lui pas promettre d'être difcret ; mais fans paroître y
prendre le moindre intérêt, je lui demandai, le plus froide-
ment qu'il me fut poffible, ce que c'étoit que la décou-
verte dont il me faifoit fête. Lorença, me dit il, fait fe-
crettement entrer tous les foirs dans fon appartement le
Chirurgien du village, qui eft un jeune-homme des mieux
bâtis, et le drole y demeure affez longtems. Je veux
croire, ajouta-t-il d'un air malin, que cela peut fort bien
être innocent ; mais vous conviendrez qu'un garçon qui
fe gliffe myftérieufement dans la chambre d'une fille,
difpofe à mal juger d'elle.

Quoique ce rapport me fît autant de peine que fi j'euffe
été véritablement amoureux, je me gardai bien de le faire
connoître, je me contraignis jufqu'à rire de cette nouvelle
qui me perçoit l'amé. Mais je me dédommageai de cette
contrainte, dès que je me vis fans témoins. Je peftai, je
jurai, je rêvai au parti que je prendrois. Tantôt méprifant

fant

fant Lorença, je me propofois de l'abandonner, fans daigner feulement m'eclaircir avec la coquette; et tantôt m'imaginant qu'il y alloit de mon honneur de donner la chaffe au Chirurgien, je formois le deffein de l'appeller en duel. Cette derniere réfolution prévalut. Je me mis en embufcade fur le foir, et je vis effectivement mon homme entrer d'un air myftérieux dans l'appartement de ma Duégne. Il faloit cela pour entretenir ma fureur. Je fortis du château, et m'allai pofter fur le chemin par où le Galand devoit s'en retourner. Je l'attendois de pié ferme, et chaque moment irritoit l'envie que j'avois de me battre. Enfin, mon ennemi parut; je fis quelques pas en matamore pour l'aller joindre; mais je ne fai comment diable cela fe fit, je me fentis tout à coup faifir, comme un Héros d'Homére, d'un mouvement de crainte qui m'arrêta. Je demeurai auffi troublé que Pâris, quand il fe préfenta pour combattre Ménélas. Je me mis à confidérer mon homme, qui me fembla fort et vigoureux, et je trouvai fon épée d'une longueur exceffive. Tout cela faifoit fon effet fur moi. Néanmoins, par point d'honneur ou autrement, quoique je viffe le péril avec des yeux qui le groffiffoient encore, et malgré la nature qui s'opiniâtroit à m'en détourner, j'eus l'affurance de m'avancer vers le Chirurgien, et de mettre flamberge au vent.

Mon action le furprit. Qu'y a-t-il donc, Seigneur Gil Blas, s'écria-t-il? pourquoi ces démonftrations? vous voulez rire apparemment. Non, Monfieur le Barbier, lui répondis-je, non. Rien n'eft plus férieux. Je veux favoir fi vous êtes auffi brave que galant. N'efpérez pas que je vous laiffe poffeder tranquillement les bonnes graces de la Dame que vous venez de voir au château. Par Saint Côme! reprit le Chirurgien, en faifant un éclat de rire, voici une plaifante avanture! Vive Dieu! les apparences font bien trompeufes! A ces mots, m'imaginant qu'il n'avoit pas plus d'envie que moi de fe battre, j'en devins plus infolent. A d'autres, interrompis-je, mon ami, à d'autres. Ne penfez pas que je me paye d'une fimple négative. Je vois bien, repliqua-t-il, que je ferai obligé de parler pour prévenir le malheur qui arriveroit à vous ou à moi. Je vais donc vous révéler un fecret, quoique les hommes de nôtre profeffion ne puiffent pas être trop difcrets. Si la Dame Lorença me fait entrer à la fourdine dans fon ap-

partement

partement, c'eft pour cacher aux domeftiques la connoif-
fance de fon mal. Elle a au dos un cancer invétéré, que
je vais panfer tous les foirs. Voilà le fujet de ces vifites
qui vous allarment. Ayez deformais l'efprit en repos fur
elle. Mais, pourfuivit-il, fi vous n'êtes pas fatisfait de cet
éclairciffement, et que vous vouliez que nous en venions
abfolument aux mains, vous n'avez qu'à parler. Je ne fuis
pas homme à refufer de vous prêter le collet. En difant
ces paroles, il tira fa longue rapiére, qui me fit fremir, et
fe mit en garde. C'eft affez, lui dis-je, en rengainant mon
épée, je ne fuis pas un brutal à n'écouter aucune raifon:
après ce que vous venez de m'aprendre, vous n'êtes plus
mon ennemi, embraffons-nous. A ce difcours, qui lui fit
affez connoître que je n'étois pas fi méchant que je l'avois
paru d'abord, il remit en riant fa flamberge, me tendit les
bras, et enfuite nous nous féparâmes les meilleurs amis
du monde.

Depuis ce moment-là, Sèphora ne s'offrit plus que defa-
gréablement à ma penfée. J'éludai toutes les occafions
qu'elle me donna de l'entretenir en particulier. Ce que
je fis avec tant de foin et d'affectation, qu'elle s'en apperçut.
Etonnée d'un fi grand changement, elle en voulut favoir la
caufe; et trouvant enfin le moyen de me parler à l'écart:
Monfieur l'Intendant, me dit-elle, aprenez-moi, de grace,
pourquoi vous fuyez jufqu'à mes regards: il eft vrai que
j'ai fait les avances, mais vous y avez répondu. Rapellez-
vous, s'il vous plaît, la converfation particulière que nous
avons eue enfemble. Vous y étiez tout de feu, vous êtes
à préfent tout de glace. Qu'eft-ce que cela fignifie? La
queftion n'étoit pas peu délicate pour un homme naturel;
auffi je fus fort embarraffé, je ne me fouviens plus de la
réponfe que je fis à la Dame: je me fouviens feulement
qu'elle lui déplut, on ne peut pas davantage. Séphora,
quoiqu' à fon air doux et modefte on l'eût prife pour un a-
gneau, étoit un tigre quand la colere la dominoit. Je croy-
ois, me dit-elle, en me lançant un regard plein de depit et
de rage, je croyois faire beaucoup d'honneur à un petit
homme comme vous, en lui découvrant des fentimens que
de nobles Cavaliers feroient gloire d'exciter. Je fuis bien
punie de m'être indignement abaiffée jufqu'à un malheu-
reux Avanturier.

Elle

Elle n'en demeura pas-là, j'en aurois été quite à trop bon marché. Sa langue cédant à fa fureur, me donna cent épithetes, qui enchériffoient les unes fur les autres. J'aurois dû les recevoir de fang froid, et faire réflexion qu'en dédaignant le triomphe d'une vertu que j'avois tentée, je commettois un crime que les Femmes ne pardonnent point. Mais j'étois trop vif pour fouffrir des injures dont un homme fenfé n'auroit fait que rire à ma place, et la patience m'échappa. Madame, lui dis-je, ne méprifons perfonne. Si ces nobles Cavaliers dont vous parlez, vous avoient vu le dos, je fuis fûr qu'ils borneroient-là leur curiofité. Je n'eus pas fitôt lancé ce trait, que la furieufe Duegne m'apliqua le plus rude fouflet qu'ait jamais donné femme outragée. Je n'en attendis pas un fecond; et j'évitai par une prompte fuite, une grêle de coups qui feroient tombés fur moi.

Je rendois graces au Ciel de me voir hors de ce mauvais pas, et je m'imaginois n'avoir plus rien à craindre, puifque la Dame s'étoit vengée. Il me fembloit que pour fon honneur elle devoit taire l'avanture; effectivement, quinze jours s'écoulerent fans que j'en entendiffe parler. Je commençois moi-même à l'oublier, quand j'apris que Séphora étoit malade. Je fus affez bon pour m'affliger de cette nouvelle. J'eus pitié de la Dame. Je penfai que ne pouvant vaincre un amour fi mal payé, cette malheureufe Amante y avoit fuccombé. Je me repréfentois avec douleur que j'étois caufe de fa maladie, et je plaignois du-moins la Duegne, fi je ne pouvois l'aimer. Que je jugeois mal d'elle! fa tendreffe changée en haine, ne fongeoit alors qu'à me nuire.

Un matin que j'étois avec Don Alphonfe, je trouvai ce jeune Cavalier trifte et rêveur. Je lui demandai refpectueufement ce qu'il avoit. Je fuis chagrin, me dit-il, de voir Séraphine foible, injufte, ingrate. Cela vous étonne, ajouta-t-il, en remarquant que je l'écoutois avec furprife. Cependant rien n'eft plus véritable. J'ignore quel fujet vous avez pu donner à la Dame Lorença de vous haïr; mais je puis vous affurer que vous lui êtes devenu odieux à un point, que fi vous ne fortez au plus vite de ce château, fa mort, dit-elle, eft certaine. Vous ne devez pas douter que Séraphine, à qui vous êtes cher, ne fe foit d'abord révoltée contre une haine qu'elle ne peut fervir fans injuftice

et

Vol: 2ᵈ

Pag. 6.

et fans ingratitude. Mais enfin, c'eft une femme. Elle aime tendrement Séphora qui l'a élevée. C'eft pour elle une Mere que cette Gouvernante, dont elle croiroit avoir le trepas à fe reprocher, fi elle n'avoit la foibleffe de la fatisfaire. Pour moi, quelque amour qui m'attache à Séraphine, je n'aurai jamais la lâche complaifance d'adherer à fes fentimens là-deffus. Periffent toutes les Duegnes d'Efpagne, avant que je confente à l'eloignement d'un garçon que je regarde plutôt comme un frere que comme un domeftique.

Lorfque Don Alphonfe eut ainfi parlé, je lui dis: Seigneur, je fuis né pour être le jouet de la fortune. J'avois compté qu'elle cefferoit de me perfécuter chez vous, où tout me promettoit des jours heureux et tranquilles. Il faut pourtant me réfoudre à m'en bannir, quelque agrément que j'y trouve. Non, non, s'écria le généreux fils de Don Céfar, laiffez-moi faire entendre raifon à Séraphine. Il ne fera pas dit que vous aurez été facrifié aux caprices d'une Duegne, pour qui d'ailleurs on n'a que trop de confidération. Vous ne ferez, lui repliquai-je, J'aime mieux me retirer, que de m'expofer, par un plus long féjour ici, à mettre la divifion entre deux époux fi parfaits. Ce feroit un malheur dont je ne me confolerois de ma vie.

Don Alphonfe me défendit de prendre ce parti, et je le vis fi ferme dans le deffein de me foutenir, qu'indubitablement Lorença en auroit eu le dementi, fi j'euffe voulu tenir bon. Il y avoit des momens où, piqué contre la Duegne, j'etois tenté de ne la point ménager; mais quand je venois à confidèrer qu'en révélant fa honte, ce feroit poignarder une pauvre créature dont je caufois tout le malheur, et que deux maux fans remedes conduifoient vifiblement au tombeau, je ne me fentois plus que de la compaffion pour elle. Je jugeai, puifque j'etois un mortel fi dangereux, que je devois en confcience rétablir, par ma retraite, la tranquillité dans le château. Ce que j'executai dés le lendemain avant le jour, fans dire adieu à mes deux maîtres, de peur qu'ils ne s'oppofaffent à mon départ, par amitiè pour moi. Je me contentai de laiffer dans ma chambre un Ecrit, qui contenoit un compte exact que je leur rendois de mon adminiftration.

C H A P.

CHAPITRE II.

Ce que devient Gil Blas après sa sortie du Château de Leyva ; et des heureuses suites qu'eut le mauvais succès de ses amours.

J'Etois monté sur un bon cheval qui m'appartenoit, et je portois dans ma valise deux cens pistoles, dont la meilleure partie me venoit des Bandits tués, et des trois mille ducats volés à Samuel Simon ; car Don Alphonse, sans me faire rendre ce que j'avois touché, avoit restitué cette somme entiere de ses propres deniers. Ainsi regardant mes effets comme un bien devenu legitime, j'en jouissois sans scrupule. Je possedois donc un fond qui ne me permettoit pas de m'embarrasser de l'avenir ; outre la confiance qu'on a toujours en son mérite, à l'âge que j'avois. D'ailleurs Tolede m'offroit un asile agréable. Je ne doutois point que le Comte de Polan ne se fît un plaisir de bien recevoir un de ses libérateurs, et de lui donner un logement dans sa maison. Mais j'envisageois ce Seigneur comme mon pis aller, et je résolus, avant que d'avoir recours à lui, de dépenser une partie de mon argent à voyager dans les Royaumes de Murcie et de Grenade, que j'avois particulierement envie de voir. Dans ce dessein, je pris le chemin d'Almansa, d'où, poursuivant ma route, j'allai de ville en ville jusqu' à celle de Grenade, sans qu'il m'arrivât aucune mauvaise avanture. Il sembloit que la Fortune, satisfaite de tant de tours qu'elle m'avoit joués, voulût enfin me laisser en repos. Mais elle m'en préparoit bien d'autres, comme on le verra dans la suite.

Une des premieres personnes que je rencontrai dans les rues de Grenade, fut le Seigneur Don Fernand de Leyva, gendre, ainsi que Don Alphonse, du Comte de Polan. Nous fumes également surpri l'un et l'autre de nous trouver là. Comment donc, Gil Blas, s'ècria-t-il, vous dans cette ville ! qui vous amene ici ? Seigneur, lui dis-je, si vous êtes étonné de me voir en ce pays-ci, vous le serez bien davantage, quand vous saurez pourquoi j'ai quitté le service du Seigneur Don César et de son fils. Alors je lui contai tout ce qui s'étoit passé entre Séphora et moi, sans lui rien déguiser. Il en rit de bon cœur ; puis reprenant

nant

nant ſon ſérieux, Mon ami, me dit-il, je vous offre ma
médiation dans cette affaire, je vais écrire à ma belle-
ſœur . . . . Non, non, Seigneur, interrompis-je, ne lui
écrivez point, je vous prie.   Je ne ſuis pas ſorti du châ-
teau de Leyva pour y retourner.   Faîtes, s'il vous plaît,
un autre uſage de la bonté que vous avez pour moi.   Si
quelqu'un de vos amis a beſoin d'un Sécretaire ou d'un
Intendant, je vous conjure de lui parler en ma faveur.
J'oſe vous aſſurer qu'il ne vous reprochera pas de lui a-
voir donné un mauvais ſujet.   Très volontiers, répondit-
il, je ferai ce que vous ſouhaitez.   Je ſuis venu à Gre-
nade pour voir une vieille Tante malade, j'y ſerai encore
trois ſemaines, après quoi je partirai pour me rendre à mon
château de Lorqui, ou j'ai laiſſé Julie.   Je demeure dans
cette maiſon, pourſuivit-il, en me montrant un hôtel qui
étoit à cent pas de nous.   Venez me trouver dans quel-
ques jours, je vous aurai peut-être déjà déterré un poſte
convenable.

Effectivement dès la premiere fois que nous nous re-
vîmes, il me dit: Monſieur l'Archevêque de Grenade,
mon parent et mon ami, voudroit avoir un jeune-homme
qui eût de la litérature, et une bonne main pour mettre
au net ſes Ecrits, car c'eſt un grand Auteur.   Il a com-
poſé je ne ſai combien d'Homélies, et il en fait encore
tous les jours, qu'il prononce avec aplaudiſſement. Comme
je vous crois ſon fait, je vous ai propoſé, il m'a promis
de vous prendre.   Allez vous préſenter à lui de ma part.
Vous jugerez par la réception qu'il vous fera, ſi je lui
ai parlé de vous avantageuſement.

La condition me ſembla telle que je le pouvois deſirer.
Ainſi m'étant preparé de mon mieux à paroître devant
le Prélat, je me rendis un matin à l'Archevêché.   Si j'i-
mitois les Faiſeurs de Romans, je ferois une pompeuſe
deſcription du Palais Epiſcopal de Grenade.   Je m'é-
tendrois ſur la ſtructure du Bâtiment.   Je vanterois la ri-
cheſſe des Meubles.   Je parlerois des Statues et des Ta-
bleaux qui y étoient.   Je ne ferois pas grace au Lecteur de
la moindre des hiſtoires qu'ils repréſentoient.   Mais je me
contenterai de dire qu'il égaloit en magnificence le Pa-
lais de nos Rois.

Je trouvai dans les appartemens un Peuple d'Eccléſi-
aſtiques, et des Gens d'Epée, dont la plupart étoient des
Officiers

Officiers de Monſeigneur ; ſes Aumôniers, ſes Gentils-
hommes, ſes Ecuyers, ou ſes. Valets de chambre.   Les
Laïques avoient preſque tous des habits ſuperbes.   On
les auroit plutôt pris pour des Seigneurs, que pour des
Domeſtiques.   Ils étoient fiers, et faiſoient les hommes
de conſéquence.   Je ne pus m'empêcher de rire en les
conſidérant, et de m'en moquer en moi-même. Parbleu,
diſois-je, ces gens-ci ſont bien heureux de porter le joug
de la ſervitude ſans le ſentir ; car enfin, s'ils le ſentoient,
il me ſemble qu'ils auroient des manieres moins orgueil-
leuſes.   Je m'adreſſai à un grave et gros perſonage, qui
ſe tenoit à la porte du cabinet de l'Archevêque, pour l'ou-
vrir et la fermer quand il le faloit.   Je lui demandai ci-
vilement, s'il n'y avoit pas moyen de parler à Monſeig-
neur.   Attendez, me dit-il d'un air ſec, Sa Grandeur va
ſortir pour aller entendre la Meſſe, elle vous donnera en
paſſant un moment d'audience.   Je m'armai de patience,
et je m'aviſai de vouloir lier converſation avec quelques-
uns des Officiers ; mais ils commencerent à m'examiner
depuis les piés juſqu'à la tête, ſans daigner me dire une
ſyllabe.   Après quoi ils ſe regarderent les uns les autres,
en ſouriant avec orgueil de la liberté que j'avois priſe de
me mêler à leur entretien.

Je demeurai, je l'avoue, tout déconcerté de me voir
traiter ainſi par des valets.   Je n'étois pas encore bien
remis de ma confuſion, quand la porte du cabinet s'ou-
vrit.   L'Archevêque parut.   Il ſe fit auſſitôt un profond
ſilence parmi ſes Officiers, qui quitterent tout-à-coup leur
maintien inſolent, pour en prendre un reſpectueux devant
leur Maître.   Ce Prélat étoit dans ſa ſoixante-neuvieme
année, fait à peu près comme mon Oncle le Chanoine Gil
Pérez, c'eſt-à-dire gros et court.   Il avoit par deſſus le
marché les jambes fort tournées en dedans ; et il étoit ſi
chauve, qu'il ne lui reſtoit qu'un toupet de cheveux par
derriere, ce qui l'obligeoit d'emboiter ſa tête dans un bon-
net de laine fine à longues oreilles.   Malgré tout cela,
je lui trouvois l'air d'un homme de qualité, ſans-doute
parce que je ſavois qu'il en étoit un.   Nous autres per-
ſonnes du commun nous regardons les grands Seigneurs
avec une prévention, qui leur prête ſouvent un air de
grandeur que la nature leur a refuſé.

L'Arche-

L'Archevêque s'avança d'abord vers moi, et me demanda
d'un ton de voix plein de douceur, ce que je fouhaitois.
Je lui dis que j'étois le jeune-homme dont le Seigneur
Don Fernand de Leyva lui avoit parlé. Il ne me donna
pas le tems de lui en dire davantage. Ah, c'eſt vous! s'é-
cria-t-il, c'eſt vous dont il m'a fait un ſi bel éloge! Je
vous retiens a mon ſervice. Vous êtes une bonne acqui-
ſition pour moi, vous n'avez qu'à demeurer ici. A ces
mots, il s'appuya ſur deux Ecuyers et ſortit, après avoir
écouté des Eccléſiaſtiques qui avoient quelque choſe à lui
communiquer. A peine fut-il hors de la chambre où nous
étions, que les mêmes Officiers qui avoient dédaigné ma
converſation, la rechercherent. Les voilà qui m'envi-
ronnent, qui me gracieuſent, et me témoignent de la joie
de me voir devenir commenſal de l'Archevêché. Ils a-
voient entendu les paroles que leur Maître m'avoit dites,
et ils mouroient d'énvie de ſavoir ſur quel pié j'allois être
auprès de lui; mais j'eus la malice de ne pas contenter
leur curioſité, pour me venger de leurs mépris.

Monſeigneur ne tarda gueres à revenir. Il me fit en-
trer dans ſon cabinet pour m'entretenir en particulier. Je
jugeai bien qu'il avoit deſſein de tâter mon eſprit. Je me
tins ſur mes gardes, et me préparai â meſurer tous mes
mots. Il m'interrogea d'abord ſur les Humanités. Je ne
répondis point mal à ſes queſtions. Il vit que je connoiſ-
ſois aſſez les Auteurs Grecs et Latins. Il me mit enſuite
ſur la Dialectique, c'eſt où je l'attendois, il me trouva la-
deſſus ferré à glace. Votre éducation, me dit-il avec
quelque ſorte de ſurpriſe, n'a point été négligée. Voy-
ons préſentement votre écriture. J'en tirai de ma poche
une feuille que j'avois apportée exprès. Mon Prélat n'en
fut pas mal ſatisfait. Je ſuis content de votre main, s'é-
cria-t-il, et plus encore de votre eſprit. Je remercîrai
mon neveu Don Fernand de m'avoir donné un ſi joli
garçon, c'eſt un vrai préſent qu'il m'a fait.

Nous fumes interrompus par l'arrivée de quelques Seig-
neurs Grenadiers, qui venoient diner avec l'Archevêque.
Je les laiſſai enſemble, et me retirai parmi les Officiers,
qui me prodiguerent alors les honnêtetés. J'allai manger
avec eux quand il en fut tems; et s'ils m'obſerverent pen-
dant le repas, je les examinai bien auſſi. Quelle ſageſſe
il y avoit dans l'extérieur des Eccleſiaſtiques! Ils me pa-
rurent

rurent tous de faints perfonnages, tant le lieu où j'étois tenoit mon efprit en refpect. Il ne vint pas feulement en penfée, que c'étoit peut être de la fauffe monnoye ; comme fi l'on n'en pouvoit pas voir chez les Princes de l'Eglife.

J'étois affis auprès d'un vieux valet de chambre, nommé Melchior de la Ronda. Il prenoit foin de me fervir de bons morceaux. L'attention qu'il avoit pour moi m'en donna pour lui, et ma politeffe le charma. Seigneur Cavalier, me dit-il tous bas après le diner, je voudrois bien avoir une converfation particuliere avec vous. En même tems il me mena dans un endroit du Palais où perfonne ne pouvoit nous entendre, et là il me tint ce difcours: Mon fils, dès le prémier inftant que je vous ai vu, je me fuis fenti pour vous de l'inclination. Je veux vous en donner une marque certaine, en vous faifant une confidence qui vous fera d'une grande utilité. Vous ètes ici dans une Maifon où les vrais et les faux Dévots vivent pêle-mêle. Il vous faudroit un tems infini pour connoître le terrein. Je vais vous épargner une fi longue et fi defagréable étude, en vous découvrant les caracteres des uns et des autres; après cela vous pourrez facilement vous conduire.

Je commencerai, pourfuivit-il, par Monfeigneur. C'eft un Prélat fort pieux, qui s'occupe fans-ceffe à édifier le peuple, à le porter à la vertu par des Sermons pleins d'une morale excellente, qu'il compofe lui-même. Il a depuis vingt années quitté la Cour, pour s'abandonner entierement au zele qu'il a pour fon Troupeau. C'eft un favant Perfonnage, un grand Orateur. Il met tout fon plaifir à prêcher, et fes Auditeurs font ravis de l'entendre. Peut-être y a-t-il un peu de vanité dans fon fait: mais outre que ce n'eft point aux hommes à pénétrer les cœurs, il me fieroit mal d'éplucher les défauts d'une perfonne dont je mange de pain. S'il m'étoit permis de reprendre quelque chofe dans mon Maître, je blâmerois fa féverité. Au-lieu d'avoir de l'indulgence pour les foibles Eccléfiaftiques, il les punit avec trop de rigueur. Il perfécute fur tout fans mifericorde ceux qui comptant fur leur innocence, entreprennent de fe juftifier juridiquement au mepris de fon autorité. Je lui trouve encore un autre défaut, qui lui eft commun avec bien des perfonnes de qualité,

lité. Quoiqu'il aime ſes domeſtiques, il ne fait aucune attention à leurs ſervices, et il les laiſſera vieillir ſans ſonger à leur procurer quelque établiſſement. Si quelquefois il leur fait des gratifications, ils ne les doivent qu'à la bonté de quelqu'un qui aura parlé pour eux, il ne s'aviſero jamais de leur faire le moindre bien.

Voilà ce que le vieux valet de chambre me dit de ſon Maître. Il me dit après cela ce qu'il penſoit des Eccléſiaſtiques avec qui nous avions diné. Il m'en fit des portraits qui ne s'accordoient guères avec leur maintien. Il ne me les donna pas à la vérité pour de mal-honnêtes gens, mais ſeulement pour d'aſſez mauvais Prêtres. Il en excepta pourtant quelques-uns, dont il vanta fort la vertu. Je ne fus plus embarraſſé de ma contenance avec ces Meſſieurs. Dès le ſoir même, en ſoupant, je me parai comme eux d'un dehors ſage. Cela ne coute rien. Il ne faut pas s'étonner s'il y a tant d'hypocrites.

CHAPITRE III.

Gil Blas devient le Favori de l'Archevéque de Grenade, et le canal de ſes graces.

J'Avois été dans l'après-dinée chercher mes hardes et mon cheval à l'hôtellerie où j'étois logé, après quoi j'étois revenu ſouper à l'Archevêché, où l'on m'avoit préparé une chambre fort propre et un lit de duvet. Le jour ſuivant, Monſeigneur me fit apeller de bon matin. C'étoit pour me donner une homélie à tranſcrire. Mais il me recommanda de la copier avec toute l'exactitude poſſible. Je n'y manquai pas. Je n'oubliai ni accent, ni point, ni virgule. Auſſi la joie qu'il en témoigna, fut melée de ſurpriſe. Pere eternel! s'écria-t-il avec tranſport, lorſqu'il eut parcouru des yeux tous les feuillets de ma copie, vit-on jamais rien de ſi correct? Vous êtes trop bon Copiſte, pour n'être pas Grammairien. Parlez moi confidemment, mon ami. N'avez-vous, rien trouvé en écrivant qui vous ait choqué? Quelque négligence dans le ſtile, ou quelque terme impropre? Oh, Monſeigneur, lui répondis-je d'un air modeſte, je ne ſuis point aſſez éclairé pour faire des obſervations critiques. Et quand je le ſerois, je ſuis perſuadé que les Ouvrages de

Votre Grandeur échapperoient à ma cenfure. - Le Prélat
fourit de ma réponfe. Il ne repliqua point, mais il me
laiffa voir au travers de toute fa piété qu'il n'étoit pas Au-
teur impunément.

J'achevai de gagner fes bonnes graces par cette flaterie.
Je lui devins plus cher de jour en jour, et j'apris enfin de
Don Fernand, qui le venoit voir très fouvent, que j'en
étois aimé de manière que je pouvois compter ma fortune
faite. Cela me fut confirmé peu de tems après par mon
Maître même; et voici à quelle occafion. Un foir il ré-
péta devant moi avec enthoufiafme, dans fon cabinet, une
homélie qu'il devoit prononcer le lendemain dans la Ca-
thédrale. Il ne fe contenta pas de me demander ce que
j'en penfois en général, il m'obligea de lui dire quels en-
droits m'avoient le plus frappé. J'eus le bonheur de lui
citer ceux qu'il eftimoit davantage, fes morceaux favoris.
Par-là je paffai dans fon efprit pour un homme qui avoit
une connoiffance délicate des vraies beautés d'un Ouvrage.
Voilà, s'écria-t-il, ce qu'on apelle avoir du goût et du
fentiment. Va, mon ami, tu n'as pas, je t'affure, l'or-
eille Béotienne. En un mot, il fut fi content de moi,
qu'il me dit avec vivacité: Sois, Gil Blas, fois deformais
fans inquiétude fur ton fort. Je me charge de t'en faire
un des plus agréables. Je t'aime, et pour te le prouver,
je te fais mon confident.

Je n'eus pas fitôt entendu ces paroles, que je tombai
aux piés de fa Grandeur, tout pénetré de reconnoiffance.
J'embraffai de bon cœur fes jambes cagneufes, et je me
regardai comme un homme qui étoit en train de s'enrichir.
Oui mon enfant, reprit l'Archevêque, dont mon àction
avoit interrompu le difcours, je veux te rendre dépofitaire
de mes plus fecretes penfées. Ecoute avec attention ce
que je vais te dire. Je me plaîs à prêcher. Le Seigneur
bénit mes homélies. Elles touchent les Pêcheurs, les
font rentrer en eux-mêmes et recourir à la pénitence.
J'ai la fatisfaction de voir un Avare, effrayé des images
que je prefente à fa cupidité, ouvrir fes tréfors, et les ré-
pandre d'une main prodigue; d'arracher un Voluptueux
aux plaifirs; de remplir d'Ambitieux les Hermitages; et
d'affermir dans fon devoir une Epoufe ébranlée par un
Amant féducteur. Ces converfions, qui font frequentes,
devroient toutes feules m'exciter au travail. Néanmoins
je

je t'avouerai ma foibleſſe, je me propoſe encore un autre
prix, un prix que la délicateſſe de ma vertu me reproche
inutilement ; c'eſt l'eſtime que le monde a pour les Ecrits
fins et limés. L'honneur de paſſer pour un parfait Ora-
teur a des charmes pour moi. On trouve mes Ouvrages
également forts et délicats ; mais je voudrois bien éviter
le défaut des bons Auteurs, qui écrivent trop longtems,
et me ſauver avec toute ma réputation.

Ainſi, mon cher Gil Blas, continua le Prélat, j'exige
une choſe de ton zele. Quand tu t'appercevras que ma
plume ſentira la vieilleſſe, lorſque tu me verras baiſſer, ne
manque pas de m'en avertir. Je ne me fie point à moi là-
deſſus, mon amour-propre pourroit me ſéduire. Cette re-
marque demande un eſprit deſintéreſſé. Je fais choix du
tien, que je connois bon. Je m'en rapporterai á ton juge-
ment. Graces au Ciel, lui dis-je, Monſeigneur, vous ê-
tes encore fort éloigné de ce tems-là. De plus, un eſprit,
de la trempe de celui de votre Grandeur ſe conſervera beau-
coup mieux qu'un autre ; ou, pour parler plus juſte, vous
ſerez toujours le même. Je vous regarde comme un autre
Cardinal Ximenès, dont le génie ſuperieur, au lieu de
s'affoiblir par les années, ſembloit en recevoir de nou-
velles forces. Point de flaterie, interrompit-il, mon ami.
Je ſai que je puis tomber tout d'un coup. A mon âge
on commence à ſentir les infirmités, et les infirmités du
corps alterent l'eſprit. Je te le répète, Gil Blas, dès que
tu jugeras que ma tête s'affoiblira, donne m'en auſſitôt a-
vis. Ne crains pas d'ètre franc et ſincere. Je recevrai
cet avertiſſement, comme une marque d'affection pour
moi. D'ailleurs, il y va de ton intérèt. Si, par malheur
pour toi, il me revenoit qu'on dit dans la ville que mes
diſcours n'ont plus leur force ordinaire, et que je devrois
me repoſer, je te le déclare tout net, tu perdrois avec
mon amitié la fortune que je t'ai promiſe. Tel ſeroit
le fruit de ta ſotte diſcrétion.

Le Patron ceſſa de parler en cet endroit pour entendre
ma réponſe, qui fut une promeſſe de faire ce qu'il ſou-
haitoit. Depuis ce moment-là il n'eut plus rien de caché
pour moi, je devins ſon favori. Tous les Domeſtiques,
excepté Melchior de la Ronda, ne s'en apperçurent pas
ſans envie. C'étoit une choſe á voir que la manière dont
les Gentilshommes et les Ecuyers vivoient alors avec le

conſiconfident de Monſeigneur. Ils n'avoient pas honte de faire des baſſeſſes pour captiver ma bienveillance. Je ne pouvois croire qu'ils fuſſent Eſpagnols. Je ne laiſſai pas de leur rendre ſervice, ſans être le dupe de leurs politeſſes intéreſſées. Monſieur l'Archevêque, à ma prière, s'employa pour eux. Il fit donner à l'un une Compagnie, et le mit en état de faire figure dans les Troupes. Il envoya un autre au Mexique, remplir un emploi conſidérable qu'il lui fit avoir. Et j'obtins pour mon ami Melchior une bonne gratification. J'éprouvai par-là, que ſi le Prélat ne prévenoit pas, du-moins il refuſoit rarement ce qu'on lui demandoit.

Mais ce que je fis pour un Prêtre, me paroit meriter un détail. Un jour, certain Licentié, apellé Louïs Garcias, homme jeune encore et de très bonne mine, me fut préſenté par notre Maître-d'hôtel, qui me dit : Seigneur Gil Blas, vous voyez un de mes meilleurs amis dans cet honnête Eccléſiaſtique. Il a été Aumônier chez des Religieuſes. La médiſance n'a point épargné ſa vertu. On l'a noirci dans l'eſprit de Monſeigneur, qui l'a interdit, et qui par malheur eſt ſi prévenu contre lui, qu'il ne veut écouter aucune ſollicitation en ſa faveur. Nous avons inutilement employé les premieres perſonnes de Grenade pour le faire réhabiliter, notre Maître eſt inflexible.

Meſſieurs, leur dis-je, voilà une affaire bien gâtée. Il vaudroit mieux qu'on n'eût point ſollicité pour le Seigneur Licentié. On lui a rendu un mauvais office, en voulant le ſervir. Je connois Monſeigneur. Les prieres et les recommandations ne font qu'a graver dans ſon eſprit la faute d'un Eccléſiaſtique. Il n'y a pas longtems que je le lui ai ouï dire à lui-même Plus, diſoit-il, un Prêtre qui eſt tombé dans l'irrégularité, engage de perſonnes à me parler pour lui, plus il augmente le ſcandale, et plus j'ai de ſéverité. Cela eſt fâcheux, reprit le Maître-d'hôtel, et mon ami ſeroit bien embarraſſé s'il n'avoit pas une bonne main. Heureuſement il écrit à ravir, et il ſe tire d'intrigue par ce talent. Je fus curieux de voir ſi l'écriture qu'on me vantoit, valoit mieux que la mienne. Le Licentié, qui en avoit ſur lui, m'en montra une page que j'admirai. Il ſembloit que ce fût une exemple de Maître-Ecrivain. En conſidérant une ſi belle écriture, il me vint une idée. Je priai Garcias de me laiſſer ce papier,

en

en lui difant que j'en pourrois faire quelque chofe qui lui
feroit utile ; que je ne m'expliquois pas dans ce moment,
mais que le lendemain je lui en dirois davantage. Le
Licentié, à qui le Maître-d'hôtel avoit apparemment fait
l'éloge de mon génie, fe retira auffi content que s'il eût
déja été remis dans fes fonctions.

. J'avois véritablement envie qu'il le fût, et dès le jour
même j'y travaillai de la maniére que je vais le dire. J'é-
tois feul avec l'Archevêque. Je lui fis voir l'écriture de
Garçias. Mon Patron en parut charmé. Alors profitant·
de l'occafion : Monfeigneur, lui dis-je, puifque vous ne
voulez pas faire imprimer vos homélies, je fouhaiterois
du moins qu'elles fuffent écrites comme cela. Je fuis,
fatisfait de ton écriture, me repondit le Prelat, mais je
t'avoue que je ne ferois pas fâché d'voir de cette
main-là une copie de mes Ouvrages. · Votre Grandeur,.
lui repliquai-je, n'a qu'à parler. L'homme qui peint fi
bien, eft un Licentié de ma connoiffance. Il fera d'au-
tant plus ravi de vous faire ce plaifir, qu'il pourra, par ce
moyen, intéreffer votre bonté à le tirer de la trifte fituati-
on où il a le malheur de fe trouver préfentement.

Le Prélat ne manqua pas de demander comment fe
nommoit ce Licentié. Il s'apelle, lui dis-je, Louïs Gar-
cias. Il eft au defefpoir de s'être attiré votre difgrace.
Ce Garcias, interrompit-il, a, fi je ne me trompe, été Au-
mônier dans un Couvent de Filles. Il a encouru les
Cenfures Eccléfiaftiques. Je me fouviens encore des mé-
moires qui m'ont été donnés contre lui. Ses mœurs ne
font pas fort bonnes. Monfeigneur, interrompis-je à mon
tour, je n'entreprendrai point de le juftifier, mais je fai
qu'il a des ennemis. Il pretend que les Auteurs des mé-
moires que vous avez vus, fe font plus attachés à lui ren-
dre de mauvais offices, qu'à dire la vérité. Cela peut ê-
tre, repartit l'Archevêque. Il y a dans le monde des e-
fprits bien dangereux. D'ailleurs, je veux que fa condu-
ite n'ait pas toujours été irreprochable, il peut s'en être
repenti, et enfin à tout péché miféricorde. Amène-moi
ce Licentié, je lève l'interdiction.

C'eft ainfi que les hommes les plus féveres rabattent de
leur févèrité, quand leur plus cher intérêt s'y oppofe.
L'Archevêque accorda fans peine, au vain plaifir d'avoir
fes Oeuvres bien écrites, ce qu'il avoit refufé aux pins,

puiffantes

puiſſantes ſollicitations. Je portai promptement cette nou-
velle au Maître-d'hôtel, qui la fit ſavoir à ſon ami Gar-
cias. Ce Licentié, dès le jour ſuivant, vint me faire des
remercimens proportionnés à la grace obtenue. Je le pré-
ſentai à mon Maître, qui ſe contenta de lui faire une lé-
gère reprimande, et lui donna des homélies à mettre au
net. Garcias s'en acquita ſi bien, qu'il fut rétabli dans
ſon miniſtère. Il obtint même la Cure de Gabie, gros
bourg aux environs de Grenade.

CHAPITRE IV.

*L'Archevêque tombe en apoplexie. De l'embarras où ſe
trouve Gil Blas, et de quelle façon il en ſort.*

TANDIS que je rendois ainſi ſervice aux uns et aux
autres, Don Fernand de Leyva ſe diſpoſoit à quitter
Grenade. J'allai voir ce Seigneur avant ſon départ, pour
le remercier de nouveau de l'excellent poſte qu'il m'avoit
procuré. Je lui en parus ſi ſatisfait, qu'il me dit: Mon
cher Gil Blas, je ſuis ravi que vous ſoyez content de mon
Oncle l'Archevêque. J'en ſuis charmé, lui répondis-je.
Il a pour moi des bontés que je ne puis aſſez reconnoître.
Il ne m'en falloit pas moins, pour me conſoler de n'être
plus auprès du Seigneur Don Céſar et de ſon fils. Je ſuis
perſuadé, reprit-il, qu'ils ſont auſſi tous deux mortifiés de
vous avoir perdu. Mais vous n'êtes pas peut-être ſéparés
pour jamais. La fortune pourra quelque jour vous raſ-
ſemblir. Je n'entendis pas ces paroles ſans m'attendrir.
J'en ſoupirai, et je ſentis dans ce moment-là que j'aimois
tant Don Alphonſe, que j'aurois volontiers abandonné
l'Archevêque, et les belles eſpérances qu'il m'avoit don-
nées, pour m'en retourner au château de Leyva, ſi l'on
eût levé l'obſtacle qui m'en avoit éloigné. Don Fernand
s'apperçut des mouvemens qui m'agitoient, et m'en ſut ſi
bon gré qu'il m'embraſſa, en me diſant, que toute ſa fa-
mille prendroit toujours part à ma deſtinée.

Deux mois après que ce Cavalier fut parti, dans le
tems de ma plus grande faveur, nous eûmes une chaude
allarme au Palais Epiſcopal. L'Archevêque tomba en
apoplexie. On le ſecourut ſi promptement, et on lui
donna de ſi bons remédes, que quelques jours après il

n'y

n'y paroiſſoit plus. Mais ſon eſprit en reçut une r
atteinte. Je le remarquai bien dès le premier Diſco
qu'il compoſa. Je ne trouvai pas toutefois la différe
qu'il y avoit de celui-là aux autres aſſez ſenſible, p
conclure que l'Orateur commençoit à baiſſer. J'atte
encore une homélie, pour mieux ſavoir à quoi m'en
nir. Oh ! pour celle-là elle fut déciſive. Tantô
bon Prélat ſe rebattoit, tantôt il s'élevoit trop haut,
deſcendoit trop bas. C'étoit un Diſcours diffus, une R
torique de Régent uſé, une Capucinade.

Je ne fus pas le ſeul qui y prit garde. La plupart
Auditeurs, quand il la prononça, comme s'ils euſſent
auſſi gagés pour l'examiner, ſe diſoient tous-bas les
aux autres, voilà un Sermon qui ſent l'apoplexie. All
Monſieur l'Arbitre des Homélies, me dis-je alors à n
même, préparez-vous à faire votre office. Vous vo
que Monſeigneur tombe. Vous devez l'en avertir,
ſeulement comme dépoſitaire de ſes penſées, mais enc
de peur que quelqu'un de ſes Amis ne fût aſſez franc p
vous prévenir. En ce cas-là, vous ſavez ce qu'il en
riveroit : vous ſeriez biffé de ſon teſtament, où il y a
doute pour vous un meilleur leg que la Bibliotheque
Licentié Sédillo.

Après ces reflexions, j'en faiſois d'autres toutes c
traires. L'avertiſſement dont il s'agiſſoit, me paroi
délicat à donner. Je jugeois qu'un Auteur entêté des
Ouvrages pourroit le recevoir mal ; mais rejettant c
penſée, je me repréſentois qu'il étoit impoſſible qu'i
prît en mauvaiſe part, après l'avoir exigé de moi d'
manière ſi preſſante. Ajoutons à cela, que je comp
bien de lui parler avec adreſſe, et de lui faire avale
pilule tout doucement. Enfin, trouvant que je riſq
davantage à garder le ſilence qu'à le rompre, je me
terminai à parler.

Je n'étois plus embarraſſé que d'une choſe. Je ne
vois de quelle façon entamer la parole. Heureuſen
l'Orateur lui-même me tira de cet embaras, en me
mandant ce qu'on diſoit de lui dans le monde, et ſi
étoit ſatisfait de ſon dernier diſcours. Je répondis q
admiroit toujours ſes homélies, mais qu'il me ſembloit
la dernière n'avoit pas ſi bien que les autres affecté l'A
toire. Comment donc, mon ami, repliqua-t-il, ave
tonnem

tonnement, auroit-elle trouvé quelque Ariftarque ?*Non, Monfeigneur, lui repartis-je, non : ce ne font pas des Ouvrages tels que les vôtres que l'on ofe critiquer. Il n'y a perfonne qui n'en foit charmé. Néanmoins, puifque vous m'avez recommandé d'être franc et fincère, je prendrai la liberté de vous dire que votre dernier Difcours ne me paroit pas tout-à-fait de la force des précédens. Ne penfez-vous pas cela comme moi ?

Ces paroles firent pâlir mon Maître, qui me dit avec un fouris forceé : Monfieur Gil Blas, cette Piece n'eft donc pas de votre goût ? Je ne dis pas cela, Monfeigneur, interrompis-je tout déconcerté. Je la trouve excellente, quoi-qu'un peu au-deffous de vos autres Ouvrages. Je vous entends, repliqua-t-il. Je vous parois baiffer, n'eft-ce pas ? Tranchez le mot. Vous croyez qu'il eft tems que je fonge à la retraite. Je n'aurois pas été affez hardi, lui dis-je, pour vous parler fi librement, fi Votre Grandeur ne me l'eût ordonné. Je nefais donc que lui obéir, et je la fuplie très humblement de ne me point favoir mauvais gré de ma hardieffe. A Dieu ne plaife, interrompit-il avec précipitation, à Dieu ne plaife, que je vous la reproche ! Il faudroit que je fuffe bien injufte. Je ne trouve point du tout mauvais que vous me difiez votre fentiment. C'eft votre fentiment feul que je trouve mauvais. J'ai été furieufement la dupe de votre intelligence bornèe.

Quoique démonté, je voulus chercher quelque modification pour ajufter les chofes ; mâis le moyen d'appaifer un Auteur irrité, et de plus, un Auteur accoutumé à s'entendre louer ? N'en parlons plus, dit-il, mon enfant. Vous êtes encore trop jeune pour démêler le vrai du faux. Aprenez que je n'ai jamais compofé de meilleure homélie, que celle qui n'a pas votre aprobation. Mon efprit, graces au Ciel, n'a encore rien perdu de fa vigeur. Deformais je choifirai mieux mes confidens. J'en veux de plus capable que vous de décider. Allez, pourfuivit-il en me pouffant par les épaules hors de fon cabinet, allez dire à mon Tréforier qu'il vous compte cent ducats, et que le Ciel vous conduife avec cette fomme. Adieu, Monfieur Gil Blas, je vous fouhaite toutes fortes de profpérités avec un peu plus de goût.

* Grand Critique du tems de Ptolémée Philadelphe.

C H A P.

CHAPITRE V.

Du parti que prit Gil Blas après que l'Archevêque lui eut donné son congé. Par quel hazard il rencontra le Licentié qui lui avoit tant d'obligation, et quelles marques de reconnoissance il en reçut.

JE sortis du cabinet en maudissant le caprice, ou pour mieux dire la foiblesse de l'Archevêque, et plus en colère contre lui, qu'affligé d'avoir perdu ses bonnes graces. Je doutai même quelque tems si j'irois toucher mes cent ducats; mais après y avoir bien réflechi, je ne fus pas assez sot pour n'en rien faire. Je jugeai que cet argent ne m'ôteroit pas le droit de donner un ridicule à mon Prélat. A quoi je me promettois bien de ne pas manquer, toutes les fois qu'on mettroit devant moi ses homélies sur le tapis.

J'allai donc demander cent ducats au Trésorier, sans lui dire un seul mot de ce qui venoit de se passer entre son Maître et moi. Je cherchai ensuite Melchior de la Ronda, pour lui dire un éternel adieu. Il m'aimoit trop pour n'être pas sensible à mon malheur. Pendant que je lui en faisois le récit, je remarquois que la douleur s'imprimoit sur son visage. Malgré tout le respect qu'il devoit à Archevêque, il ne put s'empêcher de le blâmer. Mais comme dans la colère où j'étois, je jurai que le Prélat me le payeroit, et que je réjouïrois toute la ville à ses dépens, le sage Melchior me dit: Croyez moi, mon cher Gil Blas, dévorez plutôt votre chagrin. Les hommes du commun doivent toujours respecter les personnes de qualité, quelque sujet qu'ils ayent de s'en plaindre. Je conviens qu'il y a de fort plats Seigneurs, qui ne méritent gueres qu'on ait de la considération pour eux; mais ils peuvent nuire, il faut les craindre.

Je remerciai le vieux valet de chambre du bon conseil qu'il me donnoit, et je lui promis d'en profiter. Après cela, il me dit: Si vous allez à Madrid, voyez-y Joseph Navarro mon neveu. Il est Chef d'Office chez le Seigneur Don Baltazar de Zuniga, et j'ose vous dire que c'est un garçon digne de votre amitié. Il est franc, vif, officieux, prévenant; je souhaite que vous fassiez connoissance ensemble. Je lui répondis que je ne manquerois pas d'aller
voir

voir ce Joſeph Navarro, ſitôt que je ſerois à Madrid, où je comptois bien de retourner. Enſuite, je ſortis du Palais Epiſcopal pour n'y remettre jamais le pié. Si j'euſſe encore eu mon cheval, je ſerois peut-être parti ſur le champ pour Tolede ; mais je l'avois vendu dans le tems de ma faveur, croyant que je n'en aurois plus beſoin. Je pris le parti de louer une chambre garnie, faiſant mon plan de demeurer encore un mois à Grenade, et de me rendre après cela auprès du Comte de Polan.

Comme l'heure du diner aprochoit, je demandai à mon hôteſſe s'il n'y avoit pas quelque auberge dans le voiſinage. Elle me répondit, qu'il y en avoit une excellente à deux pas de ſa maiſon, que l'on y étoit bien ſervi, et qu'il y alloit quantité d'honnêtes gens, Je me la fis enſeigner, et j'y fus bientôt. J'entrai dans une grande ſalle, qui reſſembloit aſſez à un Refectoire. Dix à douze hommes, aſſis à une longue table couverte d'une nape mal propre, s'y entretenoient en mangeant chacun ſa petite portion. L'on m'apporta la mienne, qui dans un autre tems ſans doute m'auroit fait regreter la table que je venois de perdre. Mais j'étois alors ſi piqué contre l'Archevèque, que la frugalité de mon auberge me paroiſſoit préferable à la bonne chère qu'on faiſoit chez lui. Je blâmois l'abondance des mêts dans les repas, et raiſonnant en Docteur de Valladolid : Malheur, diſois-je, à ceux qui frequentent ces tables pernicieuſes, où il faut ſans-ceſſe être en garde contre ſa ſenſualité, de peur de trop charger ſon eſtomac. Pour peu que l'on mange, ne mange-t-on pas toujours aſſez? Je louois, dans ma mauvaiſe humeur, des Aphoriſmes que j'avois juſqu'alors fort négligés.

Dans le tems que expédiois mon ordinaire, ſans craindre de paſſer les bornes de la temperance, le Licentié Louïs Garcias, devenu Curé de Gabie, de la manière que je l'ai dit ci-devant, arriva dans la ſalle. Du moment qu'il m'apperçut, il vint me ſaluer d'un air empreſſé, ou plutôt en faiſant toutes les demonſtrations d'un homme qui ſent une joie exceſſive. Il me ſerra entre ſes bras, et je fus obligé d'eſſuyer un très long compliment ſur le ſervice que je lui avois rendu. Il me fatiguoit à force de ſe montrer reconnoiſſant. Oh vive Dieu ! mon cher Patron, puiſque ma bonne fortune veut que je vous rencontre, nous ne nous ſeparerons point ſans boire. Mais comme il n'y a pas de bon vin dans cette auberge, je vous ménérai, s'il vous plaît, après notre petit diner, dans un endroit où je vous régalerai d'une bouteille de Lucène des plus fecs et d'un Mufcat de Foncarral exquis. Il faut que nous faffions cette débauche. Que n'ai-je le bonheur de vous poffeder quelques jours feulement dans mon Presbytère de Gabie! Vous y feriez reçu comme un généreux Mécene, à qui je dois la vie aifée et tranquille que j'y méne.

Pendant qu'il me tenoit ce difcours, on lui apporta fa portion. Il fe mit à manger, fans pourtant ceffer de me dire par intervalles quelque chofe de flateur. Je faifis ce tems-là pour parler à mon tour. Et comme il n'oublia pas de me demander des nouvelles de fon ami le Maître-d'hôtel, je ne lui fis point un myftére de ma fortie de l'Archevêché. Je lui contai même jufqu'aux moindres circonftances de ma difgrace, qu'il écouta fort attentivement. Après tout ce qu'il venoit de me dire, qui ne fe feroit pas attendu à l'entendre, pénetré d'une douleur reconnoiffante, déclamer contre l'Archevêque ; mais c'eft à quoi il ne penfoit nullement. Il devint froid, rêveur, acheva de diner fans me dire une parole, puis fe levant de table brufquement, il me falua d'un air glacé et difparut. L'ingrat ne me voyant plus en état de lui être utile, s'épargnoit jufqu'à la peine de me cacher fes fentimens. Je ne fis que rire de fon ingratitude, et le regardant avec tout le mépris qu'il méritoit, je lui criai d'un ton affez haut pour en être entendu : holà ho ! fage Aumônier de Religicufes, allez faire rafraîchir ce délicieux vin de Lucène dont vous m'avez fait fête.

CHAPITRE VI.

Gil Blas va voir jouer les Comédiens de Grenade. De l'étonnement où le jetta la vue d'une Actrice, et de ce qu'il en arriva.

G Arcias n'étoit pas hors de la falle, qu'il y entra deux Cavaliers fort proprement vêtus, qui vinrent s'affeoir auprès de moi. Ils commencèrent à s'entretenir des Comédiens de la Troupe de Grenade, et d'une Comédie nouvelle qu'on jouoit alors. Cette Piéce, fuivant leurs difcours, faifoit grand bruit dans la ville. Il me
prit

prit envie de l'aller voir repréfenter dès ce jour-là. Je
n'avois point été à la Comédie, depuis que j'étois à Gre-
nade. Comme j'avois prefque toujours demeuré à l'Ar-
chevéché où ce fpectacle étoit frappé d'anathême, je n'a-
vois eu garde de me donner ce plaifir-là. Les homélies
avoient fait tout mon amufement.

. Je me rendis donc dans la falle des Comédiens lorfqu'il
en fut tems, et j'y trouvai une nombreufe affembleé. J'en-
tendis faire autour de moi des differtations fur la Piéce a-
vant qu'elle commençât, et je remarquai que tout le mon-
de fe mêloit d'en juger. L'un fe déclaroit pour, l'autre
contre. A-t-on jamais vu un Ouvrage mieux écrit ? di-
foit-on à ma droite. Le pitoyable ftile ! s'écrioit-on à ma
gauche. En vérité s'il y a bien de mauvais Auteurs, il
faut convenir qu'il y a encore plus de mauvais Critiques.
Et quand je penfe aux dégoûts que les Poëtes Dramati-
ques ont à effuyer, je m'étonne qu'il y en ait d'affez har-
dis pour braver l'ignorance de la Multitude, et la cen-
fure dangereufe des Demi-favans, qui corrompent quel-
quefois le jugement du Public.

. Enfin, le *Graciofo* fe préfenta pour ouvrir la fcene.
Dès-qu'il parut, il excita un battement de mains général.
Ce qui me fit connoître que c'étoit un de ces Acteurs gâtés,
à qui le Parterre pardonne tout. Effectivement ce Comé-
dien ne difoit pas un mot, ne faifoit pas un gefte, fans
s'attirer des aplaudiffemens. On lui marquoit trop le plai-
fir que l'on prenoit à le voir. Auffi en abufoit-il. Je m'a-
perçus qu'il s'oublioit quelquefois fur la fcene, et mettoit
à une trop forte épreuve la prévention où l'on étoit en fa
faveur. Si l'on eût fiflé au-lieu de crier miracle, on lui
auroit fouvent-rendu juftice.

On battit auffi des mains à la vue de quelques autres
Acteurs, et particuliérement d'une Actrice qui faifoit un
rôle de Suivante. Je m'attachai à la confidérer, et il n'y
a point de termes qui puiffent exprimer quelle fut ma fur-
prife, quand je reconnus en elle Laure, ma chère Laure,
que je croyois encore à Madrid auprès d'Arfénie. Je ne
pouvois douter que ce ne fût elle. Sa taille, fes traits, le
fon de fa voix, tout m'affuroit que je ne me trompois point.
Cependant, comme fi je me fuffe défié du rapport de mes
yeux et de mes oreilles, je demandai fon nom à un Cava-
lier qui étoit à côté de moi. He! de quel païs venez-
vous,

vous, me dit-il ? Vous êtes apparemment un nouveau dé-
barqué, puisque vous ne connoissez pas la belle Estelle.

La ressemblance étoit trop parfaite pour prendre le
change. Je compris bien que Laure en changeant d'état
avoit aussi changé de nom. Et curieux de savoir ses af-
faires, car le Public n'ignore gueres celles des Personnes
de Théatre, je m'informai du même homme, si cette
Estelle avoit quelque amant d'importance. Il me répon-
dit que depuis deux mois il y avoit à Grenade un Grand-
Seigneur Portugais, nommé le Marquis de Marialva,
qui faisoit beaucoup de dépense pour elle. Il m'en auroit
dit davantage, si je n'eusse pas craint de le fatiguer de
mes questions. J'étois plus occupé de la nouvelle que ce
Cavalier venoit de m'aprendre, que de la Comédie ; et
qui m'eût demandé le sujet de la Pièce quand je sortis,
m'auroit fort embarrassé. Je ne faisois que rêver à Laure,
à Estelle, et je me promettois bien d'aller chez cette Ac-
trice le jour suivant. Je n'étois pas sans inquiétude sur
la réception qu'elle me feroit. J'avois lieu de penser que
ma vue ne lui feroit pas grand plaisir, dans la situation
brillante où étoient ses affaires. Je jugeois même qu'une
si bonne Comédienne, pour se venger d'un homme dont
certainement elle avoit sujet d'être mécontente, pourroit
bien ne pas faire semblant de le connoître. Tout cela
ne me rebuta point. Après un léger repas, car on n'en
faisoit pas d'autres dans mon auberge, je me retirai dans
ma chambre, très impatient d'être au lendemain.

Je dormis peu cette nuit, et je me levai à la pointe du
jour. Mais comme il me sembla que la Maîtresse d'un
Grand-Seigneur ne devoit pas être visible de si bon matin,
je passai trois ou quatre heures à me parer, à me faire raser,
poudrer, et parfumer. Je voulois me présenter devant elle
dans un état qui ne lui donnât pas lieu de rougir en me
revoyant. Je sortis sur les dix heures, et me rendis chez
elle, après avoir été demander sa demeure à l'Hôtel des
Comédiens. Elle logeoit dans une grande maison, où elle
occupoit le prémier appartement. Je dis à une femme
de chambre qui vint m'ouvrir la porte, qu'un jeune homme
souhaitoit de parler à la Dame Estelle. La femme de
chambre rentra pour m'annoncer, et j'entendis aussitôt sa
Maîtresse, qui lui dit d'un ton de voix fort élevé : Qui est-
il ce jeune-homme ? Que me veut-il ? Qu'on le fasse entrer.

Je jugeai par là que j'avois mal pris mon tems, que son amant Portugais étoit à sa toilette, et qu'elle ne parloit si haut que pour lui persuader qu'elle n'étoit pas fille à recevoir des messages suspects. Ce que je pensois étoit véritable. Le Marquis de Marialva passoit avec elle presque toutes les matinées. Je m'attendois à un mauvais compliment, lorsque cette originale Actrice, me voyant paroître, accourut à moi les bras ouverts, en s'écriant : Ah ! mon frere, est-ce vous que je vois ? A ces mots, elle m'embrassa à plusieurs reprises. Puis se tournant vers le Portugais : Seigneur, lui dit-elle, pardonnez si en votre présence je cède à la force du sang. Après trois ans d'absence, je ne puis revoir un frere que j'aime tendrement, sans lui donner des marques de mon amitié. Hé bien, mon cher Gil Blas, continua-t-elle en m'apostrophant de nouveau, dites-moi des nouvelles de la famille, dans quel état l'avez-vous laissée ?

Ce discours m'embarrassa d'abord, mais j'y démêlai bientôt les intentions de Laure ; et secondant son artifice, je lui répondis d'un air accommodé à la scène que nous allions jouer tous deux : Graces au Ciel, ma sœur, nos parens sont en bonne santé. Je ne doute pas, reprit-elle, que vous ne soyez étonné de me voir Comédienne a Grenade, mais ne me condamnez pas sans m'entendre. Il y a trois années, comme vous savez, que mon Pere crut m'établir avantageusement, en me donnant au Capitaine Don Antonio Coello, qui m'amena des Asturies à Madrid, où il avoit pris naissance. Six mois après que nous y fûmes arrivés, il eut une affaire d'honneur, qu'il s'attira par son humeur violente. Il tua un Cavalier qui s'étoit avisé de faire quelque attention à moi. Le Cavalier appartenoit à des personnes de qualité qui avoient beaucoup de crédit. Mon mari, qui n'en avoit gueres, se sauva en Catalogne, avec tout ce qui se trouva au logis de pierreries et d'argent comptant. Il s'embarqua à Barcelone, passa en Italie, se mit au service des Vénitiens, et perdit enfin la vie dans la Morée, en combattant contre les Turcs. Pendant ce tems-la, une Terre que nous avions pour tout bien, fut confisquée et je devins une Douairière des plus minces. A quoi me résoudre dans une si fâcheuse extrémité ? Il n'y avoit pas moyen de m'en retourner dans les Asturies. Qu'y aurois-je fait ? Je n'aurois reçu de ma famille, que des

corcondoléances pour toute confolation. D'un autre côté, j'avois été trop bien élevée pour être capable de me laif- fer tomber dans le libertinage. A quoi donc me déter- miner? Je me fuis fait Comédienne pour conferver ma ré- putation.

Il me prit une fi forte envie de rire, lorfque j'entendis Laure finir ainfi fon roman, que je n'eus pas peu de peine à m'en empêcher. J'en vins pourtant à bout, et même je lui dis d'un air grave : Ma fœur, j'aprouve votre conduite, et je fuis bien aife de vous retrouver à Grenade fi hon- nêtement établie.

Le Marquis de Marialva, qui n'avoit pas perdu un mot de tous fes difcours, prit au pié de la lettre ce qu'il plut à la veuve de Don Antonio de débiter. Il fe mêla même à l'entretien. Il me demanda fi j'avois quelque emploi à Grenade ou ailleurs. Je doutai un moment fi je mentirois ; mais ne jugeant pas cela néceffaire, je dis la vérité. Je contai de point en point comment j'étois entré à l'Arche- vêché, et de quelle façon j'en étois forti, ce qui divertit infiniment le Seigneur Portugais. Il eft vrai que, malgré la promeffe faite à Melchior, je m'égayai un peu aux dé- pens de l'Archevêque. Ce qu'il y a de plaifant, c'eft que Laure, qui s'imaginoit que je compofois une fable à fon exemple, faifoit des éclats de rire, qu'elle n'auroit pas faits, fi elle eût fu que je ne mentois point.

Après avoir achevé mon récit, que je finis par la cham- bre que j'avois louée, on vint avertir qu'on avoit fervi. Je voulus auffitôt me retirer pour aller diner à mon auberge, mais Laure m'arrêta. Quel eft votre deffein, mon frere, me dit-elle ? Vous dînerez avec moi. Je ne foufrirai pas même que vous foyez plus longtems dans une chambre garnie. Je prétens que vous mangiez dans ma maifon, et que vous y logiez. Faites aporter vos hardes ce foir, il y a ici un lit pour vous.

Le Seigneur Portugais, à qui peut-être cette hofpitalité ne faifoit pas plaifir, prit alors la parole, et dit à Laure : Non, Eftelle, vous n'êtes pas logée affez commodément pour recevoir quelqu'un chez vous. Votre frere, ajouta-t- il, me paroit un joli garçon ; et l'avantage qu'il a de vous toucher de fi près, m'intéreffe pour lui. Je veux le prendre à mon fervice. Ce fera celui de mes fécretaires que je chérirai le plus. J'en ferai mon homme de confiance.

Qu'il ne manque pas de venir dès cette nuit coucher chez
moi, j'ordonnerai qu'on lui prépare un logement. Je lui
donne quatre cens ducats d'apointemens ; et si dans la
suite j'ai sujet, comme je l'espère, d'être content de lui, je
le mettrai en état de se consoler d'avoir été trop sincère
avec son Archevêque.

Les remercimens que je fis là-dessus au Marquis, furent
suivis de ceux de Laure, qui enchérirent sur les miens. Ne
parlons plus de cela, interrompit-il, c'est une affaire finie.
En disant cela, il salua sa Princesse de Théâtre, et sortit.
Elle me fit aussitôt passer dans un cabinet, où se voyant
seule avec moi : J'étoufferois, s'écria-t-elle, si je résistois
plus long-tems à l'envie que j'ai de rire. Alors elle se
renversa dans un fauteuil, et se tenant les côtés, s'aban-
donna, comme une folle, à des ris immodérés. Il me fut
impossible de ne pas suivre son exemple, et quand nous
nous en fûmes bien donné : Avoue, Gil Blas, me dit-elle,
que nous venons de jouer une plaisante comédie. Mais je
ne m'attendois pas au dénoûment. J'avois dessein seule-
ment de te ménager dans ma maison une table et un loge-
ment ; et c'est pour te les offrir avec bienséance, que je
t'ai fait passer pour mon frere. Je suis ravi que le hazard
t'ai présenté un si bon poste. Le Marquis de Marialva est
un Seigneur généreux, qui fera plus encore pour toi qu'il
n'a promis de faire. Une autre que moi, poursuivit-elle,
n'auroit peut-être pas reçu si gracieusement un homme
qui quite ses amis sans leur dire adieu. Mais je suis de ces
bonnes pâtes de filles, qui revoient toujours avec plaisir
un fripon qu'elles ont aimé.

Je demeurai d'accord de bonne-foi de mon impolitesse,
et je lui en demandai pardon. Après quoi elle me condui-
fit dans une salle à manger très propre. Nous nous mîmes
à table ; et comme nous avions pour tèmoins une femme
de chambre et un laquais, nous nous traitâmes de frere
et de sœur. Lorsque nous eûmes diné nous repassâmes
dans le même cabinet où nous nous étions entretenus.
Là, mon incomparable Laure se livrant à toute sa gayeté
naturelle, me demanda compte de tout ce qui m'étoit ar-
rivé depuis notre separation. Je lui en fis un fidele rap-
port ; et quand j'eus satisfait sa curiosité, elle contenta la
mienne, en me faisant le récit de son histoire dans ces
termes.

CHA-

CHAPITRE VII.

Hiſtoire de Laure.

JE vais te conter, le plus ſuccinctement qu'il me ſera poſſible, par quel hazard j'ai embraſſé la profeſſion Comique.

Après que tu m'eus ſi honnêtement quitée, il arriva de grands évènemens. Arſénie ma Maîtreſſe, plus fatiguée que dégoûtée du Monde, abjura le Théatre, et m'enmena avec elle à une belle Terre qu'elle venoit d'acheter auprés de Zamora en monnoies étrangères. Nous eûmes bientôt fait des connoiſſances dans cette ville-là. Nous y allions aſſez ſouvent. Nous y paſſions un jour ou deux. Nous venions enſuite nous renfermer dans notre château.

Dans un de ces petits voyages, Don Felix Maldonado, fils unique du Corrégidor, me vit par hazard, et je lui plus. Il chercha l'occaſion de me parler ſans témoins ; et pour ne te rien celer, je contribuai un peu à la lui faire trouver. Le Cavalier n'avoit pas vingt ans. Il étoit beau comme l'Amour même, fait à peindre, et plus ſéduiſant encore par ſes manières galantes et généreuſes, que par ſa figure. Il m'offrit de ſi bonne grace, et avec tant d'inſtances, un gros brillant qu'il avoit au doigt, que je ne pus me défendre de l'accepter. Je ne me ſentois pas d'aiſe d'avoir un Galant ſi aimable. Mais quelle imprudence aux Griſettes de s'attacher aux Enfans de famille dont les Pères ont de l'autorité ! Le Corrégidor, le plus ſévere de ſes pareils, averti de notre intelligence, ſe hâta d'en prévenir les ſuites. Il me fit enlever par une troupe d'Alguazils, qui me menérent, malgré mes cris, à l'Hôpital de la Pitié.

Là, ſans autre forme de procés, la Supérieure me fit ôter ma bague et mes habits, et revêtir d'une longue robe de ſerge griſe, ceinte par le milieu d'une large courroie de cuir noir, d'où pendoit un roſaire à gros grains, qui me deſcendoit juſqu'aux talons. On me conduiſit après cela dans une ſalle, où je trouvai un vieux Moine, de je ne ſai quel Ordre, qui ſe mit à me prêcher la pénitence, à peu près comme la Dame Léonarda t'exhorta dans le ſouterrain à la patience. Il me dit que j'avois bien de l'obligation aux perſonnes qui me faiſoient enfermer, qu'elles m'a-

C 3   voient

voient rendu un grand fervice en me tirant des filets du
Démon. J'avouerai franchement mon ingratitude : bien
loin de me fentir redevable à ceux qui m'avoient fait ce
plaifir-là, je les chargeois d'imprécations.

Je paffai huit jours à me défoler ; mais le neuvième,
car je comptois jufqu'aux minutes, mon fort parut vouloir
changer de face. En traverfant une petite cour, je ren-
contrai l'Oeconome de la Maifon, perfonnage à qui tout
étoit foumis. La Supérieure même lui obéiffoit. Il ne
rendoit compte de fon Oeconomat qu'au Corrégidor, de
qui feul il dépendoit, et qui avoit une entière confiance en
lui. Il fe nommoit Pédro Zendono ; et le Bourg de Sal-
fédon en Bifcaye l'avoit vu naître. Repréfente-toi un
grand homme pâle et décharné, une figure à fervir de mo-
dèle pour peindre le Bon Larron. A peine paroiffoit-il
regarder les Sœurs. Tu n'as jamais vu de face fi hypo-
crite, quoique tu ayes demeuré à l'Archevêché.

Je rencontrai donc, pourfuivit-elle, le Seigneur Zendo-
no, qui m'arrêta en me difant : Confolez-vous, ma fille,
je fuis touché de vos malheurs. Il n'en dit pas davantage,
et il continua fon chemin, me laiffant faire les commen-
taires qu'il me plaîroit fur un texte fi laconique. Comme
je le croyois homme de bien, je m'imaginai bonnement
qu'il s'étoit donné la peine d'examiner pourquoi j'avois été
enfermée, et que ne me trouvant pas affez coupable pour
meriter d'être traitée avec tant d'indignité, il vouloit me
fervir auprès du Corrégidor. Je ne connoiffois pas le
Bifcayen. Il avoit bien d'autres intentions. Il rouloit dans
fon efprit un projet de voyage, dont il me fit confidence
quelques jours après : Ma chere Laure, me dit-il, je fuis fi
fenfible à vos peines, que j'ai réfolu de les finir. Je n'ig-
nore pas que c'eft vouloir me perdre, mais je ne fuis
plus à moi. Je prétens dés demain vous tirer de votre
prifon, et vous conduire moi-même à Madrid. Je veux
tout facrifier au plaifir d'être votre libérateur.

Je penfai m'évanouïr de joie à ces paroles de Zendono,
qui jugeant par mes remercimens que je ne demandois pas
mieux que de me fauver, eut l'audace le jour fuivant de
m'enlever devant tout le monde, ainfi que je vais le rappor-
ter. Il dit à la Superieure qu'il avoit ordre de me mener
au Corrégidor, qui étoit à une Maifon de Plaifance à deux
lieues de la ville, et il me fit effrontément monter avec
                                                    lui

lui dans une chaife de pofte tirée par deux bonnes mules
qu'il avoit achetées exprès. Nous n'avions pour tous do-
meftiques qu'un valet qui conduifoit la chaife, et qui étoit
entièrement dévoué à l'Oeconome. Nous commençâmes
à rouler, non du côté de Madrid, comme je me l'imagi-
nois, mais vers les frontières de Portugal, où nous arri-
vâmes en moins de tems qu'il n'en falloit au Corrégidor
de Zamora pour aprendre notre fuite, et mettre fes levri-
ers fur nos traces.

Avant que d'entrer dans Bragance, le Bifcayen me fit
prendre un habit de Cavalier, dont il avoit eu la précau-
tion de fe pourvoir ; et me comptant embarquée avec lui,
il me dit dans l'hôtellerie où nous allâmes loger : Belle
Laure, ne me fachez pas mauvais gré de vous avoir ame-
née en Portugal. Le Corrégidor de Zamora nous fera
chercher dans notre patrie, comme deux criminels à qui
l'Efpagne ne doit point accorder d'afyle. Mais, ajouta-t-il,
nous pouvons nous mettre à couvert de fon reffentiment
dans ce Royaume étranger, quoiqu'il foit maintenant
foumis à la domination Efpagnole. Nous y ferons du-
moins plus en fureté que dans notre Païs. Suivez un hom-
me qui vous adore. Allons nous établir à Coïmbre. Là je
me ferai Efpion du Saint Office, et à l'ombre de ce Tri-
bunal redoutable, nous verrons couler nos jours dans de
tranquilles plaifirs.

Une propofition fi vive me fit connoitre que j'avois af-
faire à un Chevalier, qui n'aimoit pas à fervir de conduc-
teur aux Infantes pour la gloire de la Chevalerie. Je com-
pris qu'il comptoit beaucoup fur ma reconnoiffance, et plus
encore fur ma mifère. Cependant, quoique ces deux cho-
fes me parlent en fa faveur, je rejettai fièrement ce qu'il
me propofoit. Il eft vrai que de mon côté j'avois deux
fortes raifons pour me montrer fi réfervée. Je ne me fen-
tois point de gôut pour lui, et je ne le croyois pas riche.
Mais lorfque revenant à la charge, il s'offrit à m'epoufer au
préalable, et qu'il me fit voir réellement que fon Oecono-
mat l'avoit mis en fonds pour longtems, je ne le céle pas,
je commençai à l'ecouter. Je fus eblouie de l'or et des pier-
reries qu'il étala devant moi, et j'eprouvai que l'interêt fait
faire des metamorphofes auffi bien que l'amour. Mon
Bifcayen devint peu à peu un autre homme à mes yeux.
Son grand corps fec prit la forme d'une taille fine ; fon

teint

teint pâle me parut d'un beau blanc ; je donnai un nom
favorable jufqu'à fon air hypocrite. Alors j'acceptai fans
répugnance fa main devant le Ciel, qu'il prit à témoin de
notre engagement. Après cela il n'eut plus de contra-
diction à effuyer de ma part. Nous nous remîmes à voy-
ager, er Coimbre vit bientôt dans fes murs un nouveau
ménage.

Mon mari m'acheta des habits de femme affez propres,
et me fit préfent de plufieurs diamans, parmi lefquels je
reconnus celui de Don Felix Maldonado. Il ne m'en
falut pas davantage pour deviner d'où venoient toutes les
pierres précieufes que j'avois vues, er pour être perfuadée
que je n'avois pas époufé un rigide obfervateur du fepti-
ème article du Décalogue. Mais me confidérant comme
la caufe première de fes tours de mains, je le lui pardon-
nois. Une femme excufe jufqu'aux mauvaifes actions que
fa beauté fait commettre. Sans cela, qu'il m'eût paru un
méchant homme !

Je fus affez contente de lui pendant deux ou trois mois.
Il avoit toujours des manières galantes, et fembloit m'ai-
mer tendrement. Néanmoins les marques d'amitié qu'il
me donnoit, n'étoient que de fauffes apparences. Le
fourbe me trompoit. Un matin, à mon retour de la
Meffe, je ne trouvai plus au logis que les murailles. Les
meubles, et jufqu' à mes hardes, tout avoit été emporté.
Zendono et fon fidèle valet avoient fi bien pris leurs me-
fures ; qu'en moins d'une heure le dépouillement entier
de la maifon avoit été fait et parfait ; de manière qu' a-
vec le feul habit dont j'étois vetue, et la bague de Don
Félix, qu'heureufement j'avois au doigt, je me vis comme
une autre Ariadne abandonnée par un ingrat. Mais je t'af-
fure que je ne m'amufai point à faire des Elégies fur mon
infortune. Je bénis plutôt le Ciel de m'avoir délivré
d'un fcélérat, qui ne pouvoit manquer de tomber tôt ou
tard entre les mains de la juftice. Je regardai le tems que
nous avions paffé enfemble, comme un tems perdu que je
ne tarderois gueres à réparer. Si j'euffe voulu demeurer
en Portugal, et m'attacher à quelque femme de condition,
j'en aurois trouvé de refte ; mais, foit que j'aimaffe mon
païs, foit que je fuffe entraînée par la force de mon é-
toile, qui m'y préparoit une meilleure fortune, je ne fon-
geai plus qu'à revoir l'Efpagne. Je m'adreffai à un Jou-
aillier

aillier, qui me compta la valeur de mon brillant en efpe-
ces d'or, et je partis avec une vieille Dame Efpagnole,
qui alloit à Séville dans une chaife roulante.

Cette Dame, qui s'appelloit Dorothée, revenoit de voir
une de fes parentes établie à Coïmbre, et s'en retournoit
à Séville, où elle faifoit fa réfidence. Il fe trouva tant de
fympathie entre elle et moi, que nous nous attachâmes
l'une à l'autre dès la prémière journée ; et notre liaifon
fe fortifia fi bien fur la route, que la Dame ne voulut
point, à notre arrivée, que je logeaffe ailleurs que dans
fa maifon. Je n'eus pas fujet de me repentir d'avoir fait
une pareille connoiffance. Je n'ai jamais vu de femme
d'un meilleur caractère. On jugeoit encore à fes traits,
et à la vivacité de fes yeux, qu'elle devoit, dans fa jeu-
neffe, avoir fait racler bien des guitarres. Auffi elle é-
toit veuve de plufieurs maris de noble race, et vivoit ho-
norablement de fes douaires.

Entre autres excellentes qualités, elle avoit celle d'être
très compàtiffante aux malheurs des filles. Quand je lui
fis confidence des miens, elle entra fi chaudement dans
mes intérêts, qu'elle donna mille malédictions a Zendo-
no. Les chiens d'hommes ! dit-elle d'un ton à faire ju-
ger qu'elle avoit rencontré en fon chemin quelque Oe-
conome. Les miferables ! Il y a comme cela dans le
monde des fripons, qui fe font un jeu de tromper les
femmes. Ce qui me confole, ma chère enfant, continua-
t-elle, c'eft que, fuivant votre récit, vous n'êtes nulle-
ment liée au parjure Bifcayen. Si votre marriage avec
lui eft affez bon pour vous fervir d'excufe, en récompenfe
il eft affez mauvais pour vous permettre d'en contracter un
meilleur, quand vous en trouverez l'occafion.

Je fortois tous les jours avec Dorothée pour aller à l'E-
glife, ou bien en vifite d'amies ; c'étoit le moyen d'avoir
bientôt quelque avanture. Je m'attirai les regards de
plufieurs Cavaliers. Il y en eut qui voulurent fonder le
gué, ils firent parler à ma vieille hôteffe ; mais les uns
n'avoient pas dequoi fournir aux frais d'un établiffement,
et les autres n'avoient pas encore pris la robe virile ; ce
qui fuffifoit pour m'ôter toute envie de les écouter. Un
jour il nous vint en fantaifie, à Dorothée et à moi, d'aller
voir jouer les Comédiens de Séville. Ils avoient affiché
                                                    qu'ils

qu'ils reprêfenteroient, *La famofa Comedia El Embaxador de Sir mifmo*, compofée par Lope de Véga Carpio.

Parmi les Actrices qui parurent fur la fcene, je démêlai une de mes anciennes amies. Je reconnus Phénice, cette groffe r'jouïe que tu as vu femme de chambre de Florimonde, et avec qui tu as quelquefois foupé chez Arfénie. Je favois bien que Phénice étoit hors de Madrid depuis plus de deux ans, mais j'ignorois qu'elle fût Comédienne. J'avois une impatience de l'embraffer, qui me fit trouver la Pièce fort longue. C'étoit peut-être auffi la faute de ceux qui la repréfentoient, et qui ne jouoient pas affez bien ou affez mal pour m'amufer. Car pour moi qui fuis une rieufe, je t'avouerai qu'un Acteur parfaitement ridicule ne me divertit pas moins qu'un excellent.

Enfin, le moment que j'attendois étant arrivé, c'eft-à-dire la fin de la *famofa Comedia*, nous allâmes, ma veuve et moi, derriére le Théatre, où nous apperçûmes Phénice qui faifoit la toute aimable, et écoutoit en minaudant le doux ramage d'un jeune Oifeau, qui s'étoit apparemment laiffé prendre à la glu de fa déclamation. Sitôt qu'elle m'eut remarquée, elle le quita d'un air gracieux, vint à moi les bras ouverts, et me fit toutes les amitiés imaginables. Nous nous témoignâmes mutuellement la joie que nous avions de nous revoir ; mais le tems et le lieu ne nous permettant pas de nous répandre en longs difcours, nous remîmes au lendemain à nous entretenir chez elle plus amplement.

Le plaifir de parler eft une des plus vives paffions des Femmes. Je ne pus fermer l'œil de toute la nuit, tant j'avois d'envie d'être aux prifes avec Phénice, et de lui faire queftions fur queftions. Dieu fait fi je fus pareffeufe à me lever, pour me rendre où elle m'avoit enfeigné qu'elle demeuroit. Elle étoit logée, avec toute la Troupe, dans un grand hôtel garni. Une fervante, que je rencontrai en entrant, et que je priai de me conduire à l'appartement de Phénice, me fit monter à un corridor, le long duquel regnoient dix à douze petites chambres, féparées feulement par des cloifons de fapin, et occupées par la Bande joyeufe. Ma conductrice frappa à une porte, que Phénice, a qui la langue demangeoit autant qu'à moi, vint ouvrir. A peine nous donnâmes-nous le tems de nous

affeoir

affeoir pour caqueter. Nous voilà en train d'en découdre. Nous avions à nous interroger fur tant de chofes, que les demandes et les réponfes fe fuccédoient avec une volubilité furprenante. •

Après avoir raconté nos avantures de part et d'autre, et nous être inftruites de l'état préfent de nos affaires, Phénice me demanda quel parti je voulois prendre. Je lui répondis que j'avois réfolu, en attendant mieux, de me placer auprès de quelque Fille de qualité. Fy d'onc, s'écria mon amie, tu n'y penfes pas. Eft-il poffible, ma mignonne, que tu ne fois pas encore dégoutée de la fervitude ? N'es-tu pas laffe de te voir foumife aux volontés des autres, de refpecter leurs caprices, de t'entendre gronder ; en un mot d'être efclave ? Que n'embraffes-tu, à mon exemple, la Vie Comique ? Rien n'eft plus convenable aux perfonnes d'efprit qui manquent de bien et de naiffance. C'eft un état qui tient un milieu entre la Nobleffe et la Bourgeoifie, une condition libre et affranchie des bienféances les plus incommodes de la Societé. Nos revenus nous font payés en efpéces par le Public, qui en poffède le fonds. Nous vivons toujours dans la joie, et dépenfons notre argent comme nous le gagnons.

Le Théatre, pourfuivit-elle, eft favorable, fur tout aux Femmes. Dans le tems que je demeurois chez Florimonde (j'en rougis quand j'y penfe) j'étois réduite à écouter les Gagiftes de la Troupe du Prince, pas un honnête-homme ne faifoit attention à ma figure. D'où vient cela ? C'eft que je n'étois point en vue. Le plus beau tableau qui n'eft pas dans fon jour, ne frappe point. Mais depuis que je fuis fur mon piédeftal, c'eft-à-dire fur la Scene, quel changement ! Je vois à mes trouffes la plus brillante Jeuneffe des villes par où nous paffons. Une Comédienne a donc beaucoup d'agrément dans fon métier. Si elle eft fage, je veux dire fi elle ne favorife qu'un Amant à-la-fois, cela lui fait tout l' honneur du monde, on loue fa retenue, et lorfqu'elle change de Galant, on la regarde comme une veritable veuve qui fe remarie. Encore voit-on celle-ci avec mépris, quand elle convole en troifièmes noces. On diroit qu'elle bleffe la délicateffe des hommes. Au-lieu que l'autre femble devenir plus précieufe, à mefure qu'elle groffit le nombre

de

de ſes favoris. Après cent galanteries, c'eſt un ragoût de Seigneur.

A qui dites-vous cela, interrompis-je en cet endroit ? Penſez-vous que j'ignore ces avantages ? Je me les ſuis ſouvent repréſentés, et ils ne flatent que trop une fille de mon caractère. Je me ſens même de l'inclination pour la Comédie, mais cela ne ſuffit pas. Il faut du talent, et je n'en ai point. J'ai quelquefois voulu réciter des tira- des de Pièces devant Arſénie, elle n'a pas été contente de moi, cela m'a dégoûtée du métier. Tu n'es pas difficile à rebuter, reprit Phénice. Ne ſais-tu pas que ces grandes Actrices-là ſont ordinairement jalouſes ? Elles craignent, malgré toute leur vanité, qu'il ne vienne des ſujets qui les effacent. Enfin, je ne m'en rapporterois pas là-deſſus à Arſénie, elle n'a pas été ſincere. Je te dirai moi, ſans flaterie, que tu es née pour le Théatre. Tu as du natu- rel, l'action libre et pleine de grace, le ſon de la voix doux, une bonne poitrine, et avec cela un minois. Ah, friponne, que tu charmeras de Cavaliers, ſi tu te fais Comédienne !

Elle me tint encore d'autres diſcours ſéduiſans, et me fit declamer quelques Vers, ſeulement pour me faire juger moi-même de la belle diſpoſition que j'avois à débiter du Comique. Lorſqu'elle m'eut entendue, ce fut bien autre choſe. Elle me donna de grands aplaudiſſemens, et me mit au-deſſus de toutes les Actrices de Madrid. Après ce- la, je n'aurois pas été excuſable de douter de mon mérite. Arſénie demeura atteinte et convaincue de jalouſie et de mauvaiſe foi. Il me fallut convenir que j'etois un ſujet tout admirable. Deux Comédiens, qui arriverent dans le moment, et devant qui Phénice m'obligea de répéter les Vers que j'avois déja récités, tomberent dans une eſpèce d'extaſe, d'où ils ne ſortirent que pour me combler de louanges. Sérieuſement, quand ils ſe ſeroient défié tous trois à qui me loueroit davantage, ils n'auroient pas em- ployé d'expreſſions plus hyperboliques. Ma modeſtie ne fut point à l'epreuve de tant d'éloges. Je commençai à croire que je valois quelque choſe, et voilà mon eſprit tourné du côté de la Comédie.

Oh çà, ma chere, dis-je à Phénice, c'en eſt fait. Je veux ſuivre ton conſeil, et entrer dans la Troupe, ſi elle l'a pour agréable. A ces paroles, mon amie tranſportée de joie m'embraſſa, et ſes deux camarades ne me paru-
rent

rent pas moins ravis qu'elle, de me voir dans ces sentimens. Nous convinmes que le jour suivant je me rendrois au Théatre dans la matinée, et ferois voir à la Troupe assemblée le même échantillon que je venois de montrer de mon talent. Si j'avois fait concevoir une avantageuse opinion de moi chez Phénice, tous les Comédiens en jugérent encore plus favorablement, lorsque j'eus dit, en leur présence, une vingtaine de Vers seulement. Ils me reçurent volontiers dans leur Compagnie, après quoi je ne fus plus occupée que de mon début. Pour le rendre plus brillant, j'employai tout ce qui me restoit d'argent de ma bague, et si je n'en eus pas assez pour me mettre superbement, du-moins je trouvai l'art de supléer à la magnificence par un goût galant.

Je parus enfin sur la scène pour la prémiere fois. Quels battemens de mains! quels éloges! Il y a de la modération, mon ami, à te dire simplement que je ravis les spectateurs. Il faudroit avoir été témoin du bruit que je fis à Séville, pour y ajouter-foi. Je devins l'entretien de toute la ville, qui, pendant trois semaines entiéres, vint en foule à la Comédie; desorte que la Troupe rapella, par cette nouveauté, le Public qui commençoit à l'abandonner. Je débutai donc d'une manière qui charma tout le monde. Or débutér ainsi, c'étoit comme si j'eusse fait afficher que j'étois à donner au plus offrant et dernier enchérisseur. Vingt Cavaliers, de toute sorte d'âges, s'offrirent à l'envi à prendre soin de moi. Si j'eusse suivi mon inclination, j'aurois choisi le plus jeune et le plus joli: mais nous ne devons, nous autres, consulter que l'intérêt et l'ambition, lorsqu'il s'agit de nous établir. C'est pourquoi Don Ambrosio de Nisana, homme déjà vieux et mal fait, mais riche, généreux, et l'un des plus puissans Seigneurs d'Andalousie, eut la préférence. Il est vrai que je la lui fis bien acheter. Il me loua une bonne maison, la meubla très magnifiquement, me donna un bon cuisinier, deux laquais, une femme de chambre, et mille ducats par mois à dépenser. Il faut ajouter à cela de riches habits, avec une assez grande quantité de pierreries.

Quel changement dans ma fortune! Mon esprit ne put le soutenir. Je me parus tout-à-coup à moi-même une autre personne. Je ne m'étonne plus, s'il y a des filles

qui oublient en peu de tems le néant et la misère d'où
un caprice de Seigneur les a tirées. Je t'en fais un aveu
sincère. Les aplaudissemens du Public, les discours fla-
teurs que j'entendois de toutes parts, et la passion de Don
Ambrosio m'inspirerent une vanité qui alla jusqu'à l'ex-
travagance. Je regardai mon talent comme un titre de
noblesse. Je pris les airs d'une femme de qualité. Et
devenant aussi avare de regards agaçans, que j'en avois
jusqu'alors été prodigue, je résolus de n'arrêter ma vue
que sur des Ducs, des Comtes, ou des Marquis.

Le Seigneur de Nisana venoit souper chez moi tous
les soirs, avec quelques uns de ses amis. De mon côté,
j'avois soin d'assembler les plus amusantes de nos Comé-
diennes, et nous passions une bonne partie de la nuit a rire
et à boire. Je m'accommodois fort d'une vie si agréable,
mais elle ne dura que six mois. Les Seigneurs sont su-
jets à changer, sans cela ils seroient trop aimables. Don
Ambrosio me quitta pour une jeune Conquête Grenadine,
qui venoit d'arriver à Séville avec des graces et le talent
de les mettre à profit. Je n'en fus pourtant affligée que
vingt-quatre heures. Je choisis, pour remplir sa place, un
Cavalier de vingt-deux ans, Don Louis d'Alcacer, a qui
peu d'Espagnols pouvoient être comparés pour la bonne
mine.

Tu me demanderas sans-doute, et tu auras raison, pour-
quoi je pris pour Amant un si jeune Seigneur, moi qui en
connoissois les conséquences. Mais, outre que Don Louis
n'avoit plus ni Pere ni Mere, et qu'il jouissoit déja de son
bien, je te dirai que ces conséquences ne sont à craindre
que pour les Filles d'une condition servile, ou pour de
malheureuses Avanturiéres. Les Femmes de notre pro-
fession sont des personnes titrées. Nous ne sommes point
responsables des effets que produisent nos charmes. Tant
pis pour les familles dont nous plumons les héritiers.

Nous nous attachâmes si fortement l'un à l'autre,
d'Alcacer et moi, que jamais aucun amour n'a, je crois,
égalé celui dont nous nous laissâmes enflammer tous
deux. Nous nous aimions avec tant de fureur, qu'il sem-
bloit qu'on eût jetté un sort sur nous. Ceux qui savoient
notre intelligence, nous croyoient les plus heureux amans
du monde, et nous en étions peut-être les plus malheu-
reux. Si Don Louis avoit une figure toute aimable, il
étoit en même tems si jaloux, qu'il me désoloit à chaque
in-

inftant par d'injuftes foupçons. Il ne me fervoit de rien,
pour m'accommoder à fa foibleffe, de me contraindre juf-
qu'à n'ofer envifager un homme ; fa défiance, ingénieufe
à me trouver des crimes, rendoit ma contrainte inutile.
Nos plus tendres entretiens étoient toujours mêlés de
querelles. Il n'y eut pas moyen d'y réfifter. La patience
nous échappa de part et d'autre, et nous rompîmes à
l'aimable. Croiras-tu bien que le dernier jour de notre
commerce en fut le plus charmant pour nous. Tous deux
également fatigués des maux que nous avions foufferts,
nous ne fîmes éclater que de la joie dans nos adieux.
Nous étions comme deux miférables Captifs, qui recou-
vrent leur liberté après un rude efclavage.

Depuis cette avanture, je fuis bien en garde contre l'a-
mour. Je ne veux plus d'attachement qui trouble mon
repos. Il ne nous fied point à nous de foupirer comme
les autres. Nous ne devons pas fentir en particulier une
paffion, dont nous faifons voir en public le ridicule.

Je donnois pendant ce tems-là de l'occupation à la
Renommée. Elle répandoit par-tout que j'étois une Ac-
trice inimitable. Sur la foi de cette Déeffe, les Comé-
diens de Grenade m'écrivirent, pour me propofer d'entrer
dans leur Troupe. Et pour me faire connoître que la
propofition n'étoit pas à rejetter, ils m'envoyérent un é-
tat de leurs frais journaliers et de leurs abonnemens, par
lequel il me parut que c'étoit un parti avantageux pour
moi. Auffi je l'acceptai, quoique dans le fond je fuffe
fâchée de quiter Phénice et Dorothée, que j'aimois autant
qu'une femme eft capable d'en aimer d'autre. Je laif-
fai la première à Séville, occupée à fondre la vaiffelle
d'un petit Marchand Orfevre, qui vouloit, par vanité, a-
voir une Comédienne pour Maîtreffe. J'ai oublié de te
dire, qu'en m'attachant au Théatre je changeai, par fan-
taifie, le nom de Laure en celui d'Eftelle ; et c'eft fous
ce dernier nom que je partis pour venir à Grenade.

Je n'y commençai pas moins heureufement qu'à Sé-
ville, et je me vis d'abord environnée de foupirans.
Mais n'en voulant favorifer aucun qu'à bonnes enfeignes,
je gardai avec eux une retenue, qui leur jetta de la pou-
dre aux yeux. Néanmoins, de peur d'être la dupe d'une
conduite qui ne menoit à rien, et qui ne m'étoit pas na-
turelle, j'allois me déterminer à écouter un jeune Oydor,

de Race Bourgeoife, qui fait le Seigneur en vertu de fa
charge, d'une bonne table et d'un bon équipage, quand
je vis, pour la première fois, le Marquis de Marialva. Ce
Seigneur Portugais, qui voyage en Efpagne par curiofité,
paffant par Grenade, s'y arrêta. Il vint à la Comédie.
Je ne jouois point ce jour-là. Il regarda fort attentive-
ment les Actrices qui s'offrirent à fes yeux. Il en trou-
va une à fon gré.   Il fit connoiffance avec elle dès le
lendemain, et il étoit prêt à conclure le marché, lorfque
je parus fur le Théatre. Ma vue et mes minauderies fi-
rent tout-a-coup tourner la girouette. Mon Portugais ne
s'attacha plus qu'à moi. Il faut dire la vérité : comme
je n'ignorois pas que ma camarade eût plû à ce Seigneur,
je n'épargnai rien pour le lui foufler, et j'eus le bonheur
d'en venir à bout. Je fai bien qu'elle m'en veut du mal,
mais je ne faurois qu'y faire.   Elle devroit fonger que
c'eft une chofe fi naturelle aux Femmes, que les meil-
leures Amies ne s'en font pas le moindre fcrupule.

C H A P I T R E   VIII.

De l'accueil que les Comédiens de Grenade firent à Gil
Blas ; et d'une nouvelle reconnoiffance qui fe fit dans
les foyers de la Comédie.

DANS le moment que Laure achevoit de raconter fon
hiftoire, il arriva une vieille Comédienne de fes
voifines, qui venoit la prendre en paffant pour aller à la
Comédie. Cette vénérable Héroïne de Théatre eût été
propre à jouer le perfonnage de la Déeffe Cotys. Ma
fœur ne manqua pas de préfenter fon frère à cette figure
furannée, et là-deffus grands complimens de part et d'au-
tre.

Je les laffai toutes deux, en difant à la veuve de l'Oe-
conome que je la rejoindrois au Théatre, auffitôt que j'au-
rois fait porter mes hardes chez le Marquis de Marialva,
dont elle m'enfeigna la demeure.   J'allai d'abord à la
chambre que j'avois louée, d'où, après avoir fatisfait mon
Hôteffe, je me rendis avec un homme chargé de ma valife,
à un grand hôtel garni, où mon nouveau Maître étoit
logé. Je rencontrai à la porte fon Intendant, qui me de-
manda fi je n'étois point le frère de la Dame Eftelle. Je

répondis qu'oui. Soyez donc le bien venu, reprit-il, Seigneur Cavalier. Le Marquis de Marialva, dont j'ai l'honneur d'être Intendant, m'a ordonné de vous bien recevoir. On vous a préparé une chambre ; je vais, s'il vous plait, vous y conduire, pour vous en aprendre le chemin. Il me fit monter tout au haut de la maison, et entrer dans une chambre si petite, qu'un lit assez étroit, une armoire et deux chaises la remplissoient ; c'étoit-là mon appartement. Vous ne serez pas ici fort au large, me dit mon Conducteur ; mais en recompense, je vous promets qu'à Lisbonne vous serez superbement logé. J'enfermai ma valise dans l'armoire dont j'emportai la clé, et je demandai à quelle heure on soupoit. Il me fut répondu à cela, que le Seigneur Portugais ne faisoit pas d'ordinaire chez lui, et qu'il donnoit à chaque domestique une cértaine somme par mois pour se nourrir. Je fis encore d'autres questions, et j'apris que les gens du Marquis étoient d'heureux fainéans. Apres un entretien assez court, je quitai l'Intendant, pour aller retrouver Laure, en m'occupant agréablement du présage que je concevois de ma nouvelle condition.

Sitôt que j'arrivai à la porte de la Comédie, et que je me dis frère d'Estelle, tout me fut ouvert. Vous eussiez vu les gardes s'empresser à me faire un passage, comme si j'eusse été un des plus considérables Seigneurs de Grenade. Tous les Gagistes, Receveurs de marques et de contremarques que je rencontrai sur mon chemin, me firent de profondes révérences. Mais ce que je voudrois pouvoir bien peindre au Lecteur, c'est la réception sérieuse que l'on me fit comiquement dans les foyers, ou je trouvai la Troupe toute habillée et préte à commencer. Les Comédiens et les Comédiennes, à qui Laure me présenta, vinrent fondre sur moi. Les hommes m'accablerent d'embrassades, et les femmes à leur tour apliquant leurs visages enluminés sur le mien, le couvrirent de rouge et de blanc. Aucun ne voulant être le dernier à me faire son compliment, ils se mirent tous ensemble à parler. Je ne pouvois suffire à leur répondre ; mais ma sœur vint à mon secours, et sa langue exercée ne me laissa en reste avec personne.

Je n'en fus pas quite pour les accollades des Acteurs et des Actrices, Il me fallut essuyer les civilités du Décorateur,

rateur, des Violons, du Soufleur, du Moucheur et du
Sous-moucheur de Chandelles ; enfin, de tous les Valets
du Théatre, qui, fur le bruit de mon arrivèe, accou-
rurent pour me confidérer. Il fembloit que tous ces gens-
là fuffent des Enfans trouvés, qui n'avoient jamais vu de
frère.

Cependant on commença la Pièce. Alors quelques
Gentilshommes, qui étoient dans les foyers, coururent fe
placer pour l'entendre ; et moi, en Enfant de la balle,
je continuai de m'entretenir avec ceux des Acteurs qui
n'étoient pas fur la Scène. Il y en avoit un parmi ces
derniers, qu'on apella devant moi Melchior. Ce nom
me frappa. Je confidérai avec attention le perfonnage
qui le portoit, et il me fembla que je l'avois vu quelque
part. Je me le remis enfin, et le reconnus pour Melchi-
or Zapata, ce pauvre Comédien de Campagne, qui,
comme je l'ai dit dans le premier Volume de mon Hif-
toire, trempoit des croutes de pain dans une fontaine.

Je le pris auffitôt en particulier, et je lui dis : Je fuis
bien trompé, fi vous n'êtes pas ce Seigneur Melchior avec
qui j'ai eu l'honneur de dejeuner un jour au bord d'une
claire fontaine, entre Valladolid et Ségovie. J'étois a-
vec Garçon-Barbier. Nons portions quelques provi-
fions que nous joignîmes aux vôtres, et nous fîmes tous
trois un petit repas, qui fut affaifonné de mille agréables
difcours. Zapata fe mit à rêver quelques momens, en-
fuite il me répondit : Vous me parlez d'une chofe que
j'ai peu de peine à me rapeller. Je revenois alors de dé-
buter à Madrid, et je retournois à Zamora. Je me fou-
viens même que j'étois fort mal dans mes affaires. Je
m'en fouviens bien auffi, lui repliquai-je, à telles en-
feignes, que vous portiez un pourpoint doublé d'affiches
de Comédie. Je n'ai pas oublié non plus que vous vous
plaigniez, dans ce tems-là, d'avoir une femme trop fage.
Oh ! je ne m'en plains plus à prefent, dit avec précipita-
tion Zapata. Vive Dieu ! la Commère s'eft bien corri-
gée de cela. Auffi en ai-je le pourpoint mieux doublé.

J'allois le féliciter fur ce que fa femme étoit devenue
raifonnable, lorfqu'il fut obligé de me quitter pour paroître
fur la fcène. Curieux de connoître fa femme, je m'a-
prochai d'un Comédien, pour le prier de me la montrer.
Ce qu'il fit, en me difant : Vous la voyez ; c'eft Narcif-

ía,

fa, la plus jolie de nos Dames après votre fœur. Je
jugeai que cette Actrice devoit être celle en faveur de qui
le Marquis de Marialva s'étoit déclaré avant que d'avoir vu
fon Eftelle, et ma conjecture ne fut que trop vraie. A la
fin de la Pièce je conduifis Laure à fon domicile, où j'ap-
perçus, en arrivant, plufieurs Cuifiniers qui préparoient
un grand repas. Tu peus fouper ici, me dit-elle. Je
n'en ferai rien, lui répondis-je. Le Marquis fera peut-
être bien aife d'être feul avec vous. Oh que non, reprit-
elle, il va venir avec deux de fes amis et un de nos Mef-
fieurs. Il ne tiendra qu'à toi de faire le fixième. Tu
fais bien que chez les Comédiennes, les Sécretaires ont le
privilège de manger avec leurs Maîtres. Il eft vrai lui
dis-je ; mais ce feroit de trop bonne heure me mettre fur
le pié de ces Sécretaires favoris. Il faut auparavant que
je faffe quelque commiffion de confident, pour mériter ce
droit honorifique. En parlant ainfi, je fortis de chez
Laure, et gagnai mon auberge, où je comptois d'aller
tous les jours, puifque mon Maître n'avoit point de mé-
nage.

CHAPITRE IX.

*Avec quel Homme extraordinaire il foupa ce foir-là, et
de ce qui fe paffa entre eux.*

JE remarquai dans la falle une efpece de vieux Moine,
vêtu de bure grife, qui foupoit tout feul dans un coin.
J'allai par curiofité m'affeoir vis-à-vis de lui, je le faluai
fort civilement, et il ne fe montra pas moins poli que moi.
On m'apporta ma pitance, que je commençai à expédier
avec beaucoup d'appétit. Pendant que je mangeois fans
dire mot, je regardois fouvent le perfonnage, dont je trou-
vois toujours les yeux attachés fur moi. Fatigué de fon
attention opiniâtre à me regarder, je lui addreffai ainfi la
parole : Pere, nous ferions-nous vus par hazard ailleurs
qu'ici ? Vous m'obfervez comme un homme qui ne vous
feroit pas entièrement inconnu.

Il me répondit gravement : Si j'arrête fur vous mes
regards, ce n'eft que pour admirer la prodigieufe variété
d'avantures qui font marquées dans les traits de votre vi-
fage. A ce que je vois, lui dis-je d'un air railleur, votre

Ré-

Révérence donne dans la Métopofcopie. Je pourrois me
vanter de la poſſéder, répondit le Moine, et d'avoir fait
des prédictions que la ſuite n'a pas démentie. Je ne ſai
pas moins la Chiromancie, et j'oſe dire que mes oracles
ſont infaillibles, quand j'ai confronté l'inſpection de la
main avec celle du viſage.

Quoique ce Vieillard eût toute l'apparence d'un homme
ſage, je le trouvai ſi fou, que je ne pus m'empécher de lui
rire au nez. Au-lieu de s'offenſer de mon impoliteſſe, il
en ſourit, et continua de parler dans ces termes, après a-
voir promené ſa vue dans la ſalle, et s'être aſſuré que
perſonne ne nous écoutoit : Je ne m'étonne pas de vous
voir ſi prévenu contre deux Sciences, qui paſſent aujour-
d'hui pour frivoles. L'étude longue et pénible qu'elles
demandent, décourage tous les Savans, qui y renoncent,
et qui les décrient, de dépit de n'avoir pu les acquérir.
Pour moi, je ne me ſuis point rebuté de l'obſcurité qui
les enveloppe, non plus que des difficultés qui ſe ſucce-
dent ſans-ceſſe dans la recherche des ſecrets chymiques,
et dans l'art merveilleux de tranſmuer les métaux en or.

Mais je ne penſe pas, pourſuivit-il en ſe reprenant, que
je parle à un jeune Cavalier, à qui mes diſcours doivent
en effet paroître des rêveries. Un échantillon de mon
ſavoir-faire vous diſpoſera mieux, que tout ce que je pour-
rois dire, à juger de moi plus favorablement. A ces
mots, il tira de ſa poche une phiole remplie d'une liqueur
vermeille. Enſuite il me dit : Voici un Elixir que j'ai
compoſé ce matin des ſucs de certaines plantes diſtillées
à l'alambic ; car j'ai employé preſque toute ma vie,
comme Démocrite, à trouver les propriétés des Simples
et des Minéraux. Vous allez éprouver ſa vertu. Le vin
que nous bûvons à notre ſoupé eſt très mauvais, il va de-
venir excellent. En même tems il mit deux goutes de ſon
élixir dans ma bouteille, qui rendirent mon vin plus dé-
licieux que les meilleurs qui ſe boivent en Eſpagne.

Le merveilleux frappe l'imagination, et quand une fois
elle eſt gagnée, on ne ſe ſert plus de ſon jugement.
Charmé d'un ſi beau ſecret, et perſuadé qu'il falloit être
un peu plus que diable pour l'avoir trouvé, je m'écriai
plein d'admiration : O mon Pere, pardonnez-moi, de
grace, ſi je vous ai pris d'abord pour un vieux fou, je vous
rends juſtice préſentement. Je n'ai pas beſoin d'en voir

davan-

davantage, pour être affuré que vous feriez, fi vous vou-
liez, tout à l'heure un lingot d'or d'une barre de fer.
Que je ferois heureux fi je poffédois cette admirable fci-
ence! Le Ciel vous préferve de l'avoir jamais, interrom-
pit le Vieillard, en pouffant un profond foupir. Vous
ne favez pas, mon fils, que vous fouhaitez une chofe
funefte. Au-lieu de me porter envie, plaignez-moi plu-
tôt de m'être donné tant de peine pour me rendre mal-
heureux. Je fuis toujours dans l'inquiétude. Je crains
d'être découvert, et qu'une prifon perpetuelle ne devienne
le falaire de tous mes travaux. Dans cette apréhenfion,
je mene une vie errante, déguifé tantôt en Prêtre ou en
Moine, et tantôt en Cavalier ou en Païfan. Eft ce donc
un avantage de favoir faire de l'or à ce prix-là? Et les
richeffes ne font-elles pas un vrai fuplice pour les per-
fonnes qui n'en jouiffent pas tranquillement?

Ce difcours me paroit fort fenfé, dis-je alors au Philo-
fophe; rien n'eft tel que de vivre en repos; vous me dé-
goûtez de la Pierre Philofophale. Je me contenterai
d'aprendre de vous ce qui doit m'arriver. Très volontiers,
me répondit-il, mon enfant. J'ai deja fait des obferva-
tions fur vos traits. Voyons à-préfent votre main. Je
la lui préfentai avec une confiance, qui ne me fera gueres
d'honneur dans l'efprit de quelques Lecteurs. Il l'exa-
mina fort attentivement, et dit enfuite avec enthoufiafme:
Ah! que de paffages de la douleur à la joie, et de la joie
à la douleur! Quelle fucceffion bizarre de difgraces et de
profpérités! Mais vous avez deja éprouvé une grande
partie de ces alternatives de fortune. Il ne vous refte
plus gueres de malheurs à effuyer, et un Seigneur vous
fera une agréable deftinée, qui ne fera point fujette au
changement.

Après m'avoir affuré que je pouvois compter fur cette
prédiction, il me dit adieu et fortit de l'auberge, où il
me laiffa fort occupé des chofes que je venois d'entendre.
Je ne doutois point que le Marquis de Marialva ne fût
le Seigneur en queftion, et par conféquent rien ne me pa-
roiffoit plus poffible que l'accompliffement de l'oracle.
Mais quand je n'y aurois pas vu la moindre apparence, ce-
la ne m'eût point empêché de donner au faux Moine une
entiére créance, tant il s'étoit acquis, por fon élixir, d'au-
torité fur mon efprit. De mon côté, pour avancer le
bon-

bonheur qui m'étoit prédit, je réfolus de m'attacher au Marquis, plus que je n'avois fait à aucun de mes Maîtres. Ayant pris cette réfolution, je me retirai à notre hôtel avec une gayeté que je ne puis exprimer. Jamais femme n'eft fortie fi contente de chez une Devinereffe.

CHAPITRE X.

De la commiffion que le Marquis de Marialva donna à Gil Blas, et comment ce fidele Sécretaire s'en acquita.

LE Marquis n'étoit pas encore revenu de chez fa Comédienne, et je trouvai dans fon appartement fes valets de chambre qui jouoient à la prime en attendant fon retour. Je fis connoiffance avec eux, et nous nous amufâmes à rire jufqu'à deux heures après minuit, que notre Maître arriva. Il fut un peu furpris de me voir, et me dit d'un air de bonté qui me fit juger qu'il revenoit très fatisfait de fa foirée : Comment donc, Gil Blas, vous n'êtes pas encore couché ? Je répondis que j'avois voulu favoir auparavant s'il n'avoit rien à m'ordonner. J'aurai peut-être, reprit-il, une Commiffion à vous donner demain matin, mais il fera tems alors de vous aprendre mes volontés. Allez vous repofer, et deformais fouvenez-vous que je vous difpenfe de m'attendre le foir, je n'ai befoin que de mes valets de chambre.

Après cet avertiffement, qui dans le fond me faifoit plaifir, puifqu'il m'épargnoit une fujettion que j'aurois quelquefois difagréablement fentie, je laiffai le Marquis dans fon appartement, et me retirai à mon galetas. Je me mis au lit ; mais ne pouvant dormir, je m'avifai de fuivre le confeil que nous donne Pythagore, de rapeller le foir ce que nous avions fait dans la journée, pour nous aplaudir de nos bonnes actions, et nous blâmer de nos mauvaifes.

Je ne me fentois pas la confcience affez nette, pour être content de moi. Je me reprochai d'avoir appuyé l'impofture de Laure. J'avois beau me dire pour m'excufer, que je n'avois pu honnêtement donner un dementi à une fille qui n'avoit eu en vue que de me faire plaifir, et qu'en quelque façon je m'étois trouvé dans la néceffité de me

rendre

rendre complice de la supercherie. Peu satisfait de cette
excuse, je répondis que je ne devois donc pas pousser les
choses plus loin, et qu'il falloit que je fusse bien effronté
pour vouloir demeurer auprés d'un Seigneur dont je pay-
ois si mal la confiance. Enfin, après un sévere examen,
je tombai d'accord avec moi-même, que si je n'étois pas
un fripon, il ne s'en falloit gueres.

De-là passant aux conséquences, je me représentai que
je jouois gros jeu, en trompant un homme de condition.
qui pour mes péchés peut-être ne tarderoit gueres à de-
couvrir la fourberie. Une si judicieuse réflexion jetta
quelque terreur dans mon esprit, mais des idées de plaisir
et d'intérêt l'eurent bientôt dissipée. D'ailleurs la pro-
phétie de l'Homme à l'Elixir auroit suffi pour me rassurer.
Je me livrai donc à des images toutes agréables. Je me
mis à faire des regles d'Arithmétique, à compter en moi-
même la somme que feroient mes gages au bout de dix an-
nées de service. J'ajoutois à cela les gratifications que
je recevrois de mon Maître ; et les mesurant à son humeur
libérale, ou plutôt à mes desirs, j'avois une intempérance
d'imagination, si l'on peut parler ainsi, qui ne donnoit
point de bornes à ma fortune. Tant de bien peu à peu
m'assoupoit, et je m'endormis en bâtissant des châteaux
Espagne.

Je me levai le lendemain sur les huit heures pour aller
recevoir les ordres de mon Patron ; mais comme j'ou-
vrois ma porte pour sortir, je fus tout étonné de le voir
paroître devant moi en robe de chambre et en bonne de
nuit. Il étoit tout seul : Gil Blas, me dit-il, hier au soir
en quitant votre sœur, je lui promis de passer chez elle ce
matin, mais une affaire de consequence ne me permet pas
de lui tenir parole. Allez lui témoigner de ma part que
je suis bien mortifié de ce contre-tems, et assurez-la que
je souperai encore aujourd'hui avec elle. Ce n'est pas
tout, ajouta-t-il, en me mettant entre les mains une bourse
avec une petite boëte de chagrin enrichie de pierreries,
portez-lui mon portrait, et gardez cette bourse où il y a
cinquante pistoles, que je vous donne pour marque de
l'amitié que j'ai déja pour vous. Je pris d'une main le
portrait, et de l'autre la bourse que je méritois si peu. Je
courus sur le champ chez Laure, en disant dans l'excès de
la joie qui me transportoit : Bon, la prédiction s'accom-
plit

plit à vue d'œil. Quel bonheur d'être frere d'une fille
belle et galante.   C'eſt dommage qu'il n'y ait pas autant
d'honneur à cela, que de profit et d'agrément.

    Laure, contre l'ordinaire des perſonnes de ſa profeſſion,
avoit coutume de ſe lever matin. Je la ſurpris à ſa toi-
lette, où, en attendant ſon Portugais, elle joignoit à ſa
beauté naturelle tous les charmes auxiliaires que l'Art des
Coquettes pouvoit lui prêter. Aimable Eſtelle, lui dis-je
en entrant, l'Aiman des Etrangers, je puis à l'heure qu'il
eſt manger avec mon Maître, puiſqu'il m'a honoré d'une
commiſſion qui me donne cette prérogative, et dont je
viens m'acquiter. Il n'aura pas le plaiſir de vous entre-
tenir ce matin, comme il ſe l'étoit propoſé. Mais pour
vous en conſoler, il ſoupera ce ſoir avec vous ; et il vous
envoie ſon portrait, qui me paroit avoir quelque choſe
encore de plus, conſolant.

    Je lui remis auſſitôt la boëte, qui par le vif éclat des
brillans dont elle étoit garnie, lui réjouit infiniment la
vue. Elle l'ouvrit, et l'ayant fermée, après avoir conſi-
déré la peinture par manière d'acquit, elle revint aux
pierreries. Elle en vanta la beauté, et me dit en ſouriant :
Voilà des Copies que les Femmes de Théatre aiment
mieux que les Originaux.

    Je lui apris enſuite, que le généreux Portugais, en me
chargeant du portrait, m'avoit gratifié d'une bourſe de
cinquante piſtoles. Je t'en fais mon compliment, me
dit-elle. Ce Seigneur commence par où même il eſt rare
que les autres finiſſent. C'eſt à vous, mon adorable, lui
répondis-je, que je dois ce preſent, le Marquis ne me l'a
fait qu'à cauſe de la fraternité. Je voudrois, repliqua-t-
elle, qu'il t'en fît de ſemblables chaque jour. Je ne puis
te dire juſqu'à quel point tu m'es cher. Dès le prémier
inſtant que je t'ai vu, je me ſuit attachée à toi par un lien
ſi fort, que le tems n'a pu le rompre. Lorſque je te per-
dis à Madrid, je ne deſeſpérai pas de te retrouver ; et
hier, en te revoyant, je te reçus comme un homme qui
revenoit à moi néceſſairement. En un mot, mon Ami,
le Ciel nous a deſtiné l'un pour l'autre. Tu ſeras mon
mari, mais il faut nous enrichir auparavant.   Je veux a-
voir encore trois ou quatre galanteries pour te mettre à
ton aiſe.

                              Je

Je la remerciai poliment de la peine qu'elle vouloit bien prendre pour moi, et nous nous engageâmes infenſiblement dans un entretien qui dura juſqu'à midi. Alors je me retirai, pour aller rendre compte à mon Maître de la manière dont on avoit reçu ſon préſent. Quoique Laure ne m'eût point donné d'inſtructions là-deſſus, je ne laſſai pas de compoſer en chemin un beau compliment, que je me propoſois de faire de ſa part. Mais lorſque j'arrivai à l'hôtel, on me dit que le Marquis venoit de ſortir ; et il étoit décidé que je ne le reverrois plus, ainſi qu'on le peut lire dans le chapitre ſuivant.

CHAPITRE XI.

De la nouvelle que Gil Blas aprit, et qui fut un coup de foudre pour lui.

JE me rendis à mon auberge, où rencontrant deux hommes d'une agréable converſation, je dinai et demeurai à table avec eux juſqu'à l'heure de la Comédie. Nous nous ſéparâmes. Ils allerent à leurs affaires, et moi je pris le chemin du Théatre. Il faut remarquer en paſſant, que j'avois tout ſujet d'être de belle humeur ; la joie avoit regné dans l'entretien que je venois d'avoir avec ces Cavaliers ; la face de ma fortune étoit des plus riantes ; et pourtant je me laſſois aller à la triſteſſe, ſans ſavoir pourquoi, et ſans pouvoir m'en défendre. Je preſſentois ſans doute le malheur qui me menaçoit.

Comme j'entrois dans les foyers, Melchior Zapata vint à moi, et me dit tout bas de le ſuivre. Il me mena dans un endroit particulier de l'hôtel, et me tint ce diſcours : Seigneur Cavalier, je me fais un devoir de vous donner un avis très important. Vous ſaurez que le Marquis de Marialva s'étoit d'abord ſenti du goût pour Narciſſa mon épouſe. Il avoit même déja pris jour pour venir manger de mon alloyau, lorſque l'artificieuſe Eſtelle trouva moyen de rompre la partie, et d'attirer chez elle ce Seigneur Portugais. Vous jugez bien qu'une Comédienne ne perd pas une ſi bonne proie ſans dépit. Ma femme a cela ſur le cœur, et il n'y a rien qu'elle ne fût capable de faire pour ſe venger. Elle a une belle occaſion. Hier, ſi vous vous en ſouvenez, tous nos Gagiſtes accoururent

pour vous voir. Le Sous-moucheur de chandelles dit à
quelques perfonnes de la Troupe qu'il vous reconnoiffoit,
et que vous n'étiez rien moins que le frère d'Eftelle.

Ce bruit, ajouta Melchior, eft venu aujourd'hui aux
oreilles de Narciffa, qui n'a pas manqué d'en interroger
l'auteur ; et ce Gagifte le lui a confirmé. Il vous a, dit-
il, connu valet d'Arfénie dans le tems qu'Eftelle, fous le
nom de Laure, la fervoit à Madrid. Mon époufe, char-
mée de cette découverte, en fera part au Marquis de Ma-
rialva, qui doit venir ce foir à la Comédie. Reglez-
vous là-deffus. Si vous n'êtes pas effectivement frère
d'Eftelle, je vous confeille en ami, et à caufe de notre
ancienne connoiffance, de pourvoir à votre fureté. Narci-
ffa, qui ne demande qu'une victime, m'a permis de
vous avertir de prévenir par une prompte fuite, quelque
finiftre accident.

Il y auroit eu du fuperflu à m'en dire d'avantage. Je
rendis graces de cet avertiffement à l'Hiftrion, qui vit bien,
à mon air effrayé, que je n'étois pas homme à donner
un démenti au Sous-moucheur de chandelles. Je ne me
fentois nullement d'humeur à porter l'effronterie jufques-
là. Je ne fus pas même tenté d'aller dire adieu à Laure,
de peur qu'elle ne voulût m'engager à payer d'audace.
Je concevois bien qu'elle étoit affez bonne Comédienne
pour fe tirer d'un fi mauvais pas ; mais je ne voyois qu'un
châtiment infaillible pour moi, et je n'étois pas affez a-
moureux pour le braver. Je ne fongeai qu'à me fauver
avec mes Dieux Pénates, je veux dire avec mes hardes.
Je difparus de l'hôtel en un clin d'œil ; et je fis en moins
de rien enlever et tranfporter ma valife chez un Muletier,
qui devoit le jour fuivant partir à trois heures du matin
pour Tolède. J'aurois fouhaité d'être déja chez le Comte
de Polan, dont la maifon me paroiffoit le feul azile qui
fut fûr pour moi. Mais je n'y étois pas encore ; et je ne
pouvois, fans inquiétude, penfer au tems qui me reftoit à
paffer dans une ville où j'apréhendois qu'on ne me cher-
chât dès la nuit même.

Je ne laiffai pas d'aller fouper à mon auberge, quoique
je fuffe auffi troublé qu'un Debiteur qui fait qu'il y a des
Alguazils à fes trouffes. Ce que je mangeai ce foir-là ne
fit pas, je crois, un excellent chyle dans mon eftomac.
Miférable jouet de la crainte, j'examinois toutes les per-
fonnes

fonnes qui entroient dans la falle ; et quand par malheur
il y venoit des gens de mauvaife mine, ce qui n'eft pas rare
dans ces endroits-là, je friffonnois de peur. Apres avoir
foupé dans de continuelles allarmes, je me levai de table,
et m'en retournai chez mon Muletier, où je me jettai fur
de la paille fraîche jufqu'à l'heure du départ.

Ma patience fut bien exercée pendant ce tems-là. Mille
defagréables penfées vinrent m'affaillir. Si quelquefois
je m'affoupiffois, je voyois le Marquis furieux qui meur-
triffoit de coups le beau vifage de Laure, et brifoit tout
chez elle ; ou bien je l'entendois ordonner à fes domefti-
ques de me faire mourir fous le bâton. Je me réveillois
là-deffus en furfaut ; et le réveil, qui eft ordinairement fi
doux après un fonge affreux, me devenoit plus cruel en-
core que mon fonge.

Heureufement le Muletier me tira d'une fi grande peine,
en venant m'avertir que fes mules étoient prêtes. Je fus
auffitôt fur pié, et graces au Ciel, je partis radicalement
guéri de Laure et de la Chiromancie. A mefure que nous
nous éloignions de Grenade, mon efprit reprenoit fa tran-
quilité. Je commençai à m'entretenir avec le Muletier.
Je ris de quelques plaifantes hiftoires qu'il me raconta,
et je perdis infenfiblement toute ma frayeur. Je dormis
d'un fommeil paifible à Ubéda, où nous allâmes coucher
la première journée, et la quatriéme nous arrivâmes à
Tolède. Mon prémier foin fut de m'informer de la de-
meure du Comte de Polan, et je m'y rendis, bien perfuadé
qu'il ne fouffriroit pas que je fuffe logé ailleurs que chez
lui ; mais je comptois fans mon hôte. Je ne trouvai au
logis que le Concierge, qui me dit que fon Maître étoit
parti la veille pour le château de Leyva, d'où on lui avoit
mandé que Séraphine étoit dangereufement malade.

Je ne m'étois point attendu à l'abfence du Comte. Elle
diminua la joie que j'avois d'être à Tolède, et fut caufe
que je pris un autre deffein. Me voyant fi près de Ma-
drid, je réfolus d'y aller. Je fis réflexion que je pourrois
me pouffer à la Cour, où un génie fupérieur, à ce que
j'avois ouï dire, n'étoit pas abfolument néceffaire pour
s'avancer. Dès le lendemain je me fervis de la commo-
dité d'un cheval de retour, pour me rendre à cette Capitale
de l'Efpagne. La Fortune m'y conduifoit, pour me faire

jouer

jouer de plus grands rôles que ceux qu'elle m'y avoit
déja fait faire.

CHAPITRE XII.

*Gil Blas va loger dans un Hôtel garni. Il y fait con-
noissance avec le Capitaine Chinchilla. Quel homme
c'étoit que cet Officier, et quelle affaire l'avoit amené a
Madrid.*

D'Abord que je fus à Madrid, j'établis mon domicile
dans un hôtel garni, où demeuroit entre autres per-
sonnes un vieux Capitaine, qui des extrémités de la Ca-
stille Nouvelle étoit venu solliciter à la Cour une pension,
qu'il croyoit n'avoir que trop méritée. Il s'appelloit Don
Annibal de Chinchilla. Ce ne fut pas sans étonnement
que je le vis pour la prémière fois, C'étoit un homme
de soixante ans, d'une taille gigantesque, et d'une mai-
greur extraordinaire. Il portoit une épaisse moustache,
qui s'élevoit en serpentant des deux côtes jusqu' aux tem-
ples. Outre qu'il lui manquoit un bras et une jambe, il
avoit la place d'un œil couverte d'une large emplâtre de
taffetas verd, et son visage paroissoit balafré en plusieurs
endroits. A cela près, il étoit fait comme un autre. De
plus, il ne manquoit pas d'esprit, et moins encore de gra-
vité. Il poussoit la morale jusqu'au scrupule, et se pi-
quoit sur-tout d'être délicat sur le point d'honneur.

Après avoir eu avec lui deux ou trois conversations, il
m'honora de sa confiance. Je sus bientôt toutes ses af-
faires. Il me conta dans quelques occasions il avoit laissé
un œil à Naples, un bras en Lombardie, et une jambe
dans les Pays-Bas. Ce que j'admirai dans les rélations de
batailles et de sieges qu'il me fit, c'est qu'il ne lui échap-
pa aucun trait de fanfaron, pas un mot à sa louange ;
quoique je lui eusse volontiers pardonné de vanter la
moitié qui lui restoit de lui même, pour se dédommager
de la perte de l'autre. Les Officiers qui reviennent de
la guerre sains et saufs, ne sont pas tous si modestes.

Mais il me dit, que ce qui lui tenoit le plus au cœur,
c'étoit d'avoir dissipé des biens considérables dans ses
campagnes, desorte qu'il n'avoit plus que cent ducats de
rente ; ce qui suffisoit à peine pour entretenir sa moustâche,

payer

payer fon logement, et faire écrire fes placets. Car enfin, Seigneur Cavalier, ajouta-t-il en hauffant les épaules, j'en préfente, Dieu merci, tous les jours fans qu'on y faffe la moindre attention. Vous diriez qu'il y a une gageure entre le prémier Miniftre et moi, et que c'eft à qui de nous deux fe laffera, moi d'en donner, ou lui d'en recevoir. J'ai auffi l'honneur d'en préfenter fouvent au Roi, mais le Curé ne chante pas mieux que fon Vicaire ; et pendant ce tems-là, mon château de Chinchilla tombe en ruïne faute de réparations.

Il ne faut defefpérer de rien, dis-je alors au Capitaine, vous êtes peut-être à la veille de voir payer avec ufure vos peines et vos travaux. Je ne dois pas me flatter de cette efpérance, repondit Don Annibal. Il n'y a pas trois jours que j'ai parlé à un des Sécretaires du Miniftre, et fi j'en crois fes difcours, je n'ai qu'à me tenir gaillard. Et que vous a-t-il donc dit, repris-je, Seigneur Officier? Eft-ce que l'état où vous êtes ne lui a pas paru digne d'une récompenfe? Vous en allez juger, repartit Chinchilla. Ce Secretaire m'a dit tout net: Seigneur Gentilhomme, ne vantez pas tant votre zele et votre fidélité. Vous n'avez fait que votre devoir en vous expofant aux périls pour votre Patrie. La feule gloire qui eft attachée aux belles actions les paye affez, et doit fuffire principalement à un Efpagnol. Il faut donc vous détromper, fi vous regardez comme une dette la gratification que vous follicitez. Si on vous l'accorde, vous devrez uniquement cette grace à la bonté du Roi, qui veut bien fe croire redevable à ceux de fes Sujets qui ont bien fervi l'Etat. Vous voyez par-là, pourfuivit le Capitaine, que j'en dois encore de refte, et que j'ai bien la mine de m'en retourner comme je fuis venu.

On s'intéreffe pour un brave homme qu'on voit fouffrir. Je l'exhortai à tenir bon, je m'offris à lui mettre au net gratuitement fes placets. J'allai même jufqu'à lui ouvrir ma bourfe, et á le conjurer d'y prendre tout l'argent qu'il voudroit. Mais il n'étoit pas de ces gens qui ne fe le font pas dire deux fois dans une pareille occafion. Tout au contraire, fe montrant très délicat là-deffus, il me remercia fièrement de ma bonne volonté. Enfuite, il me dit que pour n'être à charge à perfonne, il s'étoit accoutumé peu à peu à vivre avec tant de fobriété, que le

moindre

moindre aliment fuffifoit pour fa fubfiftance. Ce que n'é-
toit que trop véritable. Il ne vivoit que de ciboules et
d'oignons. Auffi n'avoit-il que la peau et les os. Pour
n'avoir aucun témoin de fes mauvais repas, il s'enfermoit
ordinairement dans fa chambre pour les faire. J'obtins
pourtant de lui, à force de prières, que nous dinerions et
fouperions enfemble. Et trompant fa fierté par une in-
génieufe compaffion, je me fis aporter beaucoup plus de
viande et de vin qu'il n'en falloit pour moi. Je l'excitai
à boire et à manger. Il voulut d'abord faire des façons,
mais enfin il fe rendit à mes inftances. Après quoi, deve-
nant infenfiblement plus hardi, il m'aidai de lui-même à
rendre mon plat net et à vuider ma bouteille.

Lorfqu'il eut bu quatre ou cinq coups, et réconcilié
fon eftomac avec une bonne nourriture: En vérité, me
dit-il d'un air gai, vous êtes bien féduifant, Seigneur Gil
Blas, vous me faites faire tout ce qu'il vous plait. Vous
avez des manières qui m'ôtent jufqu'à la crainte d'abufer
de votre humeur bienfaifante. Mon Capitaine me parut
alors fi défait de fa honte, que fi j'euffe voulu faifir ce
moment-là pour le preffer encore d'accepter ma bourfe, je
crois qu'il ne l'auroit pas refufée. Je ne le remis point à
cette épreuve. Je me contentai de l'avoir fait mon Com-
menfal, et de prendre la peine, non feulement d'écrire
fes placets, mais des les compofer même avec lui. A
force d'avoir mis des homélies au net, j'avois apris à tour-
ner une phrafe. J'étois devenu une efpèce d'Auteur. Le
vieil Officier de fon côté, fe piquoit de favoir bien couch-
er par écrit: deforte que travaillant tous deux par ému-
lation, nous faifions de morceaux d'éloquence dignes des
plus célebres Régens de Salamanque. Mais nous avions
beau, l'un et l'autre, épuifer notre efprit à femer des
fleurs de Rhétorique dans ces placets, c'étoit, comme on
dit, femer fur le fable. Quelque tour que nous priffions
pour faire valoir les fervices de Don Annibal, la Cour n'y
avoit aucun égard. Ce qui n'engageoit pas ce vieil Inva-
lide à faire l'éloge des Officiers qui fe ruinent à la guerre.
Dans fa mauvaife humeur, il maudiffoit fon étoile, et
donnoit au diable, Naples, la Lombardie, et les Païs-Bas.

Pour furcroît de mortification, il arriva un jour qu'à fa
barbe, un Poëte, produit par le Duc d'Albe, ayant récité
devant le Roi un Sonnet fur la naiffance d'une Infante, fut
gratifié

gratifié d'une penſion de cinq cens ducats. Je crois que le
Capitaine mutilé en ſeroit devenu fou, ſi je n'euſſe pris ſoin
de lui remettre l'eſprit. Qu'avez-vous, lui dis-je en le voy-
ant hors de lui même ? Il n'y a rien là dedans qui doive
vous révolter. Depuis un tems immémorial, les Poëtes
ne ſont-ils pas en poſſeſſion de rendre les Princes tribu-
taires de leurs Muſes ? Il n'eſt point de Tête Couronnée
qui n'ait quelques-uns de ces Meſſieurs-là pour penſion-
naires. Et entre nous, ces ſortes de penſions étant rare-
ment ignorées de l'avenir, conſacrent la liberalité des
Rois ; au-lieu que les autres qu'ils font, ſont ſouvent en
pure perte pour leur renommée. Combien Auguſte a-t-
il donné de recompenſes ? Combien a-t-il fait de penſions
dont nous n'avons aucune connoiſſance ? Mais la Poſté-
rite la plus reculée ſaura, comme nous, que Virgile a re-
çu de cet Empereur près de deux cens mille écus de bien-
faits.

Quelque choſe que je puſſe dire à Don Annibal, le fruit
du Sonnet lui demeura ſur l'eſtomac comme un plomb ;
et ne pouvant le digérer, il ſe réſolut à tout abandonner.
Il voulut néanmoins auparavant, pour jouer de ſon reſte,
préſenter encore un placet au Duc de Lerme. Nous al-
lâmes pour cet effet tous deux chez ce prémier Miniſtre ;
nous y rencontrâmes un jéune-homme, qui, après avoir
ſalué le Capitaine, lui dit d'un air affectueux : Mon cher
et ancien Maître, eſt ce vous que je vois ? Quelle affaire
vous amène chez Monſeigneur ! Si vous avez beſoin d'une
perſonne qui y ait du crédit, ne m'épargnez pas, je vous
offre mes ſervices. Comment donc, Pédrille, lui répondit
l'Officier, à vous entendre il ſemble que vous occupiez
quelque poſte important dans cette maiſon. Du moins,
repliqua le jeune homme, y ai-je aſſez de pouvoir pour
faire plaiſir à un honnête *Hidalgo* comme vous. Cela é-
tant, reprit le Capitaine avec un ſouris, j'ai recours à votre
protection. Je vous l'accorde, repartit Pédrille. Vous
n'avez qu'à m'aprendre de quoi il eſt queſtion, et je pro-
mets de vous faire tirer pié ou aile du prémier Miniſtre.

Nous n'eûmes pas ſitôt mis au fait ce garçon ſi plein de
bonne volonté, qu'il demanda où demeuroit Don Anni-
bal. Puis nous ayant aſſuré que nous aurions de ſes nou-
velles le jour ſuivant, il diſparut ſans nous inſtruire de ce
qu'il prétendoit faire, ni même nous dire s'il étoit domeſti-
que

que du Duc de Lerme. Je fus curieux de favoir ce que c'étoit
que ce Pédrille, qui me paroiffoit fi éveillé. C'eft un garçon,
me dit le Capitaine, qui me fervoit il y a quelques années,
et qui me voyant dans l'indigence, m'y laiffa pour aller
chercher une meilleure condition. Je ne lui fai point mau-
vais gré de cela, il eft fort naturel de changer pour être
mieux. C'eft un drolle qui ne manque pas d'efprit, et
qui eft intriguant comme tous les diables. Mais malgré
tout fon favoir-faire, je ne compte pas beaucoup fur le
zèle qu'il vient de témoigner pour moi. Peut-être, lui
dis-je, ne vous fera-t-il pas inutile. S'il apartenoit, par
exemple, à quelqu'un des principaux Officiers du Duc, il
pourroit vous rendre fervice.   Vous n'ignorez pas que
tout fe fait par brigue et par cabale chez les Grands :
qu'ils ont des domeftiques favoris qui les gouvernent ; et
que ceux-ci à leur tour font gouvernés par leurs valets.

Le lendemain dans la matinée, nous vîmes arriver Pé-
drille à notre hôtel.   Meffieurs, nous dit-il, fi je ne
m'expliquai pas hier fur les moyens que j'avois de fervir
le Capitaine Chinchilla, c'eft que nous n'étions pas dans
un endroit qui me permît de vous faire une pareille confi-
dence. De plus, j'étois bien-aife de fonder le gué, avant
que de m'ouvrir à vous.   Sachez donc que je fuis le la-
quais de confiance du Seigneur Don Rodrigue de Calde-
rone, prémier Sécretaire du Duc de Lerme. Mon Maî-
tre, qui eft fort galant, va prefque tous les foirs fouper
avec un Roffignol d'Arragon, qu'il tient en cage dans le
quartier de la Cour. C'eft une jeune fille d'Albarazin,
des plus jolies. Elle a de l'efprit, et chante à ravir, auffi
fe nomme-t-elle la Sennora Siréna. Comme je lui porté
tous les matins un Billet-doux, je viens de la voir. Je
lui ai propofé de faire paffer le Seigneur Don Annibal
pour fon Oncle, et d'engager par cette fuppofition fon
Galant à le proteger. Elle veut bien entreprendre cette
affaire. Outre le petit profit qu'elle y envifage, elle fera
charmée qu'on la croie nièce d'un brave Gentilhomme.

Le Seigneur de Chinchilla fit la grimace à ce difcours.
Il témoigna de la répugnance à fe rendre complice d'une
efpièglerie, et encore plus à fouffrir qu'une Avanturière le
defhonorât en fe difant de fa famille. Il n'en étoit pas
feulement bleffé par raport à lui ; il voyoit, pour ainfi dire,
là dedans une ignominie retroactive pour fes ayeux. Cette

delicateffe

délicateſſe parut hors de faiſon à Pédrille, qui en fut choqué. Vous moquez-vous, s'écria-t-il, de le prendre ſur ce ton-là ? Voilà comme vous êtes faits, vous autres. Nobles à chaumières, vous avez une vanité ridicule. Seigneur Cavalier, pourſuivit-il, en m'adreſſant la parole, n'admirez vous pas les ſcrupules qu'il ſe fait? Vive Dieu, c'eſt bien à la Cour qu'il y faut regarder de ſi près! Sous quelque vilaine forme que la Fortune s'y préſente, on ne la laiſſe point échapper.

J'aplaudis à ce que dit Pédrille, èt nous haranguâmes ſi bien tous deux le Capitaine, que nous le fîmes malgré lui devenir Oncle de Siréna. Quand nous eûmes gagné cela ſur ſon orgueil, nous nous mîmes tous trois à faire, pour le Miniſtre, un nouveau placet, qui fut revu, augmenté et corrigé. Je l'écrivis enſuite proprement, et Pédrille le porta a l'Aragonnoiſe, qui dès le ſoir même en chargea le Seigneur Don Rodrigue, à qui elle parla de façon que ce Sécretaire la croyant véritablement nièce du Capitaine, promit de s'employer pour lui. Peu de jours après, nous vîmes l'effet de cette manœuvre. Pédrille revint à notre hôtel d'un air triomphant: Bonne nouvelle, dit-il à Chinchilla. Le Roi fera une diſtribution de Commanderies, de Bénéfices et de Penſions, où vous ne ſerez pas oublié. Mais je ſuis chargé de vous demander quel préſent vous prétendez faire à Siréna.. Pour moi, je vous déclare que je ne veux rien. Je préfère a tout l'or du monde le plaiſir d'avoir contribué à améliorer la fortune de mon ancien Maître. Il n'en eſt pas de-même de notre Nymphe d'Albarazin. Elle eſt un peu Juive, lorſqu'il s'agit d'obliger le prochain. Elle prendroit l'argent de ſon propre Pere, jugez ſi elle refuſera celui d'un Oncle ſuppoſé.

Elle n'a qu'à dire ce qu'elle exige de moi, répondit Don Annibal. Si elle veut tous les ans les tiers de la penſion que j'obtiendrai, je le lui promets; et cela doit lui ſuffire, quand il s'agiroit de tous les revenus de Sa Majeſté Catholique. Je me fierois bien à votre parole, moi, repliqua la Mercure de Don Rodrigue, je ſai bien qu'elle vaut le jeu ; mais vous avez affaire à une petite perſonne naturellement fort défiante. D'ailleurs, elle aimera beaucoup mieux que vous lui donniez, une fois pour toutes, les deux tiers d'avance en argent comptant, Eh! ou diable

veut

veut-elle que je les prenne, interrompit brufquement l'Officier? Me croit-elle un Contador Mayor? Il faut que vous ne l'ayez pas inftruite de ma fituation. Pardonnez-moi, repartit Pédrille, elle fait bien que vous êtes plus gueux que Job: après ce que je lui ai dit, elle ne fauroit l'ignorer. Mais ne vous mettez pas en peine, je fuis un homme fertile en expédiens. Je connois un vieux coquin d'Oydor, qui fe plait à prêter fes efpèces à dix pour cent. Vous lui ferez par devant Notaire un tranfport avec garantie de la prémière année de votre penfion, pour pareille fomme que vous reconnoîtrez avoir reçue de lui, et que vous toucherez en effet à l'intérêt près. A l'égard de la garantie, le Prêteur fe contentera de votre château de Chinchilla, tel qu'il eft, vous n'aurez point de difpute là-deffus.

Le Capitaine protefta qu'il accepteroit ces conditions, s'il étoit affez heureux pour avoir quelque part aux graces qui feroient diftribuées le lendemain, ce que ne manqua pas d'arriver. Il fut gratifié d'une penfion de trois cens piftoles fur une Commanderie. Auffitôt qu'il eut apris cette nouvelle, il donna toutes les furetés qu'on éxigea de lui, fit fes petites affaires, et s'en retourna dans la Caftille Nouvelle avec quelques piftoles de refte.

CHAPITRE XIII.

Gil Blas rencontre à la Cour fon cher Ami Fabrice. Grande joie de part et d'autre. Où ils allerent tous deux, et de la curieufe converfation qu'ils eurent enfemble.

JE m'étois fait une habitude d'aller tous les matins chez le Roi, où je paffois deux ou trois heures entières à voir entrer et fortir les Grands, qui me paroiffoient là fans cet éclat dont ils font environnés ailleurs.

Un jour que je me promenois et me carrois dans les appartemens, y faifant, comme beaucoup d'autres, une affez fotte figure, j'aperçus Fabrice que j'avois laiffé à Valladolid au fervice d'un Adminiftrateur d'Hôpital. Ce qui m'étonna, c'eft qu'il s'entretenoit familiérement avec le Duc de Médina Sidonia et le Marquis de Ste. Croix. Ces deux Seigneurs, à ce qu'il me fembloit, prenoient plaifir

à

à l'entendre. Avec cela, il étoit vétu auſſi proprement
qu'un noble Cavalier.

Ne me tromperois-je point, diſois-je en moi-même?
Eſt-ce bien-là le fils du Barbier Nunnez? C'eſt peut-ê-
tre quelque jeune Courtiſan qui lui reſſemble. Je ne de-
meurai pas longtems dans le doute. Les Seigneurs s'en
allerent. J'abordai Fabrice. Il me reconnut dans le
moment, me prit par la main, et après m'avoir fait percer
la foule avec lui pour ſortir des appartemens : Mon cher
Gil Blas, me dit-il en m'embraſſant, je ſuis ravi de te re-
voir. Que fais-tu à Madrid? Es-tu encore en conditi-
on? As-tu quelque charge à la Cour? Dans quel é-
tat ſont tes affaires? Rends-moi compte de tout ce qui
t'eſt arrivé dépuis ton départ précipité de Valladolid.
Tu me demandes bien des choſes à la fois, lui répondis-
je, et nous ne ſommes pas dans un lieu propre à conter
des avantures. Tu as raiſon, reprit-il, nous ferons mieux
chez moi. Viens, je vais t'y mener, ce n'eſt pas loin
d'ici. Je ſuis libre, agréablement logé, parfaitement
bien dans mes meubles, je vis content et ſuis heureux,
puiſque je crois l'être.

J'acceptai le parti, et me laiſſai entraîner par Fabrice,
qui me fit arreter devant une maiſon de belle apparence,
où il me dit qu'il demeuroit. Nous traverſâmes une
cour, où il y avoit d'un côté un grand eſcalier qui con-
duiſoit à des appartemens ſuperbes, et de l'autre une pe-
tite montée auſſi obſcure qu'étroite, par où nous montâ-
mes au logement qui m'avoit été vanté. Il conſiſtoit en
une ſeule chambre, de laquelle mon ingénieux ami s'en
étoit fait quatre, ſéparées par des cloiſons de ſapin. La
prémière ſervoit d'antichambre à la ſeconde où il cou-
choit, il faiſoit ſon cabinet de la troiſième, et ſa cuiſine de
la dernière. La chambre et l'antichambre étoient tapiſ-
ſées de Cartes Géographiques, de Théſes de Philoſophie,
et les meubles répondoient à la tapiſſerie. C'étoit un
grand lit de brocard tout uſé, de vieilles chaiſes de ſerge
jaune, garnies d'une frange de ſoie de Grenade de la
même couleur, un table à piés dorés, couverte d'un
cuir qui paroiſſoit avoir été rouge, et bordée d'une cré-
pine de faux or devenu noir par laps de tems, avec une
armoire d'ébéne ornée de figures groſſièrement ſculptées.
Il avoit pour bureau dans ſon cabinet une petite table, et

ſa

ſa bibliothèque étoit compoſée de quelques livres avec
pluſieurs liaſſes de papiers qu'on voyoit ſur des ais diſ-
poſés par étages le long du mur. Sa cuiſine, qui me dé-
paroit pas le reſte, contenoit de la poterie et d'autres
utenciles néceſſaires.

Fabrice, après m'avoir donné le loiſir de conſidérer
ſon appartement, me dit : Que penſes-tu de mon mé-
nage et de mon logement ? N'en es-tu pas enchanté ?
Oui, ma foi, lui répondis-je en ſouriant. Il faut que
tu ne faſſes pas mal tes affaires à Madrid, pour y être ſi
bien nipé. Tu as ſans-doute quelque Commiſſion. Le
Ciel m'en préſerve, repliqua-t-il ? Le parti que j'ai pris
eſt au-deſſus de tous les emplois. Un homme de diſtinc-
tion, à qui cet hôtel appartient, m'y a donné une cham-
bre, dont j'ai fait quatre pièces que j'ai meublées comme
tu vois. Je ne m'occupe que des choſes qui me font
plaiſir, et je ne ſens pas la néceſſité. Parle-moi plus
clairement, interrompis-je. Tu irrites l'envie que j'ai
d'aprendre ce que tu fais. Hé bien, me dit-il, je vais
te contenter. Je ſuis devenu Auteur, je me ſuis jetté
dans le bel eſprit, j'écris en vers et en proſe, je ſuis au
poil et à la plume.

Toi, Favori d'Apollon, m'écriai-je en riant ! voilà
ce que je n'aurois jamais deviné. Je ſerois moins ſurpris
de te voir tout autre choſe. Quels charmes as-tu donc
pu trouver dans la condition des Poëtes ? Il me ſemble
que ces gens-là ſont mépriſés dans la Vie Civile, et qu'ils
n'ont pas un ordinaire reglé. Hé fi, s'écria-t-il à ſon
tour ! tu me parles de ces miſérables Auteurs, dont les
Ouvrages ſont le rebut des Libraires et des Comédiens.
Faut-il s'étonner ſi l'on n'eſtime pas de ſemblables Ecri-
vains ? Mais les bons, mon ami, ſont ſur un meilleur
pié dans le monde ; et je puis dire ſans vanité, que je
ſuis du nombre de ceux-ci. Je n'en doute pas, lui dis-je,
tu es un garçon plein d'eſprit. Ce que tu compoſes ne
doit pas être mauvais. Je ne ſuis en peine que de ſavoir
comment la rage d'écrire a pu te prendre.

Ton étonnement eſt juſte, reprit Nunnez. J'étois ſi
content de mon état chez le Seigneur Manuel Ordognez,
que je n'en ſouhaitois pas d'autre. Mais mon génie s'é-
levant peu à peu comme celui de Plaute au-deſſus de la
ſervitude, je compoſai une Comédie que je fis repréſenter

par

par des Comédiens qui jouoient à Valladolid. Quoiqu'elle ne valût pas le diable, elle eut néanmoins un fort grand succès. Je jugeai par-là que le Public étoit une bonne vache à lait, qui se laissoit aisément traire. Cette réflexion et la fureur de faire de nouvelles Piéces me détacherent de l'Hôpital. L'amour de la Poësie m'ota celui des Richesses. Je résolus de me rendre à Madrid, comme au centre des Beaux-Esprits, pour y former mon goût. Je demandai mon congé à l'Administrateur, qui ne me le donna qu'à regret, tant il avoit d'affection pour moi. Fabrice, me dit-il, aurois-tu quelque sujet de mécontentement? Non, lui répondis-je, Seigneur. Vous êtes le meilleur de tous les Maîtres, et je suis pénétré de vos bontés. Mais vous savez qu'il faut suivre son étoile. Je me sens né pour éterniser mon nom par des Ouvrages d'esprit. Quelle folie, me repliqua ce bon Bourgeois! Tu as déja pris racine à l'Hôpital, tu es du bois dont on fait les Oeconomes, et quelquefois même les Administrateurs. Tu veux quiter le solide pour t'occuper de fadaises. Tant pis pour toi, mon enfant.

L'Administrateur voyant qu'il combattoit inutilement mon dessein, me paya mes gages, et me fit présent d'une cinquantaine de ducats pour reconnoître mes services. De manière qu'avec cela, et ce que je pouvois avoir grapillé dans les petites commissions dont on avoit chargé mon intégrité, je fus en état, en arrivant à Madrid, de me mettre proprement: ce que je ne manquai pas de faire, quoique les Ecrivains de notre Nation ne se piquent guères de propreté. Je connus bientôt *Lope de Vega Carpio, Miguel Cervantez de Saavédra*, et les autres fameux Auteurs: mais préférablement a ces Grands-Hommes, je choisis pour mon Précepteur un jeune Bachelier Cordouan, l'incomparable *Don Louis de Gongora*, le plus beau génie que l'Espagne ait jamais produit. Il ne veut pas que ses Ouvrages soient imprimés de son vivant, il se contente de les lire à ses amis. Ce qu'il a de particulier, c'est que la Nature l'a doué du rare talent de réussir dans toutes sortes de Poësies. Il excelle principalement dans les Pièces Satyriques, voilà son fort. Ce n'est pas, comme Lucilius, un Fleuve bourbeux qui entraîne avec lui beaucoup de limon, c'est le Tage qui roule des eaux pures sur un sable d'or.

Tu me fais, dis-je à Fabrice, un beau portrait de ce Bachelier; et je ne doute pas qu'un perſonnage de ce mérite-là n'ait bien des envieux. Tous les Auteurs, répondit-il, tant bons que mauvais, ſe déchaînent contre lui. Il aime l'enflure, dit l'un, les pointes, les méta-phores, et les tranſpoſitions. Ses vers, dit un autre, ont l'obſcurité de ceux que les Prêtres Saliens chantoient dans leurs proceſſions, et que perſonne n'entendoit. Il y en a même qui lui reprochent de faire tantôt des Sonnets ou des Romances, tantôt des Comédies, des Dixains, et des Létrilles, comme s'il avoit follement entrepris d'effacer les meilleurs Ecrivains dans tous les genres. Mais tous ces traits de jalouſie ne font que s'émouſſer contre une Muſe chérie des Grands et de la multitude.

C'eſt donc ſous un ſi habile Maitre que j'ai fait mon aprentiſſage, et j'oſe dire qu'il y paroit. J'ai ſi bien pris ſon eſprit, que je compoſe déja des morceaux abſtraits qu'il avoueroit. Je vais à ſon exemple débiter ma mar-chandiſe dans les grandes Maiſons, où l'on me reçoit à merveille, et où j'ai affaire à des gens qui ne ſont pas fort difficiles. Il eſt vrai, j'ai le débit ſéduiſant, ce qui ne nuit pas à mes compoſitions. Enfin, je ſuis aimé de plu-ſieurs Seigneurs, et je vis ſur-tout avec le Duc de Médi-na Sidonia comme Horace vivoit avec Mécénas. Voilà, pourſuivit Fabrice, de quelle manière j'ai été métamor-phoſé en Auteur. Je n'ai plus rien à te conter, c'eſt à toi, Gil Blas, à chanter tes exploits.

Alors je pris la parole, et ſuprimant toute circonſtance indifférente, je lui fis le détail qu'il demandoit. Après cela il fut queſtion de diner. Il tira de ſon armoire d'é-béne des ſerviettes, du pain, un reſte d'épaule de mou-ton rôti, une bouteille d'excellent vin, et nous nous mîmes à table avec toute la gayeté de deux amis qui ſe rencontrent après une longue ſéparation. Tu vois, me dit-il, ma vie libre et indépendante. J'irois, ſi je vou-lois, tous les jours manger chez les Perſonnes de qualité; mais outre que l'amour du travail me retient ſouvent au logis, je ſuis un petit Ariſtippe. Je m'accommode égale-ment du grand monde et de la retraite, de l'abondance et de la frugalité.

Nous trouvâmes le vin ſi bon, qu'il fallut tirer de l'ar-moire une ſeconde bouteille. Entre la poire et le fro-mage, je lui témoignai que je ſerois bien-aiſe de voir quel-

quelqu'une de ses productions. Auſſitôt il chercha parmi ſes papiers un Sonnet, qu'il me lut d'un air emphatique. Néanmoins, malgré le charme de la lecture, je trouvaï l'ouvrage ſi obſcur, que je n'y compris rien du tout. Il s'en apperçut. Ce Sonnet, me dit-il, ne te paroit pas fort clair, n'eſt-ce pas? Je lui avouai que j'y aurois voulu un peu plus de netteté. Il ſe mit à rire à mes dépens. Si ce Sonnet, reprit-il, n'eſt guères intelligible, tant mieux. Les Sonnets, les Odes et les autres Ouvrages qui veulent du ſublime, ne s'accommodent pas du ſimple et du naturel. C'eſt l'obſcurité qui en fait tout le mérite. Il ſuffit que le Poëte croie s'entendre. Tu te moques de moi, interrompis-je, mon ami, il faut du bon ſens et de la clarté dans toutes les Poëſies, de quelque nature qu'elles ſoient. Et ſi ton incomparable Gongora n'écrit pas plus clairement que toi, je t'avoue que j'en rabas bien. C'eſt un Poëte qui ne peut tout au plus tromper que ton ſiècle. Voyons préſentement de ta proſe.

Nunnez me fit voir une Préface qu'il prétendoit, diſoit-il, mettre à la tête d'un Recueil de Comédies qu'il avoit ſous preſſe. Enſuite il me demanda ce que j'en penſois. Je ne ſuis pas, lui dis-je, plus ſatisfait de ta proſe que de tes vers. Ton Sonnet n'eſt qu'un pompeux galimatias; et il y a dans ta Préface des expreſſions trop recherchées, des mots qui ne ſont point marqués au coin du Public, des phraſes entortillées pour ainſi dire; en un mot, ton ſtile eſt ſingulier, les livres de nos bons et anciens Auteurs ne ſont pas écrits comme cela. Pauvre ignorant, s'écria Fabrice! Tu ne ſais pas que tout *Proſateur* qui aſpire aujourd'hui à la reputation d'une plume délicate, affecte cette ſingularité de ſtile, ces expreſſions détournées qui te choquent. Nous ſommes cinq ou ſix Novateurs hardis, qui avons entrepris de changer la langue du blanc au noir. Et nous en viendrons à bout, s'il plaît à Dieu, en dépît de Lope de Véga, de Cervantez, et de tous les autres Beaux-Eſprits qui nous chicanent ſur nos nouvelles façons de parler. Nous ſommes ſecondés par un nombre de Partiſans de diſtinction, nous avons dans notre cabale juſqu'à des Théologiens.

Après tout, continua-t-il, notre deſſein eſt louable; et le préjugé à part, nous valons mieux que ces Ecrivains

natu-

naturels, qui parlent commé le commun des hommes.
Je ne fai pas pourquoi il y a tant d'honnêtes-gens qui les
eſtiment.   Cela étoit fort bon à Athènes et à Rome, où
tout le monde étoit confondu, et c'eſt pourquoi Socrate
dit à Alcibiade, *que le Peuple eſt un excellent Maitre de
Langue.*   Mais à Madrid nous avons un bon et un mau-
vais uſage, et nos Courtiſans s'expriment autrement que
nos Bourgeois, tu peux m'en croire.   Enfin, notre ſtile
nouveau l'emporte ſur celui de nos Antagoniſtes.   Je
veux, par un ſeul trait, te faire ſentir la différence qu'il
y a de la gentilleſſe de notre diction à la platitude de la
leur.   Ils diroient par exemple tout uniment, *Les Inter-
mèdes* embelliſſent *une Comédie* ; et nous, nous diſons
plus joliment, *Les Intermedes* font beauté *dans une Co-
médie.*   Rémarque bien ce *font beauté.*   En ſens-tu tout
le brillant, toute la délicateſſe, tout le mignon!

J'interrompis mon Novateur par un éclat de rire.   Va
Fabrice, lui dis-je, tu es un original avec ton langage
précieux.   Et moi, répondit-il, tu n'es qu'une bête
avec ton ſtile naturel.   *Allez,* pourſuivit-il, en m'apli-
quant ces paroles de l'Archevêque de Grenade, *allez
trouver mon Tréſorier, qu'il vous compte cent ducats, et
que le Ciel vous conduiſe avec cette ſomme* ; *adieu, Mon-
ſieur Gil Blas, je vous ſouhaite un peu plus de goût.*   Je
renouvellai mes ris à cette ſaillie, et Fabrice me pardon-
nant d'avoir parlé avec irrévérence de ſes Ecrits, ne per-
dit rien de ſa belle humeur.   Nous achevâmes de boire
notre ſeconde bouteille.   Après quoi nous nous levâmes
de table, tous deux aſſez bien conditionnés.   Nous ſortî-
mes dans le deſſein de nous aller promener au Prado;
mais en paſſant devant la porte d'un Marchand de Li-
queurs, il nous prit fantaiſie d'entrer chez lui.

Il y avoit ordinairement bonne compagnie dans cet
endroit-là.   Je vis dans deux ſalles ſéparées, des Cava-
liers qui s'amuſoient différemment.   Dans l'une, on jouoit
à la prîme et aux échecs; et dans l'autre, dix à douze per-
ſonnes étoient fort attentives à écouter deux Beaux Eſ-
prits de profeſſion qui diſputoient.   Nous n'eûmes pas
beſoin de nous aprocher d'eux, pour entendre qu'une
propoſition de Métaphyſique faiſoit le ſujet de leur diſ-
pute; car ils parloient avec tant ce chaleur et d'emporte-
ment, qu'ils avoient l'air de deux poſſédés.   Je m'ima-
gine

gine que fi en leur eût mis fous le nez l'Anneau d'Eléa-
zar, on auroit vu fortir des Démons par leurs narines.
Hé, bon Dieu, dis-je a mon Compagnon, quelle vivaci-
tè, quels poûmons! Ces Difputeurs étoient nés pour
être des Crieurs publics. La plupart des hommes font
déplacés. Oui vraiment, répondit-il; ces gens-ci font
apparemment de la race de Novius, ce Banquier Romain,
dont la voix s'élevoit au deffus du bruit des Charretiers.
Mais, ajouta-t-il, ce qui me dégoûteroit le plus de leurs
difcours, c'eft qu'on en a les oreilles infructueufement
étourdies. Nous nous éloignâmes de ces Métaphyfici-
ens bruyans, et par-là je fis avorter une migraine qui
commençoit à me prendre. Nous allâmes nous placer
dans un coin de l'autre falle, d'où, en buvant des liqueurs
rafraîchiffantes, nous nous mîmes à examiner les Cavaliers
qui entroient et ceux qui fortoient. Nunnez les con-
noiffoit prefque tous. Vive Dieu, s'écria-t-il, la difpute
de nos Philofophes ne finira pas fitôt! Voici des troupes
fraîches qui arrivent. Ces trois hommes qui entrent vont
fe mettre de la partie. Mais vois-tu ces deux originaux
qui fortent! Ce petit Perfonnage bazané, fec, et dont les
cheveux plats et longs lui defcendent par égale portion
par devant et par derrière, s'apelle Don Julien de Villa-
nunno. C'eft un jeune Oydor qui tranche du Petit-Maître.
Nous allâmes, un de mes amis et moi, diner chez lui l'au-
tre jour. Nous le furprîmes dans une occupation affez
fingulière. Il fe divertiffoit dans fon cabinet à jetter et à
fe faire apporter par un grand levrier les facs d'un Procès
dont il eft Raporteur, et que le chien déchiroit à belles
dents. Ce Licentié qui l'accompagne, cette face rubi-
conde, fe nomme Don Chérubin Tonto. C'eft un Cha-
noine de l'Eglife de Tolède, le plus imbécille mortel
qu'il y ait au monde. Cependant, à fon air riant et
fpirituel, vous lui donneriez beaucoup d'efprit. Il a des
yeux brillans, avec un rire fin et malicieux. On diroit
qu'il penfe très finement. Lit-on devant lui un Ouvrage
délicat? il l'écoute avec une attention que vous croyez
pleine d'intelligence, et toutefois il n'y comprend rien.
Il étoit du repas chez l'Oydor. On y dit mille jolies
chofes, une infinité de bons-mots. Don Chérubin ne
parla pas, mais il aplaudiffoit avec des grimaces et des

démonftrations qui paroiffoient fupérieures aux faillies mêmes qui nous échappoient.

Connois-tu, dis-je à Nunnez, ces deux mal peignés, qui, les coudes apuyés fur une table, s'entretiennent tout bas dans ce coin, en fe foufflant au nez leurs haleines ? Non, me répondit-il, ces vifages-là me font inconnus. Mais, felon toutes les apparences, ce font des Politiques de Caffés, qui cenfurent le Gouvernement. Confidère ce gentil Cavalier qui fiffle en fe promenant dans cette falle, et en fe foutenant tantôt fur un pié et tantôt fur un autre. C'eft Don Auguftin Moréto, un jeune Poëte, qui n'eft pas né fans talent, mais que les flateurs et les ignorans ont rendu prefque fou. L'homme que tu vois qu'il aborde, eft un de fes Confrères, qui fait de la profe rimée, et que Diane a auffi frappé.

Encore des Auteurs, s'écria-t-il en me montrant deux Hommes d'Epée qui entroient. Il femble qu'ils fe foient tous donné le mot pour venir ici paffer en revue devant toi. Tu vois Don Bernard Deffenguado, et Don Sébaftien de Villa Viciofa. Le prémier eft un Efprit plein de fiel, un Auteur né fous l'étoile de Saturne, un Mortel malfaifant, qui fe plaît à haïr tout le monde, et qui n'eft aimé de perfonne. Pour Don Sébaftien c'eft un Garçon de bonne foi, un Auteur qui ne veut rien avoir fur la confcience. Il a depuis peu mis au Théatre une Pièce, qui a eu une réuffite extraordinaire ; et il la fait imprimer, pour n'abufer pas plus longtems de l'eftime du Public.

Le charitable Elève de Gongora fe préparoit à continuer de m'expliquer les figures du tableau changeant que nous avions devant les yeux, lorfqu'un Gentilhomme du Duc de Médina Sidonia vint l'interrompre en lui difant: Seigneur Don Fabricio, je vous cherchois pour vous avertir que Monfieur le Duc voudroit bien vous parler, il vous attend chez lui. Nunnez, qui favoit qu'on ne peut fatisfaire affez-tôt un Grand Seigneur qui fouhaite quelque chofe, me quita dans le moment, pour aller troüver fon Mécénas, me laiffant fort étonné de l'avoir entendu traiter de Don, et de le voir ainfi devenu noble en dépit de Maître Chryfoftôme le Barbier fon Pere.

C H A-

CHAPITRE XIV.

*Fabrice place Gil Blas auprès du Comte Galiano, Seigneur
Sicilien.*

J'AVOIS trop d'envie de revoir Fabrice, pour n'étre
pas chez lui le lendemain de grand matin. Je donne le
bon-jour, dis-je en entrant, au Seigneur Don Fabricio, la
fleur, ou plutôt le champignon de la Noblesse Asturienne.
A ces paroles, il se mit à rire. Tu as donc remarqué,
s'écria-t-il, qu'on m'a traité de Don ? Oui, mon Gentil-
homme, lui répondis-je, et vous me permettrez de vous
dire, qu'hier en me contant votre métamorphose, vous
oubliâtes le meilleur. D'accord, repliqua-t-il ; mais en
vérité, si j'ai pris ce titre d'honneur, c'est moins pour
contenter ma vanité, que pour m'accommoder à celle des
autres. Tu connois les Espagnols. Il ne font aucun
cas d'un honnête-homme, s'il a le malheur de manquer
de bien et de naissance. Je te dirai de plus, que je vois
tant de gens qui se font apeller Don François, Don Pè-
dre, ou Don comme tu voudras, que s'il n'y a point de
tricherie dans leur fait, tu conviendras que la Noblesse est
une chose bien commune, et qu'un Roturier qui a du mé-
rite, lui fait honneur quand il veut bien s'y agréger.
Mais changeons de matière, ajouta-t-il. Hier au soir
au souper du Duc de Médina Sidonia, où entre autres
Convives étoit le Comte Galiano, Grand-Seigneur Sicil-
ien, la conversation tomba sur les effets ridicules de l'a-
mour-propre. Charmé d'avoir de quoi réjouïr la com-
pagnie là-dessus, je la régalai de l'histoire des homélies.
Tu t'imagines bien qu'on en a ri, et qu'on en a donné de
toutes les façons à ton Archevêque. Ce qui n'a pas pro-
duit un mauvais effet pour toi ; car on t'a plaint, et le
Comte Galiano, après m'avoir fait force questions sur ton
chapitre, auxquelles tu peux croire que j'ai répondu com-
me il falloit, m'a chargé de te mener chez lui. J'allois
te chercher tout-à-l'heure pour t'y conduire. Il veut ap-
paremment te proposer d'être un de ses Sécretaires. Je
ne te conseille pas de rejetter ce parti. Le Comte est riche,
et fait à Madrid une dépense d'Ambassadeur. On dit
qu'il est venu à la Cour pour conférer avec le Duc de
Lerme

Lerme fur des Biens Royaux que ce Miniftre a deffein d'aliéner en Sicile. Enfin le Comte Galiano, quoique Sicilien, paroit généreux, plein de droiture et de franchife. Tu ne faurois mieux faire que de t'attacher à ce Seigneur là. C'eft lui probablement qui doit t'enrichir, fuivant ce qu'on t'a prédit à Grenade.

J'avois réfolu, dis-je à Nunnez, de battre un peu le pavé, et de me donner du bon tems, avant que de me remettre à fervir ; mais tu me parles du Comte Sicilien d'une manière qui me fait changer de réfolution, je voudrois deja être auprès de lui. Tu y feras bientôt, reprit-il, ou je fuis fort trompé. Nous fortîmes en même tems tous deux pour aller chez le Comte, qui occupoit la maifon de Don Sanche d'Avila fon ami, qui étoit alors à la campagne.

Nous trouvâmes dans la cour, je ne fai combien de pages et de laquais qui portoient une livrée auffi riche que galante, et dans l'antichambre plufieurs Ecuyers, Gentilshommes et autres Officiers. Ils avoient tous des habits magnifiques, mais avec cela des faces fi baroques, que je crus voir une troupe des Singes vêtus à l'Efpagnole. Il y a des mines d'hommes et de femmes pour qui l'art ne peut rien.

On annonça Don Fabricio, qui fut introduit un moment après dans la chambre, où je le fuivis. Le Comte en robe de chambre, étoit affis fur un fopha, et prenoit fon chocolat. Nous le faluâmes avec toutes les demonftrations d'un profond refpect ; il nous fit de fon côté une inclination de tête, accompagnée de regards fi gracieux, que je me fentis d'abord gagner l'ame. Effet admirable, et pourtant ordinaire, que fait fur nous l'accueil favorable des Grands ! Il faut qu'ils nous reçoivent bien mal, quand ils nous déplaîfent.

Après avoir pris fon chocolat, il s'amufa quelque tems à badiner avec un gros Singe qu'il avoit auprès de lui, et qu'il apelloit Cupidon. Je ne fai pourquoi on avoit donné le nom de ce Dieu à cet animal, fi ce n'eft à caufe qu'il en avoit toute la malice ; car il ne lui reffembloit nullement d'ailleurs. Il ne laiffoit pas, tel qu'il étoit, de faire les délices de fon Maître, qui étoit fi charmé de fes gentilleffes, qu'il l'avoit fans ceffe dans fes bras. Nunnez et moi, quoique peu divertis des gambades du Singe, nous
fîmes

Fmes femblant d'en être enchantés. Cela plut fort au
Sicilien, qui fufpendit le plaifir qu'il prenoit à ce paffe-
tems, pour me dire, Mon ami, il ne tiendra qu'à vous
d'être un de mes Sécretaires. Si le parti vous convient,
je vous donnerai deux cens piftoles tous les ans: il fuffit
que Don Fabricio vous préfente, et réponde de vous. Oui,
Seigneur, s'écria Nunnez, je fuis plus hardi que Platon,
qui n'ofoit répondre d'un de fes amis, qu'il envoyoit à
Denis le Tyran. Je ne crains pas de m'attirer des re-
proches.

Je remerciai par une révérence le Poëte des Afturies de
fa hardieffe obligeante; puis m'adreffant au Patron, je
l'affurai de mon zèle et de ma fidélité. Ce Seigneur ne
vit pas plutôt que fa propofition m'étoit agréable, qu'il fit
apeller fon Intendant, à qui il parla tout bas. Enfuite il
me dit, Gil Blas, je vous aprendrai tantôt à quoi je pré-
tens vous employer. Vous n'avez, en attendant, qu'à
fuivre mon Homme d'affaires, il vient de recevoir des or-
dres qui vous regardent. J'obéis, laiffant Fabrice avec le
Comte et Cupidon.

L'Intendant, qui étoit un Meffinois des plus fins, me
conduifit à fon appartement, en m'accablant d'honnêtetés.
Il envoya chercher le Tailleur qui avoit habillé toute la
maifon, et lui ordonna de me faire promptement un habit
de la même magnificence que ceux des principaux Offici-
ers. Le Tailleur prit ma mefure, et fe retira. Pour vo-
tre logement, me dit le Meffinois, je fai une chambre qui
vous conviendra. Eh! avez-vous déjeuné, pourfuivit-il?
Je répondis que non. Ah, pauvre garçon que vous êtes,
reprit-il, que ne parlez-vous! Venez, je vais vous mener
dans un endroit, où, graces au Ciel, il n'y a qu'à de-
mander tout ce qu'on veut pour l'avoir.

A ces mots, il me fit defcendre à l'Office, où nous
trouvâmes le Maître-d'hotel, qui étoit un Napolitain, qui
valoit bien un Meffinois. On pouvoit dire de lui et de
l'Intendant, que les deux en faifoient la paire. Cet hon-
nête Maître-d'hôtel étoit avec cinq ou fix des fes amis,
qui s'empiffroient de jambons, de langues de bœuf, et
d'autres viandes falées, qui les obligeoient à boire coup
fur coup. Nous nous joignîmes à ces bons vivans, et les
aidâmes à feffer les meilleurs vins de Monfieur le Comte.
Pendant que ces chofes fe paffoient à l'Office, il s'en paf-

foit d'autres à la cuifine. Le Cuifinier régaloit auffi trois
ou quatre Bourgeois de fa connoiffance, qui fe rempliffoi-
ent l'eftomac de pâtés de lapins et de perdrix.)Il n'y a-
voit pas jufqu'aux Marmitons qui ne fe donnaffent au cœur
joie de tout ce qu'ils pouvoient efcamotter.) Je me crus
dans une maifon abandonnée au pillage, cependant ce
n'étoit rien que cela. Je ne voyois que des bagatelles, en
comparaifon de ce que je ne voyois pas.

C H A P I T R E XV.

*Des Emplois que le Comte Galiano donna dans fa maifon
à Gil Blas.*

JE fortis pour aller chercher mes hardes, et les faire ap-
porter à ma nouvelle demeure. Quand je revins, le
Comte étoit à table avec plufieurs Seigneurs et le Poëte
Nunnez, lequel d'un air aifé fe faifoit fervir, et fe méloit
à la converfation. Je remarquai même qu'il ne difoit pas
un mot, qui ne fît plaifir à la compagnie. Vive l'ef-
prit! quand on en a, on fait bien tous les perfonnages
qu'on veut.

Pour moi je dinai avec les Officiers, qui furent traités,
à peu de chofe près, comme le Patron. Après le repas,
je me retirai dans ma chambre, où je me mis à réfléchir
fur ma condition. Hé bien, me dis-je, Gil Blas, te voilà
donc auprès d'un Comte Sicilien dont tu ne connois pas le
caractère. A juger fur les apparences, tu feras dans fa
maifon comme le poiffon dans l'eau. Mais il ne faut jurer
de rien, et tu dois te défier de ton étoile, dont tu n'as
que trop fouvent éprouvé la malignité. Outre cela, tu
ignores à quoi il te deftine. Il a des Sécretaires et un In-
tendant, quels fervices veut-il donc que tu lui rendes? Ap-
paremment qu'il a deffein de te faire porter le Caducée. A
la bonne heure. On ne fauroit être fur un meilleur pié
chez un Seigneur, pour faire fon chemin en pofte. En
rendant de plus honnêtes fervices, on ne marche que pas
à pas, et encore n'arrive-t-on pas toujours à fon but.

Tandis que je faifois de fi belles réflexions, un laquais
vint me dire que tous les Cavaliers qui avoient diné à
l'hôtel, venoient de fortir pour s'en retourner chez eux,
et que Monfieur le Comte me demandoit. Je volai auffi-
tôt

ᵗôt à fon appartement, où je le trouvai couché fur le
Sopha, et prêt à faire la *fiefte* avec fon Singe, qui étoit à
côté de lui.

Aprochez, Gil Blas, me dit-il, prenez un fiège et
m'écoutez.   Je fis ce qu'il m'ordonnoit, et il me parla
dans ces termes.   Don Fabricio m'a dit, qu'entre autres
bonnes qualités vous aviez celle de vous attacher à vos
Maitres, et que vous étiez un garçon plein d'intégrité.
Ces deux chofes m'ont déterminé à vous propofer d'être
à moi.   J'ai befoin d'un domeftique affectionné, qui é-
poufe mes intérets, et qui mette tout fon attention à con-
ferver mon bien.   Je fuis riche à-la-vérité, mais ma dé-
penfe va tous les ans fort au-delà de mes revenus.   Eh
pourquoi ? C'eft qu'on me pille.   Je fuis dans ma maifon,
comme dans un bois rempli de voleurs.   Je foupçonne
mon Maître-d'hôtel et mon Intendant de s'entendre en-
femble, en voilà plus qu'il n'en faut pour me ruiner de
fond en comble.   Vous me direz que fi je les crois fri-
pons, je n'ai qu'à les chaffer. | Mais où en prendre d'au-
tres qui foient pétris d'un meilleur limon ? | Je me conten-
terai de les faire obferver l'un et l'autre, par un homme
qui aura droit infpection fur leur conduite, et c'eft vous
que je choifis pour remplir cette commiffion.   Si vous vous
en acquitez bien, foyez fûr que vous ne fervirez pas un in-
grat.   J'aurai foin de vous établir en Sicile très avan-
tageufement.

Après m'avoir tenu ce difcours, il me renvoya ; et dès
le foir même, devant tous les domeftiques, je fus pro-
clamé Surintendant de la maifon.   Le Meffinois et la Na-
politain n'en furent pas d'abord fort mortifiés, parce que je
leur paroiffois un gaillard de bonne compofition, et qu'ils
comptoient qu'en partageant avec moi le gâteau, ils iroi-
ent toujours leur train.   Mais ils fe trouverent bien fots le
jour fuivant, lorfque je leur déclarai que j'étois ennemi de
toute malverfation.   Je demandai au Maître-d'hôtel un
état des provifions.   Je vifitai la cave.   Je pris auffi con-
noiffance de tout ce qu'il y avoit dans l'office, je veux dire
de l'argenterie et du linge.   Je les exhortai enfuite tous
deux à ménager le bien du Patron, à ufer d'épargne dans
la dépenfe, et je finis mon exhortation, en leur proteftant
que j'avertirois ce Seigneur de toutes les mauvaifes man-
œuvres que je verrois faire chez lui.

                                                Je

Je n'en demeurai pas-là. Je voulus avoir un Efpion, pour découvrir s'il y avoit de l'intelligence entre eux. Je jettai les yeux fur un Marmiton, qui s'étant laiffé gagner par mes promeffes, me dit que je ne pouvois mieux m'adreffer qu'à lui pour être inftruit de tout ce qui fe paffoit au logis: Que le Maître-d'hôtel et l'Intendant étoient d'accord enfemble, et bruloient la chandelle par les deux bouts: Qu'ils détournoient tous les jours la moitié des viandes qu'on achetoit pour la mafon: Que le Napolitain avoit foin d'une Dame qui demeuroit vis-à-vis le Collège de Saint Thomas, et que le Meffinois en entretenoit une autre à la Porte du Soleil: Que ces deux Meffieurs faifoient porter tous les matins chez leurs Nymphes toutes fortes de provifions: Que le Cuifinier de fon côté envoyoit de bons plats à une Veuve qu'il connoiffoit dans le voifinage, et qu'en faveur des fervices qu'il rendoit aux deux autres, à qui il étoit tout dévoué, il difpofoit comme eux des vins de la cave: Enfin que ces trois domeftiques étoient caufe qu'il fe faifoit une dépenfe horrible chez Monfieur le Comte. Si vous doutez de mon rapport, ajouta le Marmiton, donnez-vous la peine de vous trouver demain matin fur les fept heures auprès du Collège de Saint Thomas, vous me verrez chargé d'une hotte qui changera votre doute en certitude. Tu es donc, lui dis-je, commiffionnaire de ces galans pourvoyeurs? Je fuis, répondit-il, employé par le Maître-d'hotel, et un de mes camarades fait les meffages de l'Intendant.

J'eus le lendemain la curiofité de me rendre à l'heure marquée auprès du Collège de Saint Thomas. Je n'attendis pas longtems mon efpion. Je le vis arriver avec une grande hotte toute pleine de viande de boucherie, de volaille et de gibier. Je fis l'inventaire des pièces, et j'en dreffai fur mes tablettes un petit procès verbal, que j'allai montrer à mon Maître, après avoir dit au Fouille-au-pot, qu'il pouvoit, comme à fon ordinaire, s'acquiter de fa commiffion.

Le Seigneur Sicilien, qui étoit fort vif de fon naturel, voulut dans fon prémier mouvement chaffer le Napolitain et le Meffinois; mais après y avoir fait réflexion, il fe contenta de fe défaire du dernier, dont il me donna la place. Ainfi ma charge de Surintendant fut fuprimée peu de tems après fa creation, et franchement je n'y eus

point

point de regret. Ce n'étoit à proprement parler qu'un emploi honorable d'Espion, qu'un poste qui n'avoit rien de solide ; au-lieu qu'en devenant Monsieur l'Intendant, je me vois maître du coffre fort, et c'est là le principal. C'est toujours ce domestique là qui tient le prémier rang dans une grande maison ; et il y a tant de petits bénéfices attachés à son administration, qu'il s'enrichiroit, quand même il seroit honnête homme. —

Mon Napolitain, qui n'étoit pas au bout de ses finesses, remarquant que j'avois un zèle brutal, et que je me mettois sur le pié de voir tous les matins les viandes qu'il achetoit, et d'en tenir régître, cessa d'en détourner ; mais le bourreau continua d'en prendre la même quantité chaque jour. Par cette ruse, augmentant le profit qu'il tiroit de la desserte de la table, qui lui apartenoit de droit, il se mit en état d'envoyer du-moins de la viande cuite à sa Mignonne, s'il ne pouvoit plus lui en fournir de crue. Le diable enfin n'y perdoit rien, et le Comte n'étoit guères plus avancé d'avoir le Phénix des Intendans. L'abondance excessive que je vis alors règner dans le repas, me fit deviner ce nouveau tour, et j'y mis aussitôt bon ordre, en retranchant le superflu de chaque service. Ce que je fis toutefois avec tant de prudence, qu'on n'y aperçut point un air d'épargne. On eût dit que c'étoit toujours la même profusion. Et néanmoins, par cette œconomie, je ne laissai pas de diminuer considérablement la dépense. Voilà ce que le Patron demandoit. Il vouloit ménager sans paroître moins magnifique. Son avarice étoit subordonnée à son ostentation.

Il s'offrit encore un autre abus à réformer. Je trouvois que le vin alloit bien vite. S'il y avoit, par exemple, douze Cavaliers à la table du Seigneur, il se buvoit cinquante et quelquefois jusqu'à soixante bouteilles. Cela m'étonnoit, et ne doutant pas qu'il n'y eût de la friponnerie là-dedans, je consultai là-dessus mon Oracle, c'est-à-dire, mon Marmiton, avec qui j'avois souvent des entretiens secrets, et qui me rapportoit fidèlement tout ce qui se disoit et faisoit dans la cuisine, où il n'étoit suspect à personne. Il m'aprit que le dégat dont je me plaignois, venoit d'une nouvelle ligue fait entre le Maître-d'hôtel, le Cuisinier, et les Laquais qui versoient à boire : Que ceux-

ci remportoient les bouteilles à demi-pleines, qui se par-
tageoient ensuite entre les confédérés. Je parlai aux la-
quais, je les menaçai de les mettre à la porte s'ils s'avi-
soient de récidiver, et il n'en fallut pas davantage pour
les faire rentrer dans leur devoir. Mon Maître, que j'a-
vois grand soin d'informer des moindres choses que je
faisois pour son bien, me combloit de louanges, et prenoit
de jour en jour plus d'affection pour moi. De mon côté,
pour récompenser le Marmiton qui me rendoit de si bons
services, je le fis Aide de cuisine.

Le Napolitain enrageoit de me rencontrer par-tout.
Et ce qui le mortifioit cruellement, c'étoit les contradic-
tions qu'il avoit à essuyer de ma part, toutes les fois qu'il
s'agissoit de me rendre ses comptes ; car pour mieux lui
rogner les ongles, je me donnois la peine d'aller dans
les marchés pour savoir le prix des Denrées. Desorte
que je le voyois venir après cela, et comme il ne man-
quoit pas de vouloir ferrer la mule, je le relançois vigou-
reusement. J'étois bien persuadé qu'il me maudissoit
cent fois le jour : mais le sujet de ses malédictions m'em-
pêchoit de craindre qu'elles ne fussent exaucées. Je ne
sai comment il pouvoit résister à mes persécutions, et ne
pas quiter le service du Seigneur Sicilien. Sans-doute
que malgré tout cela, il y trouvoit encore son compte.

Fabrice, que je voyois de tems en tems, et à qui je
contois toutes mes prouesses d'Intendant jusqu'alors in-
ouïes, étoit plus disposé à blâmer ma conduite, qu'à l'ap-
prouver. Dieu veuille, me dit-il un jour, qu'après tout
ceci ton desintéressement soit bien récompensé ; mais
entre nous, si tu n'étois pas si roide avec le Maître-d'hô-
tel, je crois que tu n'en ferois pas plus mal. Hé quoi,
lui répondis-je, ce voleur mettra effrontément dans un é-
tat de dépense à dix pistoles un poisson qui ne lui en aura
couté que quatres, et tu veux que je lui passe cet article-
là ? Pourquoi non, repliqua-t-il froidement ? Il n'a
qu'à te donner la moitié du surplus, et il fera les choses
dans les règles. Sur ma foi, notre Ami, continua-t-il en
branlant la tête, vous êtes un vrai gâte-maison, et vous
avez bien la mine de servir longtems, puisque vous n'é-
corchez pas l'anguille pendant que vous la tenez. A-
prénez que la Fortune ressemble à ces Coquettes vives et
légères,

légeres, qui échappent aux Galans qui ne les brufquent pas.

Je ne fis que rire des difcours de Nunnez. Il en rit lui-même à fon tour, et voulut me perfuader qu'il ne me les avoit pas tenus férieufement. Il avoit honte de m'avoir donné inutilement un mauvais confeil. Je demeurai ferme dans la réfolution d'être toujours fidéle et zèlé. Je ne me démentis point, et j'ofe dire qu'en quatre mois, par mon épargne, je fis profit à mon Maitre de trois mille ducats pour le moins.

CHAPITRE XVI.

De l'accident qui arriva au Singe du Comte Galiano, et du chagrin qu'en eut ce Seigneur. Comment Gil Blas tomba malade, et quelle fut la fuite de fa maladie.

AU bout de ce tems-là, le repos qui règnoit à l'hôtel fut étrangement troublé par un accident qui ne paroîtra qu'une bagatelle au Lecteur, et qui devint pourtant une chofe fort férieufe pour les domeftiques, et fur-tout pour moi. Cupidon, ce Singe dont j'ai parlé, cet Animal fi chéri du Patron, en voulant un jour fauter d'une fenêtre à une autre, s'en acquita fi mal, qu'il tomba dans la cour, et fe démit une jambe. Le Comte ne fut pas fitôt ce malheur, qu'il pouffa des cris qui furent entendus du voifinage; et dans l'excès de fa douleur, s'en prenant à tous fes gens fans exception, peu s'en fallut qu'il ne fît maifon nette. Il borna toutefois fa fureur à maudire notre négligence, et à nous apôftropher fans ménager les termes. Il envoya chercher fur le champ les Chirurgiens de Madrid les plus habiles pour les fractures et diflocations des os. Ils vifitérent la jambe du blefIé, la lui remirent, et la bandérent. Mais quoiqu'ils affuraffent tous que ce n'étoit rien, cela n'empêcha pas que mon Maître ne retînt un d'entr'eux pour demeurer auprès de l'Animal, jufqu'à parfaite guérifon.

J'aurois tort de paffer fous filence les peines et les inquiétudes qu'eut le Seigneur Sicilien pendant tout ce tems-là. Croira-t-on bien que le jour il ne quitoit point fon cher Cupidon. Il étoit préfent quand on le panfoit, et la nuit il fe levoit deux ou trois fois pour le voir. Ce qu'il y avoit de plus fâcheux, c'eſt qu'il falloit que **tous** les domeſtiques, et moi principalement, nous fuſſions toujours ſur pié, pour être prets à courir où l'on jugeroit à propos de nous envoyer pour le ſervice du Singe. En un mot, nous n'eûmes aucun repos dans l'hôtel, juſqu'à ce que la maudite Bête, ne ſe reſſentant plus de ſa chute, ſe remit à faire ſes bonds et ſes culebutes ordinaires.   Après cela refuſerons-nous d'ajouter foi au rapport de Suétone, lorſqu'il dit que Caligula aimoit tant ſon Cheval, qu'il lui donna une maiſon richement meublée, avec des Officiers pour le ſervir, et qu'il en vouloit même faire un Conſul ? Mon Patron n'étoit pas moins charmé de ſon Singe, il en auroit volontiers fait un Corrégidor.

Ce qu'il y eut de malheureux pour moi, c'eſt que j'avois enchéri ſur tous les valets pour mieux faire ma cour au Seigneur, et je m'étois donné de ſi grands mouvemens pour ſon Cupidon, que j'en tombai malade.   La fièvre me prit violemment, et mon mal devint tel que je perdis toute connoiſſance.   J'ignore ce qu'on fit de moi pendant quinze jours que je fus entre la vie et la mort.   Je ſai ſeulement, que ma jeuneſſe luta ſi bien contre la fièvre, et peut-être contre les remèdes qu'on me donna, que je repris enfin mes ſens.   Le prèmier uſage que j'en fis, fut de m'apercevoir que j'étois dans une autre chambre que la mienne.   Je voulois ſavoir pourquoi.   Je le demandai a une vieille Femme qui me gardoit ; mais elle me répondit qu'il ne falloit pas que je parlaſſe, que le Médecin l'avoit expreſſément défendu.   Quand on ſe porte bien on ſe moque ordinairement de ces Docteurs.   Eſt-on malade ? on ſe ſoumet docilement à leurs ordonnances.

Je pris donc le parti de me taire, quelque envie que j'euſſe de m'entretenir avec ma Garde.   Je faiſois des réflexions là-deſſus, lorſqu'il entra deux manières de Petits Maîtres fort leſtes.   Ils avoient des habits de velours, avec de très beau linge garni de dentelles.   Je m'imaginai que c'étoit des Seigneurs amis de mon Maître, leſquels par conſidération pour lui me venoient voir.   Dans cette penſée, je fis un effort pour me mettre en mon ſéant, et j'ôtai par reſpect mon bonnet ; mais ma Garde me recoucha tout de mon long, en me diſant que ces Seigneurs étoient mon Médecin et mon Apoticaire.

Le Docteur s'aprocha de moi, me tâta le poulx, ob-
ferva mon vifage, et remarquant tous les fignes d'une pro-
chaine guérifon, il prit un air de triomphe, comme s'il y
eût mis beaucoup du fien ; et dit, qu'il ne falloit plus
qu'une médecine pour achever fon ouvrage, qu'après
cela il pourroit fe vanter d'avoir fait une belle cure.
Quand il eut parlé de cette forte, il fit écrire par l'Apo-
ticaire une ordonnance, qu'il lui dicta en fe regardant dans
un miroir, en rajuftant fes cheveux, et en faifant des gri-
maces dont je ne pouvois m'empêcher de rire malgré l'é-
tat où j'étois. Enfuite il me falua de la tête fort cavali-
èrement, et fortit plus occupé de fa figure, que des dro-
gues qu'il avoit ordonnées.

Après fon départ, l'Apoticaire, qui n'étoit pas venu
chez moi pour rien, fé prépara, on juge bien à quoi faire.
Soit qu'il craignît que la Vieille ne s'en acquittât pas a-
droitement, foit pour mieux faire valoir la marchandife,
il voulut opérer lui-même : mais avec toute fon adreffe,
je ne fai comment cela fe fit, l'opération fut a peine
achevée, que rendant à l'Opérant ce qu'il m'avoit donné,
je mis fon habit de velours dans un bel état. Il regarda
cet accident comme un malheur attaché à la Pharmacie.
Il prit une ferviette, s'effuya fans dire un mot, et s'en alla
bien réfolu de me faire payer le Dégraiffeur, à qui fans-
doute il fut obligé d'envoyer fon habit.

Il revint le lendemain matin, vétu plus modeftement,
quoiqu'il n'eût rien à rifquer ce jour-là, m'aporter la mé-
decine que le Docteur avoit ordonnée la veille. Outre
que je me fentois mieux de moment en moment, j'avois
tant d'averfion depuis le jour précédent pour les Méde-
cins et les Apoticaires, que je maudiffois jufqu'aux Uni-
verfités où ces Meffieurs reçoivent le pouvoir de tuer les
hommes impunément. Dans cette difpofition, je déclarai
en jurant que je ne voulois plus de remèdes, et que je
donnois au diable Hippocrate et fa Sequelle. L'Apoti-
caire, qui ne fe foucioit nullement de ce que je ferois de
fa compofition, pourvu qu'elle lui fût payée, la laiffa fur
la table, et fe retira fans me dire une fyllabe.

Je fis fur le champ jetter par les fenêtres cette chienne
de médecine, contre laquelle je m'étois fi fort prévenu,
que j'aurois cru être empoifonné fi je l'euffe avalée. A
ce trait de defobéiffance, j'en ajoutai un autre : je rompis
le filence, et dis d'un ton ferme à ma Garde, que je pré-

tendois

tendois abfolument qu'elle m'aprît des nouvelles de mon Maître. La Vieille, qui apréhendoit d'exciter en moi une émotion dangereuse en me fatisfaifant, ou qui peut-être auffi ne s'obftinoit que pour irriter mon mal, héfitoit à me parler ; mais je la preffai fi vivement de m'obéir, qu'elle me répondit enfin : Seigneur Cavalier, vous n'avez plus d'autre Maître que vous-même, le Comte Galiano s'en eft retourné en Sicile.

Je ne pouvois croire ce que j'entendois ; il n'y avoit pourtant rien de plus véritable. Ce Seigneur, dès le fe-cond jour de ma maladie, craignant que je ne mouruffe chez lui, avoit eu la bonté de me faire tranfporter avec mes petits effets dans une chambre garnie, où il m'avoit abandonné fans façon à la Providence et aux foins d'une Garde. Sur ces entrefaites, ayant reçu un ordre de la Cour qui l'obligeoit à repaffer en Sicile, il étoit parti a-vec tant de précipitation, qu'il n'avoit plus fongé à moi ; foit qu'il me comptât déja parmi les morts, ou que les Perfonnes de qualité foient fujettes à ces fautes de mé-moire.

Ma Garde me fit ce détail, et m'aprit que c'étoit elle qui avoit été chercher un Médecin et un Apoticaire, afin que je ne périffe pas fans leur affiftance. Je tombai dans une profonde réverie à ces belles nouvelles. Adieu mon établiffement avantageux en Sicile! Adieu mes plus douces efpérances ! *Quand il vous arrivera quelque grand mal-heur,* dit un Pape, *examinez-vous bien, et vous verrez qu'il y aura toujours un peu de votre faute.* N'en déplaife à ce Saint Père, je ne vois pas comment dans cette occa-fion je contribuai à mon infortune.

Lorfque je vis les flateufes chimères, dont je m'étois rempli la tête, évanouïes, la première chofe dont je m'em-barraffai l'efprit, fut ma valife, que je fis aporter fur mon lit pour la vifiter. Je foupirai en m'apercevant qu'*elle* étoit ouverte. Hélas, ma chère valife, m'écriai-je, mon unique confolation ! Vous avez été, à ce que je vois, à la merci des mains étrangères. Non, non, Seigneur Gil Blas, me dit alors la Vieille, raffurez-vous, on ne vous a rien volé, j'ai confervé votre malle comme mon honneur.

J'y trouvai l'habit que j'avois entrant au fervice du Comte, mais j'y cherchai vainement celui que le Meffinois m'avoit fait faire. Mon Maître n'avoit pas jugé à propos

de

de me le laiffer, ou bien quelqu'un fe l'étoit aproprié.
Toutes mes autres hardes y étoient, et même une grande
bourfe de cuir qui renfermoit mes efpèces, que je comptai
deux fois, ne pouvant croire la prémière, qu'il n'y eût que
cinquante piftoles de refte, de deux cent foixante qu'il y
avoit avant ma maladie. Que fignifie ceci, ma bonne Mère,
dis-je à ma Garde ? Voilà mes finances bien diminuées.
Perfonne pourtant n'y a touché que moi, répondit la
Vieille, et je les ai ménagées autant qu'il m'a été poffible.
Mais les maladies coutent beaucoup, il faut toujours avoir
l'argent à la main. Voici, ajouta cette bonne Ménagère,
en tirant de fes poches un paquet de papiers, voici un état
de dépenfe qui eft jufte comme l'or, et qui vous fera voir
que je n'ai pas employé un denier mal-à-propos.

Je parcourus des yeux le mémoire, qui contenoit bien
quinze ou vingt pages. Miféricorde ! Que de volaille
achetée pendant que j'avois été fans connoiffance ! Il fal-
loit qu'en bouillons feulement il y eût pour le moins douze
piftoles. Les autres articles répondoient à celui-là. On
ne fauroit dire combien elle avoit dépenfé en bois, en
chandelle, en eau, en balais, &c. Cependant, quelque
enflé que fût fon mémoire, toute la fomme alloit à peine
à trente piftoles, et par conféquent il devoit y en avoir
encore cent quatre vingt de refte. Je lui repréfentai ce-
la ; mais la Vieille, d'un air ingénu, commença d'attefter
tous les faints, qu'il n'y avoit dans la bourfe que quatre
vingt piftoles, lorfque le Maître-d'hotel du Comte lui a-
voit confié ma valife. Que dites-vous, ma bonne, inter-
rompis-je avec précipitation ? C'eft le Maître-d'hôtel qui
vous a remis mes hardes entre les mains ? Sans-doute, ré-
pondit-elle, c'eft lui ; à telles enfeignes qu'en me les don-
nant il me dit : Tenez, bonne Mère, quand le Seigneur
Gil Blas fera frit à l'huile, ne manquez pas de le régaler
d'un bel enterrement, il y a dans cette valife de quoi en
faire les frais.

Ah, maudit Napolitain, m'écriai-je alors ! je ne fuis
plus en peine de favoir ce qu'eft devenu l'argent qui me
manque : vous l'avez raflé pour compenfer une partie des
vols que je vous ai empêché de faire. Après cette apof-
trophe, je rendis grace au Ciel de ce quel le Fripon n'a-
voit pas tout emporté. Quelque fujet pourtant que j'euffe
d'accufer le Maître-d'hotel de m'avoir volé, je ne laffai pas

de

de penfer que ma Garde pouvoit fort bien avoir fait le coup.
Mes foupçons tomboient tantôt fur l'un, et tantôt fur
l'autre, mais c'étoit toujours la même chofe pour moi. Je
n'en témoignai rien à la Vieille. Je ne la chicanai pas
même fur les articles de fon beau mémoire. Je n'aurois
rien gagné à cela, et il faut bien que chacun faffe fon
métier. Je bornai mon reffentiment là la payer, et à la
renvoyer trois jours après.

Je m'imagine qu'en fortant de chez moi, elle alla don-
ner avis à l'Apoticaire qu'elle venoit de me quiter, et que
je me portois affez bien pour prendre la clé des champs
fans compter avec lui ; car un moment après je le vis ar-
river tout effouflé. Il me préfenta fon mémoire, dans
lequel, fous des noms qui m'étoient inconnus, quoique
j'euffe été Médecin, il avoit écrit tous les prétendus re-
mèdes qu'il m'avoit fournis dans les tems que j'étois fans
fentiment. On pouvoit apeller ce mémoire-là de vrayes
parties d'Apoticaire. Auffi nous eûmes une difpute, lorf-
qu'il fut queftion du payement. Je prétendois qu'il ra-
battît la moitié de la fomme qu'il demandoit. Il jura
qu'il n'en rabattroit pas même une obole. Confidérant
toutefois qu'il avoit affaire à un jeune-homme qui dès ce
jour-là pouvoit s'éloigner de Madrid, il aima mieux fe
contenter de ce que je lui offrois, c'eft-à-dire, de trois
fois au-delà de ce que valoient fes drogues, que de s'ex-
pofer à perdre tout. Je lui lâchai des efpèces à mon
grand regret, et il fe retira bien vengé du petit chagrin
que je lui avois caufé le jour du lavement.

Le Médecin parut prefque auffitôt, car ces Animaux-
là font toujours à la queue l'un de l'autre. J'efcomptai
fes vifites qui avoient été fréquentes, et je le renvoyai
content. Mais avant que de me quiter, pour me prouver
qu'il avoit bien gagné fon argent, il me détailla les in-
convéniens mortels qu'il avoit prévenus dans ma maladie.
Ce qu'il fit en fort beaux termes, et d'un air agréable,
mais je n'y compris rien du tout. Lorfque je me fus dé-
fait de lui, je me crus débarraffé de tous les Miniftres
des Parques. Je me trompois. Il entra un Chirurgien
que je n'avois vu de ma vie. Il me falua fort civilement,
et me témoigna de la joie de me voir échappé du danger
que j'avois couru : ce qu'il attribuoit, difoit-il, à deux
faignées abondantes qu'il m'avoit faites, et aux ventoufes
qu'il

qu'il avoit eu l'honneur de m'apliquer. Autre plume
qu'on me tira de l'aile. Il me fallut auſſi cracher au baſ-
ſin du Chirurgien. Après tant d'évacuations ma bourſe
ſe trouva ſi débile, qu'on pouvoit dire que c'étoit un
corps confiſqué, tant il y reſtoit peu d'humide radical.

Je commençai à perdre courage, en me voyant retombé
dans une ſituation miſérable. Je m'étois, chez mes der-
niers Maîtres, trop affectionné aux commodités de la
vie. Je ne pouvois plus, comme autrefois, enviſager
l'indigence en Philoſophe Cynique. J'avouerai pourtant
que j'avois tort de me laiſſer aller à la triſteſſe. Après a-
voir tant de fois éprouvé que la Fortune ne m'avoit pas
plutôt renverſé qu'elle me relevoit, je n'aurois dû regar-
der l'état fâcheux où j'étois, que comme une occaſion
prochaine de proſpérité.

Fin du Septième Livre.

LES

LES
AVANTURES
DE
GIL BLAS,
DE SANTILLANE.

LIVRE HUITIEME.

CHAPITRE I.

Gil Blas fait une bonne connoiſſance, et trouve un poſte qui le conſole de l'ingratitude du Comte Galiano. Hiſtoire de Don Valério de Luna.

J'ETOIS ſi ſurpris de n'avoir point entendu parler de Nunnez pendant tout ce tems-là, que je jugeai qu'il devoit être à la campagne. Je ſortis pour aller chez lui dès que je pus marcher, et j'apris en effet qu'il étoit depuis trois ſemaines en Andalouſie avec le Duc de Médina Sidonia.

Un matin à mon réveil Melchior de la Ronda me vint dans l'eſprit ; et me reſſouvenant que je lui avois promis à Grenade d'aller voir ſon neveu, ſi jamais je retournois à Madrid, je m'aviſai de vouloir tenir ma promeſſe ce jour-là même. Je m'informai de l'hôtel de Don Baltazar de Zuniga, et je m'y rendis. Je demandai le Seigneur Joſeph Navarro, qui parut un moment après. Je le ſaluai ; et il me reçut d'un air honnête, mais froid, quoique j'euſſe décliné mon nom. Je ne pouvois concilier cet accueil glacé avec le portrait qu'on m'avoit fait de ce Chef-d'office. J'allois me retirer, dans la rèſolution de ne lui pas faire une ſeconde viſite, lorſque prenant tout-à-coup un air ouvert et riant, il me dit avec beaucoup de vivacité : Ah ! Seigneur Gil Blas de Santillane, pardon-

nez

nez-moi, de grace, la réception que je viens de vous
faire. Ma mémoire à trahi la difpofition où je fuis à
votre égard. J'avois oublié votre nom, et je ne penfois
plus à ce Cavalier dont il eft fait mention dans une let-
tre que j'ai reçue de Grenade, il y après de quatre mois.
Que je vous embraffe, ajouta-t-il, en fe jettant à mon
cou avec tranfport. Mon Oncle Melchior, que j'aime et
que j'honore comme mon propre Père, me mande que fi
par hazard j'ai l'honneur de vous voir, il me conjure de
vous faire le même traitement que je ferois à fon fils, et
d'employer, s'il le faut, pour vous le crédit de mes amis
avec le mien. Il me fait l'éloge de votre cœur et de votre
efprit, dans des termes qui m'intéreffероient à vous fervir
quand fa recommandation ne m'y engageroit pas. Re-
gardez-moi donc, je vous prie, comme un homme à qui
mon Oncle a communiqué par fa lettre tous les fentimens
qu'il a pour vous. Je vous donne mon amitié, ne me
refufez pas la vôtre.

Je répondis avec la reconnoiffance que je devois à la
politeffe de Jofeph : et tous deux, en gens vifs et fincères,
nous formâmes à l'heure même une étroite liaifon. Je
n'héfitai point à lui découvrir la fituation de mes affaires.
Ce que je n'eus pas fitôt fait, qu'il me dit : Je me charge
du foin de vous placer, et en attendant, ne manquez
pas de venir manger ici tous les jours. Vous y aurez un
meilleur ordinaire qu'à votre auberge. L'offre flatoit
trop un convalefcent mal en efpèces, et accoutumé aux
bons morceaux, pour être rejettée. Je l'acceptai, et je
me refis fi bien dans cette maifon, qu'au bout de quinze
jours j'avois déjà une face de Bernardin. Il me parut que
le neveu de Melchior faifoit-là fes orges à merveille.
Mais comment ne les auroit-il pas faites ? Il avoit trois
cordes à fon arc : il étoit à la fois Sommelier, Chef-
d'office, et Maître-hôtel. De plus, notre amitié à part,
je crois que l'Intendant du logis et lui s'accordoient fort
bien enfemble.

J'étois parfaitement rétabli, lorfque mon ami Jofeph
me voyant un jour arriver à l'hôtel de Zuniga, pour y
diner felon ma coutume, vint au-devant de moi, et me
dit d'un air gai : Seigneur Gil Blas, j'ai une affez bonne
condition à vous propofer. Vous faurez que le Duc de
Lerme, Prémier-Miniftre de la Couronne d'Efpagne, pour

fe

se donner entièrement à l'administration des Affaires de l'Etat, se repose sur deux personnes de l'embarras des siennes. Il a chargé du soin de recueillir ses revenus Don Diègue de Montéser, et il fait faire la dépense de sa maison par Don Rodrigue de Caldérone. Ces deux hommes de confiance exercent leur emploi avec une autorité absolue, et sans dependre l'un de l'autre. Don Diègue a d'ordinaire sous lui deux Intendans qui font la recette, et comme j'ai apris ce matin qu'il en avoit chassé un, j'ai été demander sa place pour vous. Le Seigneur de Montéser, qui me connoit, et dont je puis me vanter d'être aimé, me l'a sans peine accordée, sur les bons témoignages que je lui ai rendus de vos mœurs et de votre capacité. Nous irons chez lui cette après-dinée.

Nous n'y manquâmes pas. Je fus reçu très gracieusement, et installé dans l'emploi de l'Intendant qui avoit été congédié. Cet emploi consistoit à visiter nos Fermes, à y faire les réparations, à toucher l'argent des Fermiers ; en un mot, je me mélois des biens de la campagne, et tous les mois je rendois mes comptes à Don Diègue, qui les épluchoit avec beaucoup d'attention. C'étoit ce que je demandois. Quoique ma droiture eût été si mal payée chez mon dernier Maître, j'avois résolu de la conserver toujours.

Un jour nous aprîmes que le feu avoit pris au Château de Lerme, et que plus de la moitié étoit réduite en cendres. Je me transportai aussitôt sur les lieux, pour examiner le dommage. Là, m'étant informé avec exactitude des circonstances de l'incendie, j'en composai une ample rélation, que Montéser fit voir au Duc de Lerme. Ce Ministre, malgré le chagrin qu'il avoit d'aprendre une si mauvaise nouvelle, fut frappé de la rélation, et ne put s'empêcher de demander qui en étoit l'auteur. Don Diègue ne se contenta pas de le lui dire ; il lui parla de moi si avantageusement, que son Excellence s'en ressouvint six mois après à l'occasion d'une histoire que je vais raconter, et sans laquelle peut-être je n'aurois jamais été employé à la Cour. La voici.

Il demeuroit alors dans la rue des Infantes une vieille Dame apellée Inésille de Cantarilla. On ne savoit pas certainement de quelle naissance elle étoit. Les uns la disoient fille d'un Faiseur de Luths, et les autres d'un Commandeur

deur de l'Ordre de Saint Jaques. Quoi qu'il en soit,
c'étoit une personne prodigieuse. La nature lui avoit
donné le privilège singulier de charmer les hommes pen-
dant le cours de sa vie, qui duroit encore après quinze
lustres accomplis. Elle avoit été l'idole des Seigneurs
de la vieille Cour, et elle se voyoit adorée de ceux de la
nouvelle. · Le tems, qui n'épargne pas la beauté, s'ex-
cerçoit en vain sur la sienne ; il la flétrissoit, sans lui ôter
le pouvoir de plaire. Un air de noblesse, un esprit en-
chanteur, et des graces naturelles, lui faisoient faire des
passions jusques dans sa vieillesse.

Un Cavalier de vingt-cinq ans, Don Valério de Luna,
un des Sécretaires du Duc de Lerme, voyoit Inésille, il
en devint amoureux. Il se déclara, fit le passionné, et
poursuivit sa proie avec toute la fureur que l'amour et la
jeunesse sont capables d'inspirer. La Dame, qui avoit ses
raisons pour ne vouloir pas se rendre à ses desirs, ne sa-
voit que faire pour les modérer. Elle crut pourtant un
jour en avoir trouvé le moyen. Elle fit passer le jeune-
homme dans son cabinet, et là lui montrant une pendule
qui étoit sur une table : Voyez, lui dit-elle, l'heure qu'il
est. Il y a aujourd'hui soixante et quinze ans que je vins
au monde à pareille heure. En bonne-foi, me siéroit-il
d'avoir des galanteries à mon âge ? Rentrez en vous-
même, mon enfant. Etouffez des sentimens qui ne con-
viennent ni à vous ni à moi. A ce discours sensé, le Ca-
valier, qui ne reconnoissoit plus l'autorité de la raison,
répondit à la Dame avec toute l'impétuosité d'un homme
possédé des mouvemens qui l'agitoient : Cruelle Inésille !
pourquoi avez-vous recours à ces frivoles adresses ? Pen-
sez-vous qu'elles puissent vous changer à mes yeux ? Ne
vous flatez pas d'une si fausse espérance. Que vous soyez
telle que je vous vois, ou qu'un charme trompe ma vue,
je ne cesserai point de vous aimer. Hé bien, reprit-elle,
puisque vous êtes assez opiniâtre pour persister dans la ré-
solution de · me fatiguer de vos soins, ma maison desor-
mais ne sera plus ouverte pour vous. Je vous l'interdis,
et vous défends de paroître jamais devant moi.

Vous croyez peut-être, après cela, que Don Valério,
déconcerté de ce qu'il venoit d'entendre, fit une honnête
retraite. Au contraire, il n'en devint que plus importun.
L'amour fait dans les Amans le même effet que le vin

dans les Ivrognes. Le Cavalier pria, gémit, et paſſant
tout-à-coup des prières aux emportemens, il voulut avoir
par la force ce qu'il ne pouvoit obtenir autrement ; mais
la Dame le repouſſant avec courage, lui dit d'un air irrité :
Arrêtez, téméraire, je vais mettre un frein à votre folle
ardeur, aprenez que vous êtes mon fils.

Don Valério fut étourdi de ces paroles, il ſuſpendit
ſa violence. Mais s'imaginant qu'Inéſille ne parloit ainſi
que pour ſe ſouſtraire à ſes ſollicitations, il lui répondit :
Vous inventez cette fable pour vous dérober à mes deſirs.
Non, non, interrompit-elle, je vous révèle un myſtère
que je vous aurois toujours caché, ſi vous ne m'euſſiez
pas réduite à la néceſſité de vous le découvrir. Il y a
vingt-ſix ans que j'aimois Don Pédre de Luna votre Père,
qui étoit alors Gouverneur de Ségovie, vous devintes
le fruit de nos amours. Il vous reconnut, vous fit élever
avec ſoin ; et outre qu'il n'avoit point d'autre enfant, vos
bonnes qualités le determinerent à vous laiſſer du bien.
De mon côté, je ne vous ai pas abandonné. Sitôt que
je vous ai vu entrer dans le monde, je vous ai attiré chez
moi, pour vous inſpirer ces maniéres polies qui ſont ſi né-
ceſſaires à un galant-homme, et que les Femmes ſeules
peuvent donner aux jeunes Cavaliers. J'ai plus fait. J'ai
employé tout mon crédit pour vous mettre chez le Pré-
mier-Miniſtre. Enfin, je me ſuis intéreſſée pour vous,
comme je le devois pour un fils. Après cet aveu, prenez
votre parti. Si vous pouvez épurer vos ſentimens, et ne
regarder en moi qu'une Mère, je ne vous bannis point
de ma préſence, et j'aurai pour vous toute la tendreſſe que
j'ai euë juſqu'ici. Mais ſi vous n'êtes pas capable de cet
effort, que la nature et la raiſon exigent de vous, fuyez
dès ce moment, et me délivrez de l'horreur de vous
voir.

Inéſille parla de cette ſorte. Pendant ce tems-là, Don
Valério gardoit un morne ſilence. On eût dit qu'il ra-
pelloit ſa vertu, et qu'il alloit ſe vaincre lui-même. Il
méditoit un autre deſſein, et preparoit à ſa Mère un ſpec-
tacle bien différent. Ne pouvant ſe conſoler de l'obſtacle
inſurmontable qui s'oppoſoit à ſon bonheur, il céda lâ-
chement à ſon deſeſpoir. Il tira ſon épée, et ſe l'enfonça
dans le ſein. Il ſe punit comme un autre Oedipe, avec
cette différence, que le Thébain s'aveugla de regret d'a-

voir

voir confommé le crime, et qu'au-contraire le Caftillan
fe perça de douleur de ne le pouvoir commettre.

Le malheureux Don Valério ne mourut pas fur le champ
du coup qu'il s'étoit donné. Il eût le tems de fe recon-
noître, et de demander pardon au Ciel de s'être lui-même
ôté la vie. Comme il laiffa par fa mort un pofte de Sé-
cretaire vacant chez le Duc de Lerme, ce Miniftre, qui
n'avoit pas oublié ma rélation d'incendie, non plus que
l'éloge qu'on lui avoit fait de moi, me choifit pour
remplacer ce jeune-homme.

CHAPITRE II.

Gil Blas eft préfenté au Duc de Lerme, qui le reçoit au
nombre de fes Sécretaires, le fait travailler, et eft con-
tent de fon travail.

CE fut Montéfer qui m'annonça cette agréable nou-
velle, et me dit : Ami Gil Blas, quoique je ne
vous perde pas fans regret, je vous aime trop pour n'être
pas ravi que vous fuccédiez à Don Valério. Vous ne
manquerez pas de faire une belle fortune, pourvu que
vous fuiviez les deux confeils que j'ai à vous donner. Le
prémier, c'eft de paroître tellement attaché à fon Excel-
lence, quelle ne doute pas que vous ne lui foyez entière-
ment dévoué. Et le fecond, c'eft de bien faire votre cour
au Seigneur Don Rodrigue de Caldérone ; car cet homme-
là mène comme une cire molle l'efprit de fon Maitre.
Si vous avez le bonheur de vous acquérir la bienveil-
lance de ce Sécretaire favori, vous irez loin en peu de
tems.

Seigneur, dis-je à Don Diègue, après lui avoir rendu
graces de fes bons avis, aprenez-moi, s'il vous plait, de
quel caractère eft Don Rodrigue. J'en ai quelquefois
entendu parler dans le monde. On me l'a peint comme
un affez mauvais fujet ; mais je me défie des portraits que
le Peuple fait des perfonnes qui font en place à la Cour,
quoiqu'il en juge fainement quelquefois. Dites-moi donc,
je vous prie, ce que vous penfez du Seigneur Caldérone.
Vous me demandez une chofe délicate, répondi le Sur-
intendant avec un fouris malin ; je dirois à un autre que
vous, fans héfiter, que c'eft un tres honnête Genti'-

homme,

homme, et qu'on n'en sauroit dire que du bien. Mais je
veux avoir de la franchise avec vous. Outre que je vous
crois un garçon fort discret, il me semble que je dois vous
parler à cœur ouvert de Don Rodrigue, puisque je vous
ai conseillé de le bien ménager. Autrement ce ne seroit
vous obliger qu'à demi.

Vous saurez donc, poursuivit-il, que de simple domes-
tique qu'il étoit de son Excellence, lorsqu'elle ne portoit
encore que le nom de Don François de Sandoval, il est
parvenu par degrès au poste de prémier Sécretaire. On
n'a jamais vu un homme plus fier. Il se regarde comme
un Collègue du Duc de Lerme, et dans le fond on diroit
qu'il partage avec lui l'autorité de Prémier-Ministre,
puisqu'il fait donner des Charges et des Gouvernemens à
qui bon lui semble. Le Public en murmure souvent,
mais c'est de quoi il ne se met guères en peine : pourvu
qu'il tire des paraguantes d'une affaire, il se soucie fort
peu des épilogueurs. Vous concevez bien par ce que je
viens de vous dire, ajouta Don Diègue, quelle conduite
vous avez à tenir avec un mortel si orgueilleux. Oh
qu'oui, lui dis-je, laissez-moi faire. Il y aura bien du
malheur, si je ne m'en fais pas aimer. Quand on connoit
le défaut d'un homme à qui l'on veut plaire, il faut être
bien mal-adroit pour n'y pas réussir. Cela étant, reprit
Montéser, je vais vous présenter tout a-l'heure au Duc
de Lerme.

Nous allâmes dans le moment chez ce Ministre, que
nous trouvâmes dans une grande sale, occupé à donner
audience. Il y avoit-là plus de monde que chez le Roi.
Je vis des Commandeurs et des Chevaliers de Saint Jaques
et de Calatrave, qui sollicitoient des Gouvernemens et
des Viceroyautés ; des Evêques qui ne se portant pas bien
dans leurs Diocèses, vouloient, seulement pour changer
d'air, devenir Archevêques ; et de bons Pères de Saint
Dominique et de Saint François, qui demandoient humble-
ment des Evêchés. Je remarquai aussi des Officiers ré-
formés, qui faisoient-là le même rôle qu'y avoit fait ci-
devant le Capitaine Chinchilla, c'est-à-dire, qui se mor-
fondoient dans l'attente d'une pension. Si le Duc ne
satisfaisoit pas leurs desirs, il recevoit du moins leurs Pla-
cets d'un air affable ; et je m'aperçus qu'il répondit fort
poliment aux personnes qui lui parloient.

Nous

Nous eûmes la patience d'attendre qu'il eût expédié tous ces Suplians. Alors Don Diègue lui dit : Monseigneur, voici Gil Blas de Santillane, ce jeune-homme dont votre Excellence a fait choix pour remplir la place de Don Valério. A ces mots, le Duc jetta les yeux sur moi, en difant obligeamment que je l'avois déjà méritée par les fervices que je lui avois rendus. Il me fit enfuite entrer dans fon cabinet, pour m'entretenir en particulier, ou plutôt pour juger de mon efprit par ma converfation. Il voulut favoir qui j'étois, et la vie que j'avois menée jufques-là. Il exigea même de moi là-deffus une narration fincère. Quel détail c'étoit me demander ! Dementir devant un Prémier-Miniftre d'Efpagne, il n'y avoit pas d'apparence. D'une autre part, j'avois tant de chofes à dire aux dépens de ma vanité, que je ne pouvois me réfoudre à une confeffion générale. Comment fortir de cet embarras ? Je pris le parti de farder la vérité, dans les endroits où elle auroit fait peur toute nue. Mais il ne laiffa pas de la démêler, malgré tout mon art. Monfieur de Santillane, me dit-il en fouriant à la fin de mon récit, à ce que je vois, vous avez été tant foit peu *Picaro*. Monfeigneur, lui répondis-je en rougiffant, votre Excellence m'a ordonné d'avoir de la fincérité, je lui ai obéi. Je t'en fai bon gré, repliqua-t-il ; va mon enfant, tu en es quite à bon marché. Je m'étonne que le mauvais exemple ne t'ait pas entièrement perdu. Combien y a-t-il d'honnêtes gens qui deviendroient de grands fripons, fi la Fortune les mettoit aux mêmes épreuves ?

Ami Santillane, continua le Miniftre, ne te fouviens plus du paffé. Songe que tu es préfentement au Roi, et que tu feras deformais occupé pour lui. Tu n'as qu'à me fuivre, je vais t'aprendre en quoi confifteront tes occupations. Il me mena dans un petit cabinet qui joignoit le fien, et où il y avoit fur des tablettes une vingtaine de Régiftres *in folio* fort épais. C'eft ici, me dit-il, que tu travailleras. Tous ces Régiftres que tu vois, compofent un Dictionnaire de toutes les Familles Nobles qui font dans les Royaumes et Principautés de la Monarchie d'Efpagne. Chaque Livre contient par ordre alphabétique l'hiftoire abrégée de tous les Gentilshommes d'un Royaume, dans laquelle font détaillés les fervices qu'eux et leurs ancêtres ont rendus à l'Etat, auffi-bien que les affaires d'honneur qui peuvent leur être arrivées. On y fait encore mention de leurs biens, de leurs mœurs, en un mot de toutes leurs mauvaises qualités. Ensorte que lorsqu'ils viennent demander des graces à la Cour, je vois d'un coup d'œil s'ils les méritent. Pour savoir exactement toutes ces choses, j'ai partout des pensionnaires qui ont soin de s'en informer, et de m'en instruire par des mémoires qu'ils m'envoient ; mais comme ces mémoires sont diffus et remplis de façons de parler provinciales, il faut les rédiger et en polir la diction, parce que le Roi se fait lire quelquefois ces Registrés. C'est à ce travail, qui demande un stile net et concis, que je veux t'employer dès ce moment même.

En parlant ainsi, il tira d'un grand porte-feuille plein de papiers un mémoire qu'il me mit entre les mains. Puis il sortit de mon cabinet, pour m'y laisser faire mon coup d'essai en liberté. Je lus mémoire, qui me parut non seulement farci de termes barbares, mais même trop passionnés. C'étoit pourtant un Moine de la Ville de Solsone qui l'avoit composé. Il y déchiroit impitoyablement une bonne Famille Catalane, et Dieu sait s'il disoit la vérité. Je crus lire un Libelle diffamatoire, et je me fis d'abord un scrupule de travailler sur cela. Je craignois de me rendre complice d'une calomnie. Néanmoins, tout neuf que j'étois à la Cour, je passai outre aux périls et fortunes de l'ame de sa Révérence ; et mettant sur son compte toute l'iniquité, s'il y en avoit, je commençai à deshonorer, en belles phrases Castillanes, deux ou trois générations d'honnêtes gens peut-être.

J'avois déja fait quatre ou cinq pages, quand le Duc, impatient de savoir comment je m'y prenois, revint et me dit : Santillane, montre-moi ce que tu as fait, je suis curieux de le voir. En même tems jettant la vue sur mon ouvrage, il en lut le commencement avec beaucoup d'attention. Il en parut si content que j'en fus surpris. Tout prévenu que j'étois en ta faveur, reprit-il, je t'avoue que tu as surpassé mon attente. Tu n'écris pas seulement avec toute la netteté et la précision que je desirois, je trouve encore ton stile léger et enjoué. Tu justifies bien le choix que j'ai fait de ta plume, et tu me consoles de la perte de ton prédécesseur. Il n'auroit pas borné-là mon éloge, si le Comte de Lémos son neveu ne fût venu l'interrompre en cet endroit. Son Excellence l'embrassa plusieurs fois, et

le

le reçut d'une manière qui me fit connoître qu'elle l'aimoit tendrement. Ils s'enfermérent tous deux, pour s'entretenir en secret d'une affaire de famille dont je parlerai dans la suite. | Le Ministre en étoit alors plus occupé que de celles du Roi.)

Pendant qu'ils étoient ensemble, j'entendois sonner midi. Comme je savois que les Sécretaires et les Commis quitoient à cette heure-là leurs Bureaux, pour aller diner ou il leur plaîsoit, je laissai là mon chef-d'œuvre, et sortis pour me rendre, non chez Montéser, parce qu'il m'avoit payé mes appointemens, et que j'avois pris congé de lui; mais chez le plus fameux Traiteur du quartier de la Cour. Uue auberge ordinaire ne me convenoit plus. *Songe que tu es présentement au Roi.* Ces paroles, que le Duc m'avoit dites, étoient des semences d'ambition qui germoient d'instant en instant dans mon esprit.

CHAPITRE III.

Il aprend que son poste n'est pas sans desagrément. De l'inquiétude que lui cause cette nouvelle, et de la conduite qu'elle l'oblige à tenir.

J'EUS grand soin, en entrant, d'aprendre au Traiteur que j'étois un Sécretaire du Prémier-Ministre; et en cette qualité, je ne savois que lui ordonner de m'aprêter pour mon diner. J'avois peur de demander quelque chose qui sentît l'épargne, et je lui dis de me donner ce qu'il lui plaîroit. Il me régala bien, et l'on me servit avec des marques de considération qui me faisoient encore plus de plaisir que la bonne chére. Quand il fut question de payer, je jettai sur la table une pistole dont j'abandonnai aux valets un quart, pour le moins, qu'il y avoit de reste à me rendre. Après quoi je sortis de chez le Traiteur, en faisant des écarts de poitrine, comme un jeune-homme fort content de sa personne.

Il y avoit à vingt pas de-là un grand hôtel garni, où logeoient d'ordinaire des Seigneurs étrangers. J'y louai un appartement de cinq ou six pièces bien meublées. Il sembloit que j'eusse deja deux ou trois mille ducats de rente. Je donnai même le prémier mois d'avance. Après cela je retournai au travail, et je m'occupai toute l'après

dineé

dinée à continuer ce que j'avois commencé le matin. Il y avoit dans un cabinet voisin du mien deux autres Sécretaires. Mais ceux-ci ne faisoient que mettre au net, ce que le Duc leur portoit lui-même à copier. Je fis connoissance avec eux dès ce soir-là même, en nous retirant ; et pour mieux gagner leur amitié, je les entrainai chez mon Traiteur, où j'ordonnai les meilleures viandes pour la saison avec les vins les plus délicats.

Nous nous mîmes à table, et nous commençames à nous entretenir avec plus de gayeté que d'esprit ; car pour rendre justice à mes Convives, je m'aperçus bientôt qu'ils ne devoient pas à leur génie les places qu'ils remplissoient dans leur Bureau. Ils se connoissoient bien à-la-vérité en belles lettres rondes et bâtardes, mais ils n'avoient pas la moindre teinture de celles qu'on enseigne dans les Universités.

En récompense, ils entendoient à merveille leurs petits intérêts ; et ils n'étoient pas si enivrés de l'honneur d'être chez le Prémier-Ministre, qu'ils ne se plaignissent de leur condition. Il y a, disoit l'un, déja cinq mois que nous exerçons notre emploi à nos dépens ; nous ne touchons pas une obole ; et qui pis est, nos appointemens ne sont point réglées, nous ne savons sur quel pié nous sommes. Pour moi, disoit l'autre, je voudrois avoir reçu vingt coups d'étrivieres pour appointemens, et qu'on me laissât la liberté de prendre parti ailleurs ; car je n'oserois me retirer de moi-même, ni demander mon congé, après les choses secretes que j'ai écrites. Je pourrois bien aller voir la Tour de Ségovie, ou le Château d'Alicant.

Comment faites-vous donc pour vivre, leur dis-je ? Vous avez du bien aparemment ? Ils me répondirent qu'ils en avoient fort peu, mais qu'heureusement pour eux, ils étoient logés chez une honnête Veuve qui leur faisoit crédit, et les nourissoit pour cent pistoles chacun par année. Tous ces discours, dont je ne perdis pas un mot, abaisserent dans le moment mes orgueilleuses fumées. Je me représentai qu'on n'auroit pas sans-doute plus d'attention pour moi que pour les autres ; que par conséquent je ne devois pas être si charmé de mon poste ; qu'il étoit moins solide que je ne l'avois cru ; et qu'enfin je ne pouvois assez ménager ma bourse. Ces réflexions me guérirent de la rage de dépenser. Je commençai à me repentir d'avoir amené-

là

là ces Sécretaires, a fouhaiter la fin du repas ; et lorfqu'il fallut compter, j'eus avec le Traiteur une difpute pour l'écot.

Noùs nous féparâmes à minuit, mes confréres et moi, parce que je ne les preffai pas de boire davantage. Ils s'en allerent chez leur Veuve, et je me retirai à mon fuperbe appartement, que j'enrageois alors d'avoir loué, et que je me promettois bien de quiter à la fin du mois. J'eus beau me coucher dans un bon lit, mon inquiétude en écarta le fommeil. Je paffai le refte de la nuit à rêver aux moyens de ne pas travailler pour le Roi généreufement. Je m'en tins là-deffus aux confeils de Montéfer. Je me levai dans la réfolution d'aller faire la révérence à Don Rodrigue de Caldérone. J'étois dans une difpofition très propre à paroître devant un homme fi fier, je fentois que j'avois befoin de lui. Je me rendis donc chez ce Sécretaire.

Son logement communiquoit à celui du Duc de Lerme, et l'égaloit en magnificence. On auroit eu de la peine à diftinguer par les ameublemens le Maitre du Valet. Je me fis annoncer comme fucceffeur de Don Valério, ce qui n'empêcha pas qu'on ne me fit attendre plus d'une heure dans l'antichambre. Monfieur le nouveau Sécretaire, me difois-je pendant ce tems-là, prenez, s'il vous plait, patience. Vous croquerez bien le marmot, avant que vous le faffiez croquer aux autres.

On ouvrit pourtant la porte de la chambre. J'entrai et m'avançai vers Don Rodrigue, qui venant d'écrire un billet-doux à fa charmante Siréne, le donnoit à Pédrille dans ce moment-la. Je n'avois pas paru devant l'Archevêque de Grenade, ni devant le Comte Galiano, ni même devant le Prémier-Miniftre, fi refpectueufement que je me préfentai aux yeux du Seigneur de Caldérone. Je le faluai en baiffant la tête jufqu'à terre, et lui demandai fa protection dans des termes dont je ne puis me fouvenir fans honte, tant ils étoient pleins de foumiffion. Ma baffeffe auroit tourné contre moi, dans l'efprit d'un homme qui eût eu moins de fierté. Pour lui, il s'accommoda fort de mes maniéres rampantes, et me dit d'un air même affez honnête, qu'il ne lafferoit échapper aucune occafion de me faire plaifir.

La

Là-deſſus le remerciant, avec de grandes démonſtrations de zéle, des ſentimens favorables qu'il me marquoit, je lui vouai un éternel attachement. Enſuite, de peur de l'incommoder, je ſortis le priant de m'excuſer, ſi je l'avois interrompu dans ſes importantes occupations. Sitôt que j'eus fait une ſi indigne démarche, je gagnai mon Bureau, où j'achevai l'ouvrage qu'on m'avoit chargé de faire. Le Duc ne manqua pas d'y venir dans la matinée. Il ne fut pas moins content de la fin de mon travail qu'il l'avoit été du commencement, et il me dit : Voilà qui eſt bien. Ecris toi-même, le mieux que tu pourras, cette hiſtoire a-brégée ſur le Régiſtre de Catalogne. Après quoi, tu prendras dans le porte-feuille un autre mémoire, que tu rédigeras de la même maniére. J'eus une aſſez longue converſation avec ſon Excellence, dont l'air doux et fa-milier me charmoit. Quelle différence il y avoit d'elle à Caldérone ! C'étoient deux figures bien contraſtées.

Je dinai ce jour-là dans une auberge où l'on mangeoit à juſte prix, et je réſolus d'y aller tous les ſoirs *incognito,* juſqu'à ce que je viſſe l'effet que mes complaiſances et mes ſoupleſſes produiroient. J'avois de l'argent pour trois mois tout au plus. Je me preſcrivis ce tems-là pour travailler aux dépens de qui il appartiendroit ; me propoſant, les plus courtes folies étant les meilleures, d'abandonner après cela la Cour et ſon clinquant, ſi je ne recevois aucun ſa-laire. Je fis donc ainſi mon plan. Je n'épargnai rien pendant deux mois pour plaire à Caldérone : mais il me tint ſi peu de compte de tout ce que je faiſois pour y réuſ-ſir, que je deſeſpérai d'en venir à bout. Je changeai de conduite à ſon égard. Je ceſſai de lui faire la cour, et je ne m'attachai plus qu'à mettre à profit les momens d'en-tretien que j'avois avec le Duc.

CHAPITRE IV.

Gil Blas gagne la faveur du Duc de Lerme, qui le rend
dépoſitaire d'un ſecret important.

Quoique Monſeigneur ne fît, pour ainſi dire, que pa-roître et diſparoître à mes yeux tous les jours, je ne laiſſai pas inſenſiblement de me rendre ſi agréable à ſon Excellence, qu'elle me dit une après-dinée : Ecoute,
Gil Blas

Blas, j'aime le caractére de ton efprit, et j'ai de la bien-
veillance pour toi. Tu es un garçon zelé, fidéle, plein
d'intelligence et de difcrétion ; je ne crois pas mal placer
ma confiance, en la donnant à un pareil fujet. Je me jet-
tai à fes genoux, lorfque j'eus entendu ces paroles ; et a-
près avoir baifé refpectueufement une de fes mains, qu'il
me tendit pour me relever, je lui répondis : Eft il bien
poffible que votre Excellence daigne m'honorer d'une fi
grande faveur ? Que vos bontés vont me faire d'ennemis
fecrets ! Mais il n'y a qu'un homme dont je redoute la
haine : c'eft Don Rodrigue de Caldérone.

Tu ne dois rien apréhender de ce côté-là, reprit le Duc:
Je connois Caldérone. Il eft attaché à moi depuis fon en-
fance. Je puis dire que fes fentimens font fi conformes
aux miens, qu'il chérit tout ce que j'aime, comme il hait
tout ce qui me déplaît. Au-lieu de craindre qu'il n'ait de
l'averfion pour toi, tu dois au contraire compter fur fon a-
mitié. Je compris par-là que le Seigneur Don Rodrigue
étoit un fin mâtois, qu'il s'étoit emparé de l'efprit de fon
Excellence, et que je ne pouvois trop garder de mefures
avec lui.

Pour commencer, pourfuivit le Duc, à te mettre en pof-
feffion de ma confidence, je vais te découvrir un deffein que
je médite. Il eft néceffaire que tu en fois inftruit, pour te
bien acquiter des commiffions dont je prétens te charger
dans la fuite. Il y a déjà longtems que je vois mon auto-
rité généralement refpectée, mes décifions aveuglément
fuivis, et que je difpofe à mon gré des Charges, des Em-
plois, des Gouvernemens, des Viceroyautés et des Béné-
fices. Je régne, fi je l'ofe dire, en Efpagne. Je ne puis
pouffer ma fortune plus loin. Mais je voudrois la mettre
à l'abri des tempêtes qui commencent à la menacer ; et
pour cet effet, je fouhaiterois d'avoir pour fucceffeur au
Miniftére le Comte de Lémos mon neveu.

Le Miniftre, en cet endroit de fon difcours, remarquant
que j'étois extrêmement furpris de ce que j'entendois, me
dit : Je vois bien, Santillane, je vois bien ce qui t'étonne.
Il te femble fort étrange, que je prefère mon neveu au Duc
d'Uzede mon propre fils. Mais aprens que ce dernier a
le génie trop borné pour occupèr ma place, et que d'ail-
leurs je fuis fon ennemi. Il a trouvé le fecret de plaire
au Roi, qui en veut faire fon favori, et c'eft ce que je ne
puis

puis fouffrir. La faveur d'un Souverain reffemble à la poffeffion d'une femme qu'on adore. C'eft un bonheur dont on eft fi jaloux, qu'on ne peut fe réfoudre à le partager avec un rival, quelque uni qu'on foit avec lui par le fang ou par l'amitié.

Je te montre ici, continua-t-il, le fond de mon cœur. J'ai déjà tenté de détruire le Duc d'Uzede dans l'efprit du Roi ; et comme je n'ai pu en venir à bout, j'ai dreffé une autre batterie. Je veux que le Comte de Lémos, de fon côté, s'infinue dans les bonnes graces du Prince d'Efpagne. Etant Gentilhomme de fa chambre, il a occafion de lui parler à toute heure ; et outre qu'il a de l'efprit, je fai un moyen fûr de le faire réuffir dans l'entreprife. Par ce ftratagême j'oppoferai mon neveu à mon fils, je ferai naître entre ces coufins une divifion, qui les obligera tous deux à rechercher mon appui, et le befoin qu'ils auront de moi me les rendra foumis l'un et l'autre. Voilà quel eft mon projet, ajouta-t-il. Ton entremife ne m'y fera pas inutile. C'eft toi que j'enverrai fecrettement au Comte de Lémos, et qui me rapporteras de fa part tout ce qu'il aura à me faire favoir.

Après cette confidence, que je regardai comme de l'argent comptant, je n'éus plus d'inquiétude. Enfin, difois-je, me voici fous la goutiére. Une pluye d'or va tomber fur moi. Il eft impoffible que le confident d'un homme appellé par excellence le Grand Tambour de la Monarchie d'Efpagne, ne foit pas bientôt comblé de richeffes. Plein d'une fi douce efpérance, je voyois d'un œil indifférent ma pauvre bourfe tirer à fa fin.

CHAPITRE V.

Où l'on verra Gil Blas comblé de joie, d'honneur et de mifère.

ON s'apperçut en peu de tems de l'affection que le Miniftre avoit pour moi. Il affecta d'en donner des marques publiquement, en me chargeant de fon porte-feuille, qu'il avoit coutume de porter lui-même lorfqu'il alloit au Confeil. Cette nouveauté me faifant regarder comme un petit favori, excita l'envie de plufieurs perfonnes, et fut caufe que je reçus bien de l'eau benite
de

de cour. Mes deux voisins, les Secretaires, ne furent
pas des derniers à me complimenter sur ma prochaine
grandeur, et ils m'inviterent à souper chez leur Veuve,
moins par represailles, que dans la vûe de m'engager à
leur rendre service dans la suite. On me fêtoit de toutes
parts. Le fier Don Rodrigue même changea de maniéres
avec moi. Il ne m'apella plus que *Seigneur de Santillane*,
lui qui jusqu'alors ne m'avoit traité que de *vous*, sans ja-
mais se servir du terme de *Seigneurie*. Il m'accabloit de
civilités, sur-tout lorsqu'il jugeoit que notre Patron pou-
voit le remarquer. Mais je vous assure qu'il n'avoit pas
affaire à un sot. Je répondis à ses honnêtetés d'autant
plus poliment, que j'avois plus de haine pour lui. Un
vieux Courtisan ne s'en seroit pas mieux acquité que moi.

J'accompagnois aussi le Duc mon Seigneur lorsqu'il al-
loit chez le Roi, et il y alloit ordinairement trois fois le
jour. Il entroit le matin dans la chambre de Sa Majesté,
lorsqu'elle étoit éveillée. Il se mettoit à genoux au che-
vet de son lit, l'entretenoit des choses qu'elle avoit à faire
dans la journée, et lui dictoit celles qu'elle avoit à dire.
Ensuite il se retiroit. Il y retournoit aussitôt qu'elle avoit
diné, non pour lui parler d'affaires. Il ne lui tenoit alors
que des discours réjouissans. Il la régaloit de toutes les
avantures plaisantes qui arrivoient dans Madrid, et dont
il étoit toujours le prémier instruit. Et enfin, le soir il re-
voyoit le Roi pour la troisiéme fois, lui rendoit compte,
comme il lui plaisoit, de ce qu'il avoit fait ce jour-là, et
lui demandoit, par maniére d'acquit, ses ordres pour le len-
demain. Tandis qu'il étoit avec le Roi, je me tenois dans
l'antichambre, où je voyois des Personnes de qualité, dé-
vouées à la faveur, rechercher ma conversation, et s'aplau-
dir de ce que je voulois bien me prêter à la leur. Com-
ment aurois-je pu après cela ne me pas croire un homme
de conséquence? Il y a bien des gens à la Cour qui ont,
encore pour moins, cette opinion-là d'eux.

Un jour, j'eus un plus grand sujet de vanité. Le Roi,
à qui le Duc avoit parlé fort avantageusement de mon
stile, fut curieux d'en voir un échantillon. Son Excel-
lence me fit prendre le Régistre de Catalogne, me mena
devant ce Monarque, et me dit de lire le premier mémoire
que j'avois rédigé. Si la présence du Prince me troubla
d'abord, celle du Ministre me rassura bientôt, et je fis la

lecture de mon ouvrage, que Sa Majesté n'entendit pas
sans plaisir. Elle témoigna qu'elle étoit contente de moi,
et recommanda même à son Ministre d'avoir soin de ma
fortune. Cela ne diminua pas l'orgueil que j'avois déja ;
et l'entretien que j'eus peu de jours après avec le Comte
de Lémos, acheva de me remplir la tête d'idées ambitieuses.

J'allai trouver ce Seigneur, de la part de son Oncle, chez
le Prince d'Espagne, et je lui présentai une Lettre de cré-
ance, par laquelle le Duc lui mandoit qu'il pouvoit s'ouvrir
à moi, comme à un homme qui avoit une entière con-
noissance de leur dessein, et qui étoit choisi pour être leur
messager commun. Après avoir lu ce billet, le Comte
me conduisit dans une chambre, où nous nous enfermâmes
tous deux, et là il me tint ce discours. Puisque vous avez
la confiance du Duc de Lerme, je ne doute pas que vous
ne la méritiez, et je ne dois faire aucune difficulté de vous
donner la mienne. Vous saurez donc que les choses vont
le mieux du monde. Le Prince d'Espagne me distingue
de tous les Seigneurs qui sont attachés à sa personne, et
qui s'étudient à lui plaire. J'ai eu ce matin une conver-
sation particulière avec lui, dans laquelle il m'a paru cha-
grin de se voir, par l'avarice du Roi, hors d'état de suivre
les mouvements de son cœur généreux, et même de faire
une dépense convenable à un Prince. Sur cela je n'ai pas
manqué de le plaindre, et profitant de ce moment-là, j'ai
promis de lui porter demain à son levé mille pistoles, en
attendant de plus grosses sommes, que je me suis fait fort
de lui fournir incessamment. Il a été charmé de ma pro-
messe, et je suis bien sûr de captiver sa bienveillance, si je
lui tiens parole. Allez dire toutes ces circonstances à mon
Oncle, et revenez m'aprendre ce soir ce qu'il pense là-
dessus.

Je quitai le Comte de Lémos dès qu'il m'eut parlé de
cette sorte, et je rejoignis le Duc de Lerme, qui, sur mon
raport, envoya demander à Caldérone mille pistoles, dont
on me chargea le soir, et que j'allai remettre au Comte, en
disant en moi-même: Ho! ho! je vois bien à présent
quel est l'infaillible moyen qu'a le Ministre pour réussir
dans son enterprise ; il a parbleu raison! et selon toutes
les apparences, ces prodigalités-là ne le ruineront point ;
je devine aisément dans quels coffres il prend ces belles pi-
stoles ; mais après tout, n'est-il pas juste que ce soit le Pére

qui

qui entretienne le fils? Le Comte de Lémos, lorfque je me féparai de lui, me dit tout bas: Adieu, notre cher Confident. Le Prince d'Efpagne aime un peu les Dames; il faudra que nous ayons vous et moi, au premier jour une conférence là-deffus. Je prévois que j'aurai bientôt befoin de votre miniſtére. Je m'en retournai en rêvant à ces mots, qui n'étoient nullement ambigus, et qui me remplifſoient de joie. Comment diable, difois-je, me voilà prêt à devenir le Mercure de l'Héritier de la Monarchie! Je n'examinois point ſi cela étoit bon ou mauvais; la qualité de Galant étourdiſſoit ma morale. Quelle gloire pour moi d'être Miniſtre des plaiſirs d'un grand Prince! Oh tout beau, Monſieur Gil Blas, me dira-t-on! Il ne s'agiſſoit pour vous que d'être Miniſtre en ſecond. J'en demeure d'accord; mais dans le fond ces deux poſtes font autant d'honneur l'un que l'autre. Le profit ſeul en eſt different.

En m'acquitant de ces nobles commiſſions, en me mettant de jour en jour plus avant dans les bonnes graces du Prémier-Miniſtre, avec les plus belles eſpérances du monde, que j'euſſe été heureux, ſi l'ambition m'eût préſervé de la faim! Il y avoit plus de deux mois que je m'étois défait de mon magnifique appartement, et que j'occupois une petite chambre garnie des plus modeſtes. Quoique cela me fît de la peine, comme j'en ſortois de bon matin, et que je n'y rentrois que la nuit pour y coucher, je prenois patience. J'étois toute la journée ſur mon théatre, c'eſt-à-dire chez le Duc, j'y jouois un rôle de Seigneur. Mais quand j'ètois retiré dans mon taudis, le Seigneur s'évanouiſſoit, et il ne reſtoit que le pauvre Gil Blas, ſans argent, et qui pis eſt, ſans avoir dequoi en faire. Outre que j'étois trop fier pour découvrir mes beſoins à quelqu'un, je ne connoiſſois perſonne qui pût m'aider que Navarro, que j'avois trop négligé depuis que j'étois à la Cour, pour oſer m'adreſſer à lui. J'avois été obligé de vendre mes hardes piéce à piéce. Je n'avois plus que celles dont je ne pouvois abſolument me paſſer. Je n'allois plus à l'auberge, faute d'avoir de quoi payer mon ordinaire. Que faiſois-je donc pour ſubſiſter? Tous les matins dans nos Bureaux on nous apportoit, pour déjeuner, un petit pain et un doigt de vin. C'étoit tout ce que le Miniſtre nous faiſoit donner. Je ne mangeois que cela dans la journée, et le plus souvent je me couchois le soir sans souper.

Telle étoit la situation d'un homme qui brilloit à la Cour, et qui devoit y faire plus de pitié que d'envie. Je ne pus néanmoins résister à ma misére, et je me déterminai enfin à la découvrir finement au Duc de Lerme, si j'en trouvois l'occasion. Par bonheur elle s'offrit à l'Escurial, où le Roi et le Prince d'Espagne allerent quelques jours après.

CHAPITRE VI.

Comment Gil Blas fit connoître sa misére au Duc de Lerme, et de quelle façon en usa ce Ministre avec lui.

LORSQUE le Roi étoit à l'Escurial, il y défrayoit tout le monde ; de manière que je ne sentois point où le bât me blessoit. Je couchois dans une garderobe auprès de la chambre du Duc. Ce Ministre, un matin s'étant levé à son ordinaire au point du jour, me fit prendre quelques papiers avec une écritoire, et me dit de le suivre dans les jardins du Palais. Nous allâmes nous asseoir sous des arbres, où je me mis par son ordre dans l'attitude d'un homme qui écrit sur la forme de son chapeau, et lui il tenoit à la main un papier qu'il faisoit semblant de lire. Nous paroissions de loin occupés d'affaires fort sérieuses, et nous ne parlions cependant que de bagatelles.

Il y avoit plus d'une heure que je réjouissois son Excellence par toutes les saillies que mon humeur enjouée me fournissoit, quand deux Pies vinrent se poser sur les arbres qui nous couvroient de leur ombrage. Elles commencerent à caqueter d'une façon si bruyante, qu'elles attirent notre attention. Voilà des Oiseaux, dit le Duc, qui semblent se quereller. Je serois assez curieux de savoir le sujet de leur querelle. Monseigneur, lui dis-je, votre curiosité me fait souvenir d'une Fable Indienne que j'ai lue dans Pilpay, ou dans un autre Auteur Fabuliste. Le Ministre me demanda quelle étoit cette Fable, et je la lui racontai dans ces termes.

Il regnoit autrefois dans la Perse un bon Monarque, qui n'ayant pas assez d'étendue d'esprit pour gouverner lui-même ses Etats, en laissoit le soin à son Grand-Visir. Ce Ministre,

Miniftre, nommé Atalmuc, avoit un génie fupérieur. Il
foutenoit le poids de cette vafte Monarchie, fans en être
accablé. Il la maintenoit dans une paix profonde. Il a-
voit même l'art de rendre aimable l'Autorité Royale, en la
faifant refpecter, et les Sujets avoient un Pére affectionné
dans un Vifir fidele au Prince. Atalmuc avoit parmi fes
Sécretaires un jeunée Cachemirien, appellé Zéangir, qu'il
aimoit plus que les autres. Il prenoit plaifir à fon entre-
tien, le menoit avec lui à la chaffe, et lui découvroit jufqu'à
fes plus fecretes penfées. Un jour qu'ils châffoient en-
femble dans un Bois, le Vifir, voyant deux Corbeaux qui
croaffoient fur un arbre, dit à fon Sécretaire: Je voudrois
bien favoir ce que ces Oifeaux fe difent en leur langage.
Seigneur, lui répondit le Cachemirien, vos fouhaits peu-
vent s'accomplir. Eh comment cela, reprit Atalmuc?
C'eft repartit Zéangir, qu'un Derviche Cabalifte m'a en-
feigné la langue des Oifeaux. Si vous le fouhaitez, j'e-
couterai ceux-ci, et je vous répeterai mot pour mot tout
ce que je leur aurai entendu dire.

Le Vifir y confentit. Le Cachemirien s'aprocha des
Corbeaux, et parut leur prêter une oreille attentive. Après
quoi, revenant à fon Maître: Seigneur, lui dit-il, le croi-
rez-vous? nous faifons le fujet de leur converfation. Cela
n'eft pas poffible, s'écria le Miniftre Perfan. Eh que di-
fent-ils de nous! Un des deux, reprit le Sécretaire, a dit:
Le voilà lui même, ce Grand-Vifir Atalmuc, cet Aigle Tu-
télaire qui couvre de fes ailes la Perfe comme fon nid, et
qui veille fans-ceffe à fa converfation. Pour fe délaffer de
fes pénibles travaux, il chaffe dans ce Bois avec fon fidéle
Zéangir. Que ce Sécretaire eft heureux de fervir un
Maître qui a mille bontés pour lui! Doucement, a inter-
rompu l'autre Corbeau, doucement. Ne vante pas tant
le bonheur de ce Cachemirien. Atalmuc, il eft vrai, s'en-
tretient avec lui familiérement, l'honore de fa confiance, et
je ne doute pas même qu'il n'ait deffein de lui donner un
Emplói confidérable; mais avant ce tems-là Zéangir
mourra de faim. Ce pauvre diable eft logé dans une pe-
tite chambre garnie, où il manque de chofes le plus né-
ceffaires. En un mot, il méne une vie miférable, fans que
perfonne s'en aperçoive à la Cour. Le Grand-Vifir ne
s'avife pas de s'informer s'il eft bien ou mal dans fes affaires,

et content d'avoir pour lui de bons fentimens, il le laiffe en proie à la pauvreté.

Je ceffai de parler en cet endroit pour voir venir le Duc de Lerme, qui me demanda en fouriant, quelle impreffion cet Apologue avoit faite fur l'efprit d'Atalmuc, et fi ce Grand-Vifir ne s'étoit point offenfé de la hardieffe de fon Sécretaire. Non, Monfeigneur, lui répondis-je un peu troublé de fa queftion ; la Fable dit au contraire qu'il le combla de bienfaits. Cela eft heureux, reprit le Duc d'un air férieux. Il y a des Miniftres qui ne trouveroient pas bon qu'on leur fît des leçons. Mais, ajouta-t-il en rompant l'entretien en fé lévant, je crois que le Roi ne tardera guères à fe réveiller. Mon devoir m'appelle auprés de lui. À ces mots il marcha vers le Palais à grands pas fans me parler davantage, et trés mal affecté, à ce qu'il me fembloit, de ma Fable Indienne.

Je le fuivis jufqu'à la porte de la chambre de Sa Majefté, après quoi j'allai remettre les papiers dont j'étois chargé, à l'endroit où je les avois pris. J'entrai dans un cabinet où nos deux Sécretaires Copiftes travailloient, car ils étoient auffi du voyage. Qu'avez-vous, Seigneur de Santillane, dirent-ils en me voyant? Vous êtes bien ému. Vous feroit-il arrivé quelque accident defagréable ?

J'étois trop plein du mauvais fuccés de mon Apologue, pour leur cacher ma douleur. Je leur fis le recit des chofes que j'avois dites au Duc, et ils fe montrerent fenfibles à la vive affliction dont je leur parus faifi. Vous avez fujet d'être chagrin, me dit l'un des deux. Puiffiez vous être mieux traité que ne le fut un Sécretaire du Cardinal Spinola. Ce Sécretaire, las de ne rien recevoir depuis quinze mois qu'il étoit occupé par fon Eminence, prit un jour la liberté de lui repréfenter fes befoins, et de demander quelque argent pour vivre. Il eft jufte, lui dit le Miniftre, que vous foyez payé. Tenez, pourfuivit-il, en lui mettant entre les mains une ordonnance de mille ducats, allez toucher cette fomme au Tréfor Royal ; mais fouvenez-vous en même tems que je vous remerci de vos fervices. Le Sécretaire fe feroit confolé d'être congédié, s'il eût reçu fes mille ducats, et qu'on l'eût laiffé chercher de l'emploi ailleurs ; mais en fortant de .chez le Cardinal, il fut arrêté par un Alguazil, et conduit à la Tour de Ségovie, où il à été longtems prifonnier.

Ce

Ce trait hiftorique redoubla ma frayeur, je me crus perdu; et ne pouvant m'en confoler, je commençai à me reprocher mon impatience, comme fi je n'euffe pas été affez patient.   Hélas, difois-je, pourquoi faut-il que j'aye házardé cette malheureufe Fable, qui a déplû au Miniftre? Il étoit peut-être fur le point de me tirer de mon état miférable, peut-être même allois-je faire une de ces fortunes fubites qui étonnent tout le monde.   Que de richeffes! que d'honneurs m'échappent par mon étourderie! Je devois bien faire réflexion, qu'il y a des Grands qui n'aiment pas qu'on les prévienne, et qui veulent qu'on reçoive d'eux, comme de graces, jufqu'aux moindres chofes qu'ils font obligés de donner.   Il eût mieux valu continuer ma diéte fans en rien témoigner au Duc, et me laiffer même mourir de faim, pour mettre tout le tort de fon côté.

Quand j'aurois encore confervé quelque efpérance, mon Maître, que je vis l'aprés dinée, me l'eut fait perdre entiérement.   Il fut fort férieux avec moi contre fon ordinaire, et il ne me parla point du tout.   Ce qui me caufa le refte du jour une inquiétude mortelle.   Je ne paffai pas la nuit plus tranquillement.   Le regret du voir évanouir mes agréables illufions, et la crainte d'augmenter le nombre des prifonniers d'Etat, ne me permirent que de foupirer et de faire des lamentations.

Le jour fuivant fut le jour de crife.   La Duc me fit appeller le matin.   J'entrai dans fa chambre, plus tremblant qu'un criminel qu'on va juger.   Santillane, me dit-il, en me montrant un papier qu'il avoit à la main, prends cette ordonnance . . . . Je frémis à ce mot d'ordonnance, et dis en moi-même: O Ciel, voici le Cardinal Spinola! la voiture eft prête pour Ségovie! La frayeur qui me faifit dans ce moment-la fut telle, que j'interrompis le Miniftre, et me jettant à fes piés: Monfeigneur, lui dis-je tout en pleurs, je fuplie trés humblement votre Excellence de me pardonner ma hardieffe.   C'eft là néceffité qui m'a forcé de vous apprendre ma mifére.

Le Duc ne put s'empécher de rire du defordre où il me voyoit.   Confole-toi, Gil Blas, me répondit-il, et m'écoute.   Quoiqu'en me découvrant tes befoins ce foit me reprocher de ne les avoir pas prévenus, je ne t'en fai point mauvais gré, mon ami.   Je me veux plutôt du mal à moi-même,

même, de ne t'avoir pas demandé comment tu vivois.
Mais pour commencer à réparer cette faute d'attention,
je te donne une ordonnance de quinze cens ducats, qui
te seront comptés à vue au Tréfor Royal. Ce n'eſt pas
tout, je t'en promets autant chaque année ; et de plus,
quand des perſonnes riches et généreuſes te prieront de
leur rendre ſervice, je ne te défends pas de me parler en
leur faveur.

Dans le raviſſement où me jetterent ces paroles, je bai-
ſai les piés du Miniſtre, qui m'ayant commandé de me
relever, continua de s'entretenir familiérement avec moi.
Je voulus, de mon côté, rapeller ma belle humeur ; mais
je ne pus paſſer ſitôt de la douleur à la joie. Je demeu-
rai auſſi troublé qu'un malheureux qui entend crier grace,
au moment qu'il croit aller recevoir le coup de la mort.
Mon Maître attribua toute mon agitation à la ſeule crainte
de lui avoir déplû, quoique la peur d'une priſon perpétu-
elle n'y eût pas moins de part. Il m'avoua qu'il avoit
affecté de me paroître refroidi, pour voir ſi je ſerois bien
ſenſible à ce changement : qu'il jugeoit par-là de la vi-
vacité de mon attachement à ſa perſonne, et qu'il m'en
aimoit davantage.

C H A P I T R E VII.

Du bon uſage qu'il fit de ſes quinze cens ducats ; de la
prèmiére affaire dont il ſe méla, et quel profit il lui en
revint.

LE Roi, comme s'il eût voulu ſervir mon impatience,
retourna dés le lendemain à Madrid. Je volai
d'abord au Tréfor Royal, où je touchai ſur le champ la
ſomme contenue dans mon ordonnance. Je n'écoutai plus
alors que mon ambition et ma vanité. J'abandonnai ma
miſérable chambre garnie aux Sécretaires qui ne ſavoient
pas encore la langue des Oiſeaux, et je louai, pour la ſe-
conde fois, mon bel appartement, qui par bonheur ne ſe
trouva point occupé. J'envoyai chercher un fameux
Tailleur, qui habilloit preſque tous les Petits-Maîtres. Il
prit ma meſure, et me mena chez un Marchand, où il le-
va cinq aunes de drap, qu'il falloit, diſoit-il, pour me
faire un habit. Cinq aunes pour un habit à l'Eſpagnole !
Juſte

Jufte Ciel! . . . Mais, n'épiloguons pas là-deffus. Les Tailleurs qui font en réputation, en prennent toujours plus que les autres. J'achetai en fuite du linge, dont j'avois grand befoin, des bas de foie, avec un caftor bordé d'un point d'Efpagne.

Aprés cela, ne pouvant honnètement me paffer de laquais, je priai Vincent Foréro mon hôte de m'en donner un de fa main. La plupart des Etrangers qui venoient loger chez lui, avoient coutume, en arrivant à Madrid, de prendre à leur fervice des valets Efpagnols, ce qui ne manquoit pas d'attirer dans cet hôtel tous les laquais qui fe trouvoient hors de condition. Le premier qui fe préfenta, étoit un garçon d'une mine fi douce et fi dévote, que je n'en voulus point. Je crus voir Ambroife de Laméle. Je n'aime pas, dis-je à Foréro, les valets qui ont un air fi vertueux; j'y ai été attrapé.

A peine eus-je congédié ce laquais, que j'en vis arriver un autre. Celui-ci paroiffoit fort éveillé, plus hardi qu'un Page de Cour, et avec cela un peu fripon. Il me plut, je lui fis des queftions. Il y répondit avec efprit. Je remarquai même qu'il étoit intriguant. Je le regardai comme un fujet qui me convenoit. Je l'arrêtai. Je n'eus pas lieu de m'en repentir. Je m'aperçus même bientôt que je vois fait une admirable acquifition. Comme le Duc m'avoit permis de lui parler en faveur des perfonnes à qui je voudrois rendre fervice, et que j'etois dans le deffein de ne pas négliger cette permiffion, il me falloit un chien de chaffe pour découvrir le gibier, c'eft-à dire, un drole qui eût de l'induftrie, et qui fût propre à déterrer et à m'amener des gens qui auroient des graces à demander au Premier-Miniftre. C'étoit juftement le fort de Scipion, ainfi fe nommoit mon laquais. Il fortoit de chez Donna Anna de Guévara, Nourrice du Prince d'Efpagne, où il avoit bien exercé ce talent-là.

Auffitôt que je lui apris que j'avois du credit, et que je ferois bien-aife d'en profiter, il fe mît en campagne, et dés le même jour il me dit: Seigneur, j'ai fait une affez bonne découverte. Il vient d'arriver à Madrid un jeune Gentilhomme Grenadin, apellé Don Roger de Rada. Il a eu une affaire d'honneur qui l'oblige à rechercher la protection du Duc de Lerme, et il eft difpofé à bien payer le plaifir qu'on lui fera. Je lui ai parlé. Il avoit envie

de

de s'adreſſer à Don Rodrigue de Caldérone, dont on lui a vanté le pouvoir; mais je l'en ai détourné, en lui faiſant entendre que ce Sécretaire vendoit ſes bons offices au poids de l'or, au-lieu que vous vous contentiez pour les vôtres d'une honnête marque de reconnoiſſance: Que vous feriez même les choſes pour rien, ſi vous etiez dans une ſituation qui vous permît de ſuivre votre inclination généreuſe et deſintéreſſée. Enfin, je lui ai parlé de manière que vous verrez demain matin ce Gentilhomme à votre levé. Comment donc, lui dis-je, Monſieur Scipion, vous avez déja fait bien de la beſogne! Je m'aperçois que vous n'êtes pas neuf en matiére d'intrigues, je m'etonne que vous n'en ſoyez pas plus riche. C'eſt ce qui ne doit pas vous ſurprendre, me répondit-il. J'aime à faire circuler les eſpèces, je ne théſauriſe point.

Don Roger de Rada vint effectivement chez moi. Je le reçus avec une politeſſe mêlée de fierté. Seigneur Cavalier, lui dis-je, avant que je m'engage à vous ſervir, je veux ſavoir l'affaire d'honneur qui vous amene à la Cour; car elle pourroit être telle, que je n'oſerois parler pour vous au Premier-Miniſtre. Faites m'en donc, s'il vous plaît, un raport fidele, et ſoyez perſuadé que j'entrerai chaudement dans vos intéréts, ſi un galant-homme peut les épouſer. Très volontiers, me répondit le jeune Grenadin, je vais vous conter ſincérement mon hiſtoire. En même tems il m'en fit le récit de cette ſorte.

CHAPITRE VIII.

Hiſtoire de Don Roger de Rada.

DON Anaſtaſio de Rada, Gentilhomme Grenadin, vivoit heureux dans la ville d'Antéquere avec Donna Eſtéphania ſon épouſe, qui joignoit à une vertu ſolide un eſprit doux et une extrême beauté. Si elle aimoit tendrement ſon mari, elle en étoit aimée éperdûment. De ſon naturel il étoit fort porté à la jalouſie, et quoiqu'il n'eût aucun ſujet de douter de la fidélité de ſa femme, il ne laiſſoit pas d'avoir de l'inquiétude. Il apréhendoit que quelque ſecret ennemi de ſon repos n'attentât à ſon honneur. Il ſe défioit de tous ſes amis, excepté
de

de Don Huberto de Hordales, qui venoit librement dans
ſa maiſon en qualité de couſin d'Eſtéphanie, et qui étoit
le ſeul homme dont il dût ſe défier.

Effectivement Don Huberto devint amoureux de ſa cou-
ſine, et oſa lui déclarer ſon amour, ſans avoir égàrd au
ſang qui les uniſſoit, ni à l'amitié particuliére que Don
Anaſtaſio avoit pour lui. La Dame qui étoit prudente,
au-lieu de faire un éclat qui auroit eu de fâcheuſes ſuites,
reprit ſon parent avec douceur, lui repréſenta juſqu'a
quel point il étoit coupable de vouloir la ſeduire et deſ-
honorer ſon mari, et lui dit fort ſérieuſement qu'il ne de-
voit point ſe flater de l'eſpérance d'y reuſſir.

Cette modération ne ſervit qu'a enflammer davantage
le Cavalier, qui s'imaginant qu'il falloit pouſſer à bout
une femme de ce caractére, commença d'avoir avec elle
de manières peu reſpectueuſes, et eut l'audace un jour de
la preſſer de ſatisfaire ſes deſirs. Elle le repouſſa d'un
air ſévere, et le menaça de faire punir ſa témérité par
Don Anaſtaſio. Le Galant, effrayé de la menace, pro-
mit de ne plus parler d'amour, et ſur la foi de cette pro-
meſſe Eſtéphanie lui pardonna le paſſé.

Don Huberto, qui naturellement étoit un très méchant
homme, ne put voir ſa paſſion ſi mal payée, ſans conce-
voir une lâche envie de s'en venger. Il connoiſſoit Don
Anaſtaſio pour un jaloux, ſuſceptible de toutes les impreſ-
ſions qu'il voudroit lui donner. Il n'eut beſoin que de
cette connoiſſance, pour former le deſſein le plus noir
dont un ſcélérat puiſſe être capable. Un ſoir qu'il ſe pro-
menoit ſeul avec ce foible époux, il lui dit de l'air du
monde le plus triſte : Mon cher ami, je ne puis vivre
plus longtems ſans vous révéler un ſecret, que je n'aurois
garde de vous découvrir, ſi votre honneur ne vous étoit
pas plus cher que votre repos ; mais votre délicateſſe et
la mienne, en matiére d'offenſes, ne me permettent pas
de vous cacher ce qui ſe paſſe chez vous. Préparez-vous
à entendre une nouvelle qui vous cauſera autant de dou-
leur que de ſurpriſe. Je vais vous frapper par l'endroit
le plus tendre.

Je vous entends, interrompit Don Anaſtaſio, déja tout
troublé, votre couſine m'eſt infidèle. Je ne la reconnois
plus pour ma couſine, reprit Hordales d'un air emporté,
je la deſavoue, et elle eſt indigne de vous avoir pour ma-
ri.

ri. C'eft trop me faire languir, s'écria Don Anaftafio,
parlez. Qu'a fait Eftéphanie? Elle vous a trahi, re-
partit Don Huberto. Vous avez un Rival qu'elle é-
coute en fecret, mais que je ne puis vous nommer;
car l'Adultére, à la faveur d'une épaiffe nuit, s'eft dé-
robé aux yeux qui l'obfervoient. Tout ce que je fai,
c'eft qu'on vous trompe, c'eft un fait dont je fuis certain.
L'intérêt que je dois prendre à cette affaire, ne vous ré-
pond que trop de la vérité de mon rapport. Puifque je
me déclare contre Eftéphanie, il faut que je fois bien
convaincu de fon infidélité.

Il eft inutile, continua-t-il, en remarquant que fes
difcours faifoient l'effet qu'il en attendoit, il eft inutile de
vous en dire davantage. Je m'apperçois que vous êtes
indigne de l'ingratitude dont on ofe payer votre amour,
et que vous méditez une jufte vengeance. Je ne m'y op-
poferai point. N'examinez pas quelle eft la victime que
vous allez frapper. Montrez à toute la ville qu'il n'eft
rien que vous ne puiffiez immoler à votre honneur.

Le Traître animoit ainfi un époux trop crédule con-
tre une femme innocente, et il lui peignit avec de fi
vives couleurs l'infamie dont il demeuroit couvert, s'il
laiffoit l'affront impuni, qu'il le mit enfin en fureur.
Voilà Don Anaftafio qui perd le jugement. Il femble
que les Furies l'agitent. Il retourne chez lui dans la ré-
folution de poignarder fa malheureufe époufe. Elle étoit
prête à fe mettre au lit quand il arriva. Il fe contraignit
d'abord, et attendit que les domeftiques fuffent retirés.
Alors, fans être retenu par la crainte de la colère célefte,
par le deshonneur qui alloit rejaillir fur une honnête fa-
mille, ni même par la pitié naturelle qu'il devoit avoir
d'un enfant de fix mois que fa femme portoit dans fes
flancs, il s'aprocha de fa victime, et lui dit d'un ton fu-
rieux: Il faut périr, miférable! tu n'as plus qu'un mo-
ment à vivre, que ma bonté te laiffe pour prier le Ciel de
te pardonner l'outrage que tu m'as fait. Je ne veux pas
que tu perdes ton ame, comme tu as perdu ton hon-
neur.

En difant cela, il tira fon poignard. Son action et fon
difcours épouvantèrent Eftéphanie, qui fe jettant à fes ge-
noux, lui dit, les mains jointes et toute éperdue: Qu'avez-
vous, Seigneur? Quel fujet de mécontentement ai-je eu

le

le malheur de vous donner ? Pourquoi voulez-vous ar-
racher la vie à votre épouſe ? Si vous la ſoupçonnez de
ne vous être pas fidèle, vous êtes dans l'erreur.

Non, non, reprit bruſquement le Jaloux, je ne ſuis que
trop aſſuré de votre trahiſon. Les perſonnes qui m'en
ont averti, ſont dignes de foi. Don Huberto . . . . Ah
Seigneur, interrompit-elle avec précipitation ! vous de-
vez vous défier de Don Huberto. Il eſt moins votre ami
que vous ne penſez. S'il vous a dit quelque choſe au deſ-
avantage de ma vértu, ne le croyez pas. Taiſez-vous,
infame que vous êtes, repliqua Don Anaſtaſio ! En vou-
lant me prévenir contre Hordales, vous juſtifiez mes ſoup-
çons, au-lieu de les diſſiper. Vous tâchez de me rendre
ce parent ſuſpect, pàrce qu'il eſt inſtruit de votre mauvaiſe
conduit. Vous voudriez bien affoiblir ſon témoignage ;
mais cet artifice eſt inutile, et redouble l'envie que j'ai de
vous punir. Mon cher époux, reprit l'innocente Eſté-
phanie en pleurant amérement, craignez vôtre aveugle
colère. Si vous en ſuivez les mouvemens, vous com-
mettrez une action dont vous ne pourrez vous conſoler,
quand vous en aurez reconnu l'injuſtice. Au nom de
Dieu, calmez vos tranſports. Donnez-vous du moins le
tems d'éclaircir vos ſoupçons. Vous rendrez plus de juſ-
tice à une femme qui n'a rien à ſe reprocher.

Tout autre que Don Anaſtaſio auroit été touché de
ces paroles, et encore plus de l'affliction de la perſonne
qui venoit de le prononcer ; mais le Cruel, loin d'en pa-
roître attendri, dit à la Dame, une ſeconde fois, de ſe re-
commander promptement à Dieu, et leva même le bras
pour là frapper. Arrête, Barbare ! lui cria-t-elle. Si
l'amour que tu as eu pour moi eſt entièrement éteint, ſi
le marques de tendreſſe qui je t'ai prodiguées ſont effa-
cées de ton ſouvenir, ſi mes larmes ne peuvent te détour-
ner de ton exécrable deſſein, reſpecte donc ton propre
ſang. N'arme pas ta main furieuſe contre un innocent
qui n'a point encore vu la lumière. Tu ne peus deve-
nir ſon bourreau, ſans offenſer le Ciel et la Terre. Pour
moi, je te pardonne ma mort ; mais, n'en doute pas, la
ſienne demandera juſtice d'un ſi horrible forfait.

Quelque déterminé que fût Don Anaſtaſio à ne faire
aucune attention à ce que pourroit lui dire Eſtéphanie, il
ne laiſſa pas d'être ému des images affreuſes que ces der-

niers mots préfenterent à fon efprit. Auffi, comme s'il
eût craint que fon émotion ne trahit fon reffentiment, il
fe hâta de profiter de la fureur qui lui reftoit, et plongea
fon poignard dans le côté droit de fa femme. Elle tomba
dans le moment. Il la crut morte. Il fortit auffitôt de
fa maifon, et difparut d'Antèquere.

Cependant cette époufe infortunée fut fi étourdie du
coup qu'elle avoit reçu, qu'elle demeura quelques inftans
à terre comme une perfonne fans vie. Enfuite, reprenant
fes efprits, elle fit des plaintes et des lamentations qui at-
tirérent auprès d'elle une vieille femme qui la fervoit.
Dés que cette bonne vieille vit fa Maîtreffe dans un fi
pitoyable état, elle pouffa des cris qui diffipérent le fom-
meil des autres domeftiques, et même des plus proches
voifins. La chambre fut bientôt remplie de monde. On
appella dés Chirurgiens. Ils vifiterent la plaie, et n'en
eurent pas mauvaife opinion. Ils ne fe trompèrent point
dans leur conjecture. Ils guérirent même en affez peu
de tems Eftéphanie, qui accoucha fort heureufement d'un
fils, trois mois après cette cruelle avanture. Et c'eft ce
fils, Seigneur Gil Blas, que vous voyez en moi. Je fuis
le fruit de ce trifte enfantement.

Quoique la médifance n'épargne guères la vertu des
femmes, elle refpecta pourtant celle de ma Mere ; et cette
fcene fanglante ne paffa dans la ville, que pour le tranf-
port d'un mari jaloux. Il eft vrai que mon Pere y étoit
connu pour un homme violent, et fort fujet à prendre
trop facilement ombrage. Hordales jugea bien que fa
parente le foupçonnoit d'avoir troublé, par des fables, l'e-
fprit de Don Anaftafio ; et fatisfait de s'être du moins à
demi vengé d'elle, il ceffa de la voir. De peur d'ennu-
yer votre Seigneurie, je ne m'étendrai point fur l'educa-
tion qu'on m'a donnée. Je dirai feulement que ma Mere
s'eft principalement attachée à me faire apprendre l'efcrime,
et que j'ai longtems fait des armes dans les plus célèbres
Sales de Grenade et de Séville. Elle attendoit avec im-
patience que je fuffe en âge de mefurer mon epée à celle
de Don Huberto, pour m'inftruire du fujet qu'elle avoit
de fe plaindre de lui ; et me voyant enfin dans ma dix-
huitieme année, elle m'en fit confidence, non fans répan-
dre des pleurs abondamment, ni paroître faifie d'une vive
douleur. Quelle impreffion ne fait pas une Mere, en cet

état, sur un fils qui à du courage et du sentiment ? J'allai sur le champ trouver Hordales. Je l'attirai dans un endroit écarté, où après un assez long combat, je le perçai de trois coups d'épée, et le jettai sur le carreau.

Don Huberto se sentant mortellement blessé, attacha sur moi ses derniers regards, et me dit qu'il recevoit la mort que je lui donnois, comme une juste punition du crime qu'il avoit commis contre l'honneur de ma Mere. Il confessa que c'étoit pour se venger de ses rigueurs, qu'il s'étoit résolu à la perdre. Puis il expira, en demandant pardon de sa faute au Ciel, à Don Anastasio, à Estéphanie, et à moi. Je ne jugeai point à propos de retourner au logis, pour informer ma Mere de cet évenement. J'en laissai le soin à la Renommée. Je passai les Montagnes, et me rendis à la Ville de Malaga, où je m'embarquai avec un Armateur, qui sortoit du port pour aller en course. Je lui parus ne pas manquer de cœur. Il consentoit volontiers que je me joignisse aux enfans de bonne volonté qu'il avoit sur son bord.

Nous ne tardâmes guères à trouver une occasion de nous signaler. Nous rencontrâmes aux environs d'l'Ile d'Albouran un Corsaire de Mellila, qui retournoit vers les Côtés d'Afrique avec un Bâtiment Espagnol, qu'il avoit pris à la hauteur de Cartagene, et qui étoit richement chargé. Nous attaquâmes vivement l'Afriquain, et nous nous rendîmes maîtres de ses deux vaisseaux, où il y avoit quatre-vingt Chrétiens qu'il emmenoit esclaves en Barbarie. Alors, profitant d'un vent qui s'éleva, et qui nous étoit favorable pour gagner la Côte de Grenade, nous arrivâmes en peu de tems à Punta de Helena.

Comme nous demandions aux Esclaves que nous avions délivrés, de quel endroit ils étoient, je fis cette question à un homme de très bonne mine, et qui pouvoit bien avoir cinquante ans. Il me répondit en soupirant, qu'il étoit d'Antéquere. Je me sentis ému de sa réponse, sans savoir pourquoi ; et mon émotion, dont il s'aperçut, excita en lui un trouble que je remarquai. Je suis, lui dis-je, votre concitoyen. Peut-on vous demander le nom de votre famille ? Hélas, me repondit-il, vous renouvellez ma douleur, en exigeant de moi que je satisfasse votre curiosité. Il y a dix-huit ans que j'ai quité le séjour d'Antéquere, où l'on ne doit se souvenir de moi qu'avec horreur. Vous

n'a-

n'avez peut-être vous-même que trop entendu parler de
moi. Je me nomme Don Anaſtaſio de Rada. Juſte Ci-
el, m'écriai-je! dois je croire ce que j'entends? Quoi,
ce ſeroit Don Anaſtaſio, ce ſeroit mon Pere que je verrois!
Que dites-vous, jeune-homme, s'écria-t-il à ſon tour,
en me conſidérant avec ſurpriſe? Seroit-il bien poſſible
que vous fuſſiez cet enfant malheureux qui étoit encore
dans les flancs de ſa Mere, quand je la ſacrifiai à ma fu-
reur? Oui, mon Pere, lui dis-je, c'eſt moi que la ver-
tueuſe Eſtéphanie a mis au monde trois mois après la nuit
funeſte où vous la laiſſâtes noyée dans ſon ſang.

Don Anaſtaſio n'attendit pas que j'euſſe achevé ces pa-
roles, pour ſe jetter à mon cou. Il me ſerra entre ſes
bras, et nous ne fîmes, pendant un quart-d'heure, que
confondre nos ſoupirs et nos larmes. Après nous être a-
bandonnés aux tendres mouvemens qu'une pareille recon-
noiſſance ne pouvoit manquer d'exciter en nous, mon Pere
leva les yeux au Ciel, pour le remercier d'avoir ſauvé
Eſtéphanie : mais un moment après, comme s'il eût craint
de lui rendre graces mal-à-propos, il m'adreſſa la parole,
et me demanda de quelle manière on avoit reconnu l'in-
nocence de ſa femme. Seigneur, lui répondis-je, per-
ſonne que vous n'en a jamais douté. La conduite de
votre épouſe a toujours été ſans reproche. Il faut que je
vous deſabuſe. Sachez que c'eſt Don Huberto qui vous
a trompé. En même tems, je lui contai toute la perfidie
de ce parent, quelle vengeance j'en avois tirée, et ce qu'il
m'avoit avoué en mourant.

Mon Pere fut moins ſenſible au plaiſir d'avoir recouvré
la liberté, qu'à celui d'entendre les nouvelles que je lui
annonçois. Il recommença, dans l'excès de la joie qui
le tranſportoit, à m'embraſſer tendrement. Il ne pou-
voit ſe laſſer de me témoigner combien il étoit content de
moi. Allons, mon fils, me dit-il, prenons vite le che-
min d'Antéquere. Je brule d'impatience de me jetter aux
piés d'une épouſe que j'ai ſi indignement traitée. Depuis
que vous m'avez fait connoître mon injuſtice, j'ai des re-
mords qui me déchirent le cœur.

J'avois trop d'envie de raſſembler ces deux perſonnes
qui m'étoient ſi cheres, pour en retarder le doux moment.
Je quitai l'Armateur, et de l'argent que je reçus pour ma
part de la priſe que nous avions faite, j'achetai à Adra

deux

deux mules, mon Pere ne voulant plus s'expofer aux
périls de la mer. Il eut tout le loifir fur la route de me
raconter fes avantures, que j'écoutai avec cette avide at-
tention que préta le Prince d'Ithaque au récit de celles du
Roi fon Pere. Enfin, après plufieurs journées, nous nous
rendîmes au bas de la montagne la plus voifine d'Anté-
quere, et nous fimes halte en cet endroit. Comme nous
voulions arriver fecrettement au logis, nous n'entrâmes
dans la ville qu'au milieu de la nuit.

Je vous laiffe à imaginer la furprife où fut ma Mere, de
revoir un mari qu'elle croyoît avoir perdu pour jamais ;
et la manière, pour ainfi dire, miraculeufe dont il lui é-
toit rendu, devenoit encore pour elle un autre fujet d'é-
tonnement. Il lui demanda pardon de fa barbarie avec
des marques fi vives de repentir, qu'elle ne put fe défen-
dre d'en être touchée. Au-lieu de le regarder comme
un affaffin, elle ne vit plus en lui qu'un homme à qui le
Ciel l'avoit foumife ; tant le nom d'époux eft facré
pour une femme qui a de la vertu. Eftéphanie avoit é-
té fi en peine de moi, qu'elle fut charmée de mon re-
tour. Elle n'en reffentit pas toutefois une joie pure.
Une fœur de Hordales procédoit criminellement contre
le meurtrier de fon frére. Elle me faifoit chercher par-
tout. Deforte que ma Mere ne me voyant pas en fureté
dans notre maifon, n'étoit pas fans inquiétude. Cela
m'obligea, dès cette nuit-là même, de partir pour la
Cour, où je viens, Seigneur, folliciter ma grace, que j'ef-
pere obtenir, puifque vous voulez bien parler en ma fa-
veur au Premier-Miniftre, et m'apuyer de tout votre crédit.

Le vaillant fils de Don Anaftafio finit là fon récit, a-
près quoi je lui dis d'un air important : C'eft affez Sei-
gneur Don Roger, le cas me paroît graciable. Je me
charge de détailler votre affaire à fon Excellence, dont
j'ofe vous promettre la protection. Le Grenadin fur cela
fe répandit en remercimens, qui ne m'auroient fait qu'en-
trer par une oreille et fortir par l'autre, s'il ne m'eût af-
furé que fa reconnoiffance fuivroit de près le fervice que
je lui rendrois. Mais d'abord qu'il eût touché cette
corde-là, je me mis en mouvement. Dès le jour même
je contai cette hiftoire au Duc, qui m'ayant permis de lui
préfenter le Cavalier, lui dit : Don Roger, je fuis in-
ftruit de l'affaire d'honneur qui vous a fait venir à la Cour.
Santillane m'en a dit toutes les circonftances. Ayez l'e-

fprit

sprit tranquille. Vous n'avez rien fait qui ne soit excusable : et c'est particulièrement aux Gentilshommes qui vengent leur honneur offensé, que Sa Majesté aime à faire grace. Il faut pour la forme vous mettre en prison, mais soyez assuré que vous n'y demeurerez pas longtems. Vous avez dans Santillane un bon ami qui se chargera du reste, il hâtera votre élargissement.

Don Roger fit une profonde révérence au Ministre, sur la parole duquel il alla se constituer prisonnier. Ses Lettres de grace furent bientôt expédiées par mes soins. En moins de dix jours j'envoyai ce nouveau Telemaque rejoindre son Ulysse et sa Penelope ; au-lieu que s'il n'eût pas eu de Protecteur, il n'en auroit peut-être pas été quite pour une année de prison. Je ne tirai de cela que cent pistoles. Ce n'étoit point-là un grand coup de filet, mais je n'étois pas encore un Caldérone pour mépriser les petits.

C H A P I T R E IX.

Par quels moyens Gil Blas fit en peu de tems une fortune considérable, et des grands airs qu'il se donna.

CETTE affaire me mit en goût, et dix pistoles que je donnai à Scipion pour son droit de courtage, l'encouragerent à faire de nouvelles recherches. J'ai déja vanté ses talens là-dessus. On auroit pu l'apeller à juste titre le Grand Scipion. Il m'amena pour second chaland un Imprimeur de Livres de Chevalerie, qui s'étoit enrichi en dépit du bon-sens. Cet Imprimeur avoit contrefait un Ouvrage d'un de ses Confreres, et son édition avoit été saisie. Pour trois cens ducats je lui fis avoir main levée de ses exemplaires, et lui sauvai une grosse amende. Quoique cela ne regardât point le Prémier-Ministre, son Excellence voulut bien, à ma priere, interposer son autorité. Après l'Imprimeur, il me passa par les mains un Négociant, et voici de quoi il s'agissoit. Un Vaisseau Portugais avoit été pris par un Corsaire de Barbarie, et répris ensuite par un Armateur de Cadiz. Les deux tiers dés marchandises dont il étoit chargé, appartenoient à un Marchand dé Lisbonne, qui les ayant inutilement revendiqués, venoit à la Cour d'Espagne chercher un Protecteur

teur qui eût affez de crédit pour les lui faire rendre. Je
m'intéreffai pour lui, et il atrapa fes effets, moyennant la
fomme de quatre cens piftoles dont il fit préfent à la pro-
tection.

Il me femble que j'entends un Lecteur qui me crie en
cet endroit: Courage, Monfieur de Santillane, mettez du
foin dans vos bottes, vous êtes en beau chemin, pouffez
votre fortune. Oh que je n'y manquerai pas! Je vois, fi
je ne me trompe, arriver mon valet avec un nouveau *Qui-
dam* qu'il vient d'accrocher. Juftement, c'eft Scipion.
Ecoutons-le. Seigneur, me dit-il, fouffrez que je vous
préfente ce fameux Opérateur. Il demande un privilege
pour débiter fes Drogues, pendant l'efpace de dix années,
dans toutes les Villes de la Monarchie d'Efpagne, à l'exclu-
fion de tous les autres; c'eft-à-dire, qu'il foit défendu aux
perfonnes de fa profeffion de s'établir dans les lieux où il
fera. Par reconnoiffance, il comptera deux cens piftoles
à celui qui lui remettra le dit privilege expédié. Je dis
au Saltinbanque, en tranchant du Protecteur: Allez, mon
ami, je ferai votre affaire. Véritablement, peu de jours
après, je le renvoyai avec des patentes qui lui permettoi-
ent de tromper le Peuple exclufivement dans tous les Roy-
aumes d'Efpagne.

Outre que je devenois plus riche, j'avois obtenu fi fa-
cilement de fon Excellence les quatre graces dont je viens
de parler, que je ne balançai point à lui en demander
une cinquieme. C'étoit le Gouvernement de la Ville de
Véra fur la Côte de Grenade, pour un Chevalier de Cala-
trave, qui m'en offroit mille piftoles. Le Miniftre fe mit
à rire, en me voyant fi âpre à la curée. Vive Dieu, ami
Gil Blas, me dit-il, comme vous y allez! Vous aimez fu-
rieufement, à obliger votre prochain. Ecoutez, lorfqu'il
ne fera queftion que de bagatelles, je n'y regarderai pas de
fi près; mais quand vous voudrez des Gouvernemens, ou
d'autres chofes confidérables, vous vous contenterez, s'il
vous plaît, de la moitié du profit, vous me tiendrez compte
de l'autre. Vous ne fauriez vous imaginer, continua-t-il,
la dépenfe que je fuis obligé de faire, ni combien de ref-
fources il me faut pour foutenir la dignité de mon pofte:
car malgré le defintéreffement dont je me pare aux yeux
du monde, je vous avoue que je ne fuis point affez im-
pru-

prudent pour vouloir déranger mes affaires domestiques. Reglez-vous sur cela.

Mon Maître, par ce discours, m'ôtant la crainte de l'importuner, ou plutôt m'excitant à retourner souvent à la charge, me rendit encore plus affamé de richesses que je ne l'étois auparavant. J'aurois alors volontiers fait afficher que tous ceux qui souhaitoient d'obtenir des graces de la Cour, n'avoient qu'à s'adresser à moi. J'allois d'un côté, Scipion de l'autre. Je ne cherchois, qu'à faire plaisir pour de l'argent. Mon Chevalier de Calatrave eut le Gouvernement de Véra pour ses mille pistoles, et j'en fis bientôt accorder un autre pour le même prix à un Chevalier de Saint Jaques. Je ne me contentai pas de faire des Gouverneurs, je donnai des Ordres de Chevaleries, et convertis quelques bons Roturiers en mauvais Gentilshommes par d'excellentes Lettres de Noblesse. Je voulus aussi que le Clergé se ressentit de mes bienfaits. Je conférai de petits Bénéfices, des Canonicats, et quelques Dignités Ecclésiastiques. A l'égard des Evêchés et des Archevêchés, c'étoit Don Rodrigue de Caldérone, qui en étoit le Collateur. Il nommoit encore aux Magistratures, aux Commanderies et aux Viceroyautés. Ce qui suppose que les grandes Places n'étoient pas mieux remplies que les petites; car les sujets que nous choisissions pour occuper les Postes dont nous faisions un si honnête trafic, n'étoient pas toujours les plus habiles gens du monde, ni les plus reglés. Nous savions bien que dans Madrid les Railleurs s'égayoient là-dessus à nos dépens; mais nous ressemblions aux Avares, qui se consolent des huées du Peuple en revoyant leur or.

Isocrate a raison d'apeller l'intempérance et la folie, les compagnes inséparables des riches. Quand je me vis maître de trente mille ducats, et en état d'en gagner peut-être dix fois autant, je crus devoir faire une figure digne d'un Confident de Prémier-Ministre. Je louai un hôtel entier, que je fis meubler proprement. J'achetai le ca- rosse d'un *Escrivano*, qui se l'étoit donné par ostentation, et qui cherchoit à s'en défaire par le conseil de son Boulanger. Je pris un cocher; et comme il est juste d'avancer ses anciens domestiques, j'élevai Scipion au triple honneur d'être mon Valet de chambre, mon Secrétaire, et mon Intendant. Mais ce qui mit le comble à mon orgueil,

gueil, c'eſt que le Miniſtre trouva bon que mes gens por-
taſſent ſa livrée. J'en perdis ce qui me reſtoit de juge-
ment. Je n'étois guères moins fou que les Diſciples de
Porcius Latro, qui, lorſqu'à force d'avoir bu du Cumin
ils s'étoient rendus pâles comme leur Maître, s'imaginoi-
ent être auſſi ſavans que lui ; peu s'én falloit que je ne me
cruſſe parent du Duc de Lerme. Je me mis du moins
dans la tête que je paſſerois pour tel, ou peut-être pour un
de ſes bâtards, ce qui me flatoit infiniment

Ajoutez à cela, qu'à l'exemple de ſon Excellence, qui
tenoit table ouverte, je réſolus de donner à manger. Pour
cet effet je chargeai Scipion de me déterrer un habile Cui-
ſinier, et il m'en trouva un qui étoit comparable peut-être
à celui de Nomentanus de friande mémoire. Je remplis
ma cave de vins délicieux, et après avoir fait mes autres
proviſions, je commençai à recevoir compagnie. Il ve-
noit ſouper chez moi tous les ſoirs quelques-uns des prin-
cipaux Commis des Bureaux du Miniſtre, qui prenoient
fierement la qualité de Sécrétaire d'Etat. Je leur faiſois
très bonne chère, et les renvoyois toujours bien abruvés.
De ſon côté, Scipion, car tel Maître tel Valet, avoit auſſi
la table dans l'Office, où il régaloit à mes dépens les per-
ſonnes de ſa connoiſſance. Mais outre que j'aimois ce
garçon-là, comme il contribuoit à me faire gagner du bien,
il me paroiſſoit en droit de m'aider à le dépenſer. D'ail-
leurs je regardois ces diſſipations en jeune-homme, je ne
voyois pas le tort qu'elles me faiſoient. Une autre raiſon
encore m'empêchoit d'y prendre garde. Les Bénéfices et
les Emplois ne ceſſoient pas de faire venir l'eau au moulin.
Je voyois mes finances augmenter de jour en jour. Je
m'imaginai pour le coup avoir attaché un clou à la For-
tune.

Il ne manquoit plus à ma vanité, que de rendre Fabrice
témoin de ma vie faſtueuſe. Je ne doutois pas qu'il ne
fût de retour d'Andalouſie ; et pour me donner le plaiſir
de le ſurprendre, je lui fis tenir un billet anonime, par le-
quel je lui mandois, qu'un Seigneur Sicilien de ſes amis
l'attendoit à ſouper. Je lui marquois le jour, l'heure et
le lieu où il falloit qu'il ſe trouvât. Le rendez-vous é-
toit chez moi. Nunnez y vint, et fut extraordinairement
étonné d'aprendre que j'étois le Seigneur étranger qui l'a-
voit invité à ſouper. Oui, lui dis-je, mon ami, je ſuis le
Maître

maître de cet hôtel. J'ai un équipage, bonne table, et dé plus un coffre fort. Eſt-il poſſible, s'écria-t-il avec vivacité, que je te retrouve dans-l'opulence ! Que je me ſai bon gré de t'avoir placé auprès du Comte Galiano ! Je te diſois bien que c'étoit un Seigneur généreux, et qu'il ne tarderoit guères à te mettre à ton aiſe. Tu auras ſans-doute, ajouta-t-il, ſuivi le ſage conſeil que je t'avois donné, de lâcher un peu la bride au Maître-d'hôtel. Je t'en félicite. Ce n'eſt qu'en tenant cette prudente conduite, que les Intendans deviennent ſi gras dans les Grandes Maiſons.

Je laiſſai Fabrice s'applaudir tant qu'il lui plût, de m'avoir mis chez le Comte Galiano. Après quoi, pour modérer la joie qu'il ſentoit de m'avoir procuré un ſi bon poſte, je lui détaillai les marques de reconnoiſſance dont ce Seigneur avoit payé mes ſervices. Mais m'appercevant que mon Poëte, pendant que je lui faiſois ce détail, chantoit en lui-même la palinodie, je lui dis que je pardonnois au Sicilien ſon ingratitude. Entre nous, j'ai plutôt ſujet de m'en louer que de m'en plaindre. Si le Comte n'en eût pas mal uſé avec moi, je l'aurois ſuivi en Sicile, où je le ſervirois encore dans l'attente d'un établiſſement incertain. En un mot, je ne ſerois pas confident du Duc de Lerme.

Nunnez fut ſi vivrement frappé des ces derniers mots, qu'il demeura quelques inſtans ſans pouvoir proférer une parole. Puis rompant tout-à-coup le ſilence : L'ai-je bien entendu, me dit-il ? Quoi, vous avez la confiance du Prémier-Miniſtre ? Je la partage, lui repondis-je, avec Don Rodrigue de Caldérone, et ſelon toutes les apparences j'irai loin. En vérité, Seigneur de Santillane, repliqua-t-il, je vous admire. Vous êtes capable de remplir toute ſorte d'Emplois. Que de talens ! Vous avez, pour me ſervir d'une expreſſion de notre tripot, vous avez *l'outil univerſel*, c'eſt-à-dire, vous êtes propre à tout. Au reſte Seigneur, pourſuivit-il, je ſuis ravi de la proſpérité de votre Seigneurie. Oh que diable, interrompis-je, Monſieur Nunnez, treve de Seigneur et de Seigneurie ! Banniſſons ces termes-là, et vivons toujours enſemble familièrement. Tu as raiſon, reprit-il, je ne dois pas te regarder d'un autre œil qu'à l'ordinaire, quoique tu ſois devenu riche. Je t'avouerai ma foibleſſe : en m'annonçant ton heureux ſort,

tu

tu m'as ébloui, mais mon éblouïssement se passe, et je ne vois plus en toi que mon ami Gil Blas.

Notre entretien fut troublé par quatre ou cinq Commis qui arriverent : Messieurs, leur dis-je, en leur montrant Nunnez, vous souperez avec le Seigneur Don Fabricio, qui fait des vers dignes du Roi Numa,* et qui écrit en prose comme on n'écrit point. Par malheur je parlois à des gens qui faisoient si peu de cas de la Poésie, que le Poete en pâlit. A peine daignerent-ils jetter les yeux sur lui. Il eut beau, pour s'attirer leur attention, dire des choses très spirituelles, ils ne les sentirent pas. Il en fut si piqué, qu'il prit une licence poetique. Ils s'échappa subtilement de la compagnie, et disparut. Nos Commis ne s'apperçurent pas de sa retraite, et se mirent à table, sans même s'informer de ce qu'il étoit devenu.

Comme j'achevois de m'habiller le lendemain matin, et me disposois à sortir, le Poete des Asturies entra dans ma chambre : Je te demande pardon, mon ami, me dit-il, si j'ai hier au-soir rompu en visiere à tes Commis ; mais franchement, je me suis trouvé si déplacé parmi eux, que je n'ai pu y tenir. Les fastidieux personnages avec leur air suffisant et empesé ! Je ne comprens pas comment toi, qui as l'esprit délié, tu peus t'accommoder de convives si lourds. Je veux dès aujourd'hui, ajouta-t-il, t'en amener de plus légers. Tu me feras plaisir, lui répondis-je, et je m'en fie à ton goût là-dessus. Tu as raison, repliqua-t-il. Je te promets des génies superieurs et des plus amusans. Je vais de ce pas chez un Marchand de Liqueurs, où ils vont s'assembler dans un moment. Je les retiendrai, de peur qu'ils ne s'engagent ailleurs ; car c'est à qui les aura à diner ou à souper, tant ils sont réjouissans.

A ces paroles il me quitta, et le soir, à l'heure du souper, il revint accompagné seulement de six Auteurs, qu'il me présenta l'un aprés l'autre, en me faisant leur éloge. A l'entendre, ces Beaux-Esprits surpassoient ceux de la Grèce et de l'Italie ; et leurs Ouvrages, disoit-il, méritoient d'être imprimés en lettres d'or. Je reçus ces Messieurs très poliment. J'affectai même de les combler d'honnêtetés ; car la nation des Auteurs est un peu vaine et glo-

* Les Vers obscurs que chantoient les Prêtres Saliens dans leurs Processions, avoient été composés par Numa.

glorieufe. Qnoique je n'euffe pas recommandé à Scipion
d'avoir foin que l'abondance régnât dans ce repas, com-
me il favoit quelle forte de gens je devois régaler ce jour-
là, il avoit fait renforcer les fervices.

Enfin, nous nous mîmes à table fort gayement. Mes
Poetes commencerent à s'entretenir d'eux-mêmes et à fe
louer. Celui-ci d'un air fier citoit les grands Seigneurs et
les Femmes de qualité dont fa Mufe faifoit les délices.
Celui-là, blâmant le choix qu'une Académie de Gens de
Lettres venoit de faire de deux fujets, difoit modeftement
que c'étoit lui qu'elle auroit dû choifir. Il n'y avoit pas
moins de prefomption dans les difcours des autres. Au
milieu du foupé, les voilà qui m'affaffinent de Vers et de
Profe. Ils fe mettent à réciter, à la ronde, chacun un
morceau de leurs Ecrits. L'un debite un Sonnet, l'au-
tre déclame une Scene tragique, et un autre lit la Cri-
tique d'une Comédie. Un quatrième, voulant à fon tour
faire la lecture d'une Ode d'Anacréon, traduite en mau-
vais Vers Efpagnols, eft interrompu par un de fes confreres,
qui lui dit qu'il s'eft fervi d'un terme impropre. L'Au-
teur de la Traduction n'en convient point. De-là nait
une difpute, dans laquelle tous les Beaux-Efprits pren-
nent parti. Les opinions font partagées, les difputeurs
s'échauffent, ils en viennent aux invectives. } Paffe en-
core pour cela ; } mais ces furieux fe levant de table, et fe
battent à coups de poing. Fabrice, Scipion, mon co-
cher, mes laquais et moi, nous n'eûmes pas peu de peine
à leur faire lâcher prife. Lorfqu'ils fe virent féparés, ils
fortirent de la maifon comme d'un cabaret, fans me faire
là moindre excufe de leur impoliteffe.

Nunnez, fur la parole de qui je m'étois fait de ce re-
pas une idée agréable, demeura fort étourdi de cette a-
vanture. Hé bien, lui dis-je, notre ami, me vanterez-
vous encore vos convives ? Par ma foi, vous m'avez ame-
né-là de vilaines gens ! Je m'en tiens à mes Commis. Ne
me parlez plus d'Auteurs. Je n'ai garde, me répondit-il,
de t'en préfenter d'autres, tu viens de voir les plus raifon-
nables.

CHAPITRE X.

*Les mœurs de Gil Blas se corrompent entièrement à la
Cour. De la commission dont le chargea le Comte de
Lémos, et de l'intrigue où ce Seigneur et lui s'enga-
gèrent.*

LORSQUE je fus connu pour un homme cheri du
Duc de Lerme, j'eus biéntôt une cour. Tous les
matins mon antichambre se trouvoit pleine de monde, et
je donnois mes audiences à mon lever. Il venoit chez
moi deux sortes de gens. Les uns pour m'engager, en
payant, à demander des graces au Ministre ; et les autres
pour m'exciter, par des suplications, à leur faire obtenir
gratis ce qu'ils souhaitoient. Les premiers étoient surs
d'être écoutés et bien servis. A l'égard de seconds, je
m'en débarrassois sur le champ par des défaites, ou bien je
les amusois si longtems que je leur faisois perdre patience.
Avant que je fusse à la Cour, j'étois compatissant et charit-
able de mon naturel ; mais on n'a plus là de foiblesse hu-
maine, et j'y devins plus dur qu'un caillou. Je me guéris
aussi par conséquent de ma sensibilité pour mes amis, je
me depouillai de toute affection pour eux. La manière
dont j'en usai avec Joseph Navarro, dans une conjoncture
que je vais rapporter, en peut faire foi.

Ce Navarro, à qui j'avois tant d'obligation, et qui, pour
tout dire en un mot, étoit la cause première da ma fortune,
vint un jour chez moi. Après m'avoir témoigné beau-
coup d'amitié, ce qu'il avoit coutume de faire quand il
me voyoit, il me pria de demander pour un de ses amis
certain emploi au Duc de Lerme, en me disant que le Ca-
valier pour lequel il me sollicitoit, étoit un garçon fort
aimable et d'un grande mérite, mas qu'il avoit besoin d'un
poste pour subsister. Je ne doute pas, ajouta Joseph, bon
et obligeant comme je vous connois, que vous ne soyez
ravi de faire plaisir à un honnête-homme qui n'est pas
riche. Je suis sûr que vous me savez bon gré de vous
donner une occasion d'exciter votre humeur bienfaisante.
C'étoit me dire nettement, qu'on attendoit de moi ce ser-
vice pour rien. Quoique cela ne fût guéres de mon goût,
je ne laissai pas de paroitre fort disposé à faire ce qu'on de-

firoit. Je fuis charmé, répondis-je à Navarro, de pou-
voir vous marquer la vive reconnoiffance que j'ai de tout
ce que vous avez fait pour moi. Il fuffit que vous vous
intéreffiez pour quelqu'un, il n'en faut pas davantage pour
me déterminer à le fervir. Votre ami aura cet emploi
que vous fouhaitez qu'il ait ; comptez là-deffus ; ce n'eft
plus votre affaire, c'eft la mienne.

Sur cette affurance, Jofeph s'en alla très fatisfait : néan-
moins la perfonne qu'il m'avoit tant recommandée, n'eut
pas le pofte en queftion. Je le fis accorder à un autre
homme pour mille ducats, que je mis dans mon coffre-
fort. Je préférai cette fomme aux remercimens que m'au-
roit fait mon Chef-d'office, à qui je dis d'un air mortifié
quand nous nous revimes : Ah ! mon cher Navarro, vous
vous êtes avifé trop tard de me parler, Caldérone m'a pré-
venu, il a fait donner l'Emploi que vous favez. Je fuis
au defefpoir de n'avoir pas une meilleure nouvelle à vous
aprendre.

Jofeph me crut de bonne-foi, et nous nous quitâmes
plus amis que jamais ; mais je crois qu'il découvrit bien-
tôt la vérité, car il ne revint plus chez moi. J'en fus
charmé. Outre que les fervices qu'il m'avoit rendus me
pefoient, il me fembloit que dans la paffe où j'etois alors
à la Cour, il ne me convenoit plus de fréquenter des
Maîtres-d'hôtels.

Il y a longtems que je n'ai parlé du Comte de Lémos.
Venons préfentément à ce Seigneur. Je le voyois quel-
quefois. Je lui avois porté mille piftoles, comme je l'ai
dit ci-divant, et je lui en portai mille autres encore, par
ordre du Duc fon Oncle, de l'argent que j'avois à fon Ex-
cellence. Le Comte de Lémos voulut avoir ce jour-là
un long entretien avèc moi. Il m'aprit qu'il étoit enfin
parvenu à fon but, et qu'il poffédoit entièrement les bonnes
graces du Prince d'Efpagne, dont il étoit l'unique confi-
dent. Enfuite il me chargea d'une commiffion fort ho-
norable, et à laquelle il m'avoit deja préparé : Ami Sân-
tillane, me dit-il, c'eft maintenant qu'il faut agir. N'é-
pargnez rien pour découvrir quelque jeune Beauté qui
foit digne d'amufer ce Prince galant. Vous avez de l'ef-
prit, je ne vous en dis pas davantage. Allez, courez,
cherchez ; et quand vous aurez fait une heureufe décou-
verte, vous viendrez m'en avertir. Je promis au Comte

de

de ne rien négliger pour bien m'acquiter de cet emploi,
qui ne doit pas être fort difficile à exercer, puifqu'il y a
tant de gens qui s'en mêlent.

Je n'avois pas un grand ufage de ces fortes de re-
cherches, mais je ne doutois point que Scipion ne fût en-
core admirable pour cela. En arrivant au logis, je l'a-
pellai, et lui dis en particulier : Mon enfant, j'ai une con-
fidence importante a te faire. Sais-tu bien qu'au milieu
des faveurs de la Fortune, je fens qu'il me manque quel-
que chofe ? Je devine aifément ce que c'eft, interrompit-il,
fans me donner le tems d'achever ce que je voulois lui
dire, vous avez befoin d'une Nymphe agréable pour vous
diffiper un peu et vous égayer. Et en effet il eft étonnant
que vous n'en ayez pas dans le printems de vos jours,
pendant que de graves Barbons ne fauroient s'en paffer.
J'admire ta pénétration, repris-je en fourant. Oui, c'eft
une Maîtreffe qu'il me faut, et je veux l'avoir de ta main.
Mais je t'avertis que je fuis très délicat fur la matiere. Je
te demande une jolie perfonne, qui n'ait pas de mauvaifes
mœurs. Ce que vous fouhaitez, repartit Scipion, eft un
peu rare. Cependant nous fommes, Dieu merci, dans
une ville où il y a de tout, et j'efpere que j'aurai bientôt
trouvé votre fait.

Véritablement trois jours après il me dit, j'ai découvert
un tréfor. Une jeune Dame nommée Catalina, de bonne
famille, et d'une beauté raviffante, demeure fous la con-
duite de fa Tante, dans une petite maifon, où elles vivent
toutes deux fort honêtement de leur bien, qui n'eft pas
confidérable. Elles font fervies par une Soubrette que je
connois, et qui vient de m'affurer que leur porte, quoique
fermée à tout le monde, pourroit s'ouvrir à un Galant
riche et libéral, pourvu qu'il voulût bien, de peur de fcan-
dale, n'entrer chez elles que la nuit, et fans faire aucun
éclat. Là-deffus je vous ai peint comme un Cavalier qui
méritoit de trouver l'huis ouvert, et j'ai prié la Soubrette
de vous propofer aux deux Dames. Elle m'a promis de
le faire, et de me rapporter demain matin la réponfe, dans
un endroit dont nous fommes convenus. Cela eft bon,
lui répondis-je ; mais je crains que la Femme de chambre
à qui tu viens de parler, ne t'en ait fait accroire. Non,
non, repliqua-t-il, ce n'eft point à moi qu'on en donne à
garder ; j'ai déja interrogé les voifins, et je conclus de

tout ce qu'ils m'ont dit, que la Sennora Catalina eft une Damé, chez qui vous pourrez aller faire le Jupiter, à la faveur d'une grêle de piftoles que vous y laifferez tomber.

Tout prévenu que j'étois contre fes fortes de bonnes fortunes, je me prêtai à celle-la ; et comme la Femme de chambre vint dire le jour fuivant à Scipion, qu'il ne tiendroit qu'à moi d'être introduit dès ce foir-là même dans la maifon de fes Maîtreffes, je m'y gliffai entre onze heures et minuit. La Soubrette me reçut fans lumiere, et me prit par la main, pour me conduire dans une falle affez propre, où je trouvai les deux Dames galamment habillées, et affifes fur des carreaux de fatin. Auffitôt qu'elles m'apperçurent, elles fe leverent, et me faluerent d'une maniére fi noble, que je crus voir deux perfonnes de qualité. La Tante, qu'on apelloit la Sennora Mencia, quoique belle encore, ne s'attira pas mon attention. Il eft vrai qu'on ne pouvoit regarder que la niece, qui me parut une Déeffe. A l'examiner pourtant à la rigueur, on auroit pu dire que ce n'étoit pas une beauté parfaite ; mais elle avoit des graces avec un air piquant et voluptueux, qui ne permettoit guères aux yeux des hommes de remarquer fes défauts.

Auffi fa vue troubla-t-elle mes fens. J'oubliai que je ne venois là que pour faire l'office de Procureur ; je parlai en mon propre et privé nom, et tins tous les difcours d'une homme paffionné. La petite fille, à qui je trouvai trois fois plus d'efprit qu'elle n'en avoit, tant elle me paroiffoit gracieufe, acheva de m'enchanter par fes réponfes. Je commençois a ne me plus poffléder, lorfque la Tante, pour modérer mes tranfports, prit la parole et me dit : Seigneur de Santillane, je vais m'expliquer franchement avec vous. Sur l'éloge qu'on m'a fait de votre Seigneurie, je vous ai permis d'entrer chez moi, fans affeéter par des façons de vous faire valoir cette faveur ; mais ne penfez pas pour cela que vous en foyez plus avancé. J'ai jufqu'ici élevé ma niece dans la retraite, et vous êtes, pour ainfi dire, le premier Cavalier aux regards de qui je l'expofe. Si vous la jugez digne d'être votre époufe, je ferai ravi qu'elle ait cet honneur. Voyez fi elle vous convient à ce prix-là, vous ne l'aurez point à meilleur marché.

Ce coup tiré à bout portant, effaroucha l'Amour qui m'alloit décocher une fleche. Pour parler fans méta-

phore,

phore, un mariage proposé si crûment me fit rentrer en
moi-même, je redevins tout-à-coup l'agent fidele du
Comte de Lémos; et changeant de ton, je répondis à la
Sennora Mencia: Madame, votre franchise me plaît, et je
veux l'imiter. Quelque figure que je fasse à la Cour, je
ne vaux pas l'incomparable Catalina; j'ai pour elle en
main un parti plus brillant, je lui destine le Prince d'Es-
pagne. Il suffisoit de refuser ma niece, reprit la Tante
froidement; ce refus, ce me semble, étoit assez desobli-
geant, sans qu'il fût nécessaire de l'accompagner d'un trait
railleur. Je ne raillai point, Madame, m'écriai-je, rien
n'est plus sérieux: j'ai ordre de chercher une personne
qui mérite d'être honorée des visites secrettes du Prince
d'Espagne, je la trouve dans votre maison, je vous marque
à la craie.

La Sennora Mencia fût fort étonnée d'entendre ces pa-
roles, et je m'aperçus qu'elles ne lui déplûrent point:
néanmoins, croyant devoir faire la réservée, elle me re-
pliqua de cette maniere. Quand je prendrois au pié de
la lettre ce que vous me dites, aprenez que je ne suis pas
d'un caractere à m'aplaudir de l'infame honneur de voir
ma niece Maîtresse d'un Prince. Ma vertu se révolte
contre l'idée. . . . . Que vous êtes bonne, interrompis-je,
avec votre vertu! vous pensez comme une sotte Bour-
geoise. Vous moquez-vous de considérer ces choses-là
dans un point de vue moral? c'est leur ôter tout ce qu'elles
ont de beau. Il faut les regarder d'un œil charnel. En-
visagez l'Héritier de la Monarchie aux piés de l'heureuse
Catalina: représentez-vous qu'il l'adore et la comble de
présens; et songez qu'il naîtra d'elle peut-être un Héros,
qui rendra le nom de sa Mère immortel avec le sien.

Quoique la Tante ne demandât pas mieux que d'ac-
cepter ce que je proposois, elle feignit de ne savoir à quoi
se résoudre; et Catalina, qui auroit déja voulu tenir le
Prince d'Espagne, affecta une grande indifférence; ce qui
fût cause que je me mis à presser la place sur nouveaux
frais, jusqu'à ce qu'enfin la Sennora Mencia, me voyant
rebuté et prêt à lever le siege, battit la chamade, et nous
dressâmes une capitulation, qui contenoit les deux articles
suivans. *Primo*, Que si le Prince d'Espagne, sur le rap-
port qu'on lui feroit des agrémens de Catalina, prenoit
feu, et se determinoit à lui faire une visite nocturne, j'au-

rois foin d'en informer les Dames comme auffi de la nuit qui feroit choifie pour cet effet. *Secundo,* Que le Prince ne pourroit s'introduire chez lefdites Dames qu'en Galant ordinaire, et accompagné feulement de moi et de fon Mercure en chef.

Après cette convention, la Tante et la niece me firent toutes le amitiés du monde. Elle prirent avec moi un air de familiarité, à la faveur duquel je hazardai quelques accolades, qui ne furent pas trop mal reçues ; et lorfque nous nous féparàmes, elle m'embrafferent d'elles-mêmes, en me faifant toutes les careffes imaginables. C'eft une chofe merveilleufe, que la facilité avec laquelle il fe forme une liaifon entre les Courtiers de Galanterie et les Femmes qui ont befoin d'eux. On auroit dit, en me voyant fortir delà fi favorifé, que j'euffe été plus heureux que je ne l'étois.

Le Comte de Lémos fentit une extrême joie, quand je lui annonçai que j'avois fait une découverte telle qu'il la pouvoit defirer. Je lui parlai de Catalina dans des termes qui lui donnerent envie de la voir. Je le menai chez elle la nuit fuivante, et il m'avoua que j'avois fort bien rencontré. Il dit aux Dames, qu'il ne doutoit nullement que le Prince d'Efpagne ne fût fort fatisfait de la Maîtreffe que je lui avois choifie, et qu'elle de fon côté auroit fujet d'être contente d'un tel Amant: que ce jeune Prince étoit généreux, plein de douceur et de bonté : enfin il les affura que dans quelques jours il le leur ameneroit de la façon qu'elle le fouhaitoient, c'eft-à-dire fans fuite et fans bruit. Ce Scigneur prit là-deffus congé d'elles, et je me retirai avec lui. Nous rejoignîmes fon équipage dans lequel nous étions venus tous deux, et qui nous attendoit au bout de la rue. Enfuite il me conduifit à mon hôtel, en me chargeant d'inftruire le lendemain fon Oncle de cette avanture ébauchée, et de le prier de fa part de lui envoyer un millier de piftoles pour la mettre à fin.

Je ne manquai pas le jour fuivant d'aller rendre au Duc de Lerme un compte exact de tout ce qui s'étoit paffée ; je ne lui cachai qu'une chofe, je ne lui parlai point de Scipion, je me donnai pour l'auteur de la découverte de Catalina ; car on fe fait honneur de tout auprés des Grands.

Je m'attirai par-là des complimens. Monfieur Gil Blas, me dit le Miniftre d'un air railleur, je fuis ravi qu'a-

vec

vec tous vos autres talens, vous ayez encore celui de dé-
terrer les Beautés obligeantes : quand j'en voudrai quel-
qu'une, vous trouverez bon que je m'adreſſe à vous. Mon-
ſeigneur, lui répondis-je ſur le même ton, je vous remer-
cie de la préférence ; mais vous me permettrez de vous
dire, que je me ferois un ſcrupule de procurer ces ſortes
de plaiſirs à votre Excellence. Il y a ſi longtems que le
Seigneur Rodrigue eſt en poſſeſſion de cet emploi-là, qu'il
y auroit de l'injuſtice à l'en depouiller. Le Duc ſourit
de ma reponſe ; puis changeant de diſcours, il me deman-
da ſi ſon neveu n'avoit pas beſoin d'argent pour cette é-
quipée. Pardonnez-moi, lui dis-je, il vous prie de lui en-
voyer mille piſtoles. Hé bien, reprit le Miniſtre, tu n'as
qu'à les lui porter : dis-lui qu'il ne les ménage point, et
qu'il aplaudiſſe à toutes les dépenſes que le Prince ſouhai-
tera de faire.

CHAPITRE XI.

*De la viſite ſecrette, et des préſens que le Prince d'Eſpagne
fit à Catalina.*

J'ALLAI porter à l'heure même cinq cens double piſ-
toles au Comte de Lémos. Vous ne pouviez venir
plus à propos, me-dit ce Seigneur. J'ai parlé au Prince.
Il a mordu à la grape. Il brule d'impatience de voir Ca-
talina. Dès la nuit prochaine il veut ſe dérober ſecrette-
ment de ſon Palais, pour ſe rendre chez elle ; c'eſt une
choſe réſolue, nos meſures ſont déja priſes pour cela.
Avertiſſez-en les Dames, et leur donnez l'argent que vous
m'aportez. Il eſt bon de leur faire connoître, que ce
n'eſt point un Amant ordinaire qu'elles ont à recevoir.
D'ailleurs les bienfaits des Princes doivent devancer
leurs galanteries. Comme vous l'accompagnerez avec
moi, pourſuivit-il, ayez ſoin de vous trouver ce ſoir-la à
ſon coucher. Il faudra de plus, que votre caroſſe, car
je juge à propos de nous en ſervir, nous attende à minuit
aux environs du Palais.

　Je me rendis auſſitôt chez les Dames. Je ne vis point
Catalina. On me dit qu'elle repoſoit. Je ne parlai qu'à
la Sennora Mencia. Madame, lui dis-je, excuſez-moi de
grace, ſi je parois dans votre maiſon pendant le jour, mais
je

je ne puis faire autrement ; il faut bien que je vous aver-
tisse, que le Prince d'Espagne viendra chez vous cette
nuit : et voici, ajoutai-je, en lui mettant entre les mains
un sac où étoient les especes, voici une offrande qu'il
envoie au Temple de Cythere, pour s'en rendre les Divi-
nités favorables. Je ne vous ai pas, comme vous voyez,
engagée dans une mauvaise affaire. Je vous en suis rede-
vable, répondit-elle, mais aprenez-moi, Seigneur de San-
tillane, si le Prince aime la Musique. Il l'aime, repris-
je, à la folie. Rien ne le divertit tant qu'une belle voix
accompagnée d'un luth touché delicatement. Tant mieux,
s'écria-t-elle toute transportée de joie, vous me charmez
en disant cela : car ma niece a un gozier de rossignol, et
joue du luth à ravir. Elle danse même parfaitement.
Vive Dieu, m'écriai-je à mon tour, voilà bien des per-
fections, ma Tante ! il n'en faut pas tant à une fille pour
faire fortune ; en seul de ces talens lui suffit pour cela.

Ayant ainsi préparé les voies, j'attendis l'heure du
coucher du Prince. Lorsqu'elle fut arrivée, je donnai
mes ordres à mon cocher, et je rejoignis le Comte de
Lémos, qui me dit que le Prince, pour se défaire plutôt
de tout le monde, alloit feindre une legere indisposition,
et même se mettre au lit, afin de mieux persuader qu'il é-
toit malade ; mais qu'il se releveroit une heure après, et
gagneroit, par une porte secrette, un escalier dérobé qui
conduisoit dans le cours.

Lorsqu'il m'eut instruit de ce qu'ils avoient concerté
tous deux, il me posta dans un endroit par où il m'assura
qu'ils passeroient. J'y gardai si longtems le mulet, que
je commençai à croire que notre Galant avoit pris un
autre chemin, ou perdu l'envie de voir Catalina, comme
si les Princes perdoient ces sortes de fantaisies avant que
de les avoir satisfaites. Enfin je m'imaginois qu'on m'a-
voit oublié, quand il parut deux hommes qui m'abord-
ent. Les ayant reconnus pour ceux que j'attendois, je
les menai à mon carosse, dans lequel ils monterent l'un
et l'autre : pour moi, je me mis auprès du cocher pour
lui servir de guide, et je le fis arrêter à cinquante pas de
chez les Dames. Je donnai la main au Prince d'Espagne
et à son compagnon pour les aider à descendre, et nous
marchâmes vers la maison où nous voulions nous introdu-
ire.

ire. La porte s'ouvrit à notre aproche, et se referma
dès que nous fumes entrès.

Nous nous trouvâmes d'abord dans les mêmes ténèbres
où je m'étois trouvé la première fois. Quoiqu'on eût
pourtant, par distinction, attaché une petite lamp à un
mur, la lumière qu'elle repandoit étoit si sombre, que
nous l'apercevions seulement sans en être éclairés. Tout
cela ne servoit qu'à rendre l'avanture plus agréable à son
Héros, qui fut vivement frappé de la vue des Dames,
lorsqu'elles le reçurent dans la salle, où la clarté d'un
grand nombre de bougies compensoit l'obscurité qui reg-
noit dans la cour. La Tante et la niece étoient dans un
deshabillé galant, où il y avoit une intelligence de coquet-
terie qui ne les laissoit pas regarder impunément. Notre
Prince se seroit fort bien contenté de la Sennora Men-
cia, s'il n'eût pas eu à choisir ; mais les charmes de la
jeune Catalina, comme de raison, eurent la préférence.

Hé bien, mon Prince, lui dit le Comte de Lémos, pou-
vions-nous vous procurer le plaisir de voir deux personnes
plus jolies ? Je les trouve toutes deux ravissantes, répon-
dit le Prince, et je n'ai garde de remporter d'ici mon
cœur, puisqu'il n'echapperoit point à la Tante, si la niece
le pouvoit manquer. —

Après un compliment si gracieux pour une Tante, il
dit mille choses flateuses à Catalina, qui lui répondit très
spirituellement. Comme il est permis aux honnêtes-gens
qui font le personnage que je faisois dans cette occasion,
de se mêler à l'entretien des Amans, pourvu que ce soit
pour attifer le feu, je dis au Galant que sa Nymphe chan-
toit et jouoit du luth à merveille. Il fut ravi d'aprendre
qu'elles eût ces talens. Il la pressa de lui en montrer un
échantillon. Elle se rendit de bonne grace à ses instan-
ces, prit un luth tout accordé, joua quelques airs tendres,
et chanta d'une maniere si touchante, que le Prince se
laissa tomber à ses genoux, tout transporté d'amour et de
plaisir. Mais finissons-là ce tableau, et disons seulement
que dans la douce ivresse où l'Héritier de la Monarchie
Espagnole étoit plongé, les heures s'écoulerent comme des
momens, et qu'il nous fallut l'arracher de cette dange-
reuse maison, à cause du jour qui aprochoit. Messieurs les
Entrepreneurs le remenerent promptement dans son ap-
partement. Ils se retirerent ensuite chez eux, aussi contens
de

de l'avoir apareillé avec une Avanturiere, que s'ils euffent fait fon mariage avec une Princeffe.

Je contai le lendemain matin cette avanture au Duc de Lerme, car il vouloit tout favoir. Dans le tems que je lui en achevois le récit, le Comte de Lémos arriva et nous dit : Le Prince d'Efpagne eft fi occupé de Catalina, il a pris tant de goût pour elle, qu'il fe propofe de la voir fouvent, et de s'y attacher. Il voudroit lui envoyer aujourd'hui pour deux mille piftoles de pierreries, mais il n'a pas le fou. Il s'eft adreffé a moi. Mon cher Lémos, m'a-t-il dit, il faut que vous me trouviez tout à l'heure cette fomme-là. Je fai bien que je vous incommode, que je vous epuife, auffi mon cœur vous en tient-il grand compte ; et fi jamais je me vois en état de reconnoître, d'une autre maniere que par le fentiment, tout ce que vous avez fait pour moi, vous ne vous repentirez point de m'avoir obligé. Mon Prince, lui ai-je repondu en le quitant fur le champ, j'ai des amis et du crédit, je vais vous chercher ce que vous fouhaitez..

Il n'eft pas difficile de le fatisfaire, dit alors le Duc à fon neveu. Santillane va vous porter cet argent, ou bien, fi vous voulez, il achetera lui-même les pierreries ; car il s'y connoit parfaitement, et fur-tout en rubis. N'eft-il pas vrai, Gil Blas, ajoûta-t-il, en me regardant d'un air malin ? Que vous êtes malicieux, Monfeigneur, lui répondis-je ! Je vois bien que vous avez envie de faire rire Monfieur le Comte à mes depens. Cela ne manqua pas d'arriver. Le neveu demanda quel myftere il y avoit là-deffous. Ce n'eft rien, repliqua l'Oncle en riant ; c'eft qu'un jour Santillane s'avifa de troquer un diamant contre un rubis, et que ce troc ne tourna ni à fon honneur ni à fon profit.

J'aurois été trop heureux, fi le Miniftre n'en eût pas dit davantage ; mais il prit la peine de conter le tour que Camille et Don Raphael m'avoient joué dans un hôtel garni, et de s'étendre particulierement fur les circonftances les plus defagréables pour moi. Son Excellence, après s'être bien égayée, m'ordonna d'accompagner le Comte de Lémos, qui me mena chez un Jouaillier, où nous choifimes des pierreries que nous allames montrer au Prince d'Efpagne. Après quoi elles me furent confiées, pour être remifes à Catalina. J'allai enfuite prendre chez moi,

moi deux mille piſtoles de l'argent du Duc, pour payer le Marchand.

On ne doit pas demander ſi la nuit ſuivante je fus gracieuſement reçu des Dames ; lorſque j'exhibai les préſens de mon ambaſſade, leſquels conſiſtoient en une belle bague deſtinée pour la Tante, et en une paire de boucles d'oreilles avec les pendans pour la niece. Charmées l'une et l'autre de ces marques de l'amour et de la généroſité du Prince, elles ſe mirent à jaſer comme deux commères, et à me remercier de leur avoir procuré une ſi bonne connoiſſance. Elles s'oublierent dans l'excès de leur joie. Il leur échappa quelques paroles, qui me firent ſoupçonner que je n'avois produit qu'une friponne au fils de notre grand Monarque. Pour ſavoir préciſément ſi j'avois fait ce beau chef-d'œuvre, je me retirai, dans le déſſein d'avoir un éclairciſſement avec Scipion.

CHAPITRE XII.

Qui étoit Catalina. Embarras de Gil Blas, ſon inquiétude, et quelle précaution il fut obligé de prendre pour ſe mettre l'eſprit en repos.

EN rentrant chez moi, j'entendis un grand bruit, j'en demandai la cauſe. On me dit que c'étoit Scipion qui ce ſoir-là donnoit à ſouper à une demi-douzaine de ſes amis. Ils chantoient à gorge déployée, et faiſoient de longs éclats de rire. Ce repas n'étoit aſſurément pas le Banquet des Sept Sages.

Le Maître du feſtin, averti de mon arrivée, dit à ſa compagnie: Meſſieurs, ce n'eſt rien, c'eſt le Patron qui revient. Que cela ne vous gêne pas, continuez de vous réjouïr. Je vais lui dire deux mots, je vous rejoindrai dans un moment. A ces mots il vint me trouver. Quel tintamarre, lui dis-je? quelle ſorte de perſonnes régalez-vous donc là-bas? Sont ce des Poetes? Non pas, s'il vous plaît, repondit-il. Ce ſeroit dommage de donner votre vin à boire à ces gens-là, j'en fais un meilleur uſage. Il y a parmi mes convives un jeune-homme très riche, qui veut obtenir un emploi par votre credit, et pour ſon argent. C'eſt pour lui que la fête ſe fait. A chaque coup qu'il boit j'augmente de dix piſtoles le benefice

fice qui doit vous revenir. Je veux le faire boire jufqu'au
jour. Sur ce pié-là, repris-je, vas te remettre à table,
et ne menage point le vin de ma cave.

Je ne jugeai point à propos de l'entretenir alors de Ca-
talina, mais le lendemain à mon lever je lui parlai de
cette forte : Ami Scipion, tu fais de quelle maniére nous
vivons enfemble. Je te traite plutôt en camarade qu'en
domeftique. Tu aurois tort par conféquent de me trom-
per comme un Maître. N'ayons donc point de fecret
l'un pour l'autre. Je vais t'aprendre une chofe qui te fur-
prendra ; et toi de ton côté, tu me diras tout ce que tu
penfes des deux femmes que tu m'as fait connoître. En-
tre nous, je les foupçonne d'être deux matoifes d'autant
plus raffinées, qu'elles affectent plus de fimplicité. Si
je leur rends juftice, le Prince d'Efpagne n'a pas grand
fujet de fe louer de moi, car je te l'avouerai, c'eft pour
lui que je t'ai demandé une Maitreffe. Je l'ai mené
chez Catalina, et il en eft devenu amoureux. Sei-
gneur, me répondit Scipion, vous en ufez trop bien avec
moi pour que je manque de fincérité avec vous. J'eus
hier un tête-à-tête avec la Suivante de ces deux Princef-
fes, elle m'a conté leur hiftoire, qui m'a paru divertif-
fante. Je vais vous en faire fuccinctement le récit.

Catalina, pourfuivit-il, eft fille d'un petit Gentilhomme
Arragonnois. Se trouvant à quinze ans une orpheline
auffi pauvre que jolie, elle écouta un vieux Commandeur,
qui la conduifit à Tolède, où il mourut au bout de fix
mois, après lui avoir plus fervi de père que d'époux.
Elle recueillit fa fucceffion, qui confiftoit en quelques ni-
pes, et en trois cens piftoles d'argent comptant. Puis elle
fe joignit à la Sennora Mencia, qui étoit encore à la
mode, quoiqu'elle fût déja fur le retour. Ces deux bon-
nes amies demeurerent enfemble, et commencerent à te-
nir une conduite dont la juftice voulut prendre connoif-
fance. Cela déplut aux Dames, qui de dépit abandon-
nerent brufquement Tolède, et vinrent s'établir à Ma-
drid, où depuis environ deux ans elles vivent fans fré-
quenter aucune dame du voifinage. Mais écoutez le
meilleur. Elles ont loué deux petites maifons, féparées
feulement par un mur. On peut entrer de l'une dans l'au-
tre, par un efcalier de communication qu'il y a dans les

caves.

caves. La Sennora Mencia demeure avec une jeune Soubrette dans l'une de ces maisons, et la Douairiere du Commandeur occupe l'autre avec une vieille Duegne, qu'elle fait passer pour sa Grandmere. De façon que notre Arragonnoise est tantôt une niece élevée par sa Tante, et tantôt une pupille sous l'aile de son Ayeule. Quand elle fait la niece, elle s'apelle Catalina ; et lorsqu'elle fait la petite-fille, elle se nomme Siréna.

Au nom de Siréna, j'interrompis, en pâlissant, Scipion. Que m'aprends-tu, lui dis-je ? Helas ! j'ai bien peur que cette maudite Arragonnoise ne soit la Maîtresse de Caldérone. Hé ! vraiment, répondit-il, c'est elle-même. Je croyois vous réjouir en vous annonçant cette nouvelle. Tu n'y penses pas, lui repliquai-je. Elle est plus propre à me causer du chagrin que de la joie ; n'en vois-tu pas bien les conséquences ? Non, ma foi, reparṫit Scipion. Quel malheur en peut-il arriver ? Il n'est pas sûr que Don Rodrigue découvre ce qui se passe ; et si vous craignez qu'il n'en soit instruit, vous n'avez qu'à prévenir le Ministre. Contez-lui la chose tout naturellement. Il verra votre bonne foi ; et si après cela Caldérone veut vous rendre de mauvais offices auprès de son Excellence, elle verra bien qu'il ne cherche à vous nuire que par un esprit de vengeance.

Scipion m'ôta ma crainte par ce discours. Je suivis son conseil. J'avertis le Duc de Lerme de cette fâcheuse découverte. J'affectai même de lui en faire le détail d'un air triste, pour lui persuader que j'étois mortifié d'avoir innocemment livré au Prince la Maîtresse de Don Rodrigue ; mais le Ministre, loin de plaindre son favori, en fit des railleries. Ensuite, il me dit d'aller toujours mon train ; et qu'après tout, il étoit glorieux pour Caldérone d'aimer la même Dame que le Prince d'Espagne, et de n'en être pas plus maltraité que lui. Je mis aussi au fait le Comte de Lémos, qui m'assura de sa protection, si le premier Secretaire venoit à découvrir l'intrigue, et entreprenoit de me perdre dans l'esprit du Duc.

Croyant avoir, par cette manœuvre, délivré la barque de ma fortune du péril de s'ensabler, je ne craignis plus rien. J'accompagnai encore le Prince chez Catalina, autrement la belle Sirene ; qui avoit l'art de trouver des défaites pour ecarter de sa maison Don Rodrigue, et lui

dérober les nuits qu'elle étoit obligée de donner à son il-
luftre Rival.

CHAPITRE XIII.

*Gil Blas continue de faire le Seigneur. Il aprend des
nouvelles de fa famille. Quelle impreffion elles font fur
lui. Il fe brouille avec Fabrice.*

J'AI déja dit que le matin il y avoit ordinairement dans
mon antichambre une foule de perfonnes, qui venoi-
ent me faire des propofitions; mais je ne voulois pas qu'on
me les fît de vive voix; et fuivant l'ufage de la Cour, ou
plutôt pour faire l'important, je difois à chaque Sollici-
teur, Donnez-moi un mémoire. Je m'étois fi bien ac-
coutumé à cela, qu'un jour je répondis ces paroles au
Propriétaire de mon hôtel, qui vint me faire fouvenir que
je lui devois une année de loyer. Pour mon Boucher et
mon Boulanger, ils m'épargnoient la peine de leur de-
mander des mémoires, tant ils étoient exacts à m'en ap-
porter tous les mois. Scipion, qui me copioit fi bien,
qu'on pouvoit dire que la copie aprochoit fort de l'ori-
ginal, n'en ufoit pas autrement avec les perfonnes qui
s'adreffoient à lui pour le prier de m'engager à les fer-
vir.

J'avois encore un autre ridicule, dont je ne pretends
point me faire grace. J'étois affez fait pour parler des
plus Grands-Seigneurs, comme fi j'euffe été un homme
de leur étoffe. Si j'avois, par exemple, à citer le Duc
d'Albe, le Duc d'Offone, le Duc de Médina Sidonia,
je difois fans façon, d'Albe, d'Offone, et Médina Sidonia.
En un mot, j'étois devenu fi fier et fi vain, que je n'étois
plus le fils de mon Pere et de ma Mere. Hélas, pauvre
Duegne et pauvre Ecuyer, je ne m'informois pas fi vous
vivez heureux ou miférables dans les Afturies, je ne fon-
geois pas feulement à vous! La Cour a la vertu du fleuve
Léthé, pour nous faire oublier nos parens et nos amis,
quand ils font dans une mauvaife fituation.

Je ne me fouvenois donc plus de ma famille, lorfqu'un
matin il entra chez moi un jeune-homme, qui me dit qu'il
fouhaitoit de me parler un moment en particulier. Je le
fis paffer dans mon cabinet, où fans lui offrir une chaife,

parce qu'il me paroiſſoit un homme du commun, je lui demandai ce qu'il me vouloit. Seigneur Gil Blas, me dit-il, quoi, vous ne me remettez-point ? J'eus beau le conſidérer attentivement, je fus obligé de lui répondre que ſes traits m'étoient tout-à-fait inconnus. Je ſuis, reprit-il, un de vos compatriotes, natif d'Oviédo même, et fils de Bertrand Muſcada l'Epicier, voiſin de votre Oncle le Chanoine. Je vous reconnois bien, moi. Nous avons joué mille fois tous deux à la * *Gallina-Ciéga.*

Je n'ai, lui repondis-je, qu'une idée très confuſe des amuſemens de mon enfance, les ſoins dont j'ai depuis été occupé m'en ont fait perdre la memoire. Je ſuis venu, dit-il, à Madrid pour compter avec le Correſpondant de mon Père. J'ai entendu parler de vous. On m'a dit que vous étiez ſur un bon pié à la Cour, et déja riche comme un Juif. Je vous en fais mes complimens ; et je vais, à mon retour au Pays, combler de joie votre famille, en lui annonçant une ſi agréable nouvelle.

Je ne pouvois honnêtement me diſpenſer de lui demander dans quelle ſituation il avoit laiſſé mon Pere, ma Mere et mon Oncle, mais je m'acquitai ſi froidement de ce devoir, que je ne donnai pas ſujet à mon Epicier d'admirer la force du ſang. Il parut choqué de l'indifférence que j'avois pour des perſonnes qui me devoient être ſi cheres ; et comme c'étoit un garçon franc et groſſier : Je vous croyois, me dit-il crûment, plus de tendreſſe et de ſenſibilité pour vos proches. De quel air glacé m'interrogez-vous ſur leur compte ? Apprenez que votre Père et votre Mere ſont toujours dans le ſervice, et que le bon Chanoine Gil Pérès, accablé de vieilleſſe et d'infirmités, n'eſt pas éloigné de ſa fin. Il faut avoir du naturel, et puiſque vous êtes en état de faire du bien à vos parens, je vous conſeille en ami de leur envoyer deux cens piſtoles tous les ans. Par ce ſecours vous leur procurerez une vie douce et heureuſe, ſans vous incommoder.

Au-lieu d'être touché de la peinture qu'il me faiſoit de ma famille, je ne ſentis que la liberté qu'il prenoit de me conſeiller, ſans que je l'en priaſſe. Avec plus d'adreſſe peut-être m'auroit-il perſuadé, mais il ne fit que me revolter par ſa franchiſe. Il s'en aperçut bien au ſilence mécontent que je gardai ; et continuant ſon exhortation

avec

---

* C'eſt le Jeu de Colin-Maillard.

avec moins de charité que de malice, il m'impatienta.
Oh c'en eſt trop ! repondis-je avec emportement. Al-
lez, Monſieur de Muſcada, ne vous mêlez que de ce qui
vous regarde. Il vous convient bien de me dicter mon
devoir. Je ſai mieux que vous ce que j'ai à faire dans
cette occaſion. En achevant ces mots, je pouſſai l'Epi-
cier hors de mon cabinet, et le renvoyai à Oviédo ven-
dre du poivre et du girofle.

Ce qu'il venoit de me dire, ne laiſſa pas de s'offrir à
mon eſprit ; et me reprochant à moi-même que j'étois un
fils dénaturé, je m'attendris. Je rapellai les ſoins qu'on
avoit eu de mon enfance et de mon éducation. Je me
repréſentai ce que je devois à mes parens ; et mes reflexi-
ons furent accompagnées de quelques tranſports de recon-
noiſſance, qui pourtant n'aboutirent à rien. Mon ingra-
titude les étouffa bientôt, et leur fit ſuccéder un profond
oubli. Il y a bien des Peres qui ont de pareils enfans.

L'avarice et l'ambition qui me poſſédoient, changerent
entierement mon humeur. Je perdis toute ma gayeté.
Je devins diſtrait et rêveur, en un mot un ſotanimal. Fa-
brice me voyant tout occupé du ſoin de ſacrifier à la
Fortune, et fort détaché de lui, ne venoit plus chez moi
que rarement. Il ne put même s'empêcher de me dire
un jour : En vérité, Gil Blas, je ne te reconnois plus.
Avant que tu fuſſes à la Cour, tu avois toujours l'eſprit
tranquille. A préſent je te vois ſans-ceſſe agité. Tu
formes projet ſur projet pour t'enricher, et plus tu amaſſes
de bien, plus tu veux en amaſſer. Outre cela, te le di-
rai-je ? tu n'as plus avec moi ces épanchemens de cœur,
ces manieres libres qui font le charme des liaiſons. Tout
au contraire, tu t'envelopes et me caches le fond de ton
ame. Je remarque même de la contrainte dans les hon-
nêtetés que tu me fais. Enfin, Gil Blas n'eſt plus ce
même Gil Blas que j'ai connu.

Tu plaiſantes ſans doute, lui répondis-je d'un air aſſez
froid, je n'aperçois en moi aucun changement. Ce n'eſt
point à tes yeux, repliqua-t-il, qu'on doit s'en rapporter ;
ils ſont faſcinés. Crois-moi, ta métamorphoſe n'eſt que
trop véritable. En bonne foi, mon Ami, parle. Vivons-
nous enſemble comme autrefois ? Quand j'allois le ma-
tin frapper à ta porte, tu venois m'ouvrir toi-même, en-
core tout endormi le plus ſouvent, et j'entrois dans ta

chambre

chambre fans façon. Aujourd'hui, quelle différence! Tu as des laquais. On me fait attendre dans ton anti-chambre, et il faut qu'on m'annonce avant que je puiffe te parler. Apres cela, comment me reçois-tu? Avec une politeffe glacée, et en tranchant du Seigneur. On diroit que mes vifites commencent à te pefer. Penfes-tu qu'une pareille réception foit agréable à un homme qui t'a vu fon camarade? Non, Santillane, non. Elle ne me convient nullement. Adieu, féparons-nous à l'aim-able. Défaifons-nous tous deux, toi, d'un cenfeur de tes actions; et moi, d'un nouveau riche qui fe méconnoit.

Je me fentis plus aigri que touché de fes reproches, et je le laiffai s'éloigner fans faire le moindre effort pour le retenir. Dans la fituation où étoit mon efprit, l'amitié d'un Poete ne me paroiffoit pas une chofe affez précieufe pour devoir m'affliger de fa perte. Je trouvois dequoi m'en confoler dans le commerce de quelques petits Offici-ers du Roi, auxquels un rapport d'humeur me lioit depuis peu étroitement. Ces nouvelles connoiffances étoient des hommes, dont la plupart venoient de je ne fai où, et qu'une heureufe étoile avoit fait parvenir à leurs poftes. Ils étoient déja tous à leur aife, et ces miférables n'attri-buant qu'à leur mérite les bienfaits dont la bonté du Roi les avoit comblés, s'oublioient de-même que moi. Nous nous imaginions être des perfonnages bien refpectables. O Fortune! voilà comme tu difpenfes tes faveurs le plus fouvent! Le Stoicien Epictete n'avoit pas tort de te com-parer à une Fille de condition qui s'abandonne à des Va-lets.

Fin du Huitiéme Livre.

LES
AVANTURES
DE
GIL BLAS,
DE SANTILLANE.

LIVRE NEUVIEME.

CHAPITRE I.

Scipion veut marrier Gil Blas, et lui propose la fille d'un riche et fameux Orfevre. Des démarches qui se firent en conséquence.

UN soir, après avoir renvoyé la compagnie qui étoit venue souper chez moi, me voyant seul avec Scipion, je lui demandai ce qu'il avoit fait ce jour-là. Un coup de maitre, me répondit-il. Je veux vous marier. Je vous ménage la fille unique d'un Orfevre de ma connoissance.

La Fille d'un Orfevre, m'écriai-je d'un air dédaigneux! as-tu perdu l'esprit? peus-tu me proposer une Bourgeoise? Quand on a un certain mérite, et qu'on est à la Cour sur un certain pié, il me semble qu'on doit avoir des vues plus élevées. Eh, Monsieur, me repartit Scipion, ne le prenez point sur ce ton-là. Songez que c'est le mâle qui ennoblit, et ne soyez pas plus délicat que mille Seigneurs que je pourrois vous citer. Savez-vous bien que l'héritiere dont il s'agit, est un parti de cent mille ducats? N'est ce pas-là un beau morceau d'Orfevrerie? Lorsque j'entendis parler d'une si grosse somme, je devins plus traitable. Je me rends, dis-je a mon Sécretaire ; la dot me détermine. Quand veux-tu me la faire toucher?

Douce-

Doucement, Monsieur, me répondit-il, un peu de patience. Il faut auparavant que je communique la chose au Pere, et que je la lui fasse agréer. Bon, repris-je en éclatant de rire, tu en es encore-là? voilà un mariage bien avancé. Beaucoup plus que vous ne pensez, repliqua-t-il. Je ne veux qu'une heure de conversation avec l'Orfevre, et je vous réponds de son consentement. Mais avant que nous allions plus loin, composons, s'il vous plaît. Supposé que je vous fasse donner cent mille ducats, combien m'en reviendra-t-il? vingt mille, lui repartis-je. Le Ciel en soit loué, dit-il! Je bornois votre reconnoissance à dix mille. Vous êtes une fois plus généreux que moi. Allons, j'entamerai dès demain cette négociation, et vous pouvez compter qu'elle réussira, ou je ne suis qu'une bête.

Effectivement, deux jours après il me dît: J'ai parlé au Seigneur Gabriel Saléro, ainsi se nommoit mon Orfevre. Je lui ai tant vanté votre crédit et votre mérite, qu'il a prêté l'oreille à la proposition que je lui ai faite de vous accepter pour gendre. Vous aurez sa fille avec cent mille ducats, pourvu que vous lui fassiez voir clairement que vous possédez les bonnes graces du Ministre. Cela étant, dis-je alors à Scipion, je serai bientôt marié. Mais, à propos de la fille, l'as-tu vue? Est-elle belle? Pas si belle que la dot, me répondit-il. Entre nous, cette riche héritiere n'est pas une fort jolie personne. Par bonheur vous ne vous en souciez gueres. Ma foi, non, lui repliquai-je, mon enfant. Nous autres Gens de Cour, nous n'épousons que pour épouser seulement. Nous ne cherchons la beauté que dans les femmes de nos Amis; et si par hazard elle se trouve dans les notres, nous y faisons si peu d'attention, que c'est fort bien fait quand elles nous en punissent.

Ce n'est pas tout, reprit Scipion, le Seigneur Gabriel vous donne à souper ce soir. Nous sommes convenus que vous ne parlerez point de mariage. Il doit inviter plusieurs Marchands de ses amis à ce repas, où vous vous trouverez comme un simple convive, et demain il viendra souper chez vous de la même maniere. Vous voyez par-là que c'est un homme qui veut vous étudier avant que de passer outre. Il sera bon que vous vous observiez un peu devant lui. Oh parbleu, interrompis-je d'un air

de

de confiance, qu'il m'examine tant qu'il lui plaira ! je ne puis que gagner à cet examen.

Cela s'exécuta de point en point. Je me fis conduire chez l'Orfevre, qui me reçut aussi familierement que si nous nous fussions déja vus plusieurs fois. C'étoit un bon Bourgeois qui étoit, comme nous disons, poli * *hasta per-fiar.* Il me présenta la Sennora Eugénia sa femme, et la jeune Gabrielle sa fille. Je leur fis force complimens, sans contrevenir au traité. Je leur dis des riens en fort beaux termes, des phrases de Courtisan.

Gabriéla, n'en déplaise à mon Sécretaire, ne me parut pas desagréable, soit à cause qu'elle étoit extrêmement parée, soit que je ne la regardasse qu'au-travers de la dot. La bonne maison que celle du Seigneur Gabriel ! Il y a, je crois, moins d'argent dans les mines du Pérou, qu'il n'y en avoit dans cette maison-là. Ce métal s'y offroit à la vue de toutes parts, sous mille formes différentes. Chaque chambre, et particulierement celle où nous nous mîmes à table, étoit un trésor. Quel spectacle pour les yeux d'un gendre ! Le Beau-pere, pour faire plus d'honneur à son repas, avoit assemblé chez lui cinq ou six Marchands, tous personnages graves et ennuyeux. Ils ne parlerent que de Commerce ; et l'on peut dire que leur conversation fut plutôt une conférence de Négocians, qu'un entretien d'A-mis qui soupent ensemble.

Je régalai l'Orfevre à mon tour le lendemain au soir. Ne pouvant l'éblouir par mon argenterie, j'eus recours à une autre illusion. J'invitai à souper ceux de mes amis qui faisoient la plus belle figure à la Cour, et que je connois-sois pour des ambitieux qui ne mettoient point de bornes à leurs desirs. Ces gens-ci ne s'entretinrent que de Gran-deurs, que des Postes brillans et lucratifs auxquels il a-spiroient, ce qui fit son effet. Le Bourgeois Gabriel, é-tourdi de leurs grandes idées, ne se sentoit, malgré tout son bien, qu'un petit mortel en comparaison de ces Mes-sieurs. Pour moi, faisant l'homme modéré, je dis que je me contenterois d'une fortune médiocre, comme de vingt mille ducats de rente. Sur quoi ces affamés d'honneurs et de richesses s'écrierent que j'aurois tort, et qu'étant ai-mé autant que je l'étois du Premier-Ministre, je ne devois pas m'en tenir à si peu de chose. Le Beau-pere ne per-

dit

* Jusqú á être fatiguant.

dit pas une de ces paroles, et je crus remarquer, quand il se retira, qu'il étoit satisfait.

Scipion ne manqua pas de l'aller voir le jour suivant dans la matinée, pour lui demander s'il étoit content de moi. J'en suis charmé, lui répondit le Bourgeois, ce garçon-là m'a gagné le cœur. Mais Seigneur Scipion, ajouta-t-il, je vous conjure, par notre ancienne connoissance, de me parler sincerement. Nous avons tous notre foible, comme vous savez. Apprenez-moi celui du Seigneur de Santillane. Est-il joueur ? est-il galant ? quelle est son inclination vicieuse ? Ne me la cachez pas, je vous en prie. Vous m'offensez, Seigneur Gabriel, en me faisant cette question, repartit l'Entremetteur. Je suis plus dans vos intérêts que dans ceux de mon Maître. S'il avoit quelque mauvaise habitude qui fût capable de rendre votre fille malheureuse, est-ce que je vous l'aurois proposé pour gendre ? Non parbleu ! Je suis trop votre serviteur. Mais entre nous, je ne lui trouve point d'autre defaut que celui de n'en avoir aucun. Il est trop sage pour un jeune-homme. Tant mieux, reprit l'Orfevre, cela me fait plaisir. Allez, mon ami, vous pouvez l'assurer qu'il aura ma fille, et que je la lui donnerois quand il ne seroit pas chéri du Ministre.

Aussitôt que mon Sécretaire m'en rapporté cet entretien, je courus chez Saléro, pour le remercier de la disposition favorable où il étoit pour moi. Il avoit déja déclaré ses volontés à sa femme et à sa fille, qui me firent connoître, par la maniere dont elles me reçurent, qu'elles y étoient soumises sans répugnance. Je menai le Beau-pere au Duc de Lerme, que j'avois prévenu la veille, et je le lui présentai. Son Excellence lui fit un accueil des plux gracieux, lui témoigna de la joie de ce qu'il avoit choisi pour gendre un homme qu'elle affectionnoit beaucoup, et qu'elle prétendoit avancer. Elle s'etendit ensuite sur mes bonnes qualités, et dit enfin tant de bien de moi, que le bon Gabriel crut avoir rencontré dans ma Seigneurie le meilleur parti d'Espagne pour sa fille. Il en étoit si aise, qu'il en avoit la larme à l'œil. Il me serra fortement entre ses bras lorsque nous nous séparâmes, en me disant: Mon fils, j'ai tant d'impatience de vous voir l'époux de Gabriéla, que vous le serez dans huit jours tout au plus tard.

CHA-

CHAPITRE II.

*Par quel hazard Gil Blas fe reffouvint de Don Alphonfe
de Leyva, et du fervice qu'il lui rendoit par vanité.*

Laiffons-là mon mariage pour un moment. L'ordre
de mon hiftoire le demande, et veut que je raconte
le fervice que je rendis à Don Alphonfe, mon ancien Maî-
tre. J'avois entierement oublié ce Cavalier, et voici à
quelle occafion j'en rapellai le fouvenir.

Le Gouvernement de la Ville de Valence vint à vaquer
dans ce tems-là. En aprenant cette nouvelle, je penfai à
Don Alphonfe de Leyva. Je fis réflexion que cet Em-
ploi lui conviendroit à merveille, et moins par amitié que
par oftentation, je réfolus de le demander pour lui. Je
me repréfentai que fi je l'obtenois, cela me feroit un hon-
neur infini. Je m'adreffai donc au Duc de Lerme. Je
lui dis que j'avois été Intendant de Don Céfar de Leyva
et de fon fils ; et qu'ayant tous les fujets du monde de me
louer d'eux, je prenois la liberté de le fuplier d'accorder
à l'un ou à l'autre le Gouvernement de Valence. Le Mi-
niftre me répondit : Très voluntiers, Gil Blas. J'aime à
te voir reconnoiffant et généreux. D'ailleurs, tu me
parles pour une famille que j'eftime. Les Leyva font de
bons ferviteurs du Roi, ils méritent bien cette place. Tu
peus en difpofer à ton gré, je te la donne pour préfent de
noces.

Ravi d'avoir réuffi dans mon deffein, j'allai, fans perdre
de tems, chez Caldérone, faire dreffer des Lettres patentes
pour Don Alphonfe. Il y avoit-là un grand nombre de
perfonnes qui attendoient, dans un filence refpectueux, que
Don Rodrigue vînt leur donner audience. Je traverfai la
foule, et me préfentai à la porte du cabinet qu'on m'ou-
vrit. J'y trouvai je ne fai combien de Chevaliers, de Com-
mandeurs, et d'autres gens de conféquence, que Caldé-
rone écoutoit tour à tour. C'étoit une chofe remarquable,
que la maniere différente dont il les recevoit. Il fe con-
tentoit de faire à ceux-ci une légère inclination de tête ;
il honoroit ceux-là d'une révérence, et les conduifoit juf-
qu'à la porte de fon cabinet. Il mettoit, pour ainfi dire,
des nuances de confidération dans les civilités qu'il fai-
foit.

foit. D'un autre côté, j'appercevois des Cavaliers, qui choqués du peu d'attention qu'il avoit pour eux, maudiſſoient dans leur ame la néceſſité, qui les obligeoit de ramper devant ce viſage. J'en voyois d'autres au contraire, qui rioient en eux-mêmes de ſon air fat et ſuffiſant. J'avois beau faire ces obſervations, je n'étois pas capable d'en profiter. J'en uſois chez moi comme lui, et je ne me ſouciois gueres qu'on aprouvât ou qu'on blâmât mes manieres orgueilleuſes, pourvu quelles fuſſent reſpectées.

Don Rodrigue ayant par hazard jetté les yeux ſur moi, quita bruſquement un Gentil-homme qui lui parloit, et vint m'embraſſer avec des démonſtrations d'amitié qui me ſurprirent. Ah ! mon cher confrere, s'écria-t-il, quelle affaire me procure le plaiſir de vous voir ici ? Qu'y a-t-il pour votre ſervice ? Je lui apris le ſujet qui m'amenoit, et là-deſſus il m'aſſura, dans les termes les plus obligeans, que le lendemain à pareille heure ce que je demandois ſeroit expédié. Il ne borna point-là ſa politeſſe, il me conduiſit juſqu'à la porte de ſon antichambre, où il ne conduiſoit jamais que de Grand-Seigneurs, et là il m'embraſſa de nouveau.

Que ſignifient toutes ces honnêtetés, diſois-je en m'en allant ? Que me préſagent-elles ? Caldérone méditeroit-il ma perte, ou bien auroit-il envie de gagner mon amitié ? ou preſſentant que ſa faveur eſt ſur ſon déclin, me ménageroit-il dans la vue de me prier d'intercéder pour lui auprès de notre Patron ? Je ne ſavois a laquelle de ces conjectures je devois m'arrêter. Le jour ſuivant, lorſque je retournai chez lui, il me traita de la même façon. Il m'accabla de careſſes et de civilités. Il eſt vrai qu'il les rabattit ſur la réception qu'il fit aux autres perſonnes qui ſe préſenterent pour lui parler. Il bruſqua les uns, battit froid aux autres, il mécontenta preſque tout le monde. Mais ils furent tous aſſez vengés par une avanture qui arriva, et que je ne dois point paſſer ſous ſilence. Ce ſera un avis au lecteur pour les Commis et les Sécretaires qui la liront.

Un homme vêtu fort ſimplement, et qui ne paroiſſoit pas ce qu'il étoit, s'aprocha de Caldérone, et lui parla d'un certain mémoire qu'il diſoit avoir préſenté au Duc de Lerme. Don Rodrigue ne regarda pas ſeulement le Cavalier, et lui dit d'un ton bruſque : Comment vous apelle-
t-on

t-on, mon Ami ? On m'apelloit Francillo dans mon en-
fance, lui répondit de fang froid le Cavalier, on m'a de-
puis nommé Don Francifco de Zuniga, et je me nomme
aujourd'hui le Comte de Pédrofa. Caldérone étonné de
ces paroles, et voyant qu'il avoit affaire à un homme de
la prémiere qualité, voulut s'excufer : Seigneur, dit-il au
Comte, je vous demande pardon, fi, ne vous connoiffant
pas....Je ne veux point de tes excufes, interrompit avec
hauteur Francillo. Je les méprife autant que tes malhon-
nêtetés. Aprends qu'un Sécretaire de Miniftre doit rece-
voir honnêtement toutes fortes de perfonnes. Sois, fi tu
veux, affez vain pour te regarder comme le fubftitut de
ton Maître, mais n'oublie pas que tu n'es que fon valet.

Le fuperbe Don Rodrigue fut fort mortifié de cet inci-
dent, il n'en devint toutefois pas plus raifonnable. Pour
moi, je marquai cette chaffe-là. Je réfolus de prendre
garde à qui je parlerois dans mes audiences, et de n'être
infolent qu'avec des muets. Comme les Patentes de Don
Alphonfe fe trouverent expédiées, je les emportai et les
envoyai par un courier extraordinaire à ce jeune Seigneur,
avec une lettre du Duc de Lerme, par laquelle Son Excel-
lence lui donnoit avis que le Roi venoit de le nommer au
Gouvernement de Valence. Je ne lui mandai point la
part que j'avois à cette nomination. Je ne voulus pas
même lui écrire, me faifant un plaifir de la lui aprendre
de bouche, et de lui caufer une agréable furprife, lorfqu'il
viendroit à la Cour prêter ferment pour fon Emploi.

CHAPITRE III.

Des préparatifs qui fe firent pour le mariage de Gil Blas,
et du grand évenement qui les rendit inutiles.

REVENONS à ma belle Gabriéla. Je devois donc
l'époufer dans huit jours. Nous nous préparâmes
de part et d'autre à cette cérémonie. Saléro fit faire de
riches habits pour la mariée, et j'arrêtai pour elle une
femme de chambre, un laquais et un vieil écuyer. Tout
cela fut choifi par Scipion, qui attendoit avec encore plus
d'impatience que moi le jour qu'on me devoit compter la
dot.

La

La veille de ce jour si desiré, je soupai chez le Beau-pere avec des Oncles et des Tantes, des cousins et des cousines. Je jouai parfaitement bien le personnage d'un gendre hypocrite. J'eus mille complaisances pour l'Orfevre et pour sa femme. Je contrefis le passionné auprès de Gabriéla. Je graciusai toute la famille, dont j'écoutai, sans m'impatienter, les plats discours et les raisonnemens bourgeois. Aussi, pour prix de ma patience, j'eus le bonheur de plaîre à tous les parens. Il n'y en eut pas un qui ne parût s'aplaudir de mon alliance.

Le repas fini, la compagnie passa dans une grande salle, où on la régala d'un concert de voix et d'instrumens, qui ne fut pas mal exécuté, quoiqu'on n'eut pas choisi les meilleurs Sujets de Madrid. Plusieurs airs gais dont nos oreilles furent agréablement frappées, nous mirent de si belle humeur, que nous commençâmes a former des danses. Dieu sait de quelle façon nous nous en acquitâmes, puisqu'on me prit pour un Eleve de Terpsicore, moi qui n'avois d'autres principes de cet art, que deux ou trois leçons que j'avois reçues chez la Marquise de Châves, d'un petit Maitre à danser qui venoit montrer aux Pages. Après nous être bien divertis, il fallut songer à se retirer chacun chez soi. Je prodiguai les révérences et les accolades. Adieu, mon gendre, me dit Saléro en m'embrassant, j'irai chez vous demain matin porter la dot en belles especes d'or. Vous y serez le bien venu, lui répondis-je, mon cher Beau-pere. Ensuite donnant le bonsoir à la famille, je gagnai mon équipage qui m'attendoit à la porte, et je pris le chemin de mon hôtel.

J'étois à peine à deux cens pas de la maison du Seigneur Gabriel, que quinze ou vingt hommes, les uns à pié les autres à cheval, tous armés d'épées et de carabines, entourerent mon carosse et l'arrêterent, en criant, *De par le Roi.* Ils m'en firent descendre brusquement, pour me jetter dans une chaise roulante, où le principal de ces Cavaliers étant monté avec moi, dit au cocher de toucher vers Ségovie. Je jugeai bien que c'étoit un honnête Alguazil que j'avois à mon côté. Je voulus le questionner pour savoir le sujet de mon emprisonnement. Mais il me répondit sur le ton de ces Messieurs-là, je veux dire brutalement, qu'il n'avoit point de compte à me rendre. Je lui dis que peut-être il se méprenoit. Non, non, repartit-

il, je fuis fûr de mon fait. Vous êtes le Seigneur de San-
tillane. C'eft vous que j'ai ordre de conduire où je vous
mene. N'ayant rien à repliquer à ces paroles, je pris
le parti de me taire. Nous roulâmes le refte de la nuit le
long du Mançanarez dans un profond filence. Nous
changeâmes de chevaux à Colmenar, et nous arrivâmes
fur le foir à Ségovie, où l'on m'enferma dans la Tour.

CHAPITRE IV.

*Comment Gil Blas fut traité dans la Tour de Ségovie, et
de quelle maniere il aprit la caufe de fa prifon.*

ON commença par me mettre dans un cachot, où
l'on me laiffa fur la paille, comme un criminel
digne du dernier fuplice. Je paffai la nuit, non pas à me
défoler, car je ne fentois pas encore tout mon mal, mais
à chercher dans mon efprit ce qui pouvoit avoir caufé
mon malheur. Je ne doutois pas que ce ne fût l'ouvrage
de Caldérone. Cependant, j'avois beau le foupçonner
d'avoir tout découvert, je ne concevois pas comme il a-
voit pu porter le Duc de Lerme a me traiter fi cruelle-
ment. Tantôt je m'imaginois que c'étoit à l'infu de Son
Excellence que j'avois été arrêté ; et tantôt je penfois
que c'étoit elle-même, qui pour quelques raifons politi-
ques m'avoit fait emprifonner, ainfi que les Miniftres en
ufent quelquefois avec leurs favoris.

J'étois vivement agité de mes diverfes conjectures,
quand la clarté du jour perçant au travers d'une petite fe-
nêtre grillée, vint offrir à ma vue toute l'horreur du
lieu où je me trouvois. Je m'affligeai alors fans modé-
ration, et mes yeux devinrent deux fources de larmes,
que le fouvenir de ma profpérité rendoit intariffables.
Pendant que je m'abandonnois à ma douleur, il vint dans
mon cachot un guichetier, qui m'aportoit un pain et une
cruche d'eau pour ma journée. Il me regarda, et remar-
quant que j'avois le vifage baigné de pleurs, tout guiche-
tier qu'il étoit, il fentit un mouvement de pitié : Seigneur
Prifonnier, me dit-il, ne vous defefpérez point. Il ne
faut pas être fi fenfible aux traverfes de la vie. Vous êtes
jeune, après ce tems-ci vous en verrez un autre. En at-
tendant, mangez de bonne grace le pain du Roi.

Mon

Mon consolateur sortit en achevant ces paroles, auxquelles je ne répondis que par des plaintes et des gémissemens ; et j'employai tout le jour à maudire mon étoile, sans songer à faire honneur à mes provisions, qui, dans l'état où j'étois, me sembloient moins un présent de la bonté du Roi qu'un effet de sa colere, puisqu'elles servoient plutôt à prolonger qu'à soulager les peines des malheureux.

La nuit vint pendant ce tems-là, et bientôt un grand bruit de clés attira mon attention. La porte de mon cachot s'ouvrit, et un moment après il entra un homme qui portoit une bougie. Il s'aprocha de moi, et me dit : Seigneur Gil Blas, vous voyez un de vos anciens amis. Je suis ce Don André de Tordésillas, qui demeuroit avec vous à Grenade, et qui étoit Gentilhomme de l'Archevêque, dans le tems que vous possédiez les bonnes graces de ce Prélat. Vous le priâtes, s'il vous en souvient, d'employer son crédit pour moi, et il me fit nommer pour aller remplir un Emploi au Mexique ; mais au-lieu de m'embarquer pour les Indes, je m'arrêtai dans la Ville d'Alicante. J'y épousai la fille du Capitaine du Château, et par une suite d'avantures dont je vous ferai tantôt le récit, je suis devenu le Châtelain de la Tour de Ségovie. Il m'est expressément ordonné de ne vous laisser parler à personne, de vous faire coucher sur la paille, et de ne vous donner pour toute nourriture que du pain et de l'eau. Mais outre que j'ai trop d'humanité pour ne pas compâtir à vos maux, vous m'avez rendu service, et ma reconnoissance l'emporte sur les ordres que j'ai reçus. Loin de servir d'instrument à la cruauté qu'on veut exercer sur vous, je prétends adoucir la rigueur de votre prison. Levez-vous, et venez avec moi.

Quoique le Seigneur Châtelain méritât bien quelques remercimens, mes esprits étoient si troublés que je ne pus lui répondre un seul mot. Je ne laissai pas de le suivre. Il me fit traverser une cour, et monter par un escalier fort étroit à une petite chambre qui étoit tout au haut de la Tour. Je ne fus pas peu surpris, en entrant dans cette chambre, de voir sur une table deux chandelles qui brûloient dans des flambeaux de cuivre, et deux couverts assez propres. Dans un moment, me dit Tordésillas, on va nous apporter à manger. Nous allons souper

ici toùs deux. C'eſt ce réduit que je vous ai deſtiné pour
logement. Vous y ſerez mieux que dans votre cachot.
Vous verrez de votre fenêtre les bords fleuris de l'Eréma,
et la vallée délicieuſe, qui du pié des montagnes qui ſé-
parent les deux Caſtilles, s'étend juſqu'à Coca. Je ſai
bien que vous ſerez d'abord peu ſenſible à une ſi belle vue ;
mais quand le tems aura fait ſuccéder une douce mélan-
colie à la vivacité de votre douleur, vous prendrez plaiſir
à promener vos regards ſur des objets ſi agréables. Ou-
tre cela, comptez que le linge et les autres choſes qui ſont
néceſſaires à un homme qui aime la propreté, ne vous
manqueront pas. De plus, vous ſerez bien couché, bien
nourri, et je vous fournirai des livres tant que vous en
voudrez. En un mot, vous aurez tous les agrémens
qu'un priſonnier peut avoir.

A des offres ſi obligeantes, je me ſentis un peu ſoulagé.
Je pris courage, et rendis mille graces à mon géolier. Je
lui dis qu'il me rapelloit à la vie par ſon procédé géné-
reux, et que je ſouhaitois de me retrouver en état de lui
en témoigner ma reconnoiſſance. Hé ! pourquoi ne
vous y retrouveriez-vous pas, me répondit-il ? Croyez-
vous avoir perdu pour jamais la liberté ? Vous êtes dans
l'erreur, et j'oſe vous aſſurer que vous en ſerez quite pour
quelques mois de priſon. Que dites-vous, Seigneur Don
André, m'écriai-je ! il ſemble que vous ſachiez le ſujet de
mon infortune. Je vous avouerai, me repartit-il, que je
ne l'ignore pas. L'Alguazil qui vous a conduit ici m'a
confié ce ſecret, que je puis vous révéler. Il m'a dit que
le Roi, informé que vous aviez la nuit, le Comte de Lé-
mos et vous, mené le Prince d'Eſpagne chez une Dame
ſuſpecte, venoit, pour vous en punir, d'exiler le Comte,
et vous envoyoit, vous, à la Tour de Ségovie, pour y ê-
tre traité avec toute la rigueur que vous avez éprouvée de-
puis que vous y êtes. Et comment, lui dis-je, cela eſt-il
venu à la connoiſſance du Roi ? C'eſt particulierement
de cette circonſtance que je voudrois être inſtruit. C'eſt,
répondit-il, ce que l'Alguazil ne m'a point apris, et ce
qu'aparemment il ne ſait pas lui-même.

Dans cet endroit de notre converſation, pluſieurs va-
lets, qui aportoient le ſouper, entrerent. Ils mirent ſur
la table du pain, deux taſſes, deux bouteilles, et trois
grands plats, dans l'un deſquels il y avoit un civé de lie-
vre

vre avec beaucoup d'oignon, d'huile et de fafran ; dans l'autre, une * *Olla Podrida* ; et dans le troifieme, un dindonneau fur une marmelade de † *Bérengéna*. Lorfque Tordéfillas vit que nous avions tout ce qu'il nous falloit, il renvoya fes domeftiques, ne voulant pas qu'ils entendiffent notre entretien. Il ferma la porte, et nous nous affîmes tous deux à table vis-à-vis l'un de l'autre. Commençons, me dit-il, par le plus preffé. Vous devez avoir bon apétit après deux jours de diete. En parlant de cette forte, il chargea mon affiette de viande. Il s'imaginoit fervir un affamé, et il avoit effectivement fujet de penfer que j'allois m'empifrer de fes ragoûts. Néanmoins je trompai fon attente. Quelque befoin que j'euffe de manger, les morceaux me reftoient dans la bouche, tant j'avois le cœur ferré de ma condition préfente. Pour écarter de mon efprit les images cruelles qui venoient fansceffe l'affliger, mon Châtelain avoit beau m'exciter à boire, et vanter l'excellence de fon vin ; m'eût-il donné du Nectar, je l'aurois alors bu fans plaifir. Il s'en aperçut, et s'y prenant d'une autre façon, il fe mit à me conter d'un ftile égayé l'hiftoire de fon mariage. Il y réuffit encore moins par-là. J'écoutai fon récit avec tant de diftraction, que je n'aurois pu dire, lorfqu'il l'eut fini, ce qu'il venoit de me raconter. Il jugea bien qu'il entreprenoit trop, de vouloir ce foir-là faire quelque diverfion à mes chagrins. Il fe leva de table après avoir achevé de fouper, et me dit : Seigneur de Santillane, je vais vous laiffer repofer, ou plutôt rêver en liberté à votre malheur. Mais je vous le répete, il ne fera pas de longue durée. Le Roi eft bon naturellement. Quand fa colere fera paffée, et qu'il fe repréfentera le fituation déplorable où il croit que vous êtes, vous lui paroîtrez affez puni. A ces mots, le Seigneur Chatelain defcendit, et fit monter fes valets pour defervir. Ils emporterent jufqu'aux flambeaux, et je me couchai à la fombre clarté d'une lampe qui étoit attachée au mur.

N 3   C H A-

* Olla podrida eft un compofé de toutes fortes de viandes.
† Bérengéna, petite Citrouille apellée Pomme d'Amour.

CHAPITRE V.

Des réflexions qu'il fit cette nuit avant que de s'endormir,
et du bruit qui le réveilla.

JE paſſai deux heures pour le moins à réfléchir ſur ce
que Tordéſillas m'avoit apris. Je ſuis donc ici, di-
ſois-je, pour avoir contribué aux plaiſirs de l'Héritier de
la Couronne. Quelle imprudence auſſi d'avoir rendu de
pareils ſervices à un Prince ſi jeune ! car c'eſt ſa grande
jeuneſſe qui fait tout mon crime. S'il étoit dans un âge
plus avancé, le Roi peut-être n'auroit fait que rire de ce
qui l'a ſi fort irrité. Mais qui peut avoir donné un ſem-
blable avis à ce Monarque, ſans apréhender le reſſenti-
ment du Prince, ni celui du Duc de Lerme. Ce Mini-
ſtre voudra venger ſans doute le Comte de Lémos ſon ne-
veu. Comment le Roi a-t-il découvert cela ? C'eſt ce
que je ne comprends point.

J'en revenois toujours-là. L'idée pourtant la plus
affligeante pour moi, celle qui me deſeſpéroit, et dont
mon eſprit ne pouvoit ſe détacher, c'étoit le pillage au-
quel je m'imaginois bien que tous mes effets avoient été
abandonnés. Mon coffre-fort, m'écriois-je, mes cheres
richeſſes, qu'êtes-vous devenues ! Dans quelles mains ê-
tes-vous tombées ! Hélas, je vous ai perdues en moins de
tems encore que je ne vous avois gagnées ! Je me peig-
nois le deſordre qui devoit regner dans ma maiſon, et je
faiſois ſur cela des réflexions toutes plus triſtes les unes
que les autres. La confuſion de tant de penſées diffé-
rentes me jetta dans un accablement qui me devint fa-
vorable. Le ſommeil qui m'avoit fui la nuit précédente,
vint répandre ſur moi ſes pavots. La bonté du lit, la fa-
tigue que j'avois ſoufferte, ainſi que les vapeurs des vi-
andes et du vin y contribuerent auſſi. Je m'endormis
profondément, et, ſelon toutes les aparences, le jour
m'auroit ſurpris dans cet état, ſi je n'euſſe été réveillé
tout-à-coup par un bruit aſſez extraordinaire dans les pri-
ſons. J'entendis le ſon d'une guitarre, et la voix d'un
homme en même tems. J'écoute avec attention, je n'en-
tends plus rien, je crois que c'eſt un ſonge. Mais un in-
ſtant après, mon oreille fut frappée du ſon du même in-
ſtrument,

ftrument, et de la même voix qui chanta les vers fuivans.

> * *Ay de mi ! un Ano felice*
> *Parece un foplo ligero ;*
> *Peró fin dicha un inftante*
> *Es un figlo de tormento.*

Ce Couplet, qui paroiffoit avoir été fait exprès pour moi, irrita mes ennuis. Je n'éprouve que trop, difois-je, la vérité de ces paroles. Il me femble que le tems de mon bonheur s'eft écoulé bien vite, et qu'il y a déja un fiecle que je fuis en prifon. Je me replongeai dans une affreufe rêverie, et recommençai à me défoler, comme fi j'y euffe pris plaifir. Mes lamentations pourtant finirent avec la nuit ; et les premiers rayons du Soleil, dont ma chambre fut éclairée, calmerent un peu mes inquiétudes. Je me levai pour aller ouvrir ma fenêtre, et donner de l'air à ma chambre. Je regardai dans la campagne, dont je me fouvins que le Seigneur Châtelain m'avoit fait une belle defcription. Je ne trouvai pas dequoi juftifier ce qu'il m'en avoit dit. L'Eréma, que je croyois du moins égal au Tage, ne me parut qu'un ruiffeau. L'ortie feule et le chardon paroient fes *bords fleuris*, et la prétendue *Vallée délicieufe* n'offrit à ma vue que des terres dont la plupart étoient incultes. Aparemment que je n'en étois pas encore à cette douce mélancolie, qui devoit me faire voir les chofes autrement que je ne les voyois alors.

Je commençai à m'habiller, et déja j'étois à demi vêtu, quand Tordéfillas arriva, fuivi d'une vieille fervante, qui m'aportoit des chemifes et des ferviettes. Seigneur Gil Blas, me dit-il, voici du linge. Ne le ménagez pas, j'aurai foin que vous en ayez toujours de refte. Hé bien, ajouta-t-il, comment avez-vous paffé la nuit ? Le fommeil a-t-il fufpendu vos peines pour quelques momens ? Je dormirois peut-être encore, lui répondis-je, fi je n'euffe été réveillé par un voix accompagnée d'une guitarre. Le Cavalier qui a troublé votre repos, reprit-il, eft un Prifonnier d'État, qui a fa chambre à côté de la vôtre. Il eft Chevalier de l'Ordre Militaire de Calatrava, et il a une figure tout aimable. Il s'apelle Don Gafton de Cogollos.

---

* *Helas ! une année de plaifir paffe comme un vent léger ; mais un moment de malheur eft fiecle de tourment.*

los. Vous pourrez vous voir tous deux, et manger en-
femble. Vous trouverez une confolation mutuelle dans
vos entretiens. Vous vous ferez l'un à l'autre d'un grand
agrément.

Je témoignai à Don André, que j'étois très fenfible à
la permiffion qu'il me donnoit d'unir ma douleur avec
celle de ce Cavalier; et comme je marquai quelque im-
patience de connoître ce compagnon de malheur, notre
obligeant Châtelain me procura cette fatisfaction dès ce
jour-là même. Il me fit diner avec Don Gafton, qui me
furprit par fa bonne mine et par fa beauté. Jugez quel
il devoit être, pour faire une impreffion fi forte fur des
yeux accoutumés à voir la plus brillante Jeuneffe de la
Cour. Imaginez-vous un homme fait à plaifir, un de ces
Héros de Romans, qui n'avoient qu'à fe montrer pour
caufer des infomnies aux Princeffes. Ajoutons à cela que
la Nature, qui mêle ordinairement fes dons, avoit doué
Cogollos de beaucoup d'efprit et de valeur. C'étoit un
Cavalier parfait.

Si ce Chevalier me charma, j'eus de mon côté le bon-
heur de ne lui pas déplaîre. Il ne chanta plus la nuit, de
peur de m'incommoder, quelques prieres que je lui fiffe
de ne fe pas contraindre pour moi. Une liaifon eft bien-
tôt formée entre deux perfonnes qu'un mauvais fort o-
prime. Une tendre amitié fuivit de près notre connoif-
fance, et devint plus forte de jour en jour. La liberté
que nous avions de nous parler quand il nous plaîfoit,
nous fut très utile; puifque par nos converfations, nous
nous aidâmes réciproquement tous deux à prendre notre
mal en patience.

Une après dinée j'entrai dans fa chambre, comme il
fe difpofoit à jouer de la guitarre. Pour l'ecouter plus
commodément, je m'affis fur une fellette qu'il y avoit là
pour tout fiege; et lui s'étant mis fur le pié de fon lit, il
joua un air fort touchant, et chanta deffus des paroles qui
exprimoient le defefpoir où la cruauté d'une Dame rédui-
foit un Amant. Lorfqu'il les eut chantées, je lui dis en
fouriant: Seigneur Chevalier, voilà des vers que vous ne
ferez jamais obligé d'employer dans vos galanteries. Vous
n'êtes pas fait pour trouver des femmes cruelles. Vous
avez trop bonne opinion de moi, me répondit-il. J'ai
compofé pour mon compte les vers que vous venez d'en-
tendre,

tendre, pour amollir un cœur que je croyois de diamant,
pour attendrir une Dame qui me traitoit avec une extrême
rigueur. Il faut que je vous faſſe le récit de cette hiſtoire,
vous aprendrez en même tems celle de mes malheurs.

CHAPITRE VI.

*Hiſtoire de Don Gaſton de Cogollos, et de Donna Héléna
de Galiſtéo.*

IL y aura bientôt quatre ans que je partis de Madrid
pour aller à Coria, voir Donna Éléonora de Laxarilla
ma tante, qui eſt une des plus riches Douairieres de la
Caſtille Vieille, et qui n'a point d'autre héritier que moi.
Je fus à peine arrivé chez elle, que l'Amour y vint trou-
bler mon repos. Elle me donna un appartement dont les
fenêtres faiſoient face aux jalouſies d'un Dame qui demeu-
roit vis-à-vis, et que je pouvois facilement remarquer, tant
ſes grilles étoient peu ſerrées et la rue étroite. Je ne ne-
gligeai pas cette poſſibilité, et je trouvai ma voiſine ſi belle,
que j'en fus d'abord enchanté. Je le lui marquai auſſitôt
par des œillades ſi vives, qu'il n'y avoit pas à s'y mépren-
dre. Elle s'en apperçut bien ; mais elle n'étoit pas fille à
faire trophée d'une pareille obſervation, et encore moins
à répondre à mes minauderies.

Je voulus ſavoir le nom de cette dangereuſe perſonne,
qui troubloit ſi promptement les cœurs. J'apris qu'on la
nommoit Donna Héléna ; qu'elle étoit fille unique de Don
George de Galiſtéo, qui poſſédoit, à quelques lieues de
Coria, un fief dominant d'un revenu conſidérable ; qu'il ſe
préſentoit ſouvent des partis pour elle, mais que ſon Pere
les rejettoit tous, parce qu'il étoit dans le deſſein de la ma-
rier à Don Auguſtin de Olighéra ſon neveu, qui en atten-
dant ce mariage avoit la liberté de voir et d'entretenir tous
les jours ſa couſine. Cela ne me découragea point. Au
contraire, j'en devins plus amoureux ; et l'orgueilleux plai-
ſir de ſuplanter un Rival aimé, m'excita peut-être encore
plus que mon amour à pouſſer ma pointe. Je continuai
donc de lancer à mon Héléne des regards enflammés. J'en
adreſſai auſſi de ſuplians à Félicia ſa Suivante, comme
pour implorer ſon ſecours. Je fis même parler mes doigts.
Mais ces galanteries furent inutiles. Je ne tirai pas plus
de

de raison de la Soubrette que de la Maîtresse. Elle firent toutes deux les cruelles et les inaccessibles.

Comme elles refusoient de répondre au langage de mes yeux, j'eus recours à d'autres interpretes. Je mis des gens en campagne pour déterrer les connoissances que Félicia pouvoit avoir dans la ville. Ils découvrirent qu'une vieille Dame apellée Théodora étoit sa meilleure amie, et qu'elles se voyoient fort souvent. Ravi de cette découverte, j'allai moi-même trouver Théodora, que j'engageai par des présens à me servir. Elle prit parti pour moi, promit de me ménager chez elle un entretien secret avec son Amie, et tint sa promesse dès le lendemain.

Je cesse d'être malheureux, dis-je à Félicia, puisque mes peines ont excité votre pitié. Que ne dois-je point à votre Amie, de vous avoir disposée à m'accorder la satisfaction de vous entretenir! Seigneur, répondit-elle, Théodora peut tout sur moi, elle m'a mise dans vos intérêts; et si je pouvois faire votre bonheur, vous seriez bientôt au comble de vos vœux; mais avec toute ma bonne volonté, je ne sai si je vous serai d'un grands secours. Il ne faut point vous flater. Vous n'avez jamais formé d'entreprise plus difficile. Vous aimez une Dame prévenue pour un autre Cavalier, et quelle Dame encore! Une Dame si fiere et si dissimulée, que si par votre constance et par vos soins vous parvenez à lui arracher des soupirs, ne pensez pas que sa fierté vous donne le plaisir de les entendre. Ah, ma chere Félicia, m'écriai-je avec douleur! Pourquoi me faites-vous connoître tous les obstacles que j'ai à surmonter? Ce détail m'assassine. Trompez-moi plutôt que de me desespérer. A ces mots, je pris une de ses mains, je la pressai entre les miennes, et lui mis au doigt un diamant de trois cens pistoles, en lui disant des choses si touchantes que je la fis pleurer.

Elle étoit trop émue de mes discours, et trop contente de mes manieres, pour me laisser sans consolation. Elle aplanit un peu les difficultés: Seigneur, me dit-elle, ce que je viens de vous représenter ne doit pas vous ôter toute espérance. Votre Rival, il est vrai, n'est pas haï. Il vient au logis voir librement sa cousine. Il lui parle quand il lui plaît, et c'est ce qui vous est favorable. L'habitude où ils sont tous deux d'être ensemble tous les jours, rend leur commerce un peu languissant. Ils me paroissent se

quiter

quiter fans peine, et fe revoir fans plaifir. On diroit qu'ils font déja mariés. En un mot, je ne vois point que ma Maîtreffe ait une paffion violente pour Don Auguftin. D'ailleurs il y a entre vous et lui, pour les qualités per-fonnelles, une différence qui ne doit pas être inutilement remarquée par une fille auffi délicate que Donna Héléna. Ne perdez donc pas courage. Continuez vos galanteries. Je vous feconderai. Je ne laifferai pas échapper une occa-fion de faire valoir à ma Maîtreffe tout ce que vous ferez pour lui plaire. Elle aura beau de fe déguifer, à travers la diffimulation je démêlerai bien fes fentimens.

Nous nous féparàmes, Félicia et moi, fort fatisfaits l'un de l'autre après cette converfation. Je m'aprêtai fur nou-veaux frais à lorgner la fille de Don George, je la régalai d'une férénade, dans laquelle je fis chanter par une belle voix les vers que vous venez d'entendre. Après le concert, la Suivante, pour fonder fa Maîtreffe, lui demanda fi elle s'étoit divertie. La voix, dit Donna Héléna, m'a fait plai-fir. Et les paroles qu'elle chantées, repliqua la Soubrette, ne font-elles pas fort touchantes? C'eft à quoi, repartit la Dame, je n'ai fait aucune attention. Je ne me fuis atta-chée qu'au chant. Je n'ai nullement pris garde aux vers, ni ne me foucie gueres de favoir qui m'a donné cette féré-nade. Sur ce pié-là, s'écria la Suivante, le pauvre Don Gafton de Cogollos eft très éloigné de fon compte, et bien fou de paffer fon tems à regarder nos jaloufies. Ce n'eft peut-être pas lui, dit la Maîtreffe d'un air froid, c'eft quel-que autre Cavalier qui vient par ce concert de me déclarer fa paffion. Pardonnez-moi, répondit Félicia. C'eft Don Gafton lui-même; à telles enfeignes qu'il m'a ce matin abordée dans la rue, et priée de vous dire de fa part qu'il vous adore, malgré les rigueurs dont vous payez fon a-mour; et qu'enfin il s'eftimeroit le plus heureux de tous les hommes, fi vous lui permettiez de vous marquer fa tendreffe par ces foins et par des fêtes galantes. Ces dif-cours, pourfuivit-elle, vous prouvent affez que je ne me trompe pas.

La fille de Don George changea tout-à-coup de vifage, et regardant fa Suivante d'un air févere: Vouz auriez bien pu, lui dit-elle, vous paffer de me rapporter cet imperti-nent entretien. Qu'il ne vous arrive plus, s'il vous plaît, de me venir faire de pareils rapports. Et fi ce jeune teme-raire

raire ofe encore vous parler, dites-lui qu'il s'adreffe à une perfonne qui faffe plus de cas que moi de fes galanteries; et qu'il choififfe un plus honnête paffe-tems que celui d'être toute la journée à fes fenêtres, à obferver ce que je fais dans mon appartement.

Tout cela me fut fidelement détaillé dans une feconde entrevue par Félicia, qui pretendant qu'il ne falloit pas prendre au pié de la lettre les paroles de fa Maîtreffe, vou-loît me perfuader que mes affaires alloient le mieux du monde. Pour moi qui n'y entendois pas fineffe, et qui ne croyois pas qu'on pût expliquer le texte en ma faveur, je me défiois des commentaires qu'elle me faifoit. Elle fe moqua de ma défiance, demanda du papier et de l'encre à fon Amie, et me dit : Seigneur Chevalier, écrivez tout-à-l'heure à Donna Héléna en Amant defefpéré. Peignez-lui vivement vos fouffrances, et fur-tout plaignez-vous de la défenfe qu'elle vous fait de paroître à vos fenêtres. Pro-mettez d'obéir, mais affurez qu'il vous en coutera la vie. Tournez-moi cela, comme vous le favez fi bien faire vous autres Cavaliers, et je me charge du refte. J'efpere que l'évenement fera plus d'honneur que vous n'en faites à ma pénétration.

J'aurois été le premier Amant, qui trouvant une fi belle occafion d'écrire à fa Maîtreffe, n'en eût pas profité. Je compofai une lettre des plus pathétiques. Avant que de la plier, je la montrai à Felicia, qui fourit après l'avoir lue, et me dit que fi les femmes favoient l'art d'entêter les hom-mes, en recompenfe les hommes n'ignoroient pas celui d'en-geoller les femmes. La Soubrette prit mon billet ; puis m'ayant recommandé d'avoir foin que mes fenêtres fuffent fermées pendant quelques jours, elle retourna chez Don George.

Madame, dit-elle en arrivant à Donna Héléna, j'ai ren-contré Don Gafton. Il n'a pas manque de venir à moi, et de vouloir me tenir des difcours flateurs. Il m'a de-mandé d'une voix tremblante, et comme un coupable qui attend fon arrêt, fi je vous avois parlé de fa part. Alors prompte et fidele à exécuter vos ordres, je lui ai coupé brufquement la parole. Je me fuis déchaînée contre lui. Je l'ai chargé d'injures, et laiffé dans la rue tout étourdi de ma pétulance. Je fuis ravie, repondit Donna Héléna, que vous m'ayez débarraffée de cet importun. Mais il

n'étoit

n'étoit pas neceſſaire de lui parler brutalement. Il faut toujours qu'une fille ait de la douceur. Madame, repliqua la Suivante, on ne ſe défait pas d'un Amant paſſionné par des paroles prononcées d'un air doux. On n'en vient pas même à bout par des fureurs et des emportemens. Don Gaſton, par exemple, n'eſt pas rebuté. Après l'avoir accablé d'injures, comme je vous l'ai dit, j'ai été chez votre parente où vous m'avez envoyée. Cette Dame, par malheur, m'a retenue trop longtems. Je dis trop long-tems, puiſqu'en revenant j'ai retrouvé mon homme. Je ne m'attendois plus à le revoir. Sa vue m'a troublée, mais ſi troublée que ma langue, qui ne me manque jamais dans l'occaſion, n'a pu me fournir une ſyllabe. Pendant ce tems-là qu'a-t-il fait? Il m'a gliſſé dans la main un papier, que j'ai gardé ſans ſavoir ce que je faiſois, et il a diſparu dans le moment.

En parlant ainſi, elle tira de ſon ſein ma lettre, qu'elle remit tout en badinant à ſa Maîtreſſe, qui l'ayant priſe comme pour s'en divertir, la lut à bon compte, et fit en-ſuite la réſervée. En vérité Félicia, dit-elle d'un air ſé-rieux à ſa Suivante, vous êtes une étourdie, une folle d'a-voir reçu ce billet. Que peut penſer de cela Don Gaſton, et qu'en dois-je croire moi-même? Vous me donnez lieu par votre conduite de me défier de votre fidélité, et à lui de me ſoupçonner d'être ſenſible à ſa paſſion. Hé-las! peut-être s'imagine-t-il en cet inſtant, que je lis et relis avec plaiſir les caracteres qu'il a tracés. Voyez à quelle honte vous expoſez ma fierté. Oh que non, Ma-dame, lui répondit la Soubrette, il ne ſauroit avoir cette penſée; et ſuppoſez qu'il l'eût, il ne l'aura pas longtems. Je lui dirai, à la premiere vûe, que je vous ai montré ſa lettre, que vous l'avez regardée d'un air glacé, et qu'en-fin, ſans la lire, vous l'avez déchirée avec un mépris froid. Vous pourrez hardiment, reprit Donna Héléna, lui jurer que je ne l'ai point lue. Je ſerois bien embar-raſſée, s'il me falloit ſeulement en dire deux paroles. La fille de Don George ne ſe contenta pas de parler de cette ſorte, elle déchira mon billet, et défendit à ſa Suivante de l'entretenir jamais de moi.

Comme j'avois promis de ne plus faire le galant à mes fenêtres, puiſque ma vue déplaiſoit, je les tins fermées pluſieurs jours, pour rendre mon obéiſſance plus tou-

chante. Mais au défaut des mines qui m'étoient inter-
dites, je me préparai à donner de nouvelles férenades à
ma cruelle Héléne. Je me rendis une nuit fous fon bal-
con avec des Muficiens, et déja les guitarres fe faifoient
entendre, lorfqu'un Cavalier l'épée à la main vint trou-
bler le concert, en frappant à droit et à gauche fur les
concertans, qui prirent auffitôt la fuite. La fureur qui a-
nimoit cet audacieux excita la mienne. Je m'avance
pour le punir, et nous commençons un rude combat.
Donna Héléna et fa Suivante entendent le bruit des épées.
Elles regardent au travers de leurs jaloufies, et voient
deux hommes qui font aux mains. Elles pouffent de
grands cris, qui obligent Don George et fes valets à fe le-
ver. Ils accourent, de même que plufieurs voifins, pour
féparer les combattans, mais ils arriverent trop tard. Ils
ne trouverent fur le champ de bataille qu'un Cavalier noyé
dans fon fang et prefque fans vie, et ils reconnurent que
j'étois ce Cavalier infortuné. On m'emporta chez ma
Tante, où les plus habiles Chirurgiens de la ville furent
apellés.

Tout le monde me plaignit, et particulierement Don-
na Héléna, qui laiffa voir alors le fond de fon cœur. Sa
diffimulation céda au fentiment. Le croirez-vous? Ce
n'étoit plus cette Fille qui fe faifoit un point d'honneur
de paroître infenfible à mes galanteries. C'étoit une ten-
dre Amante qui s'abandonnoit fans réferve à fa douleur.
Elle paffa le refte de la nuit à pleurer avec fa Suivante, et
à maudire fon coufin, Don Auguftin d'Olighéra, qu'el-
les jugeoient devoir être l'auteur de leur larmes, comme
en effet c'étoit lui qui avoit fi defagréablement interrompu
la férénade. Auffi diffimulé que fa coufine, il s'étoit a-
perçu de mes intentions, fans en rien témoigner; et s'i-
maginant qu'elle y répondit, il avoit fait cette action,
pour montrer qu'il étoit moins endurant qu'on ne le croy-
oit. Néanmoins ce trifte accident fût peu de tems après
fuivi d'une joie qui le fit oublier. Tout dangereufement
bleffé que j'étois, l'habileté des Chirurgiens me tira bien-
tôt d'affaire. Je gardois encore la chambre, quand
Donna Eléonor ma Tante alla trouver Don George, et
lui demanda pour moi Donna Héléna. Il confentit d'au-
tant plus volontiers à ce mariage, qu'il regardoit alors
Don Auguftin comme un homme qu'il ne reverroit peut-

être

être jamais. Le bon Vieillard apréhendoit que fa fille n'eût de la répugnance à fe donner à moi, à caufe que le coufin Olighéra avoit eu la liberté de la voir, et tout le loifir de s'en faire aimer ; mais elle parut fi difpofée à o- béir en cela à fon Pere, qu'on peut conclure de là qu'en Efpagne, ainfi qu'ailleurs, c'eft un avantage d'être un nouveau venu auprès des femmes.

Sitôt que je pus avoir une converfation particuliere a- vec Félicia, j'apris jufqu'à quel point fa Maitreffe avoit é- té fenfible au malheureux fuccès de mon combat Si bien que ne pouvant plus douter que je ne fuffe le Paris de mon Hélene, je béniffois ma bleffure, puifqu'elle avoit de fi heureufes fuites pour mon amour. J'obtins du Sei- gneur Don George la permiffion de parler à fa fille en préfence de la Suivante. Que cet entretien fut doux pour moi ! Je priai, je preffai tellement la Dame dè me dire fi fon Pere, en la livrant à ma tendreffe, ne faifoit aucune violence à fes fentimens. Elle m'avoua que je ne la devois point à fa feule obéiffance. Depuis cet aveu plein de charmes, je ne m'occupai que du foin de plaire, et d'imaginer des fêtes galantes, en attendant le jour de nos noces, qui devoit être célébré par une magnifique ca- valcade, où toute la Nobleffe de Coria et des environs fe préparoit à briller.

Je donnai un grand repas à une fuperbe maifon de plaifance que ma Tante avoit aux portes de la ville, du côté de Manroi. Don George et fa fille, avec tous leurs parens et leurs amis, en étoient. On y avoit préparé par mon ordre un concert de Voix et d'inftrumens, et fait venir une Troupe de Comédiens de Campagne, pour y repréfenter une Comédie. Au-milieu du feftin, on me vint dire à l'oreille qu'il y avoit dans une falle une homme qui demandoit à me parler. Je me levai de table pour aller voir qui c'étoit. Je trouvai un Inconnu, qui avoit l'air d'un Valet de chambre. Il me préfenta un billet que j'ouvris, et qui contenoit ces paroles. *Si l'honneur vous eft cher, comme il le doit être à tout Chevalier de votre ordre, vous ne manquerez pas demain matin de vous ren- dre dans la plaine de Manroi. Vous y trouverez un Ca- valier qui veut vous faire raifon de l'offenfe que vous avez*

reçue

reçue de lui, et vous mettre, s'il le peut, hors d'état d'épouser Donna Héléna.

DON AUGUSTIN D'OLIGHERA.

Si l'Amour a beaucoup d'empire sur les Espagnols, la Vengeance en a encore bien davantage. Je ne lus pas ce billet d'un cœur tranquille. Au seul nom de Don Augustin, il s'alluma dans mes veines un feu, qui me fit presque oublier les devoirs indispensables que j'avois à remplir ce jour-là. Je fus tenté de me dérober à la compagnie, pour aller chercher sur le champ mon ennemi. Je me contraignis pourtant, de peur de troubler la fête, et dis à l'homme qui m'avoit remis la lettre : Mon ami, vous pouvez dire au Cavalier qui vous envoie, que j'ai trop d'envie de me revoir aux prises avec lui, pour n'être pas demain, avant le lever du Soleil, dans l'endroit qu'il me marque.

Après avoir renvoyé le messager avec cette réponse, je rejoignis mes convives, et repris ma place à table, où je composai si bien mon visage, que personne n'eût aucun soupçon de ce qui se passoit en moi. Je parus, pendant le reste de la journée, occupé comme les autres des plaisirs de la fête, qui finit enfin au milieu de la nuit. L'assemblée se sépara, et chacun rentra dans la ville de la même maniere qu'il en étoit sorti. Pour moi, je demeurai dans la maison de plaisance, sous pretexte d'y vouloir prendre l'air le lendemain matin, mais ce n'étoit que pour me trouver plutôt au rendez-vous. Au-lieu de me coucher, j'attendis avec impatience le point du jour. Sitôt que je l'aperçus, je montai sur mon meilleur cheval, et je partis tout seul comme pour me promener dans la campagne. Je m'avance vers Manroi. Je découvre dans la plaine un homme à cheval, qui vient de mon côté à bride abattue. Je vole à sa rencontre, pour lui épargner la moitié du chemin. Nous nous joignons bientôt. C'étoit mon Rival. Chevalier, me dit-il insolemment, c'est à regret que j'en viens aux mains une seconde fois avec vous, mais c'est votre faute. Après l'avanture de la Sérénade, vous auriez dû renoncer de bonne grace à la fille de Don George, ou bien vous tenir pour dit que vous n'en seriez pas quite pour cela, si vous persistiez dans le dessein de lui plaîre. Vous êtes trop fier, lui répondis-je, d'un a-

vantage

vantage que vous devez peut-être moins à votre adreffe qu'a l'obfcurité de la nuit. Vous ne fongez pas que les armes font journalieres. Elles ne le font pas pour moi, repliqua-t-il d'un air arrogant ; et je vais vous faire voir que le jour comme la nuit, je fai punir les Chevaliers audacieux qui vont fur mes brifées.

Je ne répartis à cet orgueilleux difcours, qu'en mettant promptement pié à terre. Don Auguftin fit la même chofe. Nous attachâmes nos chevaux à un arbre, et nous commençâmes à nous battre avec une egale vigueur. J'avouerai de bonne-foi que j'avois affaire à un ennemi qui favoit mieux faire des armes que moi, bien que j'euffe deux années de Salle. Il étoit confommé dans l'efcrime. Je ne pouvois expofer ma vie à un plus grand péril. Néanmoins, comme il arrive affez fouvent que le plus fort eft vaincu par le plus foible, mon Rival, malgré tout fon habileté, reçut un coup d'épée dans le cœur, et tomba roide mort un moment après.

Je retournai auffitôt à la maifon de plaifance, où j'appris ce qui venoit de fe paffer à mon valet de chambre, dont la fidélité m'étoit connue. Enfuite je lui dis : Mon cher Ramira, avant que la Juftice puiffe avoir connoiffance de cet événement, prends un bon cheval, et va informer ma Tante de cette avanture. Demande-lui de ma part de l'or et des pierreries, et viens me joindre à Plazencia. Tu me trouveras dans la premiere hôtellerie, en entrant dans la ville.

Ramira s'acquita de fa commiffion avec tant de diligence, qu'il arriva trois heures après moi à Plazencia. Il me dit que Donna Eléónor avoit été plus réjouïe qu'affligée d'un combat qui réparoit l'affront que j'avois reçu au premier ; et qu'elle m'envoyoit tout fon or et toutes fes pierreries pour me faire voyager agréablement dans les Pays étrangers, en attendant qu'elle eût accommodé mon affaire.

Pour fuprimer les circonftances fuperflues, je vous dirai que je traverfai la Caftille Nouvelle, pour aller dans le Royaume de Valence m'embarquer à Dénia. Je paffai en Italie, où je me mis en état de parcourir les Cours, et d'y paroître avec agrément.

Tandis que loin de mon Hélene, je me difpofois à tromper, autant qu'il me feroit poffible, mon amour et mes ennuis, cette Dame à Coria pleuroit en secret mon absence. Au-lieu d'aplaudir aux poursuites que sa famille faisoit contre moi au sujet de la mort d'Olighéra, elle souhaitoit qu'un prompt accommodement les fît cesser et hâtât mon retour. Six mois s'étoient déja écoulés depuis qu'elle m'avoit perdu, et je crois que sa constance auroit toujours triomphé du tems, si elle n'eût eu que le tems à combattre ; mais elle eut des ennémis encore plus puissans. Don Blas de Combados, Gentilhomme de la Côte Occidentale de Galice, vint à Coria recueillir une riche succession, qui lui avoit été vainement disputée par Don Miguel de Caprara son cousin, et il s'établit dans ce Pays-là, le trouvant plus agréable que le sien. Combados étoit bien fait. Il paroissoit doux et poli, et il avoit l'esprit du monde le plus insinuant. Il eut bientôt fait connoissance avec les honnêtes-gens de la ville, et su toutes les affaires des uns et des autres.

Il n'ignora pas longtems que Don George avoit une fille, dont la beauté dangereuse sembloit n'enflammer les hommes que pour leur malheur. Cela piqua sa curiosité. Il eut envie de voir une Dame si redoutable. Il rechercha pour cet effet l'amitié de son Pere, et la gagna si bien que ce vieillard le regardant déja comme un gendre, lui donna l'entrée de sa maison, et la liberté de parler en sa présence à Donna Héléna. Le Galicien ne tarda guères à devenir amoureux d'elle, c'étoit un sort inévitable. Il ouvrit son cœur à Don George, qui lui dit qu'il agréoit sa recherche ; mais que ne voulant pas contraindre sa fille, il la laissoit maîtresse de sa main. Là-dessus Don Blas mit en usage toutes galanteries dont il put s'aviser pour plaire à cette Dame, qui n'y fut aucunement sensible, tant elle étoit occupée de moi. Félicia étoit pourtant dans les intérêts du Cavalier, qui l'avoit engagée par des présens à servir son amour. Elle y employoit toute son adresse. D'un autre côté, le Pere secondoit la Suivante par des remontrances, et néanmoins ils ne firent tous deux pendant une année entiere que tourmenter Donna Héléna, sans pouvoir me la rendre infidéle.

Combados voyant que Don George et Félicia s'intéressoient en vain pour lui, leur proposa un expédient pour vaincre l'opiniâtreté d'une Amante si prévenue. Voici, leur dit-il, ce que j'ai imaginé. Nous supposerons qu'un

Mar-

Marchand de Coria vient de recevoir une lettre d'un Négociant Italien, dans laquelle, après un détail de choses qui concerneront le Commerce, on lira les paroles suivantes. *Il eſt arrivé depuis peu à la Cour de Parme un Cavalier Eſpagnol nommé Don Gaſton de Cogollos. Il ſe dit neveu et unique héritier d'une riche veuve, qui demeure à Coria ſous le nom de Donna Eléonor de Laxarilla. Il recherche la fille d'un puiſſant Seigneur, mais on ne veut pas la lui accorder qu'on ne ſoit informé de la vérité. Je ſuis chargé de m'adreſſer à vous pour cela. Mandez-moi donc, je vous prie, ſi vous connoiſſez ce Don Gaſton, et en quoi conſiſtent les biens de ſa Tante. Votre réponſe décidera de ce mariage. A Parme, &c.*

Cette fourberie ne parut au vieillard qu'un jeu d'eſprit, qu'une ruſe pardonnable aux Amans ; et la Soubrette, encore moins ſcrupuleuſe que le bon-homme, l'approuva fort. L'invention leur ſembla d'autant meilleure, qu'ils connoiſſoient Héléna pour une fille fière et capable de prendre ſon parti ſur le champ, pourvu qu'elle n'eût aucun ſoupçon de la ſupercherie. Don George ſe chargea de lui annoncer lui même mon changement, et pour rendre la choſe encore plus naturelle, de lui faire parler au Marchand qui auroit reçu de Parme la prétendüe lettre. Ils exécuterent ce projet comme ils l'avoient formé. Le Pere, avec une émotion où il y avoit en apparence de la colere et du depit, dit à Donna Héléna : Ma fille, je ne vous dirai plus que nos parens me prient tous les jours de ne permettre jamais que le meurtrier de Don Auguſtin entre dans notre famille : j'ai aujourd'hui une raiſon plus forte à vous dire, pour vous détacher de Don Gaſton: Mourez de honte de lui être ſi fidele. C'eſt un volage, un perfide. Voici une preuve certaine de ſon infidélité. Liſez vous-même cette lettre, qu'un Marchand de Coria vient de recevoir d'Italie. La tremblante Héléna prend ce papier ſuppoſé, en fait des yeux la lecture, en pèſe tous les termes, et demeure accablée de la nouvelle de mon inconſtance. Un ſentiment de tendreſſe lui fit enſuite répandre quelques larmes ; mais bientôt rapellant toute ſa fierté, elle eſſuya ſes pleurs, et dit d'un ton ferme à ſon Pere : Seigneur, vous venez d'être témoin de ma foibleſſe, ſoyez-le auſſi de la victoire que je remporte ſur moi. C'en eſt fait, je n'ai plus que du mépris pour Don Gaſton, je

ne

ne vois en lui que le dernier des hommes. N'en parlons
plus, allons, je suis prête à suivre Don Blas à l'autel.
Que mon hymen précede celui du perfide qui a si mal ré-
pondu à mon amour. Don George, transporté de joie à
ces paroles, embrassa sa fille, loua la vigoureuse résoluti-
on qu'elle prenoit, et s'aplaudissant de l'heureux succès
du stratagême, il se hâta de combler les vœux de mon Ri-
val.

Donna Héléna me fut ainsi ravie. Elle se livra brus-
quement à Combados, sans vouloir entendre l'amour qui
lui parloit pour moi au fond de son cœur, sans douter
même un instant d'une nouvelle qui auroit dû trouver
dans une Amante moins de crédulité. L'orgueilleuse
n'écouta que sa présomption. Le ressentiment de l'injure
qu'elle s'imaginoit que j'avois faite à sa beauté, l'emporta
sur l'intérêt de sa tendresse. Elle eut pourtant, peu de
jours après son mariage, quelques remords ne l'avoir pré-
cipité. Il lui vint dans l'esprit que la lettre du Marchand
pouvoit avoir été supposée, et ce soupçon lui causa de
l'inquiétude. Mais l'amoureux Don Blas ne laissoit point
à sa femme le tems de nourrir des pensées contraires à son
repos. Il ne songeoit qu'à l'amuser, et il y réussissoit par
une succession continuelle de plaisirs différens qu'il avoit
l'art d'inventer.

Elle paroissoit très contente d'un époux si galant, et ils
vivoient tous deux dans une parfaite union, lorsque ma
Tante accommoda mon affaire avec les parens de Don
Augustin. Elle m'écrivit aussitôt en Italie pour m'en
donner avis. J'étois alors à Régio dans la Calabre Ul-
térieure. Je passai en Sicile, de là en Espagne, et je me
rendis enfin à Coria sur les ailes de l'Amour. Donna E-
léonor, qui ne m'avoit pas mandé le mariage de la fille de
Don George, me l'aprit à mon arrivée ; et remarquant
qu'il m'affligeoit : Vous avez tort, me dit-elle, mon ne-
veu, de vous montrer sensible à la perte d'une Dame qui
n'a pu vous demeurer fidele. Croyez-moi, bannissez de
votre mémoire une personne qui n'est pas digne de l'oc-
cuper.

Comme ma Tante ignoroit qu'on eût trompé Donna
Héléna, elle avoit raison de me parler ainsi, et elle ne
pouvoit me donner un conseil plus sage. Aussi je me pro-
mis bien de le suivre, ou du moins d'affecter un air d'in-
dif-

différence, fi je n'étois pas capable de vaincre ma paffion.
Je ne pus toutefois réfifter à la curiofité de favoir de quelle
maniere ce mariage avoit été fait. Pour en être inftruit,
je réfolus de m'adreffer à l'amie de Félicia, c'eft-à-dire à
la Dame Théodora dont je vous ai déja parlé. J'allai
chez elle. J'y trouvai par hazard Félicia, qui ne s'atten-
dant à rien moins qu'à ma vue, en fut troublée, et voulut
fortir pour éviter l'éclairciffement qu'elle jugea bien que
je lui demanderois. Je l'arrêtai. Pourquoi me fuyez-
vous, lui dis-je ? La parjure Héléna n'eft-elle pas contente
de m'avoir facrifié ? Vous a-t-elle défendu d'écouter mes
plaintes ? Ou cherchez-vous feulement à m'échapper, pour
vous faire un mérite auprès de l'ingrate d'avoir refufé de
les entendre ?

Seigneur, me répondit la Suivante, je vous avoue in-
génûment que votre préfence me rend confufe. Je ne puis
vous revoir fans me fentir déchirée de mille remords. On
a féduit ma Maîtreffe, et j'ai eu le malheur d'être complice
de la féduction. O Ciel ! repliquai-je avec furprife, que
m'ofez-vous dire ? expliquez-vous plus clairement. Alors
la Soubrette me fit le détail du ftratagême dont s'étoit fer-
vi Combados pour m'enlever Donna Héléna ; et s'aperce-
vant que fon récit me perçoit le cœur, elle s'efforça de
me confoler. Elle m'offrit fes bons offices auprès de fa
Maîtreffe, me promit de la defabufer, de lui peindre mon
defefpoir ; en un mot, de ne rien épargner pour adoucir
la rigueur de ma deftinée ; enfin, elle me donna des efpé-
rances qui foulagerent un peu mes peines.

Je paffe les contradictions infinies qu'elle eut à effuyer
de la part de Donna Héléna pour la faire confentir à me
voir. Elle en vint pourtant à bout. Il fut réfolu entre
elles, qu'on me feroit entrer fecrettement chez Don Blas,
la premiere fois qu'il iroit à une terre où il alloit de tems
en tems chaffer, et où il demeuroit ordinairement un jour
ou deux. Ce deffein s'exécuta bientôt, le mari partit
pour la campagne. On eut foin de m'en avertir, et de
m'introduire une nuit dans l'appartement de fa femme.

Je voulus commencer la converfation par des reproches,
on me ferma la bouche. Il eft inutile de rapeller le paffé,
me dit la Dame. Il ne s'agit point ici de nous attendrir
l'un l'autre, et vous êtes dans l'erreur fi vous me croyez
difpofée à flater vos fentimens. Je vous le déclare, Don
Gafton,

Gaſton, je n'ai prêté mon conſentement à cette ſecrete entrevue, je n'ai cédé aux inſtances qu'on m'en a faites, que pour vous dire de vive voix, que vous ne devez ſonger deſormais qu'à m'oublier. Peut-être ſerois-je plus ſatisfaite de mon ſort, s'il étoit lié au vôtre ; mais puiſque le Ciel en a ordonné autrement, je veux obéir à ſes arrêts.

Eh, quoi, Madame, lui répondis-je, ce n'eſt pas aſſez de vous avoir perdue ? Ce n'eſt pas aſſez de voir l'heureux Don Blas poſſéder tranquillement la ſeule perſonne que je puiſſe aimer ? Il faut encore que je vous banniſſe de ma penſée ? Vous voulez m'arracher mon amour, m'enlever l'unique bien qui me reſte ? Ah, cruelle ! penſez-vous qu'il ſoit poſſible à un homme que vous avez une fois charmé, de reprendre ſon cœur ? Connoiſſez-vous mieux que vous ne faites, et ceſſez de m'exhorter vainement à vous ôter de mon ſouvenir. Hé bien, repliqua-t-elle avec précipitation, ceſſez donc auſſi d'eſpérer que je paye votre paſſion de quelque reconnoiſſance. Je n'ai qu'un mot à vous dire. L'Amante de Don Blas ne ſera point l'Amante de Don Gaſton. Prenez ſur cela votre parti. Fuyez. Finiſſons promptement un entretien que je me reproche malgré la pureté de mes intentions, et que je me ferois un crime de prolonger.

A ces paroles, qui m'ôtoient toute eſpérance, je tombai aux genoux de la Dame. Je lui tins des diſcours touchans. J'employai juſqu'aux larmes pour l'attendrir. Mais tout cela ne ſervit qu'à exciter peut-être quelques ſentimens de pitié, qu'on ſe garda bien de laiſſer paroître, et qui furent ſacrifiés au devoir. Après avoir infructueuſement épuiſé les expreſſions tendres, les prieres et les pleurs, ma tendreſſe ſe changea tout-à-coup en fureur. Je tirai mon épée pour m'en percer aux yeux de l'inexorable Hélene, qui ne s'aperçut pas plutôt de mon action, qu'elle ſe jetta ſur moi pour en prévenir les ſuites. Arrêtez, Cogollos, me dit-elle. Eſt-ce ainſi que vous ménagez ma reputation ? En vous ôtant ainſi la vie, vous allez me deshonorer, et faire paſſer mon mari pour un aſſaſſin.

Dans le deſeſpoir qui me poſſédoit, bien loin de donner à ces mots l'attention qu'ils méritoient, je ne ſongeois qu'à tromper les efforts que faiſoient la Maîtreſſe et la Suivante pour me ſauver de ma funeſte main. Et je n'y aurois ſans doute réuſſi que trop tôt, ſi Don Blas, qui avoit

voit été averti de notre entrevue, et qui au lieu d'aller à la campagne, s'étoit caché derriere une tapifferie pour entendre notre entretien, ne fût vite venu fe joindre à elles. Don Gafton, s'écria-t-il en me retenant le bras, rapellez votre raifon égarée, et ne cédez point lâchement au tranfport furieux qui vous agite.

J'interrompis Combados. Eft-ce à vous, lui dis-je, à me détourner de ma réfolution ? Vous devriez plutôt me plonger vous-même un poignard dans le fein. Mon amour, tout malheureux qu'il eft, vous offenfe. N'eft-ce pas affez que vous me furpreniez la nuit dans l'appartement de votre femme ? En faut-il davantage pour vous exciter à la vengeance ? Percez moi, pour vous défaire d'un homme qui ne peut ceffer d'adorer Donna Héléna qu'en ceffant de vivre. C'eft en vain, me répondit Don Blas que vous tâchez d'intereffer mon honneur à vous donner la mort. Vous êtes affez puni de votre témérité, et je fai fi bon gré à mon époufe de fes fentimens vertueux que je lui pardonne l'occafion où elle les a fait éclater. Croyez-moi, Cogollos, ajouta-t-il, ne vous defefpérez pas comme un foible Amant, foumettez-vous avec courage à la néceffité.

Le prudent Galicien, par de femblables difcours, calma peu à peu ma fureur, et réveilla ma vertu. Je me retirai dans le deffein de m'éloigner d'Hélene et des lieux qu'elle habitoit, et deux jours après je retournai à Madrid. Là, ne voulant plus m'occuper que du foin de ma fortune, je commençai à paroître à la Cour, et à m'y faire des amis. Mais j'ai eu le malheur de m'attacher particulierement au Marquis de Villaréal, Grand Seigneur Portugais, qui, pour avoir été foupçonné de fonger à délivrer le Portugal de la domination des Efpagnols, eft préfentement au Château d'Alicante. Comme le Duc de Lerme a fu que j'avois été dans une étroite liaifon avec ce Seigneur, il m'a fait auffi arrêter et conduire ici. Ce Miniftre croit que je puis être complice d'un pareil projet. Il ne fauroit faire un outrage plus fenfible à un homme qui eft Noble et Caftillan.

Don Gafton ceffa de parler en cet endroit. Après quoi, je lui dis, pour le confoler : Seigneur Chevalier, votre honneur ne peut recevoir aucune atteinte de cette difgrace, qui tournera fans-doute dans la fuite à votre profit.

profit. Quand le Duc de Lerme fera inftruit de votre innocence, il ne manquera pas de vous donner un emploi confiderable, pour retablir la réputation d'un Gentil-homme injuftement accufé de trahifon.

CHAPITRE VII. *20*

Scipion vient trouver Gil Blas à la Tour de Segovie, et lui aprend bien des nouvelles.

NOtre converfation fut interrompue par Tordéfillas, qui entra dans la chambre, et m'adreffa la parole en ces termes. Seigneur Gil Blas, je viens de parler à un jeune-homme qui s'eft préfenté à la porte de cette prifon. Il m'a demandé fi vous n'étiez pas prifonnier, et fur le refus que j'ai fait de contenter fa curiofité, il m'a paru fort mortifié. Noble Châtelain, m'a-t-il dit les larmes aux yeux, ne rejettez pas la très humble priere que je vous fais de m'aprendre fi le Seigneur de Santillane eft ici. Je fuis fon premier domeftique, et vous ferez un action charitable, fi vous me permettez de le voir. Vous paffez dans Ségovie pour un Gentilhomme plein d'humanité, j'efpere que vous ne me refuferez pas la grace d'entretenir un inftant mon cher Maître qui eft plus malheureux que coupable. Enfin, continua Don André, ce garçon m'a témoigné tant d'envie de vous parler, que j'ai promis de lui donner ce foir cette fatisfaction.

J'affurai Tordéfillas qu'il ne pouvoit me faire un plus grand plaifir que de m'amener ce jeune-homme, qui probablement avoit à me dire des chofes qu'il m'importoit fort de favoir. J'attendis avec impatience le moment qui devoit offrir à mes yeux mon fidele Scipion; car je ne doutois pas que ce ne fût lui, et je ne me trompois point. On le fit entrer fur le foir dans la Tour; et fa joie, que la mienne feule pouvoit égaler, éclata par des tranfports extraordinaires lorfqu'il m'aperçut. De mon côté, dans le raviffement où je me fentis à fa vue, je lui tendis les bras, et il me ferra fans façon entre les fiens. Le Maître et le Sécretaire fe confondirent dans cette embraffade, tant ils étoient aifes de fe revoir.

Quand nous nous fumes un peu démêlés tous deux, j'interrogeai Scipion fur l'état où il avoit laiffé mon hôtel.

Vous

Vous n'avez plus d'hôtel, me répondit-il ; et pour vous épargner la peine de me faire queſtion ſur queſtion, je vais vous dire en deux mots ce qui s'eſt paſſé chez vous. Vos effets ont été pillés, tant par des Archers que par vos propres Domeſtiques, qui vous regardant déja comme un homme entièrement perdu, ont pris à compte ſur leurs gages tout ce qu'ils ont pu emporter. Par bonheur pour vous, j'ai eu l'adreſſe de ſauver de leurs griffes deux grands ſacs de doubles-piſtoles que j'ai tirés de votre coffre-fort, et qui ſont en ſureté. Saléro, que j'en ai fait dépoſitaire, vous les remettra quand vous ſerez ſorti de cette Tour, où je ne vous crois pas pour longtems penſionnaire de Sa Majeſté, puiſque vous avez été arrêté ſans la participation du Duc de Lerme.

Je demandai à Scipion, comment il ſavoit que ſon Excellence n'avoit point de part à ma diſgrace. Oh vraiment, me répondit-il, c'eſt une choſe dont je ſuis bien inſtruit. Un de mes amis, qui a la confiance du Duc d'Uzede, m'a conté toutes les circonſtances de votre empriſonnement. Caldérone, m'a-t-il dit, ayant découvert par le miniſtere d'un valet, que la Sennora Siréna recevoit ſous un autre nom le Prince d'Eſpagne pendant la nuit, et que c'étoit le Comte de Lémos qui conduiſoit cette intrigue par l'entremiſe du Seigneur de Santillane, réſolut de ſe venger d'eux et de ſa Maîtreſſe. Pour y réuſſir, il va trouver ſecrettement le Duc d'Uzede, et lui découvre tout. Ce Duc, ravi d'avoir en main une ſi belle occaſion de perdre ſon ennemi, ne manque pas d'en profiter. Il informe le Roi de ce qu'on vient de lui aprendre, et lui repréſente vivement les périls auxquels le Prince a été expoſé. Cette nouvelle excite la colere de Sa Majeſté, qui fait enfermer ſur le champ Siréna dans la maiſon des *Repenties*, exile le Comte de Lémos, et condamne Gil Blas à une priſon perpetuelle.

Voila, pourſuivit Scipion, ce que m'a dit mon ami. Vous voyez par-là que votre malheur eſt l'ouvrage du Duc d'Uzede, ou pour mieux dire de Caldérone.

Je jugeai par ce diſcours que mes affaires pourroient ſe rétablir avec le tems ; que le Duc de Lerme, piqué de l'exil de ſon neveu, mettroit tout en œuvre pour faire revenir ce Seigneur à la Cour ; et je me flatai que ſon Excellence ne m'oublieroit point. La belle choſe que l'eſ-

pérance ! Elle me confola tout-à-coup de la perte de mes
efféts volés, et me rendit auffi gai que fi j'euffe eu fujet de
l'être.   Loin de regarder ma prifon comme une demeure
malheureufe où je finirois peut-être mes jours, elle me pa-
rut plutôt un moyen dont la Fortune vouloit fe fervir pour
m'élever à quelque grand pofte. Car voici de quelle ma-
niere je raifonnois en moi-même.   Le premier-Miniftre a
pour Partifans Don Fernand Borgia, le Pere Jérome de
Florence, et fur-tout le Frere Louis d'Aliaga, qui lui eft
redevable de la place qu'il occupe auprès du Roi./   Avec
le fecours de ces amis puiffans, fon Excellence/ coulera
tous fes ennemis à fond, ou bien l'Etat pourra bientôt
changer de face.   Sa Majefté eft fort valétudinaire.   Des
qu'elle ne fera plus, le Prince fon fils commencera par ra-
peller le Comte de Lémos, qui me tirera auffitôt d'ici,
pour me préfenter au nouveau Monarque, qui m'accablera
de bienfaits.   Ainfi déja plein des plaifirs de l'avenir, je
ne fentois prefque plus les maux préfens.   Je crois bien
que les deux facs de doublons que mon Sécretaire difoit
avoir mis en dépôt chez l'Orfevre, contribuerent autant
que l'efpérance au changement fubit qui fe fit en moi.

J'étois trop content du zele et de l'intégrité de Scipi-
on, pour ne le lui pas témoigner.   Je lui offris la moitié
de l'argent qu'il avoit préfervé du pillage, ce qu'il re-
fufa.   J'attends de vous, me dit-il, une autre marque de
reconnoiffance.   Auffi étonné de fon difcours que de fes
refus, je lui demandai ce que je pouvois faire pour lui.
Ne nous féparons point, me répondit-il.   Souffrez que
j'attache ma fortune à la vôtre.   Je me fens pour vous
une amitié que je n'ai jamais eue pour aucun Maître.   Et
moi, lui dis-je, mon enfant, je puis t'affurer que tu n'ai-
mes pas un ingrat.   Du premier moment que tu vins t'of-
frir à mon fervice, tu me plûs.   Il faut que nous foyons
nés l'un et l'autre fous la Balance ou fous les Jumeaux,
qui font, à ce qu'on dit, les deux conftellations qui unif-
fent les hommes.   J'accepte volontiers la fociété que tu
me propofes, et pour la commencer je vais prier le Sei-
gneur Châtelain de t'enfermer avec moi dans cette Tour.
Cela me fera plaifir, s'écria-t-il, vous me prévenez.   J'al-
lois vous conjurer de lui demander cette grace.   Votre
compagnie m'eft plus chere que la liberté.   Je fortirai
feulement quelquefois, pour aller prendre à Madrid l'air

du

du bureau, et voir s'il ne fera point arrivé à la Cour quelque changement qui puiſſe vous être favorable. Deſorte que vous aurez en moi tout enſemble un confident, un courier, et un eſpion.

Ces avantages étoient trop conſidérables pour m'en priver. Je retins donc auprès de moi un homme ſi utile avec la permiſſion de l'obligeant Châtelain, qui ne voulut pas me refuſer une ſi douce conſolation.

CHAPITRE VIII.

Du premier voyage que Scipion fit à Madrid. Quels en furent le motif et le ſuccès. Gil Blas tombe malade. Suites de ſa maladie.

SI nous diſons ordinairement que nous n'avons pas de plus grands ennemis que nos domeſtiques, nous devons dire auſſi que ce ſont nos meilleurs amis, quand ils ſont fideles et bien affectionnés. Après le zele que Scipion avoit fait paroître, je ne pouvois plus voir en lui qu'un autre moi-même. Ainſi plus de ſubordination entre Gil Blas et ſon Sécretaire, plus de façons entre eux. Ils chambrerent enſemble, et n'eurent qu'un lit et qu'une table.

Il y avoit beaucoup de gayeté dans l'entretien de Scipion. On auroit pu le ſurnommer à juſte titre le *Garçon de bonne humeur.* Outre cela, il étoit homme de téte, et je me trouvois bien de ſes conſeils. Mon ami, lui dis-je un jour, il me ſemble que je ne ferois point mal d'écrire au Duc de Lerme, cela ne ſauroit produire un mauvais effet, quelle eſt là-deſſus ta penſée ? Eh ! mais, repondit-il, les Grands ſont ſi différens d'eux-mêmes d'un moment à l'autre, que je ne ſai pas trop bien comment votre lettre ſera reçue. Cependant je ſuis d'avis que vous écriviez toujours à bon compte. Quoique le Miniſtre vous aime, il ne faut pas vous repoſer ſur ſon amitié, du ſoin de le faire ſouvenir de vous. Ces ſortes de Protecteurs oublient aiſément les perſonnes dont ils n'entendent plus parler.

Quoique cela ne ſoit que trop vrai, lui repliqua-je, juge mieux de mon Patron. Sa bonté m'eſt connue. Je ſuis perſuadé qu'il compâtit à mes peines, et qu'elles ſe préfentent fans-ceffe à fon efprit: Il attend apparemment, pour me faire fortir de prifon, que la colere du Roi foit paffée. A la bonne heure, reprit-il, je fouhaite que vous jugiez fainement de fon Excellence. Implorez donc fon fecours par une lettre fort touchante, je la lui porterai, et je vous promets de la lui remettre en main propre. Je demandai auffitôt du papier et de l'encre. Je compofai un morceau d'éloquence, que Scipion trouva pathétique, et que Tordéfillas mit au-deffus des homélies mêmes de l'Archevêque de Grenade.

Je me flatois que le Duc de Lerme feroit ému de compaffion, en lifant le trifte détail que je lui faifois d'une é-tat miférable où je n'étois point ; et dans cette confiance, je fis partir mon courier, qui ne fut pas fitôt à Madrid, qu'il alla chez ce Miniftre. Il rencontra un valet de cham-bre de mes amis, qui lui ménagea l'occafion de parler au Duc. Monfeigneur, dit Scipion à fon Excellence, en lui préfentant le paquet dont il étoit chargé, un de vos plus fideles Serviteurs, qui eft couché fur la paille dans un fombre cachot de la Tour de Ségovie, vous fuplie très humblement de lire cette lettre, qu'un Guichetier par pitié lui a donné le moyen d'écrire. Le Miniftre ouvrit la lettre, et la parcourut des yeux. Mais quoiqu'il y vit un tableau capable d'attendrir l'ame la plus dure, bien loin d'en paroître touché, il éleva la voix, et dit d'un air furieux au courier devant quelques perfonnes qui pou-voient l'entendre : Ami, dites à Santillane que je le trouve bien hardi d'ofer s'adreffer à moi, après l'indigne action qu'il a faite, et pour laquelle il eft fi juftement châ-tié. C'eft un malheureux, qui ne doit plus compter fur mon appui, et que j'abandonne au reffentiment du Roi.

Scipion, tout effronté qu'il étoit, fut troublé de ce dif-cours. Il ne laiffa pourtant pas, malgré fon trouble, de vouloir intercéder pour moi. Monfeigneur, repliqua-t-il, ce pauvre prifonnier mourra de douleur quand il a-prendra la réponfe de votre Excellence. Le Duc ne re-partit à mon interceffeur, qu'en le regardant de travers et lui tournant le dos. C'eft ainfi que ce Miniftre me trai-toit, pour mieux cacher la part qu'il avoit eue à l'amour-eufe intrigue du Prince d'Efpagne ; et c'eft à quoi doi-

vent

vent s'attendre tous les petits Agens, dont les Grands-Seigneurs se servent dans leurs secrettes et périleuses négociations. 22 *Février…*

Lorsque mon Sécretaire fut de retour à Ségovie, et qu'il m'eut apris le succès de sa commission, me voilà replongé dans l'abîme affreux où je m'étois trouvé le premier jour de ma prison. Je me crus même encore plus malheureux, puisque je n'avois plus la protection du Duc de Lerme. Mon courage s'abattit, et quelque chose qu'on me pût dire pour le rélever, je redevins la proie des plus vifs chagrins, qui me causerent insensiblement une maladie aigue.

Le Seigneur Châtelain, qui s'intéressoit à ma conversation, s'imaginant ne pouvoir mieux faire que d'appeler des Médecins à mon secours, m'en amena deux qui avoient tout l'air d'être de grands serviteurs de la Déesse † Libitine. Seigneur Gil Blas, dit-il en me les présentant, voici deux Hippocrates qui viennent vous voir, et qui vous remettront en peu de tems sur pié. J'étois si prévenu contre tous les Docteurs Médecine, que j'aurois certainement fort mal reçu ceux-là, pour peu que j'eusse été attaché à la vie ; mais je me sentois alors si las de vivre, que je sus bon gré à Tordésillas de me vouloir mettre entre leurs mains.

Seigneur Cavalier, me dit un de ces Médecins, il faut, avant toute chose, que vous ayez de la confiance en nous. J'en ai une parfaite, lui répondis-je : avec votre assistance, je suis sûr que je serai dans peu de jours guéri de tous mes maux. Oui, Dieu aidant, reprit-il, vous le serez, nous ferons du moins ce qu'il faudra faire pour cela. Effectivement ces Messieurs s'y prirent à merveille, et me menerent si bon train, que je m'en allois dans l'autre monde à vue d'œil. Déja Don André, desespérant de ma guerison, avoit fait venir un Religieux de Saint François, pour me disposer à bien mourir. Déja ce bon Pere, après s'être acquité de cet emploi, s'étoit retiré. Et moi-même, croyant que je touchois à ma derniere heure, je fis signe à Scipion de s'aprocher de mon lit. Mon cher ami, lui dis-je d'une voix presque éteinte, tant les médecines et les saignées m'avoient affoibli, je te laisse un des sacs qui sont chez Gabriel, et te conjure de porter l'autre

dans

---

† C'étoit la Déesse qui présidoit aux Funerailles,

dans les Afturies à mon Pere et à ma Mere, qui doivent en avoir befoin, s'ils font encore vivans. Mais, hélas! je crains bien qu'ils n'ayent pu tenir contre mon ingratitude. Le rapport que Mufcada leur aura fait fans-doute de ma dureté, leur a peut-être caufé la mort. Si le Ciel les a confervés malgré l'indifférence dont j'ai payé leur ten-dreffe, tu leur donneras le fac de doublons, en les priant de ma part de me pardonner fi je n'en ai pas mieux ufé a-vec eux : et s'ils ne refpirent plus, je te charge d'employ-er cet argent à faire prier le Ciel pour le repos de leurs ames et de la mienne. En difant cela, je lui tendis une main qu'il mouilla de fes larmes, fans pouvoir me repon-dre un mot, tant le pauvre garçon étoit affligé de ma perte. Ce qui prouve que les pleurs d'un héritier ne font pas toujours des ris cachés fous un mafque.

Je m'attendois donc à paffer le pas, néanmoins mon at-tente fut trompée. Mes Docteurs m'ayant abandonné, et laiffé le champ libre à la nature, me fauverent par ce moy-en. La fievre, qui felon leur pronoftic devoit m'em-porter, me quita comme pour leur en donner le démenti. Je me rétablis peu à peu, et par le plus grand bonheur du monde, une parfaite tranquillité d'efprit devint le fruit de ma maladie. Je n'eus point alors befoin d'être con-folé. Je gardai pour les richeffes et pour les honneurs tout le mépris que l'opinion d'une mort prochaine m'en a-voit fait concevoir, et rendu à moi-même je bénis mon malheur. J'en remerciai le Ciel comme d'une grace par-ticuliere qu'il m'avoit faite, et je pris une ferme réfoluti-on de ne plus retourner à la Cour, quand le Duc de Lerme voudroit m'y rapeller. Je me propofai plutôt, fi jamais je fortois de prifon, d'acheter une chaumiere, et d'y aller vivre en Philofophe.

Mon confident aplaudit à mon deffein, et me dit que pour en hâter l'execution, il prétendoit retourner à Ma-drid pour y folliciter mon élargiffement. Il me vient une idée, ajouta-t-il. Je connois une perfonne qui pourra vous fervir. C'eft la Suivante favorite de la Nourrice du Prince, une fille d'efprit. Je veux la faire agir pour vous auprès de fa Maîtreffe. Je vais tout tenter pour vous ti-rer de cette Tour, qui n'eft toujours qu'une prifon, quel-que bon traitement qu'on vous y faffe. Tu as raifon, lui

ré-

répondis-je. Va, mon ami, sans perdre de tems, commencer cette négociation. Plût au Ciel que nous fussions déja dans notre retraite !

CHAPITRE IX.

Scipion retourne à Madrid. Comment et à quelles conditions il fit mettre Gil Blas en liberté. Où ils allerent tous deux en sortant de la Tour de Ségovie, et quelle conversation ils eurent ensemble.

SCIPION partit donc encore pour Madrid ; et moi, en attendant son retour, je m'attachai à la lecture. Tordésillas me fournissoit plus de livres que je n'en voulois. Il les empruntoit d'un vieux Commandeur qui ne savoit pas lire, et qui ne laissoit pas d'avoir une belle Bibliotheque, pour se donner un air de Savant. J'aimois sur-tout les bons Ouvrages de Morale, parce que j'y trouvois à tout moment des passages qui flatoient mon aversion pour la Cour, et mon goût pour la Solitude.

Je passai trois semaines sans entendre parler de mon Négociateur, qui revint enfin, et me dit d'un air gai : Pour le coup, Seigneur de Santillane, je vous aporte de bonnes nouvelles, Madame la Nourrice s'intéresse pour vous. Sa Suivante, à ma priere, et pour une centaine de pistoles que j'ai consignées, a eu la bonté de l'engager à prier le Prince d'Espagne de vous faire relâcher ; et ce Prince, qui, comme je vous l'ai dit souvent, ne peut rien lui refuser, a promis de demander au Roi son Pere votre élargissement. Je suis venu au plus vite vous en avertir, et je vais retourner sur mes pas pour mettre la derniere main à mon ouvrage. A ces mots, il me quita pour aller reprendre le chemin de la Cour.

Son troisieme voyage ne fut pas long. Au bout de huit jours je vis revenir mon homme, qui m'aprit que le Prince avoit, non sans peine, obtenu du Roi ma liberté. Ce qui me fut confirmé dès le même jour par le Seigneur Châtelain, qui vint me dire en m'embrassant : Mon cher Gil Blas, graces au Ciel, vous êtes libre. Les portes de cette prison vous sont ouvertes, mais c'est à deux conditions, qui vous feront peut-être beaucoup de peine, et que je me vois à regret obligé de vous faire savoir. Sa
Majesté

Majefté vous defend de vous montrer à la Cour, et vous
ordonne de fortir des deux Caftilles dans un mois. Je
fuis très mortifié qu'on vous interdife la Cour. Et moi
j'en fuis ravi, répondis-je. Dieu fait ce que j'en penfe.
Je n'attendois du Roi qu'une grace, il m'en fait deux.

Etant donc affuré que je n'étois plus prifonnier, je fis
louer deux mules, fur lefquelles nous montâmes le len-
demain, mon confident et moi, après que j'eus dit adieu
à Cogollos, et remercié mille fois Tordéfillas de tous les
témoignages d'amitié que j'avois reçus de lui. Nous
prîmes gayement la route de Madrid, pour aller retirer
des mains du Seigneur Gabriel nos deux facs, où il y avoit
dans chacun cinq cens doublons. Chemin faifant, mon
affocié me dit : Si nous ne fommes pas affez riches pour
acheter une terre magnifique, nous pourrons en avoir
du-moins une raifonnable. Quand nous n'aurions qu'une
cabane, lui répondis-je, j'y ferois fatisfait de mon fort.
Quoique je fois à peine au milieu de ma carriere, je me
fens revenu du monde, et je ne prétends plus vivre que
pour moi. Outre cela, je te dirai que je me fuis formé
des agrémens de la Vie Champêtre une idée qui m'en-
chante, et qui m'en fait jouïr par avance. Il me femble
déja que je vois l'émail des Prairies, que j'entends chan-
ter les Roffignols et murmurer les Ruiffaux. Tantôt je
crois prendre le divertiffement de la Chaffe, et tantôt ce-
lui de la Pêche. Imagine-toi, mon ami, tous les différens
plaifirs qui nous attendent dans la Solitude, et tu en fe-
ras charmé comme moi. A l'égard de notre nourriture,
la plus fimple fera la meilleure. Un morceau de pain
pourra nous contenter, quand nous ferons preffés de la
faim : nous le mangerons avec un appetit qui nous le fera
trouver excellent. La volupté n'eft point dans la bonté
des alimens exquis, elle eft toute en nous ; et cela eft fi
vrai, que mes repas les plus délicieux ne font pas ceux
où je vois regner la délicateffe et l'abondance ; la fru-
galité eft une fource de délices, et merveilleufe pour la
fanté.

Avec votre permiffion, Seigneur Gil Blas, interrompit
mon Sécretaire, je ne fuis pas tout-à-fait de votre fenti-
ment fur la prétendue frugalité dont vous voulez me faire
fête.

fête. Pourquoi nous nourrir comme des Diogenes ?
Quand nous ne ferons pas si mauvaise chere, nous ne nous
en porterons pas plus mal. Croyez-moi, puisque nous
avons, Dieu merci, de quoi rendre notre retraite agré-
able, n'en faisons pas le séjour de la Faim et de la Pau-
vreté. Sitôt que nous aurons une terre, il faudra la mu-
nir de bons vins, et de toutes les autres provisions con-
venables à des gens d'esprit, qui ne quitent pas le com-
merce des hommes pour renoncer aux commodités de la
vie, mais plutôt pour en jouïr avec plus de tranquillité.
Ce qu'on a dans sa maison, dit Hésiode, *ne nuit pas ; au-
liéu que ce qu'on n'y a point, peut nuire. Il vaut mieux,*
ajouta-t-il, *posseder chez soi toutes les choses necessaires,
que de souhaiter de les avoir.*

Comment diable, Monsieur Scipion, interrompis-je à
mon tour, vous connoissez les Poetes Grecs ! Eh où a-
vez-vous fait connoissancé avec Hésiode ? Chez un Sa-
vant, me repondit-il. J'ai servi quelque tems à Salaman-
que un Pédant, qui étoit un grand Commentateur. Il
vous faisoit en moins de rien un gros volume. Il le com-
posoit de passages Hébreux, Grecs et Latins, qu'il tiroit
des livres de sa Bibliotheque, et traduisoit en Castillan.
Comme j'étois son Copiste, j'ai retenu je ne sai combien
de Sentences aussi remarquables que celle que je viens de
citer. Cela étant, lui repliquai-je, vous avez la mémoire
bien ornée. Mais pour revenir à notre projet, dans quel
Royaume d'Espagne jugez-vous à propos que nous allions
établir notre résidence philosophique ? J'opine pour
l'Arragon, repartit mon confident. Nous y trouverons
des endroits charmans, où nous pourrons mener une vie
délicieuse. Hé bien, lui dis-je, soit ; arrêtons-nous à
l'Arragon, j'y consens. Puissions-nous y déterrer un
séjour qui me fournisse tous les plaisirs dont se repait mon
imagination.

C H A-

CHAPITRE X.

Ce qu'ils firent en arrivant à Madrid. Quel homme Gil Blas rencontra dans la rue, et de quel évenement cette rencontre fut suivie.

LORSQUE nous fumes arrivés à Madrid, nous allâmes descendre à un petit hôtel garni, où Scipion avoit logé dans ses voyages ; et la premiere chose que nous fîmes, fut de nous rendre chez Saléro, pour retirer de ses mains nos doublons. Il nous reçut parfaitement bien, et me temoigna beaucoup de joie de me voir en liberté. Je vous proteste, ajouta-t-il, que j'ai été si sensible à votre disgrace, qu'elle m'a dégoûté de l'alliance des Gens de Cour. Leurs fortunes sont trop en l'air. J'ai marié ma fille Gabriéla à un riche Négociant. Vous avez fort bien fait, lui répondis-je : outre que cela est plus solide, c'est qu'un Bourgeois, qui devient Beau-pere d'un homme de qualité, n'est pas toujours content de Monsieur son gendre.

Puis changeant de discours, et venant au fait : Seigneur Gabriel, poursuivis-je, ayez, s'il vous plaît, la bonté de nous remettre les deux mille pistoles que.....
Votre argent est tout prêt, interrompit l'Orfevre, qui nous ayant fait passer dans son cabinet, nous montra deux sacs, où ces mots étoient écrits sur des étiquettes : *Ces sacs de doublons appartiennent au Seigneur Gil Blas de Santillane.* Voilà, me dit-il, le dépôt, tel qu'il m'a été confié.

Je rendis graces à Saléro du plaisir qu'il m'avoit fait ; et fort consolé d'avoir perdu sa fille, nous emportâmes les sacs à notre hôtel, où nous nous mîmes à visiter nos double-pistoles. Le compte s'y trouva à cinquante près, qui avoient été employées aux frais de mon élargissement. Nous ne songeâmes plus qu'à nous mettre en état de partir pour l'Arragon. Mon Sécretaire se chargea du soin d'acheter une chaise roulante et deux mules. De mon côté, je fis provision de linge et d'habits. Pendant que j'allois et venois dans les rues en faisant mes emplettes, je rencontrai le Baron de Steinbach, cet Officier de la Garde Allemande chez qui Don Alphonse avoit été élevé.

Je

Je faluai ce Cavalier Allemand, qui m'ayant auffi re-
connu, vint à moi et m'embraffa.   Ma joie eft extrême,
lui dis-je, de revoir votre Seigneurie dans la meilleure
fanté du monde, et de trouver en même tems l'occafion
d'aprendre des nouvelles des Seigneurs Don Céfar et Don
Alphonfe de Leyva.   Je puis vous en dire de certaines,
me répondit-il, puifqu'ils font tous deux actuellement à
Madrid, et de plus logés dans ma maifon.   Il y a près
de trois mois qu'ils font venus dans cette ville, pour re-
mercier le Roi d'un bienfait que Don Alphonfe a reçu, en
reconnoiffance des fervices que fes ayeux ont rendus à l'E-
tat.   Il a été fait Gouverneur de la ville de Valence,
fans qu'il ait demandé ce pofte, ni prié perfonne de la fol-
liciter pour lui.   Rien n'eft plus gracieux ; et cela fait
voir que notre Monarque aime à recompenfer la valeur.

Quoique je fuffe mieux que le Baron de Steinbach ce
qu'il en falloit penfer, je ne fis pas femblant d'avoir la
moindre connoiffance de ce qu'il me contoit.   Je lui té-
moignai une fi vive impatience de faluer mes anciens Maî-
tres, que pour la fatisfaire il me mena chez lui fur le
champ.   J'étois curieux d'éprouver Don Alphonfe, et de
juger, par la réception qu'il me feroit, s'il lui reftoit en-
core quelque affection pour moi.   Je le trouvai dans une
falle où il jouoit aux echecs avec la Baronne de Steinbach.
Il quita le jeu, et fe leva dès qu'il m'aperçut.   Il s'avan-
ça vers moi avec tranfport, et me preffant la tête entre
fes bras : Santillane, me dit-il d'un air qui marquoit une
véritable joie, vous m'êtes donc enfin rendu.   J'en fuis
charmé. Il n'a pas tenu à moi que nous n'ayons toujours
été enfemble.   Je vous avois prié, s'il vous en fouvient,
de ne vous pas retirer du château de Leyva.   Vous n'a-
vez point eu d'égard à ma priere.   Je ne vous en fais
pourtant pas un crime.   Je vous fai même bon gré du
motif de votre retraite.   Mais depuis ce tems-là vous au-
riez dû me donner de vos nouvelles, et m'épargner la
peine de vous faire chercher inutilement à Grenade, où
Don Fernand mon beaufrere m'avoit mandé que vous é-
tiez.

Après ce petit reproche, continua-t-il, aprenez-moi
ce que vous faites à Madrid.   Vous y avez apparemment
quelque emploi.   Soyez perfuadé que je prends plus de
part que jamais à ce qui vous regarde.   Seigneur, lui ré-
pon-

pondis-je, il n'y a pas quatre mois que j'occupois à la Cour un poſte aſſez conſidérable. J'avois l'honneur d'être Sécretaire et Confident du Duc de Lerme. Seroit-il poſſible, s'écria Don Alphonſe avec un extrême étonnement ! Quoi ! vous auriez été dans la confidence de ce Premier-Miniſtre ! J'ai gagné ſa faveur, repris-je, et je l'ai perdue de la maniere que je vais vous le dire. Alors je lui racontai toute cette hiſtoire, et je finis mon récit par la réſolution que j'avois priſe d'acheter, du peu de bien qui me reſtoit de ma proſpérité paſſée, une chaumiere, pour y aller mener une vie retirée.

Le fils de Don Céſar, après m'avoir écouté avec beaucoup d'attention, me repliqua. Mon cher Gil Blas, vous ſavez que je vous ai toujours aimé. Vous ne ſerez plus le jouet de la Fortune. Je veux vous affranchir de ſon pouvoir, en vous rendant maître d'un bien qu'elle ne pourra vous ôter. Puiſque vous êtes dans le deſſein de vivre à la campagne, je vous donne une petite terre que nous avons auprès de Lirias, à quatre lieues de Valence. Vous la connoiſſez. C'eſt un préſent que nous ſommes en état de vous faire ſans nous incommoder. J'oſe vous répondre que mon Pere ne me deſavouera point, et que cela fera un vrai plaiſir à Séraphine.

Je me jettai aux genoux de Don Alphonſe, qui me releva dans le moment. Je lui baiſai la main, et plus charmé de ſon bon cœur que de ſon bienfait : Seigneur, lui dis-je, vos manieres m'enchantent. Le don que vous me faites m'eſt d'autant plus agréable, qu'il précede la connoiſſance d'un ſervice que je vous ai rendu ; et j'aime mieux le devoir à votre généroſité qu'à votre reconnoiſſance. Mon Gouverneur fut un peu ſurpris de ce diſcours, et ne manqua pas de me demander ce que c'etoit que ce prétendu ſervice. Je le lui apris, et lui fis un détail qui redoubla ſon étonnement. Il étoit bien éloigné de penſer, auſſi-bien que le Baron de Steinbach, que le Gouvernement de la Ville de Valence lui eût été donné par mon crédit. Néanmoins n'en pouvant plus douter : Gil Blas, me dit-il, puiſque c'eſt à vous que je dois mon poſte, je ne prétends point m'en tenir à la petite terre de Lirias, je vous offre avec cela deux mille ducats de penſion.

Halte-là, Seigneur Don Alphonſe, interrompis-je en cet endroit. Ne réveillez pas mon avarice. Les biens

ne

ne font propres qu'à corrompre mes mœurs, je ne l'ai que trop éprouvé. J'accepte volontiers votre terre de Lirias, j'y vivrai commodément avec le bien que j'ai d'ailleurs. Mais cela me fuffit ; et loin d'en defirer davantage, je confentirois plutôt de perdre ce qu'il y a de fuperflu dans ce que je poffede. Les richeffes font un fardeau dans une retraite où l'on ne cherche que la tranquillité.

Pendant que nous nous entretenions de cette forte, Don Céfar arriva. Il ne fit gueres moins paroître de joie que fon fils en me voyant ; et lorfqu'il fut informé de l'obligation que fa famille m'avoit, il me preffa d'accepter la penfion, ce que je refufai de nouveau. Enfin, le pere et le fils me menerent fur le champ chez un Notaire, où ils firent dreffer la donation, qu'ils fignerent tous deux avec plus de plaifir qu'ils n'auroient figné un acte à leur profit. Quand le contract fut expédié, ils me le remirent entre les mains, en me difant que la terre de Lirias n'étoit plus à eux, et que j'en pourrois aller prendre poffeffion quand il me plaîroit. Ils s'en retournerent enfuite chez le Baron de Steinbach, et moi je volai vers notre hôtel, où je ravis d'admiration mon Sécretaire, lorfque je lui annonçai que nous avions une terre dans le Royaume de Valence, et que je lui contai de quelle maniere je venois de faire cette acquifition. Combien peut valoir ce petit domaine, me dit-il ? Cinq cens ducats de rente, lui répondis-je, et je puis t'affurer que c'eft une aimable folitude. Je la connois, pour y avoir été plufieurs fois en qualité d'Intendant des Seigneurs de Leyva. C'eft une petite maifon fur les bords du Guadalaviar, dans un hameau de cinq ou fix feux, et dans un pays charmant.

Ce qui m'en plaît davantage, s'écria Scipion, c'eft que nous aurons-là de bon gibier avec du vin de Bénicarlo et d'excellent mufcat. Allons, mon Patron, hâtons-nous de quiter le monde, et de gagner notre hermitage. Je n'ai pas moins d'envie d'y être que toi, lui repartis-je ; mais il faut auparavant que je faffe un tour aux Afturies. Mon Pere et ma Mere n'y font pas dans une heureufe fituation. Je prétends les aller chercher, pour les conduire à Lirias, où il pafferont en repos leurs derniers jours. Le Ciel ne m'a peut-être fait trouver cet afile que pour les y recevoir, et il me puniroit fi j'y manquois. Scipion loua fort mon deffein, il m'excita même à l'exécuter. Ne perdons point de tems, me dit-il, je me fuis affuré déja d'une chaife roulante. Achetons vite des mules, et prenons le chemin d'Oviédo. Oui, mon ami, lui répondis-je, partons le plutôt qu'il nous fera poffible. Je me fais un devoir indifpenfable de partager les douceurs de ma retraite avec les auteurs de ma naiffance. Notre voyage ne fera pas long. Nous nous verrons bientôt dans notre hameau. Et je veux, en y arrivant, écrire fur la porte de ma maifon des deux Vers Latins en lettres d'or :

Inveni portum. Spes et Fortuna valete.
Sat me lufiftis, ludite nunc alios.

Fin du Neuvième Livre.

LES

LES
AVANTURES
DE
GIL BLAS,
DE SANTILLANE.

LIVRE DIXIEME.

CHAPITRE I.

*Gil Blas part pour les Asturies, il passe par Valladolid,
où il va voir le Docteur Sangrado son ancien Maitre.
Il rencontre par hazard le Seigneur Manuel Ordognez
Administrateur de l'Hôpital.*

DANS le tems que je me disposois à partir de Madrid avec Scipion pour me rendre aux Asturies,
Paul V. nomma le Duc de Lerme au Cardinalat. Ce
Pape voulant établir l'Inquisition dans le Royaume de
Naples, revétit de la Pourpre ce Ministre, pour l'engager
à faire agréer au Roi Philippe un si louable dessein. Tous
ceux qui connoissoient parfaitement ce nouveau membre
du Sacré College, trouverent comme moi, que l'Eglise
venoit de faire une belle acquisition.

Scipion qui auroit mieux aimé me revoir dans un poste
brillant à la Cour, qu'enterré dans une solitude, me conseilla de me présenter devant le Cardinal : Peut-être, me
dit-il, que son Eminence vous voyant hors de prison par
ordre du Roi, ne croira plus devoir affecter de paroître
irrité contre vous, et pourra vous reprendre à son service.
Monsieur Scipion, lui répondis-je, vous oubliez apparemment que je n'ai obtenu la liberté qu'à condition que je
sortirai incessamment des deux Castilles. D'ailleurs, me

Q 2   croyez-

croyez-vous déja dégoûté de mon Château de Lirias ? Je vous l'ai dit et je vous le répete, quand le Duc de Lerme me rendroit fes bonnes graces, quand il m'offriroit la place même de Don Rodrigue de Caldérone, je la refuferois. Mon parti eft pris ; je veux aller à Oviédo chercher mes parens, et me retirer avec eux auprès de la Ville de Valence. Pour toi, mon ami, fi tu te repens d'avoir lié ton fort au mien, tu n'as qu'à parler ; je fuis prêt à te donner la moitié de mes efpeces, et tu demeureras à Madrid, où tu poufferas ta fortune le plus loin qu'il te fera poffible.

Comment donc, reprit mon Sécretaire un peu touché de ces paroles ? pouvez-vous me foupçonner d'avoir quelque répugnance à vous fuivre dans votre retraite ? ce foupçon bleffe mon zèle et mon attachement. Quoi, Scipion ce fidele ferviteur, qui pour partager vos peines auroit volontiers paffé le refte de fes jours avec vous dans la Tour de Ségovie, ne vous accompagneroit qu'à regret dans un féjour qui lui promet mille délices ! Non, non, je n'ai pas envie de vous détourne, de votre réfolution. Il faut que je vous avoue ma malice : lorfque je vous ai confeillé de vous montrer au Duc de Lerme, c'eft que j'ai été bien-aife de vous fonder, pour favoir s'il ne reftoit point encore en vous quelques femences d'ambition. Hé bien, puifque vous êtes fi détaché des grandeurs, abandonnons donc promptement la Cour, pour aller jouir de ces plaifirs innocens et délicieux dont nous nous formons une fi charmante idée.

Nous partîmes en effet bientôt après, tous deux dans une chaife tirée par deux bonnes mules, conduites par un garçon dont je jugeai à propos d'augmenter ma fuite. Nous couchâmes le premier jour à Alcala de Hénares, et le fecond à Ségovie, d'où, fans m'arrêter à voir le généreux Châtelain Tordéfillas, je gagnai Pénafiel fur le Duéro, et le lendemain Valladolid. A la vue de cette derniere Ville je ne pus m'empêcher de pouffer un profond foupir. Mon compagnon qui l'entendit, m'en demanda la caufe. Mon enfant, lui dis-je, c'eft que j'ai longtems exercé ici la Médecine. Ma confcience m'en fait de fecrets reproches dans ce moment ; il me femble que tous les malades que j'ai tués, fortent de leurs tombeaux pour venir me mettre en pièces. Quelle imagina-

tion,

tion, dit mon Sécrétaire ! En vérité Seigneur de Santil-
lane, vous êtes trop bon. Pourquoi vous repentir d'avoir
fait votre métier ? Voyez les plus vieux Médecins : ont-
ils de pareils remords ? oh que non ! ils vont toujours
leur train le plus tranquillement du monde, rejettant fur
la nature les accidens funeftes, ét fe faifant honneur des
évenemens heureux.

Il eft vrai, repris-je, que le Docteur Sangrado de qui
je fuivois fidelement la méthode, étoit de ce caractere-là.
Il avoit beau voir périr tous les jours vingt perfonnes en-
tre fes mains, il étoit fi perfuadé de l'excellence de la
faignée du bras, et de la fréquente boiffon, qu'il appel-
loit fes deux fpécifiques pour toute forte de maladies, qu'au-
lieu de s'en prendre à fes remedes, il croyoit que fes ma-
lades ne mouroient que faute d'avoir affez bu et d'avoir
été affez faignés. Vive Dieu ! s'écria Scipion en faifant
un éclat de rire, vous me parlez-là d'un perfonnage in-
comparable ! Si tu es curieux de la voir et de l'entendre,
lui dis-je, tu pourras dès demain fatisfaire ta curiofité,
pourvu que Sangrado vive encore, et qu'il foit à Valla-
dolid, ce que j'ai de la peine à croire ; car il étoit déja
vieux quand je le quitai, et il s'eft écoulé bien des années
depuis ce tems-là.

Notre premier foin en arrivant dans l'hôtellerie où nous
allâmes defcendre, fut de nous informer de ce Docteur:
Nous apprîmes qu'il n'étoit pas encore mort ; mais que
ne pouvant plus à fon âge faire de vifites, ni fe donner de
grands mouvemens, il avoit abandonné le pavé à trois ou
quatre autres Docteurs, qui s'étoient mis en réputation
par une nouvelle pratique, qui ne valoit gueres mieux
que la fienne. Nous réfolûmes donc de nous arrêter à
Valladolid le jour fuivant, tant pour laiffer repofer nos
mules, que pour voir le Seigneur Sangrado. Nous nous
rendîmes chez lui fur le dix heures du matin, nous le
trouvâmes affis dans un fauteuil un livre à la main. Il fe
leva fitôt qu'il nous apperçut vint au-devant de nous d'un
pas affez ferme pour un feptuagénaire, et nous demanda
ce que nous lui voulions. Monfieur le Docteur, lui dis-
je, eft-ce que vous ne me remettez point ? J'ai pourtant
l'honneur d'être un de vos Eleves. Ne vous fouvient-il
plus d'un certain Gil Blas, qui étoit autrefois votre Com-
menfal et votre Subftitut ? Quoi, c'eft vous Santillane, me

répondit-il en m'embraffant ? Je ne vous aurois pas re-
connu. Je fuis bien aife de vous revoir. Qu'avez-vous
fait depuis notre féparation ? vous avez fans doute tou-
jours pratiqué la Médecine ? C'eft à quoi, repris-je, j'avois
affez de penchant, mais de fortes raifons m'en ont empêché.

Tant pis, reprit Sangrado ; avec les principes que vous
aviez reçus de moi, vous feriez devenu un habile Méde-
cin, pourvu que le Ciel vous eût fait la grace de vous pré-
ferver de l'amour dangereux de la Chymie. Ah, mon fils,
pourfuivit-il d'un air douloureux, quel changement dans
la Médecine depuis quelques années ! on ôte à cet Art
l'honneur et la dignité. Cet Art qui dans tous les tems
a refpecté la vie des hommes, eft préfentement en proie à
la témérité, à la préfomption, et à *l'impéritie* ; car les
faits parlent, et bientôt les pierres crieront contre le
brigandage des nouveaux Praticiens, *lapides clamabunt.*
On voit dans cette Ville des Médecins, ou foi-difant tels,
qui fe font attelés au Char de Triomphe de l'Antimoine,
currus triumphalis Antimonii. Des Echappés de l'Ecole
de Paracelfe, des Adorateurs du *Kermès*, des Guériffeurs
de hazard, qui font confifter toute la fcience de la Méde-
cine à favoir préparer des Drogues Chymiques. Que
vous dirai-je ? Tout eft méconnoiffable dans leur mé-
thode ; là Saignée du pié, par exemple, jadis fi rare, eft
aujourd'hui prefque la feule qui foit en ufage. Les Pur-
gatifs, autrefois doux et benins, font changées en Emeti-
que et en Kermès. Ce n'eft plus qu'un cahos où cha-
cun fe permet ce qu'il veut, et franchit les bornes de
l'ordre et de la fageffe qué nos premiers Maîtres ont po-
fées.

Quelque envie que j'euffe de rire en entendant une fi
comique déclamation, j'eus la force d'y réfifter ; je fis
plus, je déclamai contre le Kermès fans favoir ce que c'é-
toit, et donnai au diable à tout hazard ceux qui l'ont in-
venté. Scipion remarquant que je m'égayois dans cette
fcene, y voulut mettre auffi du fien. Monfieur le Doc-
teur, dit-il à Sangrado, comme je fuis petit neveu d'un
Médecin de la vieille Ecole, qu'il me foit permis de me
révólter avec vous contre les remedes de la Chymie. Feu
mon grand-oncle, à qui Dieu faffe miféricorde, étoit fi
chaud partifan d'Hypocrate, qu'il s'eft fouvent battu con-
tre des Empiriques qui ne parloient pas avec affez de re-
fpect

fpeēt de ce Roi de la Médecine. Bon fang ne peut men-
tir ; je fervirois volontiers de bourreau à ces Novateurs
ignorans, dont vous vous plaignez avec tant de juſtice et
d'éloquence.   Quel defordre ces miſérables ne cauſent-
ils pas dans la Société Civile ? —

Ce defordre, dit le Doēteur, va plus loin encore que
vous ne penfez.   Il ne m'a fervi de rien de publier un li-
vre contre le brigandage de la Médecine, au contraire il
augmente de jour en jour. Les Chirurgiens dont la rage
eſt de vouloir faire les Médecins, fe croient capables de
l'étre dès qu'il ne faut que donner du Kermès, et de l'E-
métique; à quoi ils joignent des faignées du pié à leur
faintaiſie.   Ils vont même juſqu'à mêler le Kermès dans
les Apozemes et les Potions Cordiales, et les voilà de pair
avec les grands Faifeurs en Médecine.   Cette contagion
fe répand juſques dans les Cloîtres.   Il y a parmi les
Moines, des Freres qui font tout enfemble Apoticaires et
Chirurgiens.   Ces Singes de Médecins s'appliquent à la
Chymie, et font des drogues pernicieufes, avec lefquelles
ils abregent la vie de leurs Révérens Peres.   Enfin il y a
dans Valladolid plus de foixante Monaſteres tant d'hom-
mes que de filles : jugez du ravage qu'y fait le Kermès
uni avec l'Emétique et la Saignée du pié.   Seigneur San-
grado, lui dis-je alors, vous avez bien raifon d'être en
colere contre ces Empoifonneurs ; je gémis avec vous, et
partage vos allarmes fur la vie des hommes, manifeſte-
ment menacée par une methode fi différente de la vôtre.
Je crains fort que la Chymie n'occafionne un jour la perte
de la Médecine, comme la fauffe monnoie caufe la ruine
des Etats.   Faffe le Ciel que ce jour fatal ne foit pas près
d'arriver !

Dans cet endroit de notre converfation, nous vîmes
paroître une vieille Servante qui apportoit au Doēteur
une foucoupe fur laquelle il y avoit un petit pain mollet,
un verre avec deux caraffes, dont l'une étoit pleine d'eau
et l'autre de vin. Après qu'il eut mangé un morceau, il
but un coup où il y avoit à la vérité les deux tiers d'eau,
mais cela ne le fauva point des reproches qu'il me don-
noit fujet de lui faire. Ah, ah, lui dis-je, Monfieur le
Doēteur, je vous prends fur le fait ! Vous buvez du vin !
vous qui vous êtes toujours déclaré contre cette boiffon ;
vous qui pendant les trois quarts de votre vie n'avez bu

que

que de l'eau. Depuis quand êtes-vous devenu si contraire
à vous-même ? Vous ne sauriez vous excuser sur votre
âge, puisque dans un endroit de vos écrits vous définissez
la vieillesse une phtisie naturelle qui nous dessèche et nous
consume, et que sur cette définition vous déplorez l'igno-
rance des personnes qui appellent le vin le lait des vieil-
lards.   Que direz-vous donc pour vous justifier ?

Vous me faites la guerre bien injustement, me répon-
dit-le vieux Médecin. Si je buvois du vin pur, vous au-
riez raison de me regarder comme un infidele observateur
de ma propre méthode ; mais vous voyez que mon vin
est bien trempé.   Autre contradiction, lui repliquai-je,
mon cher Maître ; souvenez-vous que vous trouviez mau-
vais que le Chanoine Sédillo bût de vin quoiqu'il y mê-
lât beaucoup d'eau. Avouez de bonne grace que vous a-
vez reconnu votre erreur, et que le vin n'est pas une fu-
neste liqueur, comme vous l'avez avancé dans vos ouvra-
ges, pourvu qu'on n'en boive qu'avec modération.

Ces paroles embarrasserent un peu notre Docteur.   Il
ne pouvoit nier qu'il eût défendu dans ses livres l'usage
du vin ; mais la honte et la vanité l'empêchant de conve-
nir que je lui faisois un juste reproche, il ne savoit que
me répondre.   Pour le tirer d'un si grand embarras, je
changeai de matiere ; et un moment après je pris congé
de lui, en l'exhortant à tenir toujours bon contre les nou-
veaux Praticiens.   Courage, lui dis-je, Seigneur San-
grado, ne vous lassez point de décrier le Kermès, et fron-
dez sans cesse la Saignée du pié.   Si malgré votre zéle et
votre amour pour l'*Orthodoxie* Médecinale, cette enge-
ance empirique vient à bout de ruiner la discipline, vous
aurez du moins la consolation d'avoir fait tous vos efforts
pour la maintenir.

Comme nous nous en retournions à l'hôtellerie mon
Sécretaire et moi, nous entretenant tous deux du carac-
tere réjouissant et original de ce Docteur, il passa près de
nous dans la rue un homme de cinquante-cinq à soixante
ans, qui marchoit les yeux baissés tenant un gros chape-
let à la main.   Je le considérai attentivement, et le re-
connus sans peine pour le Seigneur Manuel Ordognez, ce
bon Administrateur d'Hôpital dont il est fait une mention
si honorable dans le premier tome de mon Histoire. Je
l'abordai avec de grandes démonstrations de respect, en
disant :

0

difant : Serviteur au vénérable et difcret Seigneur Manuel Ordognez, l'homme du monde le plus propre à conferver le bien des Pauvres. A ces mots il me regarda fixement, et me répondit que mes traits ne lui étoient pas inconnus, mais qu'il ne pouvoit fe rappeller où il m'avoit vu. J'allois, repris-je, chez vous dans le tems que vous aviez à votre fervice un de mes amis, nommé Fabrice Nugnez. Ah! je m'en fouviens préfentement, repartit l'Adminiftrateur avec un fouris malin, à telles enfeignes que vous étiez tous deux de bons enfans ; vous avez fait enfemble bien des tours de jeuneffe. Hé, qu'eft-il devenu ce pauvre Fabrice? Toutes les fois que je penfe à lui, j'ai de l'inquiétude fur fes petites affaires.

C'eft pour vous en apprendre des nouvelles, dis-je au Seigneur Manuel, que j'ai pris la liberté de vous arrêter dans la rue. Fabrice eft à Madrid, où il s'occupe à faire des œuvres mêlées. Qu'appellez-vous des œuvres mêlées, me repliqua-t-il ? Je veux dire, lui repartis-je, qu'il écrit en vers et en profe. Il fait des Comédies et des Romans. En un mot, c'eft un garçon qui a du génie, et qui eft reçu fort agréablement dans les bonnes maifons. Mais dit l'Adminiftrateur, comment eft-il avec fon boulanger? Pas fi bien, lui répondis-je, qu'avec les perfonnes de condition ; entre nous, je le crois auffi pauvre que Job. Oh je n'en doute nullement, reprit Ordognez. Qu'il faffe fa cour aux grands Seigneurs tant qu'il lui plaira : fes complaifances, fes flatteries, fes baffeffes lui rapporteront encore moins que fes ouvrages. Je vous le prédis, vous le verrez quelque jour à l'Hôpital.

Cela pourra bien être, lui repliquai-je, la Poefie en a mené là bien d'autres. Mon ami Fabrice auroit beaucoup mieux fait de demeurer attaché à votre Seigneurie, il rouleroit aujourd'hui fur l'or. Il feroit du moins fort à fon aife, dit Manuel ; je l'aimois, et j'allois en l'élevant de pofte en pofte lui procurer dans la maifon des Pauvres un établiffement folide, lorfqu'il lui prit fantaifie de donner dans le bel-efprit. Il compofa une Comédie, qu'il fit reprefenter par des Comédiens qui étoient dans cette Ville; la Piece réuffit, et la tête tourna dès ce moment à l'Auteur. Il fe crut un nouveau Lope de Véga, et préférant la fumée des aplaudiffemens du Public aux avantages réels que mon amitié lui préparoit, il me demanda fon congé.

congé. Je lui remontrai vainement qu'il laiſſoit l'os pour
courir après l'ombre, je ne pus retenir ce fou que la fureur
d'écrire entraînoit. Il ne connoiſſoit pas ſon bonheur, a-
jouta-t-il ; le garçon que j'ai pris après lui pour me ſer-
vir, en peut rendre un bon témoignage : plus raiſonnable
que Fabrice avec moins d'eſprit, il ne s'eſt uniquement
appliqué qu'à bien s'acquiter de ſes commiſſions et qu'à
me plaîre. Auſſi l'ai-je pouſſé comme il le méritoit : il
remplit actuellement à l'Hôpital deux emplois, dont le
moindre eſt plus que ſuffiſant pour faire ſubſiſter un hon-
nête homme chargé d'une groſſe famille.

CHAPITRE II.

*Gil Blas continue ſon voyage, et arrive heureuſement à
Oviédo. Dans quel état il retrouva ſes parens. Mort
de ſon pere. Suites de cette mort.*

DE Valladolid nous nous rendîmes en quatre jours à
Oviédo, ſans avoir fait en chemin aucune mau-
vaiſe rencontre, malgré le proverbe qui dit que les voleurs
ſentent de loin l'argent des voyageurs. Il y auroit eu
pourtant un aſſez beau coup à faire ; et deux habitans
ſeulement d'un ſouterrain nous auroient ſans peine enlevé
nos doublons ; car je n'avois pas appris à la Cour à de-
venir brave, et Bertrand mon *Moço de mulas* ne paroiſ-
ſoit pas d'humeur à ſe faire tuer pour defendre la bourſe
de ſon maître. Il n'y avoit que Scipion qui fût un peu
Spadaſſin.

Il étoit nuit quand nous arrivâmes dans la Ville. Nous
allâmes loger dans une hôtellerie tout auprès de chez mon
oncle le Chanoine Gil Pérez. J'étois bien-aiſe de m'in-
former dans quel état ſe trouvoient mes parens avant que
me préſenter devant eux ; et pour le ſavoir je ne pouvois
mieux m'adreſſer qu'à l'hôte ou qu'à l'hôteſſe de ce ca-
baret, que je connoiſſois pour des gens qui ne pouvoient
ignorer les affaires de leurs voiſins. En effet, l'hôte m'a-
yant reconnu après m'avoir enviſagé avec attention, s'é-
cria ; Par St. Antoine de Pade ! voici le fils du bon Ecu-
yer Blas de Santillane. Oui vraiment, dit l'hôteſſe, c'eſt
lui-même ; il n'a preſque point changé. C'eſt ce petit
éveillé de Gil Blas qui avoit plus d'eſprit qu'il n'étoit
gros.

gros. Il me femble que je le vois encore, qui vient a-
vec fa bouteille chercher ici du vin pour le fouper de fon
oncle.

Madame, lui dis-je, vous avez une heureufe mémoire ;
mais de grace, apprenez-moi des nouvelles de ma famille,
mon pere et ma mere ne font pas fans doute dans une a-
gréable fituation. Cela n'eft que trop veritable, ré-
pondit l'hôteffe ; dans quelque état fâcheux que vous
puiffiez vous les repréfenter, vous ne fauriez vous ima-
giner des perfonnes qui foient plus à plaindre qu'eux.
Le bon homme Gil Pérez eft devenu paralytique de la
moitié du corps, et n'ira pas loin felon toutes les appa-
rences : votre pere qui demeure depuis peu chez ce Cha-
noine, a une fluxion de poitrine, ou pour mieux dire, il
eft dans ce moment entre la vie et la mort ; et votre mere,
qui ne fe porte pas trop bien, eft obligée de fervir de garde
à l'un et à l'autre.

Sur ce rapport, qui me fit fentir que j'étois fils, je laif-
fai Bertrand avec mon équipage à l'hôtellerie ; et fuivi de
mon Sécretaire qui ne voulut point m'abandonner, je me
rendis chez mon oncle. D'abord que je parus dèvant ma
mere, une émotion que je lui caufai lui annnonça ma pré-
fence avant que fes yeux euffent démêlé mes traits. Mon
fils, me dit elle triftement après m'avoir embraffé, venez
voir mourir votre pere ; vous venez affez à tems pour être
frappé de ce cruel fpectacle. En achevant ces paroles, elle
me mena dans une chambre, où le malheureux Blas de
Santillane, couché dans un lit qui marquoit bien la pau-
vreté d'un Ecuyer, touchoit à fon dernier moment. Quoi-
qu'environné des ombres de la mort, il avoit encore quel-
que connoiffance. Mon cher ami, lui dit ma mere, voici
Gil Blas votre fils, qui vous prie de lui pardonner les cha-
grins, qu'il vous a caufés, et qui vous demande votre bé-
nédiction. A ce difcours, mon pere ouvrit fes yeux
qui commençoient à fe fermer pour jamais, il les attacha
fur moi, et remarquant malgré l'accablement où il fe
trouvoit que j'étois touché de fa perte, il fut attendri de
ma douleur. Il voulait parler, mais il n'en eut pas la
force. Je pris une de fes mains ; et tandis que je la
baignois de larmes fans pouvoir prononcer un mot, il
expira comme s'il n'eût attendu que mon arrivée pour
rendre le dernier foupir.

Ma

Ma mere étoit trop préparée à cette mort pour s'en af-
fliger fans modération, j'en fus peut-être plus pénétré
qu'elle, quoique mon pere ne m'eût donné de fa vie la
moindre marque d'amitié. Outre qu'il fuffifoit pour le
pleurer que je fuffe fon fils, je me reprochois de ne l'a-
voir point fecouru ; et quand je penfois que j'avois eu
cette dureté, je me regardois comme un monftre d'ingra-
titude, ou plutôt comme un parricide. Mon oncle que
je vis enfuite étendu fur un autre grabat, et dans un état
pitoyable, me fit éprouver de nouveaux remords. Fils
dénaturé, me dis-je à moi-même, confidere pour ton fu-
plice la mifere où font tes parens. Si tu leur avois fait
quelque part du fuperflu des biens que tu poffédois avant
ta prifon, tu leur aurois procuré des commodités que le
revenu de la Prébende ne peut leur fournir, et tu aurois
peut-être prolongé la vie de ton pere.

L'infortuné Gil Pérez étoit retombé en enfance. Il
n'avoit plus de mémoire, plus de jugement. Il ne me
fervit de rien de le preffer entre mes bras, et de lui don-
ner des témoignages de ma tendreffe; il n'y parut pas fen-
fible. Ma mere avoit beau lui dire que j'étois fon neveu
Gil Blas ; il m'envifageoit d'un air imbécille fans répon-
dre rien. Quand le fang et la reconnoiffance ne m'auroi-
ent pas obligé à plaindre un oncle à qui je devois tant, je
n'aurois pu m'en défendre en le voyant dans une fituation
fi digne de pitié.

Pendant ce tems-là Scipion gardoit un morne filence,
partageoit mes peines, et confondoit par amitié fes fou-
pirs avec les miens. Comme je jugeai que ma mere après
une fi longue abfence voudroit m'entretenir, et que la
préfence d'un homme qu'elle ne connoiffoit pas pourroit
la gêner, je le tirai à part et lui dis: Va, mon enfant, va
te repofer à l'hôtellerie et me laiffe ici avec ma mere ; elle
te croiroit peut-être de trop dans une converfation qui ne
roulera que fur des affaires de famille. Scipion fe retira
de peur de nous contraindre, et je eus effectivement avec
ma mere un entretien qui dura toute la nuit. Nous nous
rendîmes mutuellement un compte fidele de ce qui nous
étoit arrivé à l'un et à l'autre depuis ma fortie d'Oviédo.
Elle me fit un ample détail des chagrins qu'elle avoit ef-
fuyés dans les maifons où elle avoit été Duegne, et me
dit là-deffus une infinité de chofes que je n'aurois pas été

bien-

bien-aife que mon Sécrétaire eût entendues, quoique je n'euffe rien de caché pour lui. Avec tout le refpect que je dois à la mémoire de ma mere, la bonne Dame étoit un peu prolixe dans fes récits ; elle m'auroit fait grace des trois quarts de fon hiftoire, fi elle eût fupprimé les circonftances inutiles.

Elle finit enfin fa narration, et je commençai la mienne. Je paffai légerement fur toutes mes avantures ; mais lorf-que je parlai de la vifite que le fils de Bertrand Mufcada Épicier d'Oviédo m'étoit venu faire à Madrid, je m'éten-dis fort fur cet article. Je vous l'avouerai, dis-je à ma mere, je reçus très mal ce garçon, qui pour s'en venger vous aura fait fans doute un affreux portrait de moi. Il n'y a pas manqué, repondit-elle. Il vous trouva, nous dit-il, fi fier de la faveur du premier Miniftre de la Mo-narchie, qu'à-peine daignâtes-vous le reconnoître ; et quand il vous detailla nos mifères, vous l'ecoutâtes d'un air glacé. Comme les peres et les meres, ajouta-t-elle, cherchent toujours à excufer leurs énfans, nous ne pûmes croire que vous euffiez un fi mauvais cœur. Votre ar-rivée à Oviédo juftifie la bonne opinion que nous avions de vous, et la douleur dont je vous vois faifi, acheve de faire votre apologie.

Vous jugez de moi trop favorablement, lui repliquai-je ; il y a du vrai dans le rapport du jeune Mufcada. Lorfqu'il vint me voir, je n'étois occupé que de ma for-tune, et l'ambition qui me dominoit ne me permettoit gueres de penfer à mes parens. Il ne faut donc pas s'é-tonner fi dans cette difpofition je fis un accueil peu graci-eux à un homme, qui m'abordant d'un air groffier, me dit brutalement, qu'ayant appris que j'étois plus riche qu'un Juif, il venoit me confeiller de vous envoyer de l'argent, attendu que vous en aviez grand befoin ; il me reprocha même dans des termes peu mefurés mon indifference pour ma famille. Je fus choqué de fa franchife, et perdant patience je le pouffai par les épaules hors de mon cabinet. Je conviens que j'eus tort dans cette rencontre ; j'aurois dû faire réflexion que ce n'étoit pas votre faute fi l'Epi-cier manquoit de politeffe, et que fon confeil ne laiffoit pas d'être bon à fuivre, quoiqu'il eût été donné malhon-nêtement.

C'eft

C'eſt ce que je me repréſentai un moment après que j'eus chaſſé Muſcada. La voix du ſang ſe fit entendre ; je me rappellai tous mes devoirs envers mes parens ; et rougiſſant de honte de les remplir ſi mal, je ſentis des remords dont je ne puis néanmoins me faire honneur auprès de vous, puiſqu'ils furent bientôt étouffées par l'avarice et par l'ambition. Mais dans la ſuite ayant été enfermé par ordre du Roi dans la Tour de Ségovie, j'y tombai dangereuſement malade, et c'eſt cette heureuſe maladie qui vous a rendu votre fils. Oui, c'eſt ma maladie et ma priſon qui ont fait reprendre à la nature tous ſes droits, et qui m'ont entierement détaché de la Cour. Je ne reſpire plus que la ſolitude, et je ne ſuis venu aux Aſturies que pour vous prier de vouloir bien partager avec moi les douceurs d'une vie retirée. Si vous ne rejettez pas ma priere, je vous conduirai à une Terre que j'ai dans le Royaume de Valence, et nous vivrons là très commodément. Vous jugez bien que je me propoſois d'y mener auſſi mon pere ; mais puiſque le Ciel en a ordonné autrement, que j'aye du moins la ſatisfaction de poſſéder chez moi ma mere, et de pouvoir réparer par toutes les attentions imaginables, le tems que j'ai paſſé ſans lui être utile.

Je vous ſai très bon gré de vos louables intentions, me dit alors ma mere ; et je m'en irois avec vous ſans balancer, ſi je n'y trouvois des difficultés. Je n'abandonnerai pas votre oncle mon frere dans l'état où il eſt ; et je ſuis trop accoutumée à ce pays-ci pour m'en éloigner : cependant comme la choſe mérite d'être murement examinée, je veux y rêver à loiſir. Ne nous occupons préſentement que du ſoin des funerailles de votre pere. Chargeons-en, lui dis-je, ce jeune homme que vous avez vu avec moi : c'eſt mon Sécrêtaire, il a de l'eſprit et du zele, nous pouvons nous en repoſer ſur lui.

A peine eus-je prononcé cés paroles, que Scipion revint ; il étoit déja jour. Il nous demanda ſi nous n'avions pas beſoin de ſon miniſtere dans l'embarras où nous étions. Je répondis qu'il arrivoit fort à propos pour recevoir un ordre important que j'avois à lui donner. Dès qu'il ſut dequoi il s'agiſſoit : cela ſuffit, me dit-il, j'ai déja toute cette cérémonie arrangée dans ma tête, vous pouvez vous en fier à moi. Prenez garde, lui dit ma mere, de

faire

faire un enterrement qui ait un air pompeux : il ne fauroit
être trop modefte pour mon époux, que toute la ville a
connu pour un Ecuyer des plus mal-aifés. Madame, re-
partit Scipion, quand il auroit été encore plus pauvre, je
n'en rabattrois pas deux maravédis. Je ne regarde là-
dedans que mon Maître, il a été favori du Duc de Ler-
me, fon pere doit être enterré noblement.

J'approuvai le deffein de mon Sécrétaire, je lui recom-
mandai même de ne point épargner l'argent ; un refte de
vanité que je confervois encore, fe réveilla dans cette oc-
cafion. Je me flattai qu'en faifant de la dépenfe pour un
pere qui ne me laiffoit aucun heritage, je ferois admirer
mes manieres généreufes. De fon côté, ma mere, quel-
que contenance de modeftie qu'elle affectât, n'étoit point
fâchée que fon mari fût inhumé avec éclat. Nous don-
nâmes donc carte-blanche à Scipion, qui fans perdre de
tems alla prendre toutes les mefures neceffaires pour ren-
dre les funerailles fuperbes.

Il n'y réuffit que trop bien. Il fit des obféques fi magni-
fiques, qu'il révolta contre moi la ville et les fauxbourgs ;
tous les habitans d'Oviédo, depuis le plus grand jufqu'au
plus petit, furent choqués de mon oftentation. Ce Mi-
niftre fait à la hâte, difoit l'un, a de l'argent pour en-
terrer fon pere, mais il n'en avoit point pour le nourrir :
il auroit mieux valu, difoit l'autre, qu'il eût fait plaifir à
fon pere vivant, que de lui faire tant d'honneur après fa
mort. Enfin, les coups de langue ne me furent point
épargnés, chacun lança fon trait. Ils n'en demeurerent
pas-là : ils nous infulterent Scipion, Bertrand et moi
quand nous fortîmes de l'Eglife, ils nous chargerent d'in-
jures, nous accablerent de huées, et conduifirent Bertrand
à l'hôtellerie à coups de pierres. Pour diffiper la canaille
qui s'étoit attroupée devant la maifon de mon oncle, il
fallut que ma mere fe montrât, et proteftât publiquement
qu'elle étoit fort contente de moi. Il y en eut d'autres
qui coururent au cabaret où étoit ma chaife, dans le def-
fein de la brifer ; ce qu'ils auroient fait indubitablement,
fi l'hôte et l'hôteffe n'euffent trouvé moyen d'appaifer
ces efprits furieux, et de les détourner de leur réfolution.

Tous ces affronts qu'on me faifoit, et qui etoient au-
tant d'effets des difcours que le jeune Epicier avoit tenus
de moi dans la ville, m'infpirerent tant d'averfion pour

mes

mes compatriotes, que je me déterminai à quiter bientôt Oviédo, où fans cela j'aurois fait peut-être un affez long féjour. Je le déclarai tout net à ma mere, qui fe fentant elle-même très mortifiée de l'accueil dont le peuple m'avoit régalé, ne s'oppofa point à un fi prompt départ. Il ne fut plus queftion que de favoir de quelle forte j'en uferois avec-elle. Ma mere, lui dis-je, puifque mon oncle a befoin de votre affiftance, je ne vous prefferai plus de m'accompagner ; mais comme il ne paroit pas éloigné de fa fin, promettez-moi de venir me rejoindre à ma terre auffitôt qu'il ne fera plus.

Je ne vous ferai point cette promeffe, repondit ma mere, je veux paffer le refte de mes jours dans le Afturies, et dans une parfaite independance. Ne ferez-vous pas toujours, lui repliquai-je, maîtreffe abfolue dans mon château ? Je n'en fai rien, repartit-elle ; vous n'avez qu'à devenir amoureux de quelque petite fille, vous l'épouferez, elle fera ma bru, je ferai fa belle-mere, nous ne pourrons vivre enfemble. Vous prévoyez, lui-dis-je, les malheurs de trop loin. Je n'ai aucune envie de me marier ; mais quand la fantaifie m'en prendroit, je vous répons que j'obligerois bien ma femme à fe foumettre aveuglément à vos volontés. C'eft répondre témérairement, reprit ma mere, et je demanderois caution de la caution. Je ne voudrois pas même jurer que dans nos brouilleries vous ne prifliez plutôt le parti de votre époufe que le mien, quelque tort qu'elle pût avoir.

Vous parlez à merveille, Madame, s'écria mon Sécrétaire, en fe mêlant à la converfation : je crois, comme vous, que les brus dociles font bien rares. Cependant pour vous accorder vous et mon Maître, puifque vous voulez abfolument demeurer, vous dans les Afturies, et lui dans le Royaume de Valence, il faut qu'il vous faffe une penfion de cent piftoles, que je vous apporterai ici tous les ans. Par ce moyen la mere et le fils vivront fort fatisfaits à deux cens lieues l'un de l'autre. Les deux parties intéreffée approuverent la convention propofée, après quoi je payai la premiere année d'avance, et je fortis d'Oviédo le lendemain avant le jour, de peur d'être traité par la populace comme un Saint Etienne. Telle fut la reception que l'on me fit dans ma patrie. Belle le-

çon

çon pour les hommes du commun, qui après s'être en-richis hors de leur pays, y veulent retourner pour y faire les gens d'importance.

CHAPITRE III.

Gil Blas prend la route du Royaume de Valence, et arrive enfin à Lirias. Description de son château, comment il y fut reçu, et quelles gens il y trouva.

NOUS prîmes le chemin de Léon, ensuite celui de Palencia ; et continuant notre voyage à petites journées, nous arrivâmes au bout de la dixieme à la ville de Ségorbe, d'oú le lendemain dans la matinée nous nous rendîmes à ma terre, qui n'en est éloignée que de trois lieues. A mesure que nous nous en approchions, je re-marquois que mon Sécrétaire observoit avec beaucoup d'attention tous les châteaux qui s'offroient à sa vue à droite et à gauche dans la campagne. Lorsqu'il en ap-percevoit un de grande apparence, il ne manquoit pas de me dire, en me le montrant du doigt : Je voudrois bien que ce fût-là notre retraite.

Je ne sai, lui dis-je, mon ami, quelle idée tu as de notre habitation ; mais si tu t'imagines que c'est une maison magnifique, une terre de grand Seigneur, je t'avertis que tu te trompes furieusement.

Si tu veux n'être pas la dupe de ton imagination, re-présente-toi la petite maison qu'Horace avoit dans le pays des Sabins près de Tibur, et qui lui fut donnée par Mé-cénas. Don Alphonse m'a fait à peu près le même pré-sent. Je ne dois donc m'attendre qu'a voir une chau-miere, s'écria Scipion. Souviens toi, lui repliquai-je, que je t'en ai toujours fait une description très modeste, et dès ce moment tu peux juger par toi-méme si j'en ai fait une fidele peinture : Jette les yeux du côté du Gua-dalaviar, et regarde sur ses bords auprès de ce hameau de neuf à dix feux, cette maison qui a quatre petits pavil-lons, c'est mon château.

Comment diable, dit alors mon Sécrétaire d'un ton de voix admiratif, c'est un bijou que cette maison ! outre l'air de noblesse que lui donnent ses pavillons, on peut dire qu'elle est bien bâtie, et entourée de pays plus char-

mans

mans que les environs même de Séville, appellés par ex-
cellence Paradis terreſtre. Quand nous aurions choiſi ce
ſéjour, il ne ſeroit pas plus de mon gôut ; une riviere l'ar-
roſe de ſes eaux, un bois épais prête ſon ombrage quand
on veut ſe promener au milieu du jour. L'aimable ſoli-
tude ! Ah, mon cher Maître, nous avons bien la mine
de demeurer ici longtems. Je ſuis ravi, lui répondis-je,
que tu ſois ſi content de notre aſile, dont tu ne connois
pas encore tous les agrémens.

En nous entretenant de cette ſorte, nous nous avança-
mes vers la maiſon, dont la porte nous fut ouverte auſſi-
tôt que Scipion eut dit que c'étoit le Seigneur Gil Blas
de Santillane, qui venoit prendre poſſeſſion de ſon châ-
teau. A ce nom ſi reſpecté des perſonnes qui l'entendi-
rent prononcer, on laiſſa entrer ma chaiſe dans une grande
cour où je mis pié à terre ; puis m'appuyant peſamment
ſur Scipion, et faiſant le gros dos, je gagnai une ſalle, où
je fus à peine arrivé que ſept à huit domeſtiques parurent.
Ils me dirent qu'ils venoient me préſenter leurs hommages
comme à leur nouveau Patron : Que Don Céſar et Don
Alphonſe de Leyva les avoient choiſis pour me ſervir,
l'un en qualité de cuiſinier, l'autre d'aide de cuiſine, un
autre de marmiton, celui-ci de portier, et ceux-là de
laquais, avec défenſe de recevoir de moi aucun argent,
ces deux Seigneurs prétendant faire tous les frais de mon
ménage. Le cuiſinier, nommé Maître Joachin, étoit le
principal de ces domeſtiques et portoit la parole. Il m'ap-
prit qu'il avoit fait une ample proviſion des vins les plus
eſtimés en Eſpagne, et me dit que pour la bonne chere, il
eſpéroit qu'un garçon comme lui, qui avoit été ſix ans
cuiſinier de Monſeigneur l'Archevêque de Valence, ſauroit
compoſer des ragoûts qui piqueroient ma ſenſualité : je
vais, ajouta-t-il, me préparer à vous donner un echan-
tillon de mon ſavoir-faire. Promenez-vous Seigneur en
attendant le dîner, viſitez votre château, voyez ſi vous
le trouvez en état d'être habité par votre Seigneurie.

Je laiſſe à penſer ſi je négligeai cette viſite ; et Scipi-
on, encore plus curieux que moi de la faire, m'entraîna
de chambre en chambre. Nous parcourûmes toute la
maiſon depuis le haut juſqu'en bas ; il n'échappa pas, du
moins à ce que nous crûmes, le moindre endroit à notre
curioſité intéreſſée ; et j'eus par-tout occaſion d'admirer

la

la bonté que Don Céfar et fon fils avoient pour moi. Je fus frappé, entre autres chofes, de deux appartemens, qui étoient auffi bien meublés qu'ils pouvoient l'être fans magnificence. Il y avoit dans l'un une tapifferie des Pays-Bas, avec un lit et des chaifes de velours, le tout propre encore, quoique fait du tems que les Maures occupoient le Royaume de Valence. Les meubles de l'autre appartement étoient dans le même goût ; c'étoit une vieille tenture de damas de Genes jaune, avec un lit et des fauteuils de la même étoffe garnis de franges de foie bleue. Tous ces effets, qui dans un inventaire auroient été peu prifés, paroiffoient là très confidérables.

Après avoir bien examiné toutes chofes, nous revinmes mon Sécrétaire et moi dans la falle, où étoit dreffé un table fur laquelle il y avoit deux couverts ; nous nous y afsîmes, et dans le moment on nous fervit une *Olla podrida* fi délicieufe, que nous plaignîmes l'Archevêque de Valence de n'avoir plus le cuifinier qui l'avoit faite. Nous avions à la vérité beaucoup d'appetit, ce qui ne nous la faifoit pas trouver plus mauvaife. A chaque morceau que nous mangions, mes laquais de nouvelle date nous préfentoient de grands verres, qu'ils rempliffoient jufqu'aux bords d'un vin de la Manche exquis. Scipion n'ofant devant eux faire éclater la fatisfaction intérieure qu'il reffentoit, me la témoignoit par des regards parlans, et je lui faifois connoître par les miens que j'étois auffi content que lui. Un plat de rôti, compofé de deux cailles graffes qui flanquoient un petit levraut d'un fumet admirable, nous fit quiter le pot-pourri, et acheva de nous raffafier. Lorfque nous eûmes mangé comme deux affamés, et bu à proportion, nous nous levâmes de table pour aller au jardin, faire voluptueufement la fiefte dans quelque endroit frais et agréable,

Si mon Sécrétaire avoit paru jufques-là fort fatisfait de ce qu'il avoit vu, il le fut encore davantage quand il vit le jardin. Il le trouva comparable à celui de l'Efcurial. Il eft vrai que Don Céfar, qui venoit de tems en tems à Lirias, prenoit plaifir à le faire cultiver et embellir. Toutes les allées bien fablées et bordées d'orangers, un grand baffin de marbre blanc, au milieu duquel un lion de bronze vomiffoit de l'eau à gros bouillons, la beauté des fleurs, la diverfité des fruits, tous ces objets ravirent Scipion ;

pion ; mais il fut particulierement enchanté d'une longue allée qui conduiſoit en deſcendant toujours au logement du fermier, et que des arbres touffus couvroient de leur épais feuillage. En faiſant l'éloge d'un lieu ſi propre à ſervir d'aſile contre la chaleur, nous nous y arrêtâmes, et nous nous aſſîmes au pié d'un ormeau, où le ſommeil eut peu de peine à ſurprendre deux gaillards qui venoient de bien diner.

Nous nous réveillâmes en ſurſaut deux heures après, au bruit de pluſieurs coups d'eſcopettes, qui ſe firent entendre ſi près de nous, que nous en fûmes effrayés. Nous nous levâmes bruſquement ; et pour nous informer de ce que c'étoit, nous nous rendîmes à la maiſon du fermier. Nous y rencontrames huit ou dix villageois, tous habitans du hameau, qui s'étant aſſemblés-là, tiroient et dérouilloient leurs armes à feu pour célebrer mon arrivée, dont ils venoient d'être avertis Ils me connoiſſoient pour la plupart, m'ayant vu plus d'une fois dans le château exercer l'emploi d'Intendant. Ils ne m'apperçurent pas plutôt, qu'ils crierent tous enſemble : Vive notre nouveau Seigneur, qu'il ſoit le bien venu à Lirias. Enſuite ils rechargerent leurs eſcopettes, et me régalerent d'une décharge générale. Je leur fis l'accueil le plus gracieux qu'il me fut poſſible, avec gravité pourtant, ne jugeant pas devoir trop me familiariſer avec eux. Je les aſſurai de ma protection, je leur lâchai même une vingtaine de piſtoles, et ce ne fut pas, je crois, celle de mes manieres qui leur plût le moins. Après cela je leur laiſſai la liberté de jetter encore de la poudre au vent, et je me retirai avec mon Sécrétaire dans le bois, où nous nous promenâmes juſqu'à la nuit ſans nous laſſer de voir des arbres, tant la poſſeſſion d'un bien nouvellement acquis a d'abord des charmes pour nous.

Le cuiſinier, l'aide de cuiſine, et le marmiton n'étoient pas oiſifs pendant ce tems-là ; ils travailloient à nous préparer un repas ſuperieur a celui que nous avions fait : et nous fûmes dans le dernier étonnement, lorſqu'étant rentrés dans la même ſalle où nous avions diné, nous vimes mettre ſur la table un plat de quatre perdreaux rotis, avec un civé de lapin d'un côté, et un chapon en ragoût de l'autre. Ils nous ſervirent enſuite pour entremets des oreilles de cochon, des poulets marinés, et du chocolat à

la

la crême. Nous bûmes copieufement du vin de Lucene, et de plufieurs autres fortes de vins excellens ; et quand nous fentîmes que nous ne pouvions boire davantage fans expofer notre fanté, nous fongeâmes à nous aller coucher. Alors mes laquais, prenant des flambeaux, me conduifirent au plus bel appartement, où ils s'empreflerent à me deshabiller ; mais quand ils m'eurent donné ma robe de chambre et mon bonnet de nuit, je les renvoyai en leur difant d'un air de Maître : retirez-vous, Meffieurs, je n'ai pas befoin de vous pour le refte.

Je les fis fortir tous, et retenant Scipion pour m'entretenir un peu avec lui, je lui demandai ce qu'il penfoit du traitement qu'on me faifoit par ordre des Seigneurs de Leyva. Ma foi, me répondit-il, je penfe qu'on ne peut vous en faire un meilleur, je fouhaite feulement que cela foit de longue durée. Je ne le fouhaite pas moi, lui repliquai-je ; il ne me convient pas de fouffrir que mes Bienfaiteurs faffent pour moi tant de dépenfe, ce feroit abufer de leur générofité. De plus, je ne m'accommoderois point de valets aux gages d'autrui, je croirois n'être pas dans ma maifon. D'ailleurs, je ne fuis point venu ici pour vivre avec tant de fracas ; avons-nous befoin d'un fi grand nombre de domeftiques ? non ; il ne nous faut avec Bertrand qu'un cuifinier, un marmiton et un laquais. Quoique mon Sécrétaire n'eût pas été fâché dé fubfifter toujours aux dépens du Gouverneur de Valence, il ne combattit point ma delicateffe là-deffus ; et fe conformant à mes fentimens, il approuva la réforme que je voulois faire Cela étant décidé, il fortit de mon appartement, et fe retira dans le fien.

CHAPITRE IV.

Il part pour Valence, et va voir les Seigneurs de Leyva.
De l'entretien qu'il eut avec eux, et du bon accueil que
lui fit Séraphine.

J'Achevai de deshabiller et je me mis au lit, où ne me fentant aucune envie de dormir, je m'abandonnai à mes reflexions. Je me repréfentai l'amitié dont les Seigneurs de Leyva payoient l'attachement que j'avois pour eux ; et pénetré des nouvelles marques qu'ils m'en don-

donnoient, je pris la réfolution de les aller trouver dès le lendemain, pour fatisfaire l'impatience que j'avois de les en remercier. Je me faifois auffi par avance un plaifir de revoir Séraphine ; mais ce plaifir n'étoit pas pur ; je ne pouvois penfer fans peine que j'aurois en même tems à foutenir les regards de la Dame Lorença Séphora, qui fe fouvenant peut-être de l'avanture du foufflet, ne feroit pas fort réjouie de ma vue. L'efprit fatigué de toutes ces idées différentes, je m'affoupis enfin, et ne me ré-veillai le jour fuivant qu'après le lever du Soleil.

Je fus bientôt fur pié ; et tout occupé du voyage que je méditois, je m'habillai à la hâte. Comme j'achevois de m'ajufter, mon Sécrétaire entra dans ma chambre. Scipion, lui dis-je, tu vois un homme qui fe difpofe à partir pour Valence : je ne puis aller trop tôt faluer les Seigneurs à qui je dois ma pétite fortune. Chaque moment que je differe m'acquiter de ce devoir, femble m'acculer d'ingratitude. Pour toi, mon ami, je te dif-penfe de m'accompagner. Demeure ici pendant mon ab-fence, je reviendrai te joindre au bout de huit jours. Al-lez, Monfieur, répondit-il, faites bien votre cour à Don Alphonfe et à fon pere ; ils me paroiffent fenfibles au zele qu'on a pour eux, et très reconnoiffans des fervices qu'on leur a rendus ; les perfonnes de qualité de ce ca-ractere-là font fi rares, qu'on ne peut affez les ménager. Je fis avertir Bertrand de fe tenir prêt à partir ; et tandis qu'il préparoit les mules je pris mon chocolat. Enfuite je montai dans ma chaife, après avoir recommandé à mes gens de regarder mon Sécrétaire comme un autre moi-même, et de fuivre fes ordres ainfi que les miens.

Je me rendis à Valence en moins de quatre heures, j'allai defcendre tout droit aux écuries du Gouverneur. J'y laiffai mon équipage, et je me fis conduire à l'appartement de ce Seigneur, qui y étoit alors avec Don Céfar fon pere. J'ouvris la porte fans façon, j'entrai, et les a-bordant tous deux : Les valets, leur dis-je, ne fe font point annoncer à leurs Maîtres ; voici un de vos anciens ferviteurs qui vient vous rendre fes refpects. A ces mots, je voulus me profterner devant eux ; mais ils m'en em-pêcherent, et m'embrafferent l'un et l'autre avec tous les témoignages d'une véritable affection. Hé bien, mon cher Santillane, me dit Don Alphonfe, avez vous été à

Lirias

Lirias prendre poſſeſſion de votre terre ? Oui Seigneur,
lui répondis-je, et je vous prie de trouver bon que je
vous la rende. Pourquoi donc cela, repliqua-t-il ? A-
t-elle quelque deſagrément qui vous en dégoûte ? Non
par elle-même, lui repartis-je ; au contraire, j'en ſuis en-
chanté ; tout ce qui m'en déplaît, c'eſt d'y voir des cui-
ſiniers d'Archevêque avec trois fois plus de domeſtiques
qu'il ne m'en faut, et qui ne ſervent-là qu'à vous faire
une dépenſe auſſi conſidérable qu'inutile.

Si vous euſſiez, dit Don Céſar, accepté la penſion de
deux mille ducats que nous vous affrîmes à Madrid, nous
nous ſerions contentés de vous donner le château meublé
comme il eſt ; mais vous ſavez que vous la refuſâtes, et
nous avons cru devoir faire en récompenſe ce que nous
avons fait. C'en eſt trop, lui répondis-je, votre bonté
doit s'en tenir au don de cette terre, qui a de quoi com-
bler mes deſirs. Indépendamment de ce qu'il vous en
coute pour entretenir tant de monde à grands frais, je
vous proteſte que ces gens-là me gênent et m'incommo-
dent. En un mot, ajoutai-je, Meſſeigneurs, reprenez
votre bien, ou daignez m'en laiſſer jouir à ma fantaiſie.
Je prononçai d'un air ſi vif ces dernieres paroles, que le
pere et le fils, qui ne prétendoient nullement me contrain-
dre, me permirent enfin d'en uſer comme il me plaîroit
dans mon château.

Je les remerciois de m'avoir accordé cette liberté, ſans
laquelle je ne pouvois être heureux, lorſque Don Al-
phonſe m'interrompit en me diſant : Mon cher Gil Blas,
jé veux vous préſenter à une Dáme qui ſera charmée de
vous voir. En parlant de cette ſorte, il me prit par la
main et me mena dans l'appartement de Séraphine, qui
pouſſa un cri de joie en m'appercevant : Madame, lui dit
le Gouverneur, je crois que l'arrivée de notre ami Santil-
lane à Valence ne vous eſt pas moins agréable qu'à moi.
C'eſt de quoi, répondit-elle, il doit être bien perſuadé ;
le tems né m'a point fait perdre le ſouvenir du ſervice qu'il
m'a rendu ; et j'ajoute à la reconnoiſſance que j'en ai,
celle que je dois à un homme à qui vous avez obligation.
Je dis à Madame la Gouvernante, que je n'étois que trop
payé du péril que j'avois partagé avec ſes liberateurs, en
expoſant ma vie pour elle ; et après force complimens de
part et d'autre, Don Alphonſe m'emmena hors de l'appar-
tement

tement de Séraphine. Nous rejoignîmes Don Céfar, que nous trouvâmes dans une falle avec plufieurs perfonnes de qualité qui venoient dîner-là.

Tous ces Meffieurs ma faluerent fort poliment ; ils me firent d'autant plus de civilités, que Don Céfar leur dit que j'avois été un des principaux Sécrétaires du Duc de Lerme. Peut-être même que la plupart d'entre eux n'ignoroient pas que c'étoit par mon crédit que Don Alphonfe avoit obtenu le Gouvernement de Valence ; car tout fe fait. Quoi qu'il en foit quand nous fûmes à table, on ne parla que du nouveau Cardinal ; les uns en faifoient, ou affectoient d'en faire de grands éloges ; et les autres ne lui donnoient que des louanges, pour ainfi dire, à mi-fucre. Je jugeai bien qu'ils vouloient par-là m'engager à me répandre fur le compte de fon Eminence, et à les é-gayer à fes dépens. J'aurois dit volontiers ce que j'en penfois ; mais je retins ma langue ; ce qui me fit paffer dans l'efprit de la compagnie pour un garçon fort difcret.

Les conviés après le dîner fe retirerent chez eux pour faire la fiéfte. Don Céfar et fon fils préffés de la même envie, s'enfermerent dans leurs appartemens. Pour moi, plein d'impatience de voir une ville dont j'avois fouvent entendu vanter la beauté, je fortis du palais du Gouverneur, dans le deffein de me proméner dans les rues. Je rencontrai à la porte un homme qui vint m'aborder en me difant : Le Seigneur de Santillane veut bien me permettre de le faluer. Je lui demandai qui il étoit. Je fuis, me répondit-il, valet de chambre de Don Céfar ; j'étois un de fes laquais dans le tems que vous étiez fon Intendant ; je vous faifois tous les matins ma cour, et vous aviez bien des bontés pour moi. Je vous informois de ce qui fe paffoit au logis. Vous fouvient-il qu'un jour je vous appris que le Chirurgien du village de Leyva s'introduifoit fecrettement dans la chambre de la Dame Lorença Séphora ? C'eft ce que je n'ai point oublié, lui repliquai-je ; mais à propos de cette Duegne, qu'eft-elle devenue ? Hélas ? repartit-il, la pauvre créature après votre départ tomba en langueur, et mourut plus regrettée de Séraphine que de Don Alphonfe, qui parut peu touché de fa mort.

Le valet de chambre de Don Céfar m'ayant inftruit ainfi de la trifte fin de Séphora, me fit des excufes de m'a-
voir

voir arrêté, et me laiffa continuer mon chemin. Je ne pus m'empecher de foupirer, en me rappellant cette Duegne infortunée ; et m'attendriffant fur fon fort, je m'imputai fon malheur, fans fonger que c'etoit plutôt à fon cancer qu'à mon mérite qu'il falloit s'en prendre.

J'obfervois avec plaifir tout ce qui me fembloit digne d'être remarqué dans la ville. Le palais de marbre de l'Archevêché occupa mes yeux agréablement, auffi-bien que les beaux portiques de la Bourfe ; mais une grande maifon que j'apperçus de loin, et dans laquelle il entroit beaucoup de monde, attira toute mon attention. Je m'en approchai pour apprendre pourquoi je voyois là un fi grand concours d'hommes et de femmes, et bientôt je fus au fait, en lifant ces paroles, écrites en lettres d'or fur une table de marbre noir qu'il y avoit au-deffus de la porte, * *La Pofada de los Reprefentantes.* Et les Comédiens marquoient dans leur affiche, qu'ils joueroient ce jour-là pour la première fois une Tragédie nouvelle de Don Gabriel Triaquéro.

CHAPITRE V.

Gil Blas va à la Comédie, où il voit jouer une Tragédie nouvelle. Succès de la Piece. Genie public de Valence.

JE m'arrêtai quelques momens à la porte, pour confidérer les perfonnes qui entroient. J'en remarquai de toutes les façons. Je vis des Cavaliers de bonne mine et richement habillés, et des figures auffi plates que mal vétues. J'appercus des Dames titrées qui defcendoient de leurs caroffes pour aller occuper les loges qu'elles avoient fait retenir, et des Avanturieres qui alloient amorcer des dupes. Ce concours confus de toute forte de Spectateurs, m'infpira l'envie d'en augmenter le nombre. Comme je me difpofois à prendre un billet, le Gouverneur et fon époufe arriverent. Ils me démêlérent dans la foule, et m'ayant fait appeller ils m'entraînérent dans leur loge, où je me plaçai derriere eux, de maniere que je pouvois facilement parler à l'un et à l'autre.

Tome II.   S   Je

* L'Hôtel des Comédiens

Je trouvai la falle remplie de monde depuis le haut
iufqu'en bas, un parterre très ferré, et un théatre chargé
de Chevaliers des trois Ordres militaires. Voilà, dis-je à
Don Alphonfe, une nombreufe affemblée. Il ne faut pas
vous en étonner, me répondit-il ; la Tragédie qu'on va
repréfenter eft de la compofition de Don Gabriel Tria-
quéro furnommé le Poete à la mode. Dès que l'affiche
des Comédiens annonce une nouveauté de cet Auteur,
toute la ville de Valence eft en l'air ; les hommes ainfi que
les femmes ne s'entrétiennent que de cette Piece ; toutes
les loges font retenues ; et le jour de la premiere repré-
fentation, on fe tue à là porte pour entrer, quoique toutes
les places foient au double, à la réferve du parterre,
qu'on refpecte trop pour ofer le mettre de mauvaife hu-
meur. Quelle rage, dis-je au Gouverneur ! cette vive cu-
riofité du Public, cette furieufe impatience qu'il a d'en-
tendre tout ce que Don Gabriel produit de nouveau, me
donne une haute idée du genie de ce Poete.

Dans cet endroit de notre converfation les Acteurs pa-
rurent. Nous ceffâmes auffitôt de parler, pour les écou-
ter avec attention. Les applaudiffemens commencerent
dès la Protafe ; à chaque vers c'étoit un *broubaba* ; et à
la fin de chaque Acte un battement de mains a faire
croire que la falle s'abîmoit. Après la Piece, on me mon-
tra l'Auteur, qui alloit de loge en loge préfenter modefte-
ment fa tête aux lauriers dont les Seigneurs et les Dames
fe préparoient à la couronner.

Nous retournâmes au Palais du Gouverneur, où bien-
tôt arriverent trois ou quatre Chevaliers. Il y vint auffi
deux vieux Auteurs eftimés dans leur genre, avec un
Gentilhomme de Madrid qui avoit de l'efprit et du goût.
Ils avoient tous été à la Comédie. Il ne fut queftion
pendant le fouper que de la Piece nouvelle. Meffieurs,
dit un Chevalier de St. Jaques, que penfez-vous de cette
Tragédie ? N'eft-ce pas là ce qui s'appelle un ouvrage
achevé ? penfées fublimes, tendres fentimens, verfificati-
on virile, rien n'y manque. En un mot, c'eft un Poeme
fur le ton de la bonne compagnie. Je ne crois pas que
perfonne en puiffe penfer autrement, dit un Chevalier
d'Alcantara. Cette Piece eft pleine de tirades qu'Apol-
lon femble avoir dictées, et de fituations filées avec un
art infini. Je m'en rapporte à Monfieur, ajouta-t-il en

adref-

adreſſant la parole au Gentilhomme Caſtillan ; il me pa-
roit connoiſſeur, je parie qu'il eſt de mon ſentiment. Ne
parlez point, Monſieur le Chevalier, lui répondit le Gen-
tilhomme avec un ſouris malin. Je ne ſuis pas de ce pays-
ci ; nous ne décidons point à Madrid ſi promptement.
Bien loin de juger d'une Piece que nous entendons pour
la premiere fois, nous nous défions de ſes beautés tant
qu'elle n'eſt que dans la bouche des Acteurs ; quelque
bien affectés que nous en ſoyons, nous ſuſpendons notre
jugement juſqu'à ce que nous l'ayons lue ; et véritable-
ment elle ne nous fait toujours ſur le papier le même
plaiſir qu'elle nous a fait ſur la ſcene.

Nous examinons donc ſcrupuleuſement, pourſuivit-il,
un Poeme avant que de l'eſtimer ; la réputation de ſon
Auteur, quelque grande qu'elle puiſſe être, ne peut nous
éblouir ; quand Lope de Véga même et Calderon donnoi-
ent des nouveautés, ils trouvoient des juges ſéveres dans
leurs admirateurs, qui ne les ont élevés au comble de la
gloire, qu'après avoir jugé qu'ils en étoient dignes.

Oh parbleu ! interrompit le Chevalier de St. Jaques,
nous ne ſommes pas ſi timides que vous. Nous n'atten-
dons point pour décider qu'une Piece ſoit imprimée.
Dans la premiere repréſentation nous en connoiſſons tout
le prix. Il n'eſt pas même beſoin que nous l'écoutions fort
attentivement. Il ſuffit que nous ſachions que c'eſt une
production de Don Gabriel, pour être perſuadé qu'elle
eſt ſans défaut. Les ouvrages de ce Poete doivent ſervir
d'époque à la naiſſance du bon goût. Les Lope et les
Calderon n'étoient que des apprentifs en comparaiſon de
ce grand Maître du Théatre. Le Gentilhomme, qui re-
gardoit Lope et Calderon comme les Sophocles et les Eu-
ripides des Eſpagnols, fut choqué de ce diſcours témé-
raire. Quel ſacrilege dramatique, s'écria-t-il ! Puiſque
vous m'obligez, Meſſieurs, à juger comme vous ſur une
premiere repréſentation, je vous dirai que je ne ſuis pas
content de la Tragédie nouvelle de votre Don Gabriel.
C'eſt un Poeme farci de traits plus brillans que ſolides.
Les trois quarts de vers ſont mauvais ou mal rimés, les ca-
racteres mal formés ou mal ſoutenus, et les penſées ſou-
vent très obſcures.

Les deux Auteurs qui étoient à table, et qui par une
retenue auſſi louable que rare, n'avoient rien dit de peur

d'être

d'être foupçonnés de jaloufie, ne purent s'empêcher d'applaudir des yeux au fentiment du Gentilhomme; ce qui me fit juger que leur filence étoit moins un effet de la perfection de l'ouvrage que de leur politique. Pour Meffieurs les Chevaliers, ils recommencerent à louer Don Gabriel. Ils le placerent même parmi les Dieux. Cette apothéofe extravagante et cette aveugle idolatrie firent perdre patience au Caftillan, qui levant les mains au Ciel, s'écria tout-à-coup par enthoufiafme : O divin Lope de Véga, rare et fublime génîe, qui avez laiffé un efpace immenfe entre vous et tous les Gabriels qui voudront vous attaindre ! et vous, moëlleux Calderon, dont la douceur élégante et purgée d'épique eft inimitable ! ne craignez point tous deux que vos Autels foient abbatus par ce nouveau Nourriffon des Mufes. Il fera bien heureux fi la poftérité, dont vous ferez les délices, comme vous faites les nôtres, entend parler de lui.

Cette plaifante apoftrophe, à laquelle perfonne ne s'étoit attendu, fit rire toute la compagnie, qui fe leva de table et s'en alla. On me conduifit par ordre de Don Alphonfe à l'appartement qui m'avoit été préparé. J'y trouvai un bon lit, où ma Seigneurie s'étant couchée s'endormit, en déplorant, auffi-bien que le Gentilhomme Caftillan, l'injuftice que les ignorans faifoient à Lope et à Calderon.

CHAPITRE VI.

Gil Blas en fe promenant dans les rues de Valence rencontre un Religieux qu'il croit reconnoître. Quel homme c'étoit que ce Religieux.

COMME je n'avois pu voir toute la ville le jour précédent, je me levai, et fortis le lendemain dans l'intention de m'y promener encore. J'apperçus dans la rue un Chartreux, qui fans doute alloit vaquer aux affaires de fa Communauté. Il morchoit les yeux baiffés, et avoit l'air fi dévot qu'il s'attiroit les regards de tout le monde. Il paffa fort près de moi. Je le regardai attentivement : et je crus voir en lui Don Raphaël, cet Avanturier qui tient une place fi honorable dans le premier volume de mon Hiftoire.

Je.

Je fus fi étonné, fi ému de cette rencontre, qu'au-lieu d'aborder le Moine, je demeurai immobile pendant quelques momens, ce qui lui donna le tems de s'éloigner de moi. Jufte Ciel, dis-je, y eut-il jamais deux vifages plus reffemblans! Que faut-il que je penfe? dois-je croire que c'eft Raphael? puis-je m'imaginer que ce n'eft pas lui? Je me fentis trop curieux de favoir la vérité, pour en refter-là. Je me fis enfeigner le chemin du Monaftere des Chartreux, où je me rendis fur le champ, dans l'efpérance d'y revoir mon homme quand il reviendroit, et bien réfolu de l'arrêter pour lui parler. Je n'eus pas befoin de l'attendre pour être au fait. En arrivant à la porte du Couvent, un autre vifage de ma connoiffance tourna mon doute en certitude: je reconnus dans le Frere Portier Ambroife de Laméla, mon ancien valet.

Notre furprife fut égale de part et d'autre, de nous retrouver dans cet endroit. N'eft-ce pas une illufion, lui dis-je en le faluant? Eft-ce en effet un de mes amis qui s'offre à ma vue? Il ne me reconnut pas d'abord, ou bien il feignit de ne me pas remettre; mais confidérant que la feinte étoit inutile, il prit l'air d'un homme qui tout-à-coup fe reffouvient d'une chofe oubliée. Ah Seigneur Gil Blas, s'écria-t-il! pardon fi j'ai pu vous méconnoître. Depuis que je vis dans ce lieu faint, et que je m'attache à remplir tous les devoirs prefcrits par nos Régles, je perds infenfiblement la mémoire de ce que j'ai vu dans le Monde.

J'ai, lui dis-je, une véritable joie de vous revoir après dix ans fous un habit fi refpectable. Et moi, répondit-il, j'ai honte d'en paroître revêtu devant un homme qui a été témoin de la vie coupable que j'ai menée. Cet habit me la reproche fans ceffe. Hélas! ajouta-t-il en pouffant un foupir, pour être digne de le porter, il faudroit que j'euffe toujours vécu dans l'innocence. A ce difcours qui me charme, lui repliquai-je, mon cher Frere, on voit clairement que le doigt du Seigneur vous a touché. Je vous le répète, j'en fuis ravi, et je meurs d'envie d'apprendre de quelle maniere miraculeufe vous êtes entrés dans la bonne voie, vous et Don Raphael; car je fuis perfuadé que c'eft lui que je viens de rencontrer dans la ville habillé en Chartreux. Je me fuis repenti de ne l'avoir pas

arrêté

arrêté dans la rue pour lui parler, et je l'attens ici pour réparer ma faute quand il rentrera.

Vous ne vous êtes point trompé, me dit Laméla ; c'est Don Raphaël lui-même que vous avez vu ; et quant au détail que vous demandez, le voici. Après nous être séparés de vous auprès de Ségorbe, nous prîmes le fils de Lucinde et moi la route de Valence, dans le dessein d'y faire quelque nouveau tour de notre métier. Le hazard voulut un jour que nous entrassions dans l'Eglise des Chartreux, dans le tems que les Religieux psalmodioient dans le chœur. Nous nous attachâmes à les considérer, et nous éprouvâmes que les mechans ne peuvent se défendre d'honorer la vertu. Nous admirâmes la ferveur avec laquelle ils prioient Dieu, leur air mortifié et détaché des plaisirs du siècle, de même que la sérénité qui régnoit sur leurs visages, et qui marquoit si bien le repos de leur consciences.

En faisant ces observations, nous tombâmes dans une réverie qui nous devint salutaire. Nous comparâmes nos mœurs avec celles de ces bons Religieux ; et la difference que nous y trouvâmes, nous remplit de trouble et d'inquiétude. Laméla, me dit Don Raphael lorsque nous fûmes hors de l'Eglise, comment es-tu affecté de ce que nous venons de voir ? Pour moi je ne puis te le celer, je n'ai pas l'esprit tranquille. Des mouvemens qui me sont inconnus m'agitent, et pour la premiere fois de ma vie je me reproche mes iniquités. Je suis dans la même disposition, lui répondis je ; les mauvaises actions que j'ai faites se soulevent dans cet instant contre moi ; et mon cœur qui n'avoit jamais senti de remords, en est présentement déchiré. Ah ! cher Ambroise, reprit mon Camaráde, nous sommes deux Brebis égarées, que le Pere Céleste par pitié veut ramener au bercail. C'est lui, mon enfant, c'est lui qui nous appelle. Ne soyons pas sourds à sa voix, renonçons aux fourberies, quittons le libertinage où nous vivons, et commençons dés aujourd'hui à travailler sérieusement au grand ouvrage de notre salut: il faut passer le reste de nos jours dans ce Couvent, et les consacrer à la pénitence.

J'applaudis au sentiment de Raphael, continua le Frere Ambroise, et nous formâmes la généreuse résolution de nous faire Chartreux. Pour l'exécuter, nous nous adres-
fâmes

sâmes au Pere Prieur, qui ne fut pas si-tôt notre dessein, que pour éprouver notre vocation il nous fit donner des Cellules, et traiter comme les Religieux pendant une année entiere. Nous suivîmes les regles avec tant d'exactitude et de constance, qu'on nous reçut parmi les Novices. Nous étions si contens de notre état, et si pleins d'ardeur, que nous soutinmes courageusement les travaux du Noviciat. Nous fîmes ensuite profession ; après quoi Don Raphael ayant paru doué d'un génie propre aux affaires, fut choisi pour soulager un vieux Pere qui étoit alors procureur. Le fils de Lucinde auroit mieux aimé employer tout son tems à la priere ; mais il fut obligé de sacrifier son gout pour l'Oraison, au besoin qu'on avoit de lui. Il acquit une si parfaite connoissance des intérêts de la maison, qu'on le jugea capable de remplacer le vieux Procureur, qui mourut trois ans après. Don Raphael exerce donc actuellement cet emploi ; et l'on peut dire qu'il s'en acquite au grand contentement de tous nos Peres, qui louent fort sa conduite dans l'administration de notre temporel. Ce qu'il y a de plus surprenant, c'est que malgré le soin dont il est chargé de recueillir nos revenus, il ne paroit occupé que de l'éternité. Les affaires lui laissent-elles un moment de repos, il se plonge dans de profondes méditations. En un mot, c'est un des meilleurs sujets de ce Monastere.

J'interrompis dans cet endroit Laméla, par un transport de joie que je fis éclater à la vue de Raphael qui arriva. Le voici, m'écriai-je, le voici ce saint Procureur que j'attendois avec impatience. En même tems je courus au devant de lui, et je l'embrassai. Il se prêta de bonne grace à l'accolade ; et sans témoigner le moindre étonnement de me rencontrer, il me dit d'un ton de voix plein de douceur : Dieu soit loué, Seigneur de Santillane, Dieu soit loué du plaisir que j'ai de vous revoir. En vérité, repris je, mon cher Raphael, je prends toute la part possible à votre bonheur. Le Frere Ambroise m'a raconté l'histoire de votre conversion, et ce récit m'a charmé. Quel avantage pour vous deux, mes amis, de pouvoir vous flatter d'être de ce petit nombre d'Elus qui doivent jouir d'une eternelle félicité !

Deux misérables tels que nous, repartit le fils de Lucinde d'un air qui marquoit beaucoup d'humilité, ne devroient

vroient pas concevoir une pareille espérance ; mais le repentir des pécheurs leur fait trouver grace auprès du Pere des miséricordes. Et vous, Seigneur Gil Blas, ajouta-t-il, ne songez-vous pas aussi à mériter qu'il vous pardonne les offenses que vous lui avez faites ? Quelles affaires vous amenent à Valence ? n'y rempliriez-vous point par malheur quelque emploi dangereux ? Non, Dieu merci, lui répondis-je ; depuis que j'ai quité la Cour je mene une vie d'honnête homme : tantôt dans une terre que j'ai à quelques lieues de cette ville, je prens tous les plaisirs de la campagne, et tantôt je viens me réjouir avec le Gouverneur de Valence, qui est mon ami, et que vous connoissez tous deux parfaitement.

Alors je leur contai l'histoire de Don Alphonse de Leyva. Ils l'écouterent avec attention ; et quand je leur dis que j'avois porté de la part de ce Seigneur à Samuel Simon les trois mille ducats que nous lui avions volés, Laméla m'interrompit, et adressant la parole à Raphael : Pere Hilaire, lui dit-il, à ce compte-là ce bon Marchand ne doit plus se plaindre d'un vol qui lui a été restitué avec usure, et nous devons tous deux avoir la conscience bien en repos sur cet article. Effectivement, dit le Procureur, le Frere Ambroise et moi, avant que d'entrer dans ce Couvent, nous fîmes secrettement tenir quinze cens ducats à Samuel Simon, par un honnête Eccléfiastique, qui voulut bien se donner la peine d'aller à Xelva faire cette restitution : tant pis pour Samuel, s'il a été capable de toucher cette somme, après avoir été remboursé du tout par le Seigneur de Santillane. Mais leur dis-je, vos quinze cens ducats lui ont ils été fidelement remis ? Sans doute s'écria Don Raphael, je répondrois de l'intégrité de l'Eccléfiastique comme de la mienne. J'en serois aussi la caution, dit Laméla ; c'est un saint Prêtre, accoutumé à ces sortes de commissions, et qui a eu pour des dépôts à lui confiés, deux ou trois procès qu'il a gagnés avec dépens.

Notre conversation dura quelque tems encore ; ensuite nous nous séparâmes, eux m'éxhortant à avoir toujours devant les yeux la crainte du Seigneur, et moi en me recommandant à leurs bonnes prieres. J'allai sur le champ trouver Don Alphonse : Vous ne devineriez jamais, lui dis-je, avec qui je viens d'avoir un long entretien ; je quité

deux

deux vénérables Chartreux de votre connoiffance; l'un
fe nomme le Pere Hilaire, et l'autre le Frere Ambroife.
Vous vous trompez, me répondit Don Alphonfe, je ne
connois aucun Chartreux. Pardonnez-moi, lui repliquai-
je; vous avez vu à Xelva le Frere Ambroife Commiffaire
de l'Inquifition, et le Pere Hilaire Greffier. O Ciel!
s'écria le Gouverneur avec furprife: feroit-il poffible que
Raphael et Laméla fuffent devenus Chartreux! Oui vrai-
ment, lui répondis-je, il y a déja quelques années qu'ils
ont fait profeffion. Le premier eft Procureur de la Mai-
fon, et l'autre eft Portier.

Le fils de Don Céfar rêva quelques momens; puis bran-
lant la téte: Monfieur le Commiffaire de l'Inquifition et
fon Greffier, dit-il, m'ont bien la mine de jouer ici une
nouvelle comédie. Vous jugez d'eux par prévention, lui
répondis-je; pour moi, qui les ai entretenus, j'en penfe
plus favorablement. Il eft vrai qu'on ne voit point le
fond des cœurs; mais felon toutes les apparences, ce font
deux fripons convertis. Cela fe peut, reprit Don Al-
phonfe; il y a bien des Libertins qui après avoir fcanda-
lifé le monde par leurs déreglemens, s'enferment dans
les Cloîtres pour en faire une rigoureufe pénitence: je
fouhaite que nos deux Moines foient de ces Libertins-là.

Hé pourquoi, lui dis-je, n'en feroient-ils pas? Ils
ont volontairement embraffé l'Etat Monaftique, et il y a
déja longtems qu'ils vivent en bons Religieux. Vous me
direz tout ce qu'il vous plaira, me repartit le Gouverneur.
Je n'aime pas que la caiffe du Couvent foit entre les mains
de ce Pere Hilaire, dont je ne puis m'êmpecher de me
défier. Quand je me fouviens de ce beau récit qu'il nous
fit de ces avantures, je tremble pour les Chartreux. Je
veux croire avec vous qu'il a pris le Froc de très bonne
foi, mais la vue de l'or peut réveiller fa cupidité. Il ne
faut pas mettre dans une cave un ivrogne qui a renoncé
au vin.

La défiance de Don Alphonfe fut pleinement juftifiée
peu de jours après: le Pere Procureur et le Frere Portier
difparurent avec la caiffe. Cette nouvelle, qui fe répan-
dit auffitôt dans la ville, ne manqua pas d'égayer les
railleurs, qui fe réjouiffent toujours du mal qui arrive aux
Moines rentés. Pour le Gouverneur et moi nous plaig-
nîmes

nìmes les Chartreux, fans nous vanter de connoître les deux Apôtres.

CHAPITRE VII.

Gil Blas retourne à fon Château de Lirias. De la nouvelle agréable que Scipion lui apprit; et de la réforme qu'ils firent dans leur Domeftique.

JE paffai huit jours à Valence dans le grand monde, vivant comme les Comtes et les Marquis. Spectacles, bals, concerts, feftins, converfations avec les Dames; tous ces amufemens me furent procurés par Monfieur et par Madame la Gouvernante, auxquels je fis fi bien ma cour, qu'ils me virent à regret partir pour m'en retourner à Lirias. Ils m'obligerent même auparavant à leur promettre de me partager entre eux et ma folitude. Il fut arrêté que je demeurerois pendant l'hiver à Valence, et pendant l'été dans mon château. Après cette convention, mes Bienfaiteurs me laifferent la liberté de les quiter pour aller jouir de leurs bienfaits.

Scipion qui attendoit impatiemment mon retour, fut ravi de me revoir; et je redoublai fa joie par la fidele relation que je lui fis de mon voyage. Et toi mon ami, lui dis-je enfuite, quel ufage as-tu fait ici des jours de mon abfence? T'es-tu bien diverti? Autant, répondit-il, que le peut faire un Serviteur qui n'a rien de fi cher que la préfence de fon Maître. Je me fuis promené en long et en large dans nos petits états: tantôt affis fur le bord de la fontaine qui eft dans notre bois, j'ai pris plaifir à contempler la beauté de fes eaux, qui font auffi pures que celles de la fontaine facrèe dont le bruit faifoit retentir la vafte forêt d'Albunéa: et tantôt couché au pié d'un arbre, j'ai entendu chanter les Fauvettes et les Roffignols. Enfin j'ai chaffé, j'ai pêché; et ce qui m'a plus fatisfait encore que tous ces amufemens, j'ai lu plufieurs livres auffi utiles que divertiffans.

J'interrompis avec précipitation mon Sécrétaire, pour lui demander où il avoit pris ces livres. Je les ai trouvés, me dit il, dans une belle Bibliotheque qu'il y a dans ce château, et que Maître Joachim m'a fait voir. Hé dans quel endroit, répris-je, peut-elle être cette prétendue Bi-
blio-

bliotheque ? N'avons-nous pas visité toute la maison le
jour de notre arrivée ? Vous vous l'imaginez, me ré-
partit-il; mais apprenez que nous ne parcourûmes que
trois pavillons, et que nous oubliâmes le quatrieme. C'est
là que Don César, lorsqu'il venoit à Lirias, employoit
une partie de son tems à la lecture. Il y a dans cette Bi-
bliotheque de très bons livres, qu'on vous a laissés comme
une ressource assurée contre l'ennui, quand nos jardins
dépouillés de fleurs, et nos bois de feuilles, n'auront plus
de quoi vous en préserver. Les Seigneurs de Leyva n'ont
pas fait les choses à demi: ils ont songé a la nourriture
de l'esprit, aussi-bien qu' à celle du corps.

Cette nouvelle me causa une véritable joie. Je me fis
conduire au quatrieme pavillon, qui m'offrit un spectacle
bien agréable. Je vis une chambre dont je résolus à
l'heure même de faire mon appartement, comme Don
César en avoit fait le sien. Le lit de ce Seigneur y étoit
encore, avec tous les ameublemens, c'est-à-dire, une tapis-
serie à personnages qui représentoient les Sabines enle-
vées par les Romains. De la chambre je passai dans un
cabinet où régnoient tout autour des armoires basses rem-
plies de livres, et sur lesquelles étoient les portraits de
tous nos Rois. Il y avoit auprès d'une fenêtre, d'ou l'on
découvroit une campagne toute riante, un bureau d'ébene
devant un grand sopha de maroquin noir. Mais je don-
nai principalement mon attention à la Bibliotheque. Elle
étoit composée de Philosophes, de Poetes, d'Historiens,
et un grand nombre de Romans de Chevalerie. Je jugeai
que Don César aimoit cette derniere sorte d'ouvrages,
puisqu'il en avoit fait une si bonne provision. J'avoue-
rai à ma honte que je ne haïssois pas non plus ces produc-
tions, malgré toutes les extravagances dont elles sont tis-
sues, soit que je ne fus pas alors un lecteur à y regarder de
si près, soit que le merveilleux rende les Espagnols trop
indulgens. Je dirai néanmoins pour ma justification, que
je prenois plus de plaisir aux livres de Morale enjouée,
et que Lucien, Horace, Erasme devinrent mes auteurs fa-
voris.

Mon ami, dis-je à Scipion, lorsque j'eus parcouru des
yeux ma Bibliotheque, voilà de quoi nous amuser; mais
il s'agit à présent de réformer notre domestique. C'est
une chose dont je veux vous épargner le soin, me répon-
dit-il;

dit-il; pendant votre abfence, j'ai bien étudié vos gens, et j'ofe me vanter de les connoître. Commençons par Maître Joachim, je le crois un parfait fripon, et je ne doute point qu'il n'ait été chaffé de l'Archevêché pour des fautes d'Arithmétique qu'il aura faites dans fes mémoires de dépenfe. Cependant il faut le conferver pour deux raifons; la premiere, c'eft qu'il eft bon cuifinier; et la feconde, c'eft que j'aurai toujours l'œil fur lui, j'épierai fes actions, et il faudra qu'il foit bien fin fi j'en fuis la dupe. Je lui ai déja dit que vous aviez deffein de renvoyer les trois quarts de vos domeftiques. Cette nouvelle lui a fait de la peine, et il m'a témoigné que ce fentant porté d'inclination à vous fervir, il fe contenteroit de la moitié des gages qu'il a aujourd'hui, plutôt que de vous quiter : ce qui me fait foupçonner qu'il y a dans ce hameau quelque petit fille dont il voudroit bien ne pas s'éloigner. Pour l'aide de cuifine, pourfuivit-il, c'eft un ivrogne, et le portier un brutal dont nous n'avons pas befoin, non plus que du tireur. Je remplirai fort bien la place de ce dernier, comme je vous le ferai voir dès demain, puifque nous avons ici des fufils, de la poudre et du plomb. A l'égard des laquais, il y en a un qui eft Aragonois, et qui me paroit bon enfant. Nous garderons celui-là; tous les autres font de fi mauvais fujets, que je ne vous confeillerois pas de les retenir, quand même il vous faudroit une centaine de valets.

Après avoir amplement, délibéré fur cela, nous réfolûmes de nous en tenir au cuifinier, au marmiton, à l'Aragonois, et de nous défaire honnêtement de tout le refte : ce qui fut exécuté dès le jour même, moyennant quelques piftoles que Scipion tira de notre coffre-fort, et qu'il leur donna de ma part. Quand nous eûmes fait cette réforme, nous établîmes un ordre dans le château ; nous reglâmes les fonctions de chaque domeftique, et nous commençames à vivre à nos depens. Je me ferois volontiers contenté d'un ordinaire frugal; mais mon Sécrétaire qui aimoit les ragouts et les bons morceaux, n'étoit pas homme à laiffer inutile le favoir-faire de Maître Joachim. Il les mit fi bien en œuvre, que nos dînés et nos foupés devinrent des repas de Bernardins.

CHAPITRE VIII.

Des amours de Gil Blas, et de la belle Antonia.

DEUX jours après mon retour de Valence à Lirias, Basile le laboureur, mon fermier, vint à mon lever me demander la permission de me présenter Antonia sa fille, qui souhaitoit, disoit-il, d'avoir l'honneur de saluer son nouveau Maître. Je lui répondis que cela me feroit plaisir ; il sortit et revint bientôt avec la belle Antonia Je crois pouvoir donner cette épithete à une fille de seize à dix-huit ans, qui joignoit à des traits réguliers le plus beau teint et les plus beaux yeux du monde. Elle n'étoient vétue que de serge ; mais une riche taille, un port majestueux, et des graces qui n'accompagnent pas toujours la jeunesse, relevoient la simplicité de son habilement. Elle n'avoit point de coëffure ; ses cheveux étoient seulement noués par derriere avec un bouquet de fleurs à la façon des Lacédémoniennes.

Lorsque je la vis entrer dans ma chambre, je fus aussi frappé de sa beauté, que les Paladins de la Cour de Charlemagne le furent des appas d'Angelique. Au-lieu de recevoir Antonia d'un air aisé, et de lui dire des choses flateuses ; au-lieu de féliciter son pere sur le bonheur d'avoir une si charmante fille, je demeurai étonné, troublé, interdit ; je ne pus prononcer un seul mot. Scipion, qui s'apperçut de mon desordre, prit pour moi la parole, et fit les frais des louanges que je devois à cette aimable personne. Pour elle, qui ne fut point éblouie de ma figure en robe de chambre et en bonnet de nuit, elle me salua sans être embarrassée de sa contenance, et me fit un compliment qui acheva de m'enchanter, quoiqu'il fût des plus communs. Cependant, tandis que mon Sécrétaire, Basile et sa fille se faisoient réciproquement des civilités, je revins à moi ; et comme si j'eusse voulu compenser le stupide silence que j'avois gardé jusques-là, je passai d'une extrémité l'autre ; je me répandis en discours galans, et parlai avec tant de vivacité que j'allarmai Basile, qui, me considérant déja comme un homme qui alloit tout mettre en usage pour séduire Antonia, se hâta de sortir avec elle de mon appartement, dans la resolution peut-être de la fouftraire à mes yeux pour jamais.

Scipion fe voyant feul avec moi, me dit en fouriant : Autre reffource pour vous contre l'ennui ; je ne favois pas que votre fermier eut une fille fi jolie : je ne l'avois point encore vue ; j'ai pourtant été deux fois chez lui. Il faut qu'il ait grand foin de la tenir cachée, et je lui pardonne. Malepefte, voilà un morceau bien friand ! Mais, ajouta-t-il, je ne crois pas qu'il foit néceffaire qu'on vous le dife, elle vous a d'abord èbloui. Je ne m'en défends pas, lui répondis-je. Ah ! mon enfant, j'ai cru voir une fubftance célefte, elle m'a tout-à-coup embrafé d'amour ; la foudre eft moins prompte, que le trait qu'elle a lancé dans mon cœur.

Vous me raviffez, reprit mon Sécrétaire, en m'apprenant que vous êtes enfin devenu amoureux. Il vous manquoit une Maîtreffe pour jouir d'un parfait bonheur dans votre folitude. Graces au Ciel, vous y avez préfentement toutes vos commodités. Je fai bien, continua-t-il, que nous aurons un peu de peine à tromper la vigilance de Bafile, mais c'eft mon affaire, et je prétends avant trois jours vous procurer un entretien fecret avec Antonia. Monfieur Scipion, lui dis-je, peut-être pourriez-vous bien ne me pas tenir parole, c'eft ce que je ne fuis pas curieux d'éprouver. Je ne veux point tenter la vertu de cette fille, qui me paroit mériter que j'aye d'autres fentimens pour elle. Ainfi, loin d'exiger de votre zele que vous m'aidiez à la deshonorer, j'ai deffein de l'époufer par votre entremife, pourvu que fon cœur ne foit pas prévenu pour un autre. Je ne m'attendois pas, dit-il, à vous voir prendre fi brufquement le parti de vous marier. Tous les Seigneurs de Village à votre place n'en uferoient pas fi honnêtement ; ils n'auroient fur Antonia de vues légitimes, qu'après en avoir eu d'autres inutilement. Au refte, a-jouta-t-il, ne vous imaginez point que je condamne votre amour, et que je cherche à vous détourner de votre deffein. La fille de votre fermier mérite l'honneur que vous lui voulez faire, fi elle peut vous donner un cœur tout neuf et fenfible à vos bontés. C'eft ce que je faurai dès aujourd'hui, par la converfation que j'aurai avec fon pere, et peut-être avec elle.

Mon

Mon confident étoit un homme exact à tenir ses pro-
messes. Il alla voir secrettement Basile, et le soir il vint
me trouver dans mon cabinet, où je l'attendois avec une
impatience mêlée de crainte. Il avoit un air gai, dont je
tirai un bon augure. Si j'en crois, lui dis-je, ton visage
riant, tu viens m'annoncer que je serai bientôt au comble
de me desirs. Oui, mon cher Maître, me repondit-il,
tout vous rit. J'ai entretenu Basile et sa fille, je leur ai
déclaré vos intentions. Le pere est ravi que vous ayez
envie d'être son gendre, et je puis vous assurer que vous
êtes du gout d'Antonia. O Ciel, interrompis-je, tout
transporté de joie! Quoi? j'aurois le bonheur de plaire
à cette aimable personne? N'en doutez pas, reprit-il, elle
vous aime déja. Je n'ai pas, à la vérite, tire cet aveu
de sa bouche; mais je m'en fie à la gayeté qu'elle a fait
paroître, quand elle a su votre déssein. Cépendant, pour-
suivit-il, vous avez un rival. Un rival, m'écria-je en
pâlissant! Que cela ne vous allarme point, me dit-il, ce
rival ne vous enlevera pas le cœur de votre Maîtresse;
c'est maître Joachim votre cuisinier. Ah le pendart, dis-
je, en faisant un éclat de rire! voilà donc pourquoi il a
marqué tant de répugnance à quiter mon service. Juste-
ment, répondit Scipion; il a ces jours passés demandé
en mariage Antonia, qui lui a été poliment réfusée. Sauf
ton meilleur avis, lui repliquai-je, il est à propos, ce me
semble, de nous défaire de ce drole-là, avant qu'il ap-
prenne que je veux épouser la fille de Basile: un cuisinier,
comme tu sais, est un rival dangereux. Vous avez rai-
son, repartit mon confident, il faut en purger notre do-
mestique; je lui donnerai son congé des demain matin,
avant qu'il se mette à l'ouvrage; et vous n'aurez plus
rien à craindre ni de ses sauces ni de son amour. Je suis
pourtant, continua-t-il, un peu fâché de perdre un si bon
cuisinier, mais je sacrifie ma gourmandise à votre sureté.
Tu ne dois pas, lui dis-je, tant le regretter, sa perte n'est
point irréparable, je vais faire venir de Valence un cuisi-
nier qui le vaudra bien. En effet j'écrivis aussi-tôt à Don
Alphonse, je lui mandai que j'avois besoin d'un cuisinier,
et dès le jour suivant il m'en envoya un qui consola d'a-
bord Scipion.

Quoique ce zelé Sécrétaire m'eût dit qu'il s'étoit ap-
perçu qu'Antonia s'applaudissoit au fond de son ame d'a-

voir fait la conquête de fon Seigneur, je n'ofois me fier à fon rapport, j'appréhendois qu'il ne fe fût laiffé tromper par de fauffes apparences. Pour en être plus fûr, je refolus de parler moi-même à la belle Antonia. Je me rendis chez Bafile, à qui je confirmai ce que mon ambaffadeur lui avoit dit. Ce bon laboureur, homme fimple et plein de franchife, après m'avoir écouté, me témoigna que c'étoit avec une extrême fatisfaction qu'il m'accordoit fa fille; mais, ajouta-t-il, ne croyez pas au moins que ce foit à caufe de votre titre de Seigneur de Village. Quand vous ne feriez encore qu'Intendant de Don Céfar et de Don Alphonfe, je vous prefererois à tous les autres amoureux qui fe préfenteroient: j'ai toujours eu de l'inclination pour vous, et tout ce qui me fâche, c'eft qu'Antonia n'ait pas une groffe dot à vous apporter. Je ne lui en demande aucune, lui, dis-je; fa perfonne eft le feul bien où j'afpire. Votre ferviteur très humble, s'écria-t-il, ce n'eft point-là mon compte; je ne fuis point un gueux pour marier ainfi ma fille. Bafile de Buénotrigo eft en état, Dieu merci, de la doter; et je veux qu'elle vous donne à fouper, fi vous lui donnez à diner. En un mot, le revenu de ce château n'eft que de cinq cens ducats, je le ferai monter à mille en faveur de ce mariage.

J'en pafferai par tout ce qu'il vous plaîra mon cher Bafile, lui repliquai-je, nous n'aurons point enfemble de difpute d'intérêt. Nous fommes tous deux d'accord, il ne s'agit plus que d'avoir le confentement de votre fille. Vous avez le mien, me dit-il, cela fuffit. Pas tout-à-fait, lui répondis-je; fi le vôtre m'eft néceffaire, le fien l'eft auffi. Le fien dépend du mien, reprit-il; je voudrois bien qu'elle ofât fouffler devant moi. Antonia, lui repartis-je, foumife à l'autorité paternelle, eft prête fans doute à vous obeir aveuglément; mais je ne fai fi dans cette occafion elle le fera fans repugnance; et pour peu qu'elle en eût, je ne me confolerois jamais d'avoir fait fon malheur; enfin ce n'eft pas affez que j'obtienne de vous fa main, il faut que fon cœur n'en gémiffe point. Oh dame, dit Bafile, je n'entends pas toutes ces philofophies: parlez vous-même à Antonia, et vous verrez, ou je me trompe fort, qu'elle ne demande pas mieux que d'être votre femme. En achevant ces paroles il appella fa fille, et me laiffa un moment avec elle.

Pour profiter d'un tems si précieux, j'entrai d'abord en
matiere. Belle Antonia, lui dis-je, décidez de mon sort.
Quoique j'aye l'aveu de votre pere, ne vous imaginez pas
que je veuille m'en prévaloir pour faire violence à vos sen-
timens. Quelque charmante que soit votre possession, j'y
renonce si vous me dites que je ne la devrai qu'à votre
seule obéissance. C'est ce que je n'ai garde de vous dire,
me répondit-elle : votre recherche n'est trop agréable
pour qu'elle me puisse faire de la peine, et j'applaudis au
choix de mon pere, au-lieu d'en murmurer. Je ne sai,
continua-t-elle, si je fais bien ou mal de vous parler ainsi ;
mais si vous me déplaisiez, je serois assez franche pour
vous l'avouer ; pourquoi ne pourrois-je pas vous dire le
contraire aussi librement ?

A ces mots, que je ne pus entendre sans en être charmé,
je mis un génouil à terre devant Antonia ; et dans l'ex-
cés de mon ravissement, lui prenant une de ses belles
mains, je la baisai d'un air tendre et passionné. Ma chere
Antonia, lui dis-je, votre franchise m'enchante ; conti-
nuez, que rien ne vous contraigne ; vous parlez à votre
époux, que votre ame se découvre toute entiere à ses
yeux. Je puis donc me flatter que vous ne verrez pas
sans plaisir lier votre fortune à la mienne . . . . Basile qui
arriva dans cet instant, m'empêcha de poursuivre. Im-
patient de savoir ce que sa fille m'avoit répondu, et prêt à
la gronder si elle eût marqué la moindre aversion pour
moi, il vint me rejoindre. Hé bien, me dit-il, êtes-vous
content d'Antonia? J'en suis si satisfait, lui répondis-
je, que je vais dés ce moment m'occuper des apprêtes
de mon mariage. En disant cela je quitai le pere et la
fille, pour aller tenir conseil là dessus avec mon Sécré-
taire.

CHAPITRE IX.

*Nóces de Gil Blas et de la belle Antonia ; de quelle fa-
çon elles se firent ; quelles personnes y assisterent ; et de
quelles réjouissances elles furent suivies.*

Quoique je n'eusse pas besoin de la permission des Sei-
gneurs de Leyva pour me marier, nous jugeâmes,
Scipion et moi, que je ne pouvois honnêtement me dis-

penfer dé leur communiquer le deffein que j'avois d'épou-
fer la fille de Bafile, et de leur en demander même leur
agrément par politeffe.

Je partis auffitôt pour Valence où l'on fut auffi fur-
pris de me voir, que d'apprendre le fujet de mon voyage.
Don Céfar et Don Alphonfe qui connoiffoient Antonia
pour l'avoir vue plus d'une fois, me féliciterent de l'avoir
choifie pour femme. Don Céfar furtout m'en fit com-
pliment avec tant de vivacité, que fi je ne l'euffe pas cru
un Seigneur revenu de certains amufemens, je l'aurois
foupçonné d'avoir été quelquefois à Lirias, moins pour
y voir fon château qui fa petite fermiere. Séraphine de
fon côté, après m'avoir affuré qu'elle prendroit toujours
beaucoup de part a ce qui me regarderoit, me dit qu'elle
avoit entendu parler d'Antonia très avantageufement;
mais, ajouta-t-elle par malice, et comme pour me re-
procher l'indifférence dont j'avois payé l'amour de Sépho-
ra, quand on ne m'auroit pas vanté fa beauté, je m'en
fierois bien à votre goût, donc je connois la délicateffe.

Don Céfar et fon fils ne fe contenterent pas d'approuver
mon mariage, il me déclarerent qu'ils en vouloient faire
tous les frais. Reprenez, me dirent-ils, le chemin de
Lirias, et demeurez-y tranquille jufqu'a ce que vous en-
tendiez parler de nous. Ne faites point de préparatifs
pour vos nôces, c'eft un foin dont nous nous chargeons.
Pour me conformer à leurs volontés, je retournai à mon
château. J'avertis Bafile et fa fille des intentions de .nos
Protecteurs, et nous attendîmes de leurs nouvelles le plus
patiemment qu'il nous fut poffible. Nous n'en reçumes
point pendant huit jours. En récompenfe, le neuvieme
nous vîmes arriver un caroffe à quatre mules, dans le-
quel il y avoit des couturieres qui apportoient de belles
étoffes de foie pour habiller la Mariée, et qu'efcortoient
plufieurs gens de livrée montés fur des mules. L'un d'en-
tre eux me remit une lettre de la part de Don Alphonfe.
Ce Seigneur me mândoit qu'il feroit le lendemain à Liri-
as avec fon pere et fon époufe, et que la cérémonie de
mon mariage fe feroit le jour fuivant par la Grand-Vi-
caire de Valence. Véritablement Don Céfar, fon fils et
Séraphine, ne manquerent pas de fe rendre à mon châ-
teau avec cet Eccléfiaftique, tous quatre dans une caroffe
à fix chevaux, précédé d'un autre à quatre, où étoient

								les

les femmes de Séraphine, et fuivi des gardes du Gouver-
neur.

Madame la Gouvernante fut à peine dans le château,
qu'elle témoigna une extrême impatience de voir Antonia,
qui de fon côté ne fut pas plutôt que Séraphine étoit
arrrivée, qu'elle accourut pour la faluer et lui baifer la
main, ce qu'elle fit de fi bonne grace que toute la com-
pagnie l'admira. Hé bien Madame, dit Don Céfar à fa
belle-fille, que penfez-vous d'Antonia ? Santillane pou-
voit-il faire un meilleur choix ? Non, répondit Séra-
phine ! ils font tous deux dignes l'un de l'autre, je ne
doute pas que leur union ne foit très heureufe. Enfin
chacun donna des louanges à ma future ; et fi on la loua
fort fous fon habit de ferge, on en fut encore plus charmé,
lorfqu'elle parut fous un plus riche habillement. Il fem-
bloit qu'elle n'en eut jamais porté d'autres, tant fon air
étoit noble et fon action aifée.

Le moment où je devois par un doux hymen voir at-
tacher mon fort au fien étant arrivé, Don Alphonfe me
prit par la main pour me conduire à l'autel, et Séraphine
fit le même honneur à la Mariée. Nous nous rendîmes
tous deux dans cet ordre à la chapelle du hameau, où le
Grand-Vicaire nous attendoit pour nous marier ; et cette
cérémonie fe fit aux acclamations des habitans de Lirias
et de tous les riches laboureurs des environs, que Bafile
avoit invités aux nôces d'Antonia. Ils avoient avec eux
leurs filles, qui s'étoient parées de rubans et de fleurs, et
qui tenoient dans leurs mains des tambours de bafque.
Nous retournâmes enfuite au château, où par les foins de
Scipion, l'ordonnateur du feftin, il fe trouva trois tables
dreffées, l'une pour les Seigneurs, l'autre pour les per-
fonnes de leur fuite, et la troifieme, qui étoit la plus
grande, pour tous ceux qui avoient été conviés. Anto-
nia fut de la prémiere, Madame la Gouvernante l'ayant
ainfi voulu ; je fis les honneurs de la feconde, et Bafile
fe mit à celle des villageois. Pour Scipion, il ne s'affit à
aucune table. Il ne faifoit qu'aller et venir de l'une à
l'autre, donnant fon attention a faire bien fervir et con-
ténter tout le monde.

C'étoit par les cuifiniers du Gouverneur que le repas a-
voit été préparé, ce qui fuppofe qu'il n'y manquoit rien.
Les bons vins dont maître Joachim avoit fait provifion

pour moi, furent prodigués ; les convives commençoient à s'échauffer ; l'allegreſſe regnoit par tout, quand elle fut tout-à-coup troublée par un incident qui m'allarma. Mon Sĕcrétaire étant dans la ſalle, où je mangeois avec les principaux Officiers de Don Alphonſe et les femmes de Séraphine, tomba ſubitement en foïbleſſe, et perdit toute connoiſſance. Je me levai pour aller à ſon ſecours, et tandis que je m'occupois à lui faire reprendre ſes eſprits, une de ces femmes s'évanouit auſſi. Toute la compagnie jugea que ce double évanouiſſement renfermoit quelque myſtere, comme en effet il en cachoit un qui ne tarda gueres à s'eclaircir ; car bientot après Scipion revint à lui, et me dit tout bas : Faut-il que le plus beau de vos jours ſoit le plus deſagréable des miens! On ne peut éviter ſon malheur, ajouta-t-il, je viens de retrouver ma femme dans une Suivante de Séraphine.

Qu'entends je, m'écriai-je! cela n'eſt pas poſſible! Quoi? tu ſerois l'époux de cette Dame qui vient de ſe trouver mal en même tems que toi? Oui Monſieur, me rˊpondit-il, je ſuis ſon mari ; et la fortune, je vous jure, ne pouvoit me jouer un plus vilain tour, que de la préſenter à mes yeux. Je ne ſai, repris-je, mon ami, quelles raiſons tu as de te plaindre de ton épouſe ; mais quelque ſujet qu'elle t'en ait donné, de grace contrains-toi ; ſi je te ſuis cher, ne trouble point cette fête en laiſſant éclater ton reſſentiment. Vous ſerez content de moi, repartit Scipion ; vous allez voir ſi je ſai bien diſſimuler.

En parlant de cette ſorte il s'avança vers ſa femme, à qui ſes compagnes avoient auſſi rendu l'uſage de ſes ſens ; et l'embraſſant avec autant de vivacité que s'il eût été ravi de la revoir : Ah, ma chere Béatrix, lui dit il, le Ciel enfin nous rejoint après dix ans de ſéparation! O moment plein de douceur pour moi! J'ignore, lui répondit ſon épouſe, ſi vous avez éffectivement quelque joie de me rencontrer ; mais du moins ſuis-je perſuadée que je ne vous ai donné aucun juſte ſujet de m'abandonner. Quoi! vous me trouvez une nuit avec le Seigneur Don Fernand de Leyva, qui étoit amoureux de Julie ma Maîtreſſe, et dont je ſervois la paſſion, et vous vous mettez dans l'eſprit que je l'écoute aux dépens de votre honneur et du mien : làdeſſus la jalouſie vous renverſe la cervelle, vous quitez Tolede, et me fuyez comme un monſtre, ſans daigner me deman-

demander un éclairciffement ! Qui de nous deux, s'il vous plat, eft le plus en droit de fe plaindre ? C'eft vous fans contredit, lui repliqua Scipion. Sans doute, reprit-elle, c'eft moi. Don Fernand peu de tems après votre depart de Tolede époufa Julie, auprès de qui j'ai demeuré tant qu'elle a vécu ; et depuis qu'une mort prématurée nous l'a ravie, je fuis au fervice de Madame fa fœur, qui peut vous répondre, auffi-bien que toutes fes femmes, de la pureté de mes mœurs.

Mon Sécrétaire à ce difcours, dont il ne pouvoit prouver la fauffeté, prit fon parti de bonne grace. Encore une fois, dit-il à fon époufe, je reconnois ma faute, et je vous en demande pardon devant cette honorable affiftance. Alors intercédant pour lui, je priai Béatrix d'oublier le paffé, l'affurant que fon mari ne fongeroit déformais qu'à lui donner de la fatisfaction. Elle fe rendit à ma priere, et toute la compagnie applaudit à la réunion de ces deux époux. Pour la mieux célébrer, on les fit affeoir à table l'un auprès de l'autre, on leur porta *des brindes*, chacun leur fit fête, on eût dit que le feftin fe faifoit plutôt à l'occafion de leur racommodement que de mes nôces.

La troifieme table fut la premiere que l'on abandonna. Les jeunes Villageois la quiterent pour former des danfes avec les jeunes Payfannes, qui par le bruit de leurs tambours de bafque attirerent bientôt les perfonnes des autres tables, et leur infpirerent l'envie de fuivre leur exemple. Voilà tout le monde en mouvement. Les Officiers du Gouverneur fe mirent à danfer avec les Soubrettes de la Gouvernante, les Seigneurs même fe mêlerent parmi les danfeurs. Don Alphonfe danfa une farabande avec Séraphine, et Don Céfar une autre avec Antonia, qui vint enfuite me prendre, et qui ne s'en acquita pas mal pour une perfonne qui n'avoit que quelques principes de danfe, qu'elle avoit reçus à Albarazin chez une Bourgeoife de fes parentes. Pour moi qui, comme je l'ai déja dit, avois appris à danfer chez la Marquife de Chaves, je parus à l'affemblée un grand danfeur. A l'égard de Béatrix et de Scipion, ils prefererent à la danfe un entretien particulier, pour fe rendre compte mutuellement de ce qui leur étoit arrivé pendant qu'ils avoient été féparés ; mais leur converfation fut interrompue par Séraphine, qui venant d'être informée de leur reconnoiffance, les fit appeler

pour

pour leur en témoigner fa joie. Mes enfans, leur dit-elle, dans ce jour de réjouiffance c'eft un furcroit de fatisfacti-on pour moi de vous voir tous deux rendus l'un à l'autre. Ami Scipion, ajouta-t-elle, je vous remets votre époufe, en vous proteftant qu'elle a toujours tenu une conduite ir-reprochable ; vivez ici avec elle en bonne intelligence. Et vous, Béatrix, attachez-vous à Antonia, et ne lui foy-ez pas moins devouée que votre mari l'eft au Seigneur de Santillane. Scipion ne pouvant plus après cela re-garder fa femme que comme une autre Penelope, promit d'avoir pour elle toutes les confidérations imaginables.

Les Villageois et les Villageoifes après avoir danfé toute la journée, fe retirerent dans leurs maifons ; mais on con-tinua la fête dans le chateau. Il y eut un magnifique fouper, et lorfqu'il fut queftion de s'aller coucher, le Grand-Vicaire bénit le lit nuptial. Séraphine deshabilla la Mariée, et les Séigneurs de Leyva me firent le même honneur. Ce qu'il y a de plaifant, c'eft que les Officiers de Don Alphonfe et les femmes de la Gouvernante, s'avi-ferent pour fe réjouir, de faire la même cérémonie : ils deshabillerent Béatrix et Scipion, qui pour rendre la fcene plus comique, fe laifferent gravement dépouiller et mettre au lit.

CHAPITRE X.

Suites du Mariage de Gil Blas et de la belle Antonia. Commencement d'Hiftoire de Scipion.

DES le lendemain de mes nôces, les Seigneurs de Leyva retournerent à Valence, après m'avoir don-né mille nouvelles marques d'amitié ; fi bien que mon Sécrétaire et moi nous demeurâmes feuls au château avec nos femmes et nos valets.

Le foin que nous prîmes l'un et l'autre de plaîre a ces Dames, ne fut pas inutile ; j'infpirai en peu de tems à mon époufe autant d'amour que j'en avois pour elle, et Scipion fit oublier à la fienne les chagrins qu'il lui avoit-caufés. Béatrix qui avoit l'efprit fouple et liant, s'infinua fans peine dans les bonnes graces de fa nouvelle Maîtreffe, et gagna fa confiance. Enfin nous nous accordâmes tous quatre à merveilles, et nous commençâmes à jouir

d'un

d'un fort digne d'envie. Tous nos jours couloient dans les plus doux amuſemens. Antonia étoit fort ſerieuſe, mais nous étions tres gais, Béatrix et moi ; et quand nous ne l'aurions pas été, il ſuffiſoit que Scipion fût avec nous pour ne point engendrer de mélancolie. C'étoit un homme incomparable pour la ſociété, un de ces perſonnages comiques qui n'ont qu'à ſe montrer pour égayer une compagnie.

Un jour qu'il nous prit fantaiſie après le diné d'aller faire la ſieſte dans l'endroit le plus agréable du bois, mon Sécrétaire ſe trouva de ſi belle humeur, qu'il nous ôta l'envie de dormir par ſes diſcours réjouiſſans. Tais-toi, lui dis-je, mon ami ; ou, puiſque tu nous empêches de nous livrer au ſommeil, fais nous donc quelque récit digne de notre attention. Très volontiers Monſieur, me répondit-il ; voulez-vous que je vous raconté l'hiſtoire du Roi Pélage ? J'aimerois mieux entendre la tiénne, lui repliquai-je ; mais c'eſt un plaiſir que tu n'as pas jugé à propos de me donner depuis que nous vivons enſemble, et que je n'aurai jamais. D'où vient, me dit-il ? Si je ne vous ai pas conté mon hiſtoire, c'eſt que vous ne m'avez pas témoigné le moindre deſir de la ſavoir ; ce n'eſt donc pas ma faute, ſi vous ignorez mes avantures ; et pour peu que vous ſoyez curieux de les apprendre, je ſuis prêt à contenter votre curioſité. Antonia, Béatrix et moi nous le prîmes au mot, et nous nous diſpoſâmes à écouter ſon récit, qui ne pouvoit faire ſur nous qu'un bon effet, ſoit en nous divertiſſant, ſoit en nous excitant au ſommeil.

Je ſerois, dit Scipion, fils d'un Grand de la premiere claſſe, ou tout a moins de quelque Chevalier de St. Jaques ou d'Alcantara, ſi cela eût dependu de moi : mas comme on ne ſe choiſit point un pere, vous ſaurez que le mien, nommé Torribio Scipion, étoit un honnête Archer de la Sainte Hermandad. En allant et venant ſur les grands chemins, où ſa profeſſion l'obligeoit d'être preſque toujours, il rencontra par hazard un jour entre Cuença et Tolede une jeune Bohémienne qui lui parut fort jolie. Elle étoit ſeule, à pié, et portoit avec elle toute ſa fortune dans une eſpece de havreſac qu'elle avoit ſur le dos : Où allez-vous ainſi, ma mignonne, lui dit-il en adouciſſant ſa voix, qu'il avoit naturellement très rude ? Seigneur Cavalier, lui répondit-elle, je vais à Tolede, où j'eſpere gagner ma

vie

vie de façon ou d'autre en vivant honnêtement.   Vos in-
tentions font louables, reprit-il, et je ne doute pas que
vous n'ayez plus d'une corde à votre arc.   Oui, Dieu
merci, repartit-elle, j'ài plufieurs talens ; je fai compofer
des pommades et des effences fort utiles aux Dames ; je
dis la bonne avanture, je fais tourner le fas pour retrouver
les chofes perdues, et montrer tout ce qu'on veut voir
dans le miroir ou dans le verre.

Torribio jugeant qu'une pareille fille étoit un parti très
avantageux pour un homme tel que lui, qui avoit de la
peine à vivre de fon emploi, quoiqu'il fût fort bien le rem-
plir, lui propofa dè l'époufer ; elle accepta la propofition ;
ils fe rendirent tous deux en diligence à Tolede où ils fe
marierent, et vous voyez en moi le digne fruit de ce noble
hymenée.   Ils s'établirent dans un fauxbourg, où ma
mere commença pàr debiter des pommades et des effences ;
mais ne trouvant pas ce trafic affez lucratif, elle fit là De-
vinereffe.   C'eft alors qu'un vit pleuvoir chez elle les é-
cus et les piftoles : mille dupes de l'un et de l'autre fexe
mirent bientôt en réputation la Cofcolina, c'eft ainfi que
fe nommoit la Bohémienne.   Il venoit tous le jours quel-
qu'un la prier d'employer pour lui fon miniftere : tantôt
c'étoit un neveu indigent, qui vouloit favoir quand fon
oncle, dout il étoit unique héritier, partiroit pour l'autre
monde : et tantôt c'étoit une fille qui fouhaitoit d'appren-
dre fi un cavalier, dont elle reconnoiffoit les foins, et qui
lui promettoit de l'epoufer, lui tiendroit parole.

Vous obferverez, s'il vous plaît, que les prédictions de
ma mere étoient toujours favorables aux perfonnes à qui
elle les faifoit ; fi elles s'accompliffoient, à la bonne
heure ; et fi l'on venoit lui réprocher que le contraire de
ce qu'elle avoit prédit étoit arrivé, elle répondit froide-
ment qu'il falloit s'en prendre au D mon, qui malgré la
force des conjurations qu'elle employoit pour l'obliger à
révéler l'avenir, avoit quelquefois la malice de la trom-
per.

Lorfque, pour l'honneur du métier, ma mere croyoit
devoir faire paroître le Diable dans fes opérations, c'etoit
Torribio Scipion qui faifoit ce perfonnage, et qui s'en
acquitoit parfaitement bien ; la rudeffe de fa voix et la
laideur de fon vifage lui donnant un air convenable à ce
qu'il repréfentoit.   Pour peu qu'on fût crédule, on étoit
épou-

épouvanté de la figure de mon pere. Mais un jour par
malheur il vint un brutal de Capitaine qui voulut voir le
Diable, et qui lui pàffa fon épée au travers du corps. Le
Saint Office informé de la mort du Diable, envoya fes
Officiers chez la Cofcolina, dont ils fe faifirent, auffi bien
que de tous ces effets ; et moi, qui n'avois alors que fept
ans, je fus mis à l'Hôpital de *Los Ninos.** Il y avoit
dans cette Maifon de charitables Eccléfiaftiques qui, bien
payés pour avoir foin de l'éducation des pauvres Orphe-
lins, prenoient la peine de leur montrer à lire et à écrire.
Ils crurent remarquer que je promettois beaucoup ; ce qui
fut caufe qu'ils me diftinguerent des autres, ét me choifi-
rent pour faire leurs commiffions. Ils m'envoyoient en
ville porter leurs lettres, j'allois et venois pour eux, et
c'ètoit moi qui répondois leurs Meffes. Par reconnoif-
fance, ils entreprirent de m'enfeigner la Langue Latine ;
mais ils s'y prirent trop rudement, et me traiterent avec
tant de rigueur, malgré les petits fervices que je leur ren-
dois, que ne pouvant y réfifter, je m'échappai un beau
jour en faifant une commiffion ; et bien loin de retourner
à l'Hôpital, je fortis même de Tolede par le fauxbourg
du côté de Séville.

Quoique j'euffe à peine alors neuf ans accomplis, je
fentois déja le plaifir d'être libre et maître de mes actions.
J'étois fans argent et fans pain, n'importe ; je n'avois
point de leçons à étudier, ni de themes à compofer. A-
prés avoir marché pendant deux heures, mes petites jam-
bes commencerent à refufer le fervice. Je n'avois point
encore fait de fi longs voyages. Il fallut m'arrêter pour
me repofer. Je m'affis au pied d'un arbre qui bordoit le
grand chemin ; et là, pour m'amufer, je tirai mon Rudi-
ment que j'avois dans ma poche, et le parcourus en ba-
dinant ; puis venant à me fouvenir des féruleset des coups
de fouet qu'il m'avoit fait recevoir, j'en déchirai les feu-
illets en difant avec colere : Ah, chien de livre, tu ne me
feras plus répandre de pleurs ! Tandis que j'affouviffois
ma vengeance, en jonchant autour de moi la terre de dé-
clinaifons et de conjuguaifons, il paffa par-là un Hermite
à barbe blanche, qui portoit de larges lunettes, et qui a-
voit un air vénérable. Il s'approcha de moi, et s'il me
confidéra fort attentivement, je l'examinai bien auffi. Mon
petit homme, me dit-il avec un fouris, il me femble que

* Des Orphelins.

nous venons tous deux de nous regarder bien tendrement,
et que nous ne ferions point mal de demeurer enfemble
dans mon Hermitage, qui n'eſt qu'à deux cens pas d'ici.
Je ſuis votre ſerviteur, lui répondis-je aſſez bruſquement,
je n'ai aucune envie d'être Hermite. A cette réponſe le
bon vieillard fit un éclat de rire, et me dit en m'embraſ-
ſant : il ne faut pas, mon fils, que mon habit vous faſſe
peur ; s'il n'eſt pas agréable, il eſt utile ; il me rend
Seigneur d'une retraite charmante, et des villages voiſins
dont les habitans m'aiment, ou plutôt m'idolâtrent. Ve-
nez avec moi, ajouta-t-il, je vous revétirai d'une jac-
quette ſemblable à la mienne. Si vóus vous en trouvez
bien vous partagerez avec moi les douceurs de la vie que
je mene ; et ſi vous ne vous en accommodez point, non
ſeulement il vous ſera permis de me quiter, mais vous pou-
vez même compter qu'en nous ſéparant je ne manquerai
pas de vous faire du bien.

Je me laiſſai perſuader, et je ſuivis le vieil Hermite, qui
me fit pluſieurs queſtions, aux quelles je répondis avec
une ingénuité que je n'ai pas toujours eue dans la ſuite.
En arrivant à l'Hermitage, il me préſenta quelques fruits
que je dévorai, n'ayant rien mangé de toute la journée
qu'un morceau de pain ſec dont j'avois déjeuné le matin
à l'Hôpital. Le Solitaire me voyant ſi bien jouer des
machoires, me dit : Coûrage, mon enfant, ne ménage
points mes fruits, j'en ai, graces au Ciel, une ample pro-
viſion. Je ne t'ai pas amené ici pour te faire mourir de
faim. Ce qui étoit très véritable ; car une heure après
notre arrivée il alluma du feu, embrocha un gigot de
mouton : et tandis que je tournois la broche, il dreſſa une
petite table, qu'il couvrit d'une ſerviette aſſez mal-propre,
ſur laquelle il mit deux couverts, l'un pour lui et l'autre
pour moi.

Quand la viande fut cuite, il la tira de la broche, et en
coupa quelques pieces pour notre ſouper, qui ne fut pas
un repas de brebis, puiſque nous bûmes d'un excel-
lent vin, dont il avoit auſſi bonne proviſion. Hé bien,
mon poulet, me dit-il, lorſque nous fûmes hors de table,
es-tu content de mon ordinaire ? Voilà de quelle façon tu
ſeras traité tous les jours, ſi tu demeures avec moi. Au
reſte, tu ne feras dans cet Hermitage que ce qu'il te plaîra.
J'exige de toi ſeulement, que tu m'accompagnes toutes
les

les fois que j'irai quêter dans les villages voisins ; tu me
serviras à conduire un bourriquet chargé de deux paniers,
que les Paysans charitables remplissent ordinairement
d'œufs, de pain, de viande et de poisson. Je ne te de-
mande, que cela. Je ferai, lui dis-je, tout ce que vous
voudrez, pourvu que vous ne m'obligiez point à apprendre
le Latin. Le Frere Chrysostôme, c'étoit le nom du vieil
Hermite, ne put s'empêcher de rire de ma naiveté, et
m'assura de nouveau qu'il ne prétendoit pas gêner mes
inclinations.

Nous allâmes dès le lendemain à la quête, avec l'ânon
que je menois par le licou. Nous fîmes une copieuse ré-
colte, chaque Paysan se faisant un plaisir de mettre quel-
que chose dans nos paniers. L'un y jettoit un pain entier,
l'autre une grosse piece de lard, celui-là une perdrix. Que
vous dirai-je ? Nous apportâmes au logis des vivres pour
plus de huit jours, ce qui marquoit bien l'estime et l'ami-
tié que les Villageois avoient pour le Frere. Il est vrai
qu'il leur étoit d'une grande utilité : il leur donnoit des
conseils, quands ils venoient le consulter : il remettoit la
paix dans les ménages où regnoit la discorde, et marioit
les filles : il avoit des remedes pour mille sortes de mala-
dies, et apprenoit des Oraisons aux femmes qui souhaitoi-
ent d'avoir des enfans.

Vous voyez par ce que je viens de dire que j'étois bien
nourri dans mon Hermitage. Je n'y étois pas plus mal
couché. Etendu sur de bonne paille fraîche, ayant sous ma
tête un coussin de bure, et sur le corps une couverture de
la même étoffe, je ne faisois qu'un somme qui duroit toute
la nuit. Le Frere Chrysostôme, qui m'avoit fait fête d'un
habillement d'Hermite, m'en fit un lui-même d'une de
ses vieilles robes, et me nomma le petit Frere Scipion.
Sitôt que je parus dans les villages sous cet habit d'ordon-
nance, on me trouva si gentil, que le bourriquet en fut
plus chargé. C'étoit à qui en donneroit davantage au
petit Frere, tant on prenoit de plaisir à voir sa figure.

La vie molle et fainéante que je menois avec le vieil
Hermite, ne pouvoit déplaire à un garçon de mon âge.
Aussi j'y pris tant de goût, que je l'aurois toujours conti-
nué, si les Parques ne m'eussent pas filé d'autres jours fort
différens ; mais la destinée que j'avois à remplir, m'arracha
bientôt à la molesse, et me fit quitter le Frere Chrysostôme

de la maniere que je vais le raconter. Je voyois souvent ce Vieillard travailler au coussin qui lui servoit d'oreiller.

Il ne faisoit que le découdre et le recoudre, et je remarquai un jour qu'il y mit de l'argent. Cette observation fut suivie d'un mouvement curieux, que je me promis de satisfaire dès le premier voyage qu'il feroit à Tolede, où il avoit coutume d'aller une fois la semaine. J'en attendis le jour impatiemment, sans avoir encore toutefois d'autré dessein que de contenter ma curiosité. Enfin le bon homme partit, et je défis son oreiller, où je trouvai parmi la laine qui le remplissoit, la valeur peut-être de cinquante écus en toutes sortes d'especes.

Ce trésor apparemment étoit la reconnoissance des Paysans que l'Hermite avoit guéris par ses remédes, et des Pâysannes qui avoient eu des enfans par la vertu de ses Oraisons. Quoi qu'il en soit, je ne vis pas plutôt que c'étoit de l'argent, que je pouvois impunément m'approprier, que mon naturel Bohémien se déclara. Il me prit une envie de le voler, qu'on ne pouvoit attribuer qu'à la force du sang qui couloit dans mes veines. Je cédai sans résistance à la tentation ; je serrai l'argent dans un sac de bure, où nous mettions nos peignes et nos bonnets de nuit ; ensuite, après avoir quité mon habit d'Hermite, et repris celui d'Orphelin, je m'éloignai de l'Hermitage, croyant emporter dans mon sac toutes les richesses des Indes.

Vous venez d'entendre mon coup d'essai, continua Scipion, et je ne doute pas que vous ne vous attendiez à une suite de faits de la même nature. Je ne tromperai point votre attente ; j'ai encore d'autres pareils exploits à vous conter, avant que j'en vienne à mes actions louables : *mais* j'y viendrai, et vous verrez par mon récit, qu'un fripon peut fort bien devenir un honnête-homme.

Tout enfant que j'étois, je ne fus point asséz sot pour reprendre le chemin de Tolede. C'eût été m'exposer au hazard de rencontrer le Frere Chrysostôme, qui m'auroit fait rendre desagréablement son magot. Je suivis une autre route, qui me conduisit au village de Galves, où je m'arrêtai dans une hôtellerie, dont l'hôtesse étoit une veuve de quarante ans, qui avoit toutes les qualités requises pour faire valoir le bouchon. Cette femme n'eut pas plutôt jetté les yeux sur moi, que jugeant à mon habillement

que

que je devois être un échappé de l'Hôpital des Orphe-
lins, elle me demanda qui j'étois et où j'allois. Je lui
répondis qu'ayant perdu mon pere et ma mere, je cher-
chois une condition. Mon enfant, me dit-elle, sais tu
lire ? Je l'assurai que je lisois, et même que j'ecrivois à
merveilles. Véritablement je formois mes lettres, et les
assemblois de façon que cela ressembloit un peu à de l'écri-
ture, et c'en étoit assez pour les expéditions d'une ta-
verne de village. Je te retiens donc à mon service, me
repliqua l'hôtesse. Tu ne me feras pas inutile, tu tien-
dras ici régistre de mes dettes actives et passives. Je ne te
donnerai point de gages, ajouta-t-elle, attendu qu'il vi-
ent dans cette hôtellerie d'honnétes-gens qui n'oublient
pas les valets. Tu peus compter sur de bons petits pro-
fits.

J'acceptai le parti, me réservant comme vous pouvez
croire, le droit de changer d'air sitôt que le séjour de
Galves cesseroit de m'être agréable. Dès que je me vis
arrêté pour servir dans cette hôtellerie, je me sentis l'e-
sprit travaillé d'une grande inquiétude. Je ne voulois pas
qu'on sût que j'avois de l'argent ; et j'étois bien en peine
de savoir où je le cacherois, pour qu'il fût à couvert de
toute main étrangere. Je ne connoissois pas encore assez
la maison, pour me fier aux endroits qui me sembloient
les plus propres à le receler. Que les richesses causent
d'embarras ! Je me déterminai pourtant à mettre mon
sac dans un coin de notre grenier où il y avoit de la paille ;
et le croyant là plus en sureté qu'ailleurs, je me tran-
quilisai autant qu'il me fut possible.

Nous étions trois domestiques dans cette maison, un
gros garçon d'écurie, une jeune servante de Galice, et
moi. Chacun de nous tiroit ce qu'il pouvoit des Voya-
geurs, tant à pié qu'à cheval, qui s'y arrêtoient. J'at-
trapois toujours de ces Messieurs quelques pieces de menue
monnoie, quand j'allois leur porter le mémoire de leur
dépense. Ils donnoient aussi quelque chose au valet d'é-
curie, pour avoir eu soin de leurs montures ; mais pour
la Galicienne, qui étoit l'idole des muletiers qui passoi-
ent par-là, elle gagnoit plus d'écus que nous de maravé-
dis. Je n'avois pas sitôt reçu un sou, que je le portois
au grenier pour en grossir mon trésor ; et plus je voyois
augmenter mon bien, plus je sentois que mon petit cœur

s'y attachoit. Je baifois quelquefois mes efpeces, je les contemplois avec un raviffement qui ne peut-être compris que par les avares.

L'amour que j'avois pour mon tréfor, m'obligeoit à l'aller vifiter trente fois par jour. Je rencontrois fouvent fur l'efcalier l'hôteffe, qui étant très defiante de fon naturel, fut curieufe un jour de favoir ce qui pouvoit à tout moment m'attirer au grenier. Elle y monta et fe mit a fureter par tout, s'imaginant que je cachois peut-être dans ce galetas, des chofes que je dérobois dans fa maifon. Elle n'oublia pas de remuer la paille qui couvroit mon fac, et elle le trouva. Elle l'ouvrit, et voyant qu'il y avoit des écus et des piftoles, elle crut ou fit femblant de croire que je lui avois volé cet argent. Elle s'en faifit à bon compte ; puis m'appellant petit miférable, petit coquin, elle ordonna au garçon d'écurie, tout dévoué à fes volontés, de m'appliquer une cinquantaine de bons coups de fouet ; et aprés m'avoir fi bien fait étriller, elle me mit à la porte, en difant qu'elle ne vouloit point fouffrir de fripon chez elle. J'eus beau protefter que je n'avois point volé l'hoteffe, elle foutint le contraire, et on la crut plutôt que moi. C'eft ainfi que les efpéces du Frere Chryfoftôme pafferent des mains d'un voleur dans celles d'une voleufe.

Je pleurai la perte de mon argent, comme on pleure la mort d'un fils unique, et fi mes larmes ne me firent pas rendre ce que j'avois perdu, elles furent caufe du moins que j'excitai la compaffion de quelques perfonnes qui les virent couler, et entr'autres du Curé de Galves qui paffa près de moi par hazard. Il parut touché du trifte état où j'étois, et m'emmena au Presbytere avec lui. Là, pour gagner ma confiance, ou plutôt pour me tirer les vers du nez, il commença par me plaindre : Que ce pauvre enfant, dit-il, eft digne de pitié ! Faut-il s'étonner, fi livré à lui-même dans un âge fi tendre, il a commis une mauvaife action ? les hommes pendant le cours de leur vie ont bien de la peine à s'en défendre. Enfuite m'adreffant la parole : Mon fils, ajouta-t-il, de quel endroit d'Efpagne êtes-vous, et qui font vos parens ? vous avez l'air d'un garçon de famille. Parlez-moi confidemment, et comptez que je ne vous abandonnerai point.

Le

Le Curé par ce difcours politique et charitable, m'engagea infenfiblement à lui découvrir toutes mes affaires; ce que je fis avec beaucoup d'ingénuité. Je lui avouai tout. Après quoi il me dit : Mon ami, quoiqu'il ne convienne gueres aux Hermites de théfaurifer, cela ne diminue pas votre faute; en volant le Frere Chryfoftôme, vous avez toujours péché contre l'article du Décalogue qui défend de dérober; mais je me charge d'obliger l'hôteffe à rendre l'argent, et de le faire tenir au Frere dans fon Hermitage, vous pouvez dès-à-préfent avoir la confcience en repos la-deffus. C'étoit, je vous jure, de quoi je ne m'inquiétois gueres. Le Curé qui avoit fon deffein, n'en demeura pas la : Mon enfant, pourfuivit-il, je veux m'intéreffer pour vous, et vous procurer une bonne condition. Je vous envoyerai dès demain par un muletier à mon neveu le Chanoine de la Cathédrale de Tolede. Il ne refufera pas à ma priere de vous recevoir au nombre de fes laquais, qui font chez lui comme autant de Bénéficiers qui vivent graffement du revenu de fa Prébende; vous ferez-là parfaitement bien, c'eft un chofe dont je puis vous affurer.

Cette affurance fut fi confolante pour moi, que je ne fongeai plus ni à mon fac ni aux coups de fouet que j'avois reçus. Je ne m'occupai l'efprit que du plaifir de vivre en Bénéficier. Le jour fuivant, tandis qu'on me faifoit déjeuner, il arriva felon les ordres du Curé, un muletier au Présbytere avec deux mules bâtées et bridées. On m'aida à monter fur l'une, le muletier s'élança fur l'autre, et nous prîmes la route de Tolede. Mon compagnon de voyage étoit un homme de belle humeur, et qui ne demandoit qu'à fe réjouir aux depens du prochain : Mon petit Cadet, me dit-il, vous avez un bon ami dans Monfieur le Curé de Galves : il ne pouvoit vous donner un meilleure preuve de fon affection, que de vous placer auprés de fon neveu le Chanoine, que j'ai l'honneur de connoître, et qui fans contredit eft la perle de fon Chapitre. Ce n'eft point un de ces Dévots dont le vifage pâle et maigre prêche la mortification; c'eft une groffe face, un teint fleuri, une mine réjouie, un vivant qui ne fe refufe point au plaifir qui fe préfente, et qui fur tout aime la bonne chere. Vous ferez dans fa maifon comme un petit coq en pâte.

Le

Le bourreau de muletier s'appercevant que je l'écou-
tois avec une grand satisfaction, continua de me vanter
le bonheur dont je jouirois quand je serois valet du Cha-
noine. Il ne cessa de m'en parler, jusqu'à ce qu'étant
arrivés au village d'Obisa, nous nous y arrêtâmes pour
faire un peu reposer nos mules. Le muletier allant et
venant dans l'hôtellerie, laissa tomber par hazard de sa
poche un papier que j'eus l'adresse de ramasser sans qu'il
y prit garde, et que je trouvai moyen de lire pendant qu'il
étoit à l'écurie. C'étoit une lettre addressée aux Prêtres
de l'Hôpital des Orphelins, et conçue en ces termes.

MESSIEURS, *J'ai cru que la charité m'obligeoit à
remettre entre vos mains un petit fripon qui s'est échappé
de votre hôpital ; il me paroit avoir de l'esprit, et mériter
que vous ayez la bonté de le tenir enfermé chez vous. Je
ne doute point qu'à force de corrections, vous n'en fassiez
un garçon raisonnable. Que Dieu conserve vos pieuses et
charitables Seigneuries.* LE CURE DE GALVES.

Lorsque j'eus achevé de lire cette lettre, qui m'appre-
noit les bonnes intentions de Monsieur le Curé, je ne de-
meurai pas incertain du parti que j'avois à prendre: Sor-
tir de l'hôtellerie et gagner les bords du Tage à plus
d'une lieue delà, fut l'ouvrage d'un moment. La crainte
me prêta des ailes pour fuir les Prêtres de l'Hôpital des
Orphelins, où je ne voulois point absolument retourner,
tant j'étois dégoûté de la maniere dont on y enseignoit
le Latin. J'entrai dans Tolede aussi gayement que si
j'eusse su où aller boire et manger. Il est vrai que c'est
une ville de bénédiction, et dans laquelle un homme d'e-
sprit, réduit à vivre aux dépens d'autrui, ne sauroit mou-
rir de faim. A peine fus-je dans la grande Place, qu'un
Cavalier bien vétu, auprès de qui je passai, me retint par le
bras et me dit: Petit garçon, veux-tu me servir? je se-
rois bien-aise d'avoir un laquais tel que toi. Et moi, lui
répondis-je, un Maître comme vous. Cela étant, réprit-
il, tu es à moi dès ce moment, et tu n'as qu'à me suivre;
ce que je fis sans repliquer.

Ce Cavalier qui pouvoit avoir trente ans, et qui se nom-
moit Don Abel, logeoit dans un hôtel garni, où il occu-
poit un assez bel appartement. C'étoit un Joueur de pro-

feffion, et voici de quelle forte nous vivions enfemble. Le matin, je lui hachois du tabac pour fumer cinq ou fix pipes, je lui nettoyois fes habits, et j'allois lui chercher un Barbier pour le rafer et lui redreffer la mouftache. Après quoi il fortoit pour courir les tripots, d'où il ne revenoit au logis qu'entre onze heures et minuit. Mais tous les matins, avant que de fortir, il tiroit de fa poche trois réaux qu'il me donnoit à dépenfer par jour, me laiffant la liberté de faire ce qu'il me plaîroit jufqu'à dix heures du foir ; pourvu que je fuffe à l'hotel quand il y rentroit, il étoit fort content de moi. Il me fit faire un pourpoint et un haut-de-chauffes de livrée, avec quoi j'avois tout l'air d'un petit commiffionnaire de Coquettes. Je m'accommodois bien de ma condition, et certainement je n'en pouvois trouver une plus convenable à mon humeur.

Il y avoit déja près d'un mois que je menois une vie fi heureufe, lorfque mon Patron me demanda fi j'étois fatisfait de lui, et fur la réponfe que je fis qu'on ne pouvoit l'être davantage ; Hé bien, reprit-il, nous partirons donc demain pour Séville, où mes affaires m'appellent. Tu ne feras pas fâché de voir cette Capitale de l'Andaloufie. *Qui n'a pas vu Séville*, dit le Proverbe, *n'a rien vu.* Je lui témoignai que j'étois prêt à le fuivre par-tout. Dès le même jour, le Meffager de Séville vint prendre à l'hôtel garni un grand coffre, où étoient toutes les nipes de mon Maître, et le lendemain nous partîmes pour l'Andaloufie.

Le Seigneur Don Abel étoit fi heureux au jeu qu'il ne perdoit que quand il vouloit ; ce qui l'obligeoit à changer fouvent de lieu, pour éviter le reffentiment des dupes, ce qui étoit la caufe de notre voyage. Etant arrivés à Séville, nous prîmes un logement dans un hôtel garni auprès de la Porte de Cordoue, et nous recommençâmes à vivre comme à Tolede. Mais mon Patron trouva de la différence entre ces deux villes. Il rencontra des Joueurs qui jouoient auffi heureufement que lui dans les tripots de Séville, deforte qu'il en revenoit quelquefois fort chagrin. Un matin qu'il étoit encore de mauvaife humeur d'avoir perdu cent piftoles le jour précédent, il me demanda pourquoi je n'avois pas porté fon linge fale chez une Dame qui avoit foin de le blanchir et de le parfumer. Je répondis que je ne m'en étois pas fouvenu. Là-deffus fe

mettant en colere, il m'appliqua fur le vifage une demi
douzaine de foufflets fi rudement, qu'il me fit voir plus
de lumieres qu'il n'y en avoit dans le Temple de Salo-
mon : Tenez, petit malheureux, me dit-il, voilà pour
vous apprendre à devenir attentif à vos devoirs. Faudra-
t-il donc que je fois fans ceffe aprés vous pour vous avertir
de ce que vous avez à faire? Pourquoi n'êtes-vous pas auffi
habile à fervir qu'à manger? Ne fauriez-vous, puifque vous
n'êtes pas une bête, prévenir mes ordres et mes befoins?
A ces mots il fortit de fon appartement, où il me laiffa
très mortifié d'avoir reçu des foufflets pour une faute fi
légere.

Je ne fai quelle avanture lui arriva peu de tems aprés
dans un tripot, mais un foir il revint fort échauffé : Sci-
pion, me dit-il, j'ai réfolu d'aller en Italie, et je dois
m'embarquer après demain fur un vaiffeau qui s'en re-
tourne à Genes. J'ai mes raifons pour faire ce voyage;
je crois que tu voudras bien m'accompagner, et profiter
d'une fi belle occafion de voir le plus charmant pays qu'il
y ait au monde. Je fis réponfe que j'y confentois, mais
en même tems je me promis bien de difparoître au mo-
ment qu'il faudroit partir. Je m'imaginois par-là me ven-
ger de lui, et je trouvois ce projet très ingénieux. J'en
étois fi content, que je ne pus m'empécher de le commu-
niquer à un Vaillant de profeffion, que je rencontrai dans
la rue. Depuis que j'étois à Séville, j'avois fait quelques
mauvaifes connoiffances, principalement celle-là. Je
lui contai de quelle maniere et pourquoi j'avois été fouf-
fleté; enfuite je lui dis le deffein que j'avois de quiter
Don Abel, lorfqu'il feroit prêt à s'embarquer, et je lui
demandai ce qu'il penfoit de ma réfolution.

Le Brave fronça les fourcils en m'écoutant, et releva
les crocs de fa mouftache; puis blâmant gravement mon
Maître : Petit bon-homme, me dit-il, vous êtes un garçon
deshonoré pour jamais, fi vous vous en tenez à la frivole
vengeance que vous méditez. Il ne fuffit pas de laiffer
Don Abel partir tout feul, ce ne feroit point affez le pu-
nir, il faut proportionner le châtiment à l'outrage. En-
levons-lui fes hardes et fon argent, que nous partagerons
en freres après fon depart. Quoique j'euffe un panchant
naturel à dérober, je fus effrayé de la propofition d'un
vol de cette importance. Cependant l'archifripon qui
me

me la faifoit, ne laiffa pas de me perfuader ; et voici quel
fut le fuccès de notre entreprife. Le Brave, qui étoit un
homme grand et robufte, vint le lendemain fur la fin du
jour me trouver à l'hôtel garni. Je lui montrai le coffre
où mon Maître avoit déja ferré fes nipes, et je lui deman-
dai s'il pourroit lui feul porter un coffre fi pefant. Si pe-
fant, me dit-il, apprenez que lorfqu'il s'agit d'enlever le
bien d'autrui, j'emporterois l'Arche de Noé. En ache-
vant ces paroles, il s'approcha du coffre, le mit fans peine
fur fes épaules, et defcendit l'efcalier d'un pié leger.
Je le fuivois du même pas ; et nous étions près d'enfiler
la porte de la rue, quand Don Abel, que fon heureufe é-
toile amena-là fi à propos pour lui, fe préfenta tout-à
coup devant nous.

Où vas-tu avec ce coffre, me dit-il ? Je fus fi troublé
que je demeurai muet ; et le Brave voyant le coup man-
qué, jetta le coffre à terre, et prit la fuite pour éviter les
éclairciffemens. Où vas-tu donc avec ce coffre, me dit
mon Maître pour la feconde fois ? Monfieur, lui répon-
dis-je plus mort que vif, je vais le faire porter au vaiffeau
fur lequel vous devez demain vous embarquer pour l'Ita-
lie. Eh ! fais-tu, me repliqua-t-il, fur quel vaiffeau je
dois faire ce voyage ? Non, Monfieur, lui repartis-je ;
mais qui a langue va à Rome. Je m'en ferois informé
fur le port, et quelqu'un me l'auroit appris. A cette ré-
ponfe qui lui fut fufpecte, il me lança un regard furieux,
je crus qu'il m'alloit encore fouffleter. Qui vous a com-
mandé, s'écria-t-il, de faire emporter mon coffre hors de
cet hôtel ? C'eft vous-même, lui dis-je. Eft-il poffible
que vous ne vous fouveniez plus du reproche que vous me
fîtes il y a quelque jours ? Ne me dites-vous pas en me
maltraitant, que vous vouliez que je prévinffe vos ordres,
et fiffe de mon chef ce qu'il y auroit à faire pour votre
fervice ? Or pour me regler là-deffus, je faifois porter
votre coffre au vaiffeau. Alors le Joueur, remarquant que
j'avois plus de malice qu'il n'avoit cru, me dit en me
donnant mon congé d'un air froid : Allez, Monfieur Sci-
pion, que le ciel vous conduife. Je n'aime point à jouer
avec des gens qui ont tantôt une carte de plus, et tantôt
une carte de moins. Otez-vous de devant mes yeux, a-
jouta-t-il en changeant de tòn, de peur que je ne vous
faffe chanter fans folfier.

Je lui épargnai la peine de me dire deux fois de me retirer. Je m'éloignai de lui dans le moment, mourant de peur qu'il ne me fît quiter mon habit, qu'il me laiffa heureufement. Je marchois le long des rues, en rêvant où je pourrois aller giter avec deux réaux que j'avois pour tout bien: J'arrivai à la porte de l'Archevêché ; et comme on travailloit alors au fouper de Monfeigneur, il fortoit des cuifines une agréable odeur, qui fe faifoit fentir d'une lieue à la ronde. Pefte ! dis-je en moi-même, je m'accommoderois volontiers de quelqu'un de ces ragoûts qui me prennent au nez, je me contenterois même d'y tremper les quatre doigts et le pouce. Mais quoi ! ne puis-je imaginer un moyen de goûter de ces bonnes viandes, dont je ne fais que fentir la fumée ? Pourquoi non ? cela ne me paroit pas impoffible. Je m'échauffai l'imagination là-deffus, et à force de rêver, il me vint dans l'efprit une rufe que j'employai fur le champ et qui réuffit. J'entrai dans la cour du Palais Archiépifcopal en courant vers les cuifines, et en criant de toute ma force, *Au fecours, au fecours !* comme fi quelqu'un m'eût pourfuivi pour m'affaffiner.

A mes cris redoublés, Maître Diégo, le cuifinier de l'Archevêque, accourut avec trois ou quatre marmitons pour en favoir la caûfe, et ne voyant perfonne que moi, il me demanda pour quel fujet je criois fi fort. Ah ! Seigneur, lui répondis-je en faifant toutes les démonftrations d'un homme épouvanté, par Saint Policarpe fauvez moi je vous prie de la fureur d'un Spadaffin qui veut me tuer. Où eft-il donc ce Spadaffin, s'écria Diégo ? vous êtes tout feul de votre compagnie, et je ne vois pas un chat à vos trouffes. Allez, mon enfant, raffurez-vous. C'eft apparemment quelqu'un qui a voulu vous faire peur pour fe divertir, et qui a bien fait de ne vous pas fuivre dans ce Palais, car nous lui aurions pour le moins coupé les oreilles. Non, non, dis-je au cuifinier, ce n'eft pas pour rire qu'il m'a pourfuivi. C'eft un grand pendard qui vouloit me dépouiller, et je fuis fûr qu'il m'attend dans la rue. Il vous attendra donc longtems, reprit-il, puifque vous demeurerez ici jufqu'à demain. Vous y fouperez et coucherez.

Je fus tranfporté de joie quand j'entendis ce dernieres paroles, et ce fut pour moi un fpectacle raviffant, lorfqu'ayant
yant

yant été conduit par Maître Diégo dans les cuifines, j'y
vis les préparatifs du fouper de Monfeigneur. Je comp-
tai jufqu'à quinze perfonnes qui en étoient occupées, mais
je ne pus nombrer les mets qui s'offrirent à ma vue, tant
la Providence avoit foin d'en pourvoir l'Archevêché. Ce
fut alors que refpirant à plein nez la fumée des ragoûts
que je n'avois fenti que de loin, j'appris à connoître la
fenfualité. J'eus l'honneur de fouper et de coucher avec
les marmitons, dont je gagnai fi bien l'amitié, que le jour
fuivant, lorfque j'allai remercier Maître Diégo de m'a-
voir donné fi généreufement un afile, il me dit : Nos
garçons de cuifine m'ont témoigné tous, qu'ils feroient
ravis de vous avoir pour camarade, tant ils trouvent votre
humeur à leur gré. De votre côté, feriez-vous bien-aife
d'être leur compagnon ? Je répondis que fi j'avois ce
bonheur-là, je me croirois au comble de mes vœux.
Si cela eft, mon ami, reprit-il, regardez-vous dès-à-pré-
fent comme un Officier de l'Archevêché. A ces mots il
me mena et me préfenta au Majordome, qui fur mon air
éveillé me jugea digne d'être reçu parmi les fouille-au-
pot.

Je ne fus pas plutôt en poffeffion d'un emploi fi honor-
able, que Maître Diégo, fuivant l'ufage de cuifiniers des
grandes Maifons qui envoient fecrettement des viandes à
leurs Mignonnes, me choifit pour porter chez une Dame
du voifinage, tantôt des longes de veau, et tantôt de
la volaille ou de gibier. Cette bonne Dame étoit une
veuve de trente ans tout au plus, très jolie, très vive, et qui
avoit tout l'air de n'être pas exactement fidele à fon cuifi-
nier. Il ne fe contentoit pas de lui fournir de la viande,
du pain, du fucre et de l'huile, il faifoit auffi fa provifion
de vin ; et tout cela aux dépens de Monfeigneur l'Arche-
vêque.

J'achevai de me dégourdir dans le Palais de Sa Gran-
deur, où je fis un tour affez plaifant, et dont on parle en-
core aujourd'hui dans Seville. Les Pages et quelques
autres Domeftiques, pour célébrer l'Anniverfaire de Mon-
feigneur, s'aviferent de vouloir repréfenter une Comédie.
Ils choifirent celle des *Bénavides* ; et comme il leur fal-
loit un garçon de mon âge pour faire le rôle du jeune
Roi de Léon, ils jetterent les yeux fur moi. Le Major-
dome, qui fe piquoit de déclamation, fe chargea de m'ex-

ercer, et après m'avoir donné quelques leçons, assura que je ne serois pas celui qui s'en s'acquiteroit le plus mal. Comme c'etoit le Patron qui faisoit la dépense de la Fête, on n'épargna rien pour la rendre magnifique. On construisit dans la plus grande Salle du Palais un Theatre qui fut bien décor. On fit dans les ailes un lit de gazon, sur lequel je devois paroitre endormi, quand les Maures viendroient se jetter sur moi pour me faire prisonnier. Lorsque les Acteurs furent en état de jouer la Piece, l'Archevêque fixa le jour de la représentation, et ne manqua pas de prier les Seigneurs et les Dames les plus considérables de la ville de s'y trouver.

Ce jour venu, chaque Acteur ne s'occupa que de son habillement. Pour le mien, il me fût apporté par un Tailleur accompagné de notre Majordome, qui s'étant donné la peine de me répéter mon rôle, se faisoit un plaisir de me voir habiller. Le Tailleur me revêtit d'une riche robe de velours, bien garni de galons et de boutons d'or, avec des manches pendantes ornées de franges du même métal; et le Majordome lui-même me posa sur la tête une couronne de carton, parsemée de quantité de perles fines mêlées parmi de faux diamans. De plus ils me mirent une ceinture de soie couleur de rose à fleurs d'argent; et à chaque chose dont ils me parloient, il me sembloit qu'ils m'attachoient des ailes pour m'envoler et m'en aller. Enfin la Comédie commença sur la fin du jour. J'ouvris la scene par tirade de vers qui aboutissoit à dire, que ne pouvant me défendre des charmes du sommeil, j'allois m'y abandonner. En même tems je me retirai dans les coulisses, et me jettai sur le lit de gazon qui m'y avoit été préparé; mais au-lieu de m'y endormir, je me mis à rêver aux moyens de pouvoir gagner la rue, et me sauver avec mes habits royaux. Un petit escalier dérobé, par où l'on descendoit sous le Théatre et dans la Salle, me parut propre à l'exécution de mon dessein. Je me levai légerement, et voyant que personne ne prenoit garde à moi, j'enfilai cet escalier, qui me conduisit dans la Salle, dont je gagnai la porte, en criant, *Place, place! je vais changer d'habit.* Chacun se rangea pour me laisser passer; de sorte qu'en moins de deux minutes je sortis impunément du Palais à la faveur de la nuit, et me rendis à la maison du Vaillant mon ami.

ll

Il fut dans le dernier étonnement de me voir vétu
comme j'étois. Je le mis au fait, et il en rit de tout son
cœur. Puis m'embraffant avec d'autant plus de joie qu'il
fe flattoit d'avoir part aux dépouilles du Roi de Léon, il
me félicita d'avoir fait un fi beau coup, et me dit que fi
je ne me démentois pas dans la fuite, je ferois un jour du
bruit dans le monde par mon efprit. Après nous être é-
gayés tous deux et bien épanouis la rate, je dis au Brave:
Que ferons-nous de ce riche habillement? Que cela ne
nous embaraffe point, me répondit il. Je connois un
honnête Fripier, qui fans témoigner la moindre curiofité,
achette tout ce qu'on veut lui vendre, pourvu qu'il y
trouve bien fon compte. Demain màtin j'irai le chercher,
et je vous l'amenerai ici. En effet le jour fuivant le Brave
fortit de grand matin de fa chambre, où il me laiffa au lit,
et revint deux heures après avec le Fripier, qui portoit un
paquet de toile jaune: Mon ami, me dit-il, je vous pré-
fente le Seigneur Ybagnez de Ségovie, qui malgré le
mauvais exemple que fes confreres lui donnent, fe pique
de la plus fcrupuleufe intégrité. Il va vous dire au jufte
ce que vaut habillement dont vous voulez vous défaire,
et vous pourrez vous en tenir à fon eftimation. Oh pour
cela oui, dit le Fripier. Il faudroit que je fuffe un grand
miférable, pour prifer une chofe au deffous de fa valeur.
C'eft ce qu'on n'a point encore reproché, Dieu merci, et
ce qu'on ne reprochera jamais à Ybagnez de Ségovie.
Voyons un peu, ajouta-t-il, les hardes que vous avez en-
vie de vendre, je vous dirai en confcience ce qu'elles va-
lent. Les voici, lui dit le Brave en les lui montrant ;
convenez que rien n'eft plus magnifique ; remarquez bien
la beauté de ce velours de Genes, et la richeffe de cette
garniture. J'en fuis enchanté, répondit le Fripier, après
avoir examiné l'habit avec beaucoup d'attention, rien n'eft
plus beau. Et que penfez-vous des perles qui font à cette
couronne, reprit mon ami ? Si elles étoient plus rondes,
repartit Ybagnez, elle feroient ineftimables ; cependant
telles qu'elles font, je les trouve fort belles, et j'en fuis
auffi content que du refte. J'en demeure d'accord de
bonne foi, continua-t-il. Un fourbe de Fripier à ma
place affecteroit de méprifer la marchandife pour l'avoir à
vil prix, et n'auroit pas honte d'en offrir vingt piftoles ;
mais moi qui ai de la morale, j'en donnerai quarante.

Quand

Quand Ybagnez auroit dit cent, il n'eût pas encore été un juste estimateur, puisque les perles seules en valoient bien deux cens. Le Brave, qui s'entendoit avec lui, me dit : Voyez le bonheur que vous avez d'être tombé entre les mains d'un honnête homme. Le Seigneur Ybagnez apprécie les choses comme s'il étoit à l'article de la mort. Cela est vrai, dit le Fripier ; aussi n'y a-t-il pas une obole à rabattre ou à augmenter avec moi. Hé bien, ajouta-t-il, est-ce une affaire finie ? N'y a-t-il qu'à vous compter les especes ? Attendez, lui répondit le Brave, il faut auparavant que mon petit ami essaye l'habit que je vous ai fait apporter ici pour lui, je suis bien trompé s'il n'est pas convenable à sa taille. Alors le Fripier, ayant défait son paquet, me montra un pourpoint et un haut-de-chausses d'un beau drap musc avec des boutons d'argent, le tout à demi-usé. Je me levai pour essayer cet habillement, lequel, quoique trop large et trop long, parut à ces Messieurs fait exprès pour moi. Ybagnez le prisa dix pistoles, et comme il n'y avoit rien à rabattre avec lui, il en fallut passer par-là. De sorte qu'il tira de sa bourse trente pistoles qu'il étala sur une table ; après quoi il fit un autre paquet de ma robe royale et de ma couronne, qu'il emporta.

Lorsqu'il fut sorti, le Vaillant me dit, je suis très satisfait de ce Fripier. Il avoit bien raison de l'être, car je suis sûr qu'il tira de lui pour le moins une centaine de pistoles de bénéfice. Mais il ne se contenta point de cela ; il prit sans façon la moitié de l'argent qui étoit sur la table, et me laissa l'autre en me disant : Mon cher Scipion, avec ces quinze pistoles qui vous restent, je vous conseille de sortir incessamment de cette ville, où vous jugez bien qu'on ne manquera pas de vous chercher par ordre de Monseigneur l'Archevêque. Je serois au desespoir qu'après vous être signalé par une action qui fera honneur à votre histoire, vous vous fissiez sottement mettre en prison. Je lui répondis que j'avois bien resolu de m'éloigner de Séville, comme en effet, après avoir acheté un chapeau et quelques chemises, je gagnai la vaste et délicieuse campagne qui conduit entre des vignes et des oliviers à l'ancienne cité de Carmone, et trois jours après j'arrivai a Cordoue.

J'allai

J'allai loger dans une hôtellerie à l'entrée de la grande Place, où demeurent les Marchands. Je me donnai pour un enfant de famille de Tolede qui voyageoit pour son plaisir : j'étois assez proprement vêtu pour le faire croire, et quelques pistoles que j'affectai de laisser voir comme par hazard à l'hôte, acheverent de le lui persuader. Peut-être aussi que ma grande jeunesse lui fit penser que je pouvois être quêlque petit libertin qui couroit le pays après avoir volé ses parens. Quoi qu'il en soit, il ne parut point curieux d'en savoir plus que je ne lui en disois, de peur. apparemment que sa curiosité ne m'obligeât à changer de logement. Pour six réaux par jour on étoit bien dans cette hôtellerie, où il y avoit beaucoup de monde ordinairement. Je comptai le soir au souper jusqu'à douze personnes à table. Ce qu'il y a de plaisant, c'est que chacun mangeoit sans rien dire, à la réserve d'un seul homme, qui parlant sans cesse à tort et à travers, compensoit par son babil le silence des autres. Il faisoit le bel esprit, débitoit des contes, et s'efforçoit par des bons mots de réjouir la compagnie, que de tems en-tems éclatoit de rire, moins à la vérité pour applaudir à ses saillies, que pour s'en moquer.

Pour moi je faisois si peu d'attention aux discours de cet Original, que je me serois levé de table sans pouvoir rendre compte de ce qu'il avoit dit, s'il n'eût trouvé moyen de m'intéresser dans ses discours : Messieurs, s'écria-t-il sur la fin du repas, je vous garde pour la bonne bouche une histoire des plus divertissantes, une avanture arrivée ces jours passés à l'Archevéché de Séville. Je la tiens d'un Bachelier de ma connoissance qui en a, dit-il, été témoin. Ces paroles me causerent quelque émotion ; je ne doutai point que cette avanture ne fut la mienne, et je n'y fus pas trompé. Ce personnage en fit un récit fidele, et m'apprit même ce que j'ignorois, c'est-à-dire, ce qui s'étoit passé dans la Salle après mon depart, ce que je vais vous raconter.

A peine eus-je pris la fuite, que les Maures, qui suivant l'ordre de la Piece qu'on représentoit, devoient m'enlever, parurent sur la scene, dans le dessein de venir me surprendre sur le lit de gazon où ils me croyoient endormi ; mais quand ils voulurent se jetter sur le Roi de Léon, ils furent bien étonnés de ne trouver ni Roi ni Roque. Aussitôt la Comédie fut interrompue. Voilà

tous

tous les Acteurs en peine: les uns m'appellent, les autres
me font chercher : celui-ci crie, et celui-là me donne à
tous les diables.   L'Archevêque s'appercevant que le
trouble et la confusion regnoient derriere le Théatre, en
demande la cause.   A la voix du Prélat, un Page, qui
faisoit la *Graciofo* dans la Piece, accourut et dit à Sa
Grandeur: Monseigneur, ne craignez plus que les Maures
faffent prisonnier le Roi de Léon ; il vient de se sauver
avec son habillement royal.   Le Ciel en soit loué, s'e-
cria l'Archevêque.   Il a parfaitement bien fait de fuir les
ennemis de notre Religion, et d'échapper aux fers qu'ils
lui préparoient.   Il fera sans doute retourné à Léon, la
Capitale de son Royaume.   Puiffe-t-il y arriver sans mal-
encontre.   Au reste je défens qu'on suive ses pas, je serois
fâché que Sa Majesté reçut quelque mortification de ma
part.   Le Prélat ayant parlé de cette sorte, ordonna qu'on
lût mon rôle, et qu'on achevât la Comédie.

CHAPITRE XI.

Suite de l'Histoire de Scipion.

TANT que j'eus de l'argent, mon hôte eut de grands
égards pour moi ; mais du moment qu'il s'apper-
çut que je n'en avois plus gueres, il me battit froid, il me
fit une querelle d'Allemand, et me pria un beau matin de
fortir de sa maison.   Je le quitai fierement, et j'entrai
dans l'Eglife des Peres de St. Dominique, où pendant que
j'entendois la Meffe, un vieux Mendiant vint me deman-
der l'aumone.   Je tirai de ma poche deux ou trois mara-
védis, que je lui donnai en lui disant: Mon ami, priez
Dieu qu'il me faffe trouver bientôt quelque bonne place:
fi votre priere est exaucée, vous ne vous repentirez pas
de l'avoir faite, comptez sur ma reconnoiffance.

A ces mots le Gueux me considéra fort attentivement,
et me répondit d'un air sérieux : Quel poste souhaiteriez-
vous d'avoir ?   Je voudrois, lui répliquai-je, être laquais
dans quelque maison où je fuffe bien.   Il me demanda fi
la chose preffoit.   On ne peut pas davantage, lui dis-je ;
car fi je n'ai pas au plutôt le bonheur d'être placé il n'y
a point de milieu, il faudra que je meure de faim, ou que
je devienne un de vos confreres.   Si vous étiez réduit à

cette

cette néceſſité, reprit-il, cela ſeroit fâcheux pour vous, qui n'étes pas fait à nos manieres ; mais pour peu que vous y fuſſiez accoutumé, vous prefereriez notre état à la ſervitude, qui ſans contredit eſt inferieure à la gueuſerie. Cependant puiſque vous aimez mieux ſervir, que de mener comme moi une vie libre et indépendante, vous aurez un Maître inceſſamment. Tel que vous me voyez, je puis vous être utile. Soyez ici demain à la même heure.

Je n'eus garde d'y manquer. Je revins le jour ſuivant au même endroit, où je ne fus pas longtems ſans appercevoir le Mendiant, qui vint me joindre, et qui me dit de prendre la peine de le ſuivre. Je le ſuivis. Il me conduiſit à une cave qui n'étoit pas éloignée de l'Egliſe, et où il faiſoit ſa réſidence. Nous y entrâmes tous deux, et nous étant aſſis ſur un long banc qui avoit pour le moins cent ans de ſervice, il me tint ce diſcours. Une bonne action, comme dit le Proverbe, trouve toujours ſa récompenſe ; vous me donnâtes hier l'aumône, et cela m'a déterminé à vous procurer une condition, ce qui ſera bientôt fait, s'il plaît au Seigneur. Je connois un vieux Dominicain, nommé le Pere Alexis, qui eſt un ſaint Religieux, un grand Directeur. J'ai l'honneur d'être ſon commiſſionnaire, et je m'acquite de cet emploi avec tant de diſcrétion et de fidélité, qu'il ne refuſe point d'employer ſon crédit pour moi et pour mes amis. Je lui ai parlé de vous, et je l'ai mis dans la diſpoſition de vous rendre ſervice. Je vous preſenterai à ſa Révérence quand il vous plaîra.

Il n'y a pas un moment à perdre, dis-je au vieux Mendiant, allons voir tout-à-l'heure ce bon Religieux. Le Pauvre y conſentit, et me mena ſur le champ au Pere Alexis, que nous trouvâmes occupé dans ſa chambre à écrire des Lettres ſpirituelles. Il interrompit ſon travail pour me parler. Il me dit qu'à la priere de Mendiant il vouloit bien s'intéreſſer pour moi. Ayant appris, pourſuivit-il, que le Seigneur Baltazar Vélaſquez avoit beſoin d'un laquais, je lui ai écrit ce matin en votre faveur, et il vient de me fair réponſe qu'il vous recevroit aveuglément de ma main. Vous pouvez dès ce jour le voir de ma part, c'eſt mon pénitent et mon ami. Là-deſſus le Moine m'exhorta pendant trois quarts d'heure à bien remplir mes devoirs. Il s'étendit principalement ſur l'obligation où

j'é ois

j'étois de fervir Vélafquez avec zele ; après quoi il m'affura qu'il auroit foin de me maintenir dans mon pofte, pourvu que mon Maître n'eut point de reproche à me faire.

Après avoir remercié le Religieux des bontés qu'il avoit pour moi, je fortis du Monaftere avec le Mendiant, qui me dit que le Seigneur Baltazar Vélafquez étoit un vieux Marchand de drap, un homme riche, fimple et débonnaire. Je ne doute pas, ajouta-t-il, que vous ne foyez parfaitement bien dans fa maifon. Je m'informai de la demeure du Bourgeois, et je m'y rendis fur le champ, après avoir promis au Gueux de reconnoître fes bons Offices, fitôt que j'aurois pris racine dans ma condition. J'entrai dans une grande boutique, où deux jeunes garçons marchands, proprement vêtus, fe promenoient en long et en large, et faifoient les agréables en attendant la pratique. Je leur demandai fi le Maître y étoit, et leur dis que j'avois à lui parler de la part du Pere Alexis. A ce nom vénérable on me fit paffer dans une arriere-boutique, où le Marchand feuilletoit un gros régitre qui étoit fur un bureau. Je le faluai refpectueufement, et m'étant approché de lui : Seigneur, lui dis-je, vous voyez le jeune homme quel le Révérend Pere Alexis vous a propofé pour laquais. Ah ! mon enfant, me répondit-il, fois le bien venu. Il fuffit que tu me fois envoyé par ce faint homme. Je te reçois à mon fervice préférablement à trois ou quatre laquais qu'on me veut donner. C'eft une affaire décidée, tes gages courent dès ce jour.

Je n'eus pas befoin d'être longtems chez ce Bourgeois, pour m'apercevoir qu'il étoit tel qu'on me l'avoit dépeint. Il me parut même d'une fi grande fimplicité, que je ne pus m'empêcher de penfer que j'aurois bien de la peine à m'abftenir de lui jouer quelque tour. Il étoit veuf depuis quatre années, et il avoit deux enfans, un garçon qui achevoit fon cinquième luftre, et une fille qui commençoit fon troifieme. La fille élevée par une Duegne févere, et dirigée par le Pere Alexis, marchoit dans le fentier de la vertu : mais Gafpard Vélafquez fon frere, quoiqu'on n'eût rien épargné pour en faire un honnête-homme, avoit tous les vices d'un jeune libertin. Il paffoit quelquefois des deux ou trois jours hors du logis ; et fi à fon retour fon pere s'avifoit de lui en faire des reproches, Gafpard lui impofoit

impofoit filence, et le prenant fur un ton plus haut que
le fien.

Scipion, me dit un jour le Vieillard, j'ai un fils qui fait
toute ma peine. Il eft plongé dans toute forte de débau-
ches : cela m'étonne, car fon éducation n'a point été ne-
gligée. Je lui ai donné de bons Maîtres ; et le Pere A-
lexis, mon ami, a fait tous fes efforts pour le mettre dans
le bon chemin. Il n'a pu en venir à bout, Gafpard s'eft
jetté dans le libertinage. Tu me diras peut-être que je
l'ai traité avec trop de douceur dans fa puberté, et que c'eft
cela qui l'a perdu : mais non ; il a été châtié quand j'ai
jugé à propos d'ufer de rigueur ; car tout débonnaire que
je fuis, j'ai de la fermeté dans les occafions qui en deman-
dent. Je l'ai même fait enfermer dans une Maifon de force,
et il n'en eft devenu que plus méchant. En un mot, c'eft
un de ces mauvais fujets que le bon exemple, les remon-
trances et les châtimens mêmes ne fauroient corriger. Il
n'y a que le Ciel qui puiffe faire ce miracle.

Si je ne fus pas fort touché de la douleur de ce malheu-
reux pere, du moins je fis femblant de l'être. Que je
vous plains, Monfieur, lui-dis-je ! un homme de bien
comme vous, méritoit d'avoir un meilleur fils. Que veux-
tu, mon enfant, me répondit-il ? Dieu m'a voulu priver
de cette confolation. Entre les fujets que Gafpard me
donne de mè plaindre de lui, pourfuivit-il, je te dirai con-
fidemment qu'il y en a un qui me caufe beaucoup d'inqui-
étude ; c'eft l'envie qu'il a de me voler, et qu'il ne trouve
que trop fouvent moyen de fatisfaire, malgré ma vigilance.
Le laquais à qui tu fuccedes s'entendoit avec lui, et c'eft
pour cela que j'ai chaffé ce domeftique. Pour toi, je
compte que tu ne te laifferas pas corrompre par mon fils.
Tu épouferas mes intérêts, je ne doute pas que le Pere
Alexis ne te l'ait bien recommendé. Je vous en répons,
lui dis-je : Sa Révérence m'a exhorté pendant une heure
à n'avoir en vue que votre bien ; mais je puis vous affurer
que je n'avois pas befoin pour cela de fon exhortation. Je
me fens difpofé à vous fervir fidelement, et je vous pro-
mets enfin un zele à toute épreuve.

Qui n'entend qu'une partie, n'entend rien. Le jeune
Vélafquez, Petit-Maître en diable, jugeant à ma phifio-
nomie que je ne ferois pas plus difficile à féduire que mon
prédéceffeur, m'attira dans un endroit écarté, et me par-

la dans ces termes. Ecoute, mon cher, je suis persuadé
que mon pere t'a chargé de m'espionner ; prends y garde,
je t'en avertis, cet emploi n'est pas sans desagrément. Si
je viens à m'appercevoir que tu m'observes, je te ferai
mourir sous le bâton ; au-lieu que si tu veux m'aider à
tromper mon pere, tu peus tout attendre de ma reconnois-
ance. Faut-il te parler plus clairement ? tu auras ta part
des coups de filet que nous ferons ensemble. Tu n'as qu'à
choisir : declare toi dans ce moment pour le pere ou pour
le fils, point de neutralité.

Monsieur, lui répondis-je, vous me serrez furieusement
le bouton ; je vois bien que je ne pourrai me défendre de
me ranger de votre parti, quoique dans le fonde je me sente
de la répugnance à trahir le Seigneur Vélasquez. Tu ne
dois t'en faire aucun scrupule, reprit Gaspard ; c'est un vieil
avare, qui voudroit encore me mener par la lisiere ; un vilain,
qui me refuse mon nécessaire en refusant de fournir à mes
plaisirs, car le plaisirs font des besoins à vingt-cinq ans.
C'est dans ce point de vue qu'il faut que tu regardes mon
pere. Voilà qui est fini, Monsieur, lui dis-je, il n'y a
pas moyen de tenir contre un si juste sujet de plainte. Je
m'offre à vous seconder dans vos louables entreprises ; mais
cachons bien tous deux notre intelligence, de peur qu'on
ne mette à la porte votre fidele ajoint. Vous ne ferez
point mal, ce me semble, d'affecter de me haïr, parlez
moi brutalement devant le monde, ne mesurez pas les
termes. Quelques soufletsmême, et quelques coups de
pié au cul ne gateront rien ; au contraire, plus vous me
donnerez de marques d'aversion, plus le Seigneur Baltazar
aura de confiance en moi. De mon côté, je ferai semblant
d'éviter votre conversation. En vous servant à table, je
paroitrai ne m'en acquiter qu'a regret ; et quand je m'en-
tretiendrai de votre Seigneurie avec les garçons de bou-
tique, ne trouvez pas mauvais que je dise pis que pendre
de vous.

Vive Dieu ! s'écria le jeune Vélasquez à ces dernieres
paroles. Je t'admire, mon ami ; tu fais paroître à ton âge
un génie étonnant pour l'intrigue, j'en conçois pour moi
le plus heureux présage. J'espere qu'avec le secours de
ton esprit, je ne laisserai pas une pistole à mon pere. Vous
me faites trop d'honneur, lui dis-je, de tant compter sur
mon industrie. Je ferai mon possible pour justifier la bonne
opi-

opinion que vous avez de moi ; et fi je ne puis y réuffir, du moins ce ne fera pas ma faute.

Je ne tardaî gueies à faire connoître à Gafpard, que j'étois effeétivement l'homme qu'il lui falloit ; et voici quel fut le premier fervice que je lui rendis. Le coffre-fort de Baltazar étoit dais la chambre de ce bonne homme, à la ruelle de fon lit, et lui fervoit de Prie-Dieu. Toutes les fois que je le regardois, il me réjouiffoit la vue, et je lui di-fois fouvent en moi-même : Coffre-fort, mon ami, feras tu toujours fermé pour moi ? N'aurai-je jamais le plaifir de contempler le tréfor que tu receles ? Comme j'allois quand il me plaifoit dans la chambre dont l'entrée n'étoit interdite qu'à Gafpard, il arriva un jour que j'aperçus fon pere, qui croyant n'être vu de perfonne, après avoir ouvert et refermé fon coffre-fort, en cacha la clé derriere une tapifferie. Je remarquai bien l'endroit, et fis part de cette découverte à mon jeune Maître, qui me dit en m'em-braffant de joi : Ah ! mon cher Scipion, que viens-tu m'apprendre ? Notre fortune eft faite, mon enfant. Je te donnerai dès aujourd'hui de la cire, tu prendras l'em-preinte de la clé, et tu me la remettras entre les mains. Je n'aurai pas de peine à trouver un Serrurier obligeant dans Cordoue, qui n'eft pas la ville d'Efpagne où il y a le moins de fripons

Hé pourquoi, dis-je à Gafpard, voulez-vous faire faire une fauffe clé ? nous pouvons nous fervir de la véritable. Ou, me répondit-îl ; mais je crains que mon pere, par défiance ou autrement, ne s'avife de la cacher ailleurs, et le plus fûr eft d'en avoir une qui foit à nous. J'approu-vai fa crainte ; et me rendant à fon fentiment, je mé pré-parai à prendre l'empreinte de la clé ; ce qui fut exécuté un beau matin, tandis que mon vieux Patron faifoit une vifite au Pere Alexis, avec lequel il avoit ordinairement de fort longs entretiens. Je n'en demeurai pas-là : je me fervis de la clé pour ouvrir le coffre-fort, qui fe trouvant rempli de grands et de petits facs, me jetta dans un embar-ras charmant. Je ne favois lequel choifir, tant je me fen-tois d'affeétion pour les uns et pour les autres : néanmoins, comme la peur d'être furpris ne me permettoit pas de faire un long examen, je me faifis à tout hazard d'un de plus gros. Enfuite, ayant refermé le coffre et remis la clé der-riere la tapifferie, je fortis de la chambre avec ma proie, que

que j'allai cacher fous mon lit dans une petite garderobe où je couchois.

Ayant fait fi heureufement cette opération, je rejoignis promptement le jeune Vélafquez, qui m'attendoit dans une maifon où il m'avoit donné rendez-vous, et je le revis en lui apprenant ce que je venois de faire. Il fut fi content de moi qu'il m'accabla de careffes, et m'offrit généreufement la moitié des efpeces qui étoient dans le fac, ce que je refufai. Non, non, Monfieur, lui dis-je, ce prémier fac eft pour vous feul, fervez-vous-en pour vos befoins. Je retournerai inceffamment au coffre-fort, où, graces au Ciel, il y a de l'argent pour nous deux. En effet trois jours après, j'enlevai un fecond fac, où il y avoit, ainfi que dans le premier, cinq cens écus, defquels je ne voulus accepter que le quart, quelques inftances que me fit Gafpard pour m'obliger à les partager avec lui fraternellement.

Sitôt que ce jeune homme fe vit fi bien en fonds, et par conféquent en état de fatisfaire la paffion qu'il avoit pour les Femmes et pour le Jeu, il s'y abandonna tout entier; il eut même le malheur de s'entêter d'une de ces fameufes Coquettes qui dévorent en engloutiffent en peu de tems les plus gros patrimoines; il fe jetta pour elle dans une dépenfe effroyable; ce qui me mit dans la néceffité de rendre tant de vifites au coffre-fort, que le vieux Vélafquez s'apperçut enfin qu'on le voloit. Scipion, me dit-il un matin, il faut que je te faffe une confidence: quelqu'un me vole, mon ami; on a ouvert mon coffre-fort; on en a tiré plufieurs facs; c'eft un fait conftant. Qui dois-je accufer de ce larcin? ou plutôt, quel autre que mon fils peut l'avoir fait? Gafpard fera furtivement entré dans ma chambre, ou bien tu l'y auras toi-même introduit; car je fuis tenté de te croire d'accord avec lui, quoique vous paroifliez tous deux fort mal enfemble. Néanmoins je ne veux pas écouter ce foupçon, puifque le Pere Alexis m'a répondu de ta fidélité. Je répondis que, graces à Dieu, le bien d'autrui ne me tentoit point, et j'accompagnai ce menfonge d'une grimace hypocrite qui me fervit d'apologie.

Effectivement le Vieillard ne m'en parla plus; mais il ne laiffa pas de m'envelopper dans fa defiance, et prenant des précautions contre nos attentats, il fit mettre à fon coffre-fort une nouvelle ferrure, dont il porta toujours depuis

puis

puis la clé dans ses poches. Par ce moyen tout commerce étant rompu entre nous et les sacs, nous demeurâmes fort sots, particulierement Gaspard, qui ne pouvant plus faire la même dépense pour sa Nymphe, craignit d'être obligé de ne la plus voir. Il eut pourtant l'esprit d'imaginer un expédient qui le fit rouler encore quelques jours, et cet ingénieux expédient fut de s'approprier par forme d'emprunt tout ce qui m'étoit revenu des saignées que j'avois faites au coffre-fort. Je lui donnai jusqu'à la derniere piece : ce qui pouvoit, ce me semble, passer pour une restitution anticipée que je faisois au vieux Marchand dans la personne de son héritier.

Ce jeune homme, lorsqu'il eut épuisé cette ressource, considérant qu'il n'en avoit plus aucune, tomba dans une profonde et noire mélancholie, qui troubla peu à peu sa raison. Il ne regarda plus son pere que comme un homme qui faisoit tout le malheur de sa vie. Il entra dans un vif desespoir ; et sans être retenu par la voix du sang, le miserable conçut l'horrible dessein de l'empoisonner. Il ne se contenta pas de me faire confidence de cet exécrable projet, il me proposa même de servir d'instrument à sa vengeance. A cette proposition, je me sentis saisi d'effroi : Monsieur, lui dis-je, est-il possible que vous soyez assez abandonné du Ciel pour avoir formé cette abominable résolution ? Quoi ! vous seriez capable de donner la mort à l'auteur de vos jours ! On verroit en Espagne, dans le sein du Christianisme, commettre un crime dont la seule idée feroit horreur aux Nations les plus barbares ! Non, mon cher Maitre, ajoutai-je, en me mettant a ses genoux, non, vous ne ferez point un action qui souleveroit contre vous toute la terre, et qui seroit suivie d'un infame châtiment !

Je tins encore d'autres discours à Gaspard, pour le détourner d'un enterprise si coupable. Je ne sai où j'allai prendre tous les raisonnemens d'honnête homme dont je me servis pour combattre son desespoir ; mais il est certain que je lui parlai comme un Docteur de Salamanque, tout jeune, et tout fils que j'étois de la Coscolina. Cependant j'eus beau lui représenter qu'il devoit rentrer en lui-même, et rejetter courageusement les pensées détestables dont son esprit étoit assailli, tout mon éloquence fut inutile. Il baissa la tête sur son estomac, et gardoit un morne silence ;

quelque chofe que je puffe lui dire, il me fit juger qu'il n'en démordroit point.

Là-deffus prenant mon parti, je démandai un fecret entretien à mon vieux Maitre, avec qui m'étant enfermé: Monfieur, lui dis-je, fouffrez que je me jette à vos pieds, et que j'implore votre miféricorde. En achevant ces paroles, je me profternai devant lui avec beaucoup d'emotion et le vifage baigné de larmes. Le Marchand furpris de mon action et de mon air troublé, me demanda ce que j'avois fait. Une faute dont je me repens, lui répondis-je, et que je me reprocherai toute ma vie. J'ai eu la foibleffe d'écouter votre fils, et de l'aider à vous voler. En même tems je lui fis un aveu fincere de tout ce qui s'étoit paffé à ce fujet: après quoi je lui rendis compte de la converfation que je venois d'avoir avec Gafpard, dont je lui révélai le deffein fans oublier la moindre circonftance. Quelque mauvaife opinion que le vieux Vélafque eût de fon fils, à peine pouvoit-il ajouter foi à ce difcours. Néanmoins, ne doutant point que mon rapport ne fût véritable, Scipion, me dit-il en me relevant, car j'etois toujours à fes pieds, je te pardonne en faveur de l'avis important que tu viens de me donner. Gafpard, pourfuivit-il en élevant la voix, Gafpard en veut à mes jours? Ah! fils ingrat, monftre qu'il eût mieux valu étouffer en naiffant, que laiffer vivre pour devenir un parricide! quel fujet as-tu d'attenter fur ma vie? Je te fournis tous les ans une fomme raifonnable pour tes plaifirs, et tu n'es pas content! Faut-il donc pour te fatisfaire, que je te permette de diffiper tous mes biens! Ayant fait cette apoftrophe amere, il me recommanda le fecret, et me dit de le laiffer feul fonger à ce qu'il avoit à faire dans une conjoncture fi délicate.

J'étois fort en peine de favoir quelle réfolution prendroit ce pere infortuné, lorfque le même jour il fit appeller Gafpard et lui tint ce difcours, fans lui rien témoigner de ce qu'il avoit dans l'ame: Mon fils, j'ai reçu une lettre de Mérida, d'où l'on me mande que fi vous voulez vous marier, on vous offre une fille de quinze ans, parfaitement belle, et qui vous apportera une riche dôt. Si vous n'avez point de répugnance pour le mariage, nous partirons demain au lever de l'aurore pour Mérida, nous verrons la perfonne qu'on vous propofe, et fi elle eft de votre goût

vous

vous l'épouferez. Gafpard entendant parler d'une riche
dot, et croyant déja la tenir, répondit fans héfiter qu'il
étoit prêt à faire ce voyage : fi bien qu'ils partirent le len-
demain dès la pointe du jour, tous deux feuls, et montés
fur de bonnes mules.

Quand ils furent dans les montagnes de Féfira, et dans
un endroit auffi chéri des voleurs que redouté des paffans,
Baltazar mit pié à terre en difant à fon fils d'en faire au-
tant. Le jeune homme obeit, et demanda pourquoi dans
ce lieu-là on le faifoit defcendre de fa mule : Je vais te l'a-
prendre, lui répondit le Vieillard en l'envifageant avec
des yeux où fa douleur et fa colere étoient peintes : Nous
n'irons point à Mérida ; et l'hymen dont je t'ai parlé, n'eft
qu'une fable que j'ai inventée pour t'attirer ici. Je n'ig-
nore pas, fils ingrat et dénaturé! je n'ignore pas le forfait
que tu médites. Je fai qu'un poifon préparé par tes foins
me doit être préfenté : mais infenfé que tu es! as-tu pu
te flatter que tu m'ôterois de cette façon impunément la
vie ? Quelle erreur! Ton crime feroit bientôt découvert,
et tu perirois par la main d'un Bourreau. Il eft, continua-
t-il, un moyen plus fûr de contenter ta rage, fans t'expo-
fer à une mort ignominieufe : nous fommes ici fans té-
moins, et dans un endroit où fe commettent tous les jours
des affaffinats : puifque tu es fi altéré de mon fang, enfonce
ton poignard dans mon fein, on imputera ce meurtre à des
brigands. A ces mots, Baltazar, découvrant fa poitrine, et
marquant la place de fon cœur à fon fils : Tiens Gafpard,
ajouta-t-il, porte-moi là un coup mortel, pour me punir
d'avoir produit un fcélérat comme toi.

Le jeune Vélafquez, frappé de ces paroles comme d'un
coup de tonnere, bien loin de chercher à fe juftifier,
tomba tout-à-coup fans fentiment aux pieds de fon pere.
Ce bon Vieillard le voyant dans cet état, qui lui parut un
commencement de repentir, ne put s'empêcher de céder
à la foibleffe de la paternité, il s'empreffa de le fecourir ;
mais Gafpard n'eût pas fitôt repris l'ufage de fes fens, que
ne pouvant foutenir la préfence d'un pere fi juftement ir-
rité, il fit un effort pour fe relever ; il remonta fur la mule,
et s'éloigna fans dire une parole. Baltazar le laiffa dif-
paroître, et l'abandonnant à fes remords revint à Cordoue,
où fix mois après il apprit qu'il s'étoit jetté dans la Char-

treufe

treufe de Séville, pour y paffer le refte de fesjours dans la pénitence.

CHAPITRE XII.

Fin de l'Hifloire de Scipion.

LE mauvais exemple produit quelquefois de très bons effets. La conduite que le jeune Vélafquez avoit tenue, me fit faire de férieufes réflexions fur la mienne. Je commençai à combattre mes inclinations furtives, et à vivre en garçon d'honneur. L'habitude que j'avois de me faifir de tout l'argent que je pouvois prendre, étoit formée par tant d'actes réitérés, qu'elle n'étoit pas aifée à vaincre. Cependant j'efpérois en venir à bout, m'imaginant que pour devenir vertueux, il ne falloit que le vouloir véritablement. J'entrepris donc ce grand ouvrage, et le Ciel fembla bénir mes efforts. Je ceffai du regarder d'un œil de cupidité le coffre-fort du vieux Marchand ; je crois même qu'il n'eût tenu qu'à moi d'en tirer des facs, que je n'en aurois rien fait : j'avoûrai pourtant qu'il y auroit eu de l'imprudence à mettre à cette épreuve mon intégrité naiffante : auffi Vélafquez s'en garda bien.

Don Manrique de Médrano, jeune Gentilhomme et Chevalier de l'Ordre d'Alcantara, venoit fouvent au logis. Nous avions fa pratique, qui étoit une de nos plus nobles, fi elle n'étoit pas une de nos meilleures. J'eus le bonheur de plaire à ce Cavalier, qui toutes les fois qu'il me rencontroit, m'agaçoit toujours pour me faire parler, et paroiffoit m'écouter avec plaifir. Scipion, me dit-il un jour, fi j'avois un laquais de ton humeur, je croirois poff. der un tréfor ; et fi tu n'appartenois pas à un homme que je confidere, je n'épargnerois rien pour te débaucher. Monfieur, lui répondis-je, vous auriez peu de peine à y réuffir ; car j'aime d'inclination les perfonnes de qualité, c'eft ma folie, leurs manieres aifées m'enlevent. Cela étant, reprit Mon Manrique, je veux prier le Seigneur Baltazar de confentir que tu paffes de fon fervice au mien, je ne crois pas qu'il me refufe cette grace. Véritablement Vélafquez la lui accorda d'autant plus facilement, qu'il ne croyoit pas la perte d'un laquais fripon irréparable. De mon côté, je fus bien-aife de fe changement, le valet d'un Bourgeois

ne

ne me paroiſſant qu'un gredin en comparaiſon du valet d'un Chevalier d'Alcantara.

Pour vous faire un portrait fidele de mon nouveau Patron, je vous dirai que c'étoit un Cavalier doué de la plus aimable figure, et qui revenoit à tout le monde par la douceur de ſes mœurs et par ſon bon eſprit. D'ailleurs il avoit beaucoup de valeur et de probité, il ne lui manquoit que du bien : mais cadet d'une Maiſon plus illuſtre que riche, il étoit obligé de vivre aux dépens d'une vieille tante qui demeuroit à Tolede, et qui l'aimant comme un fils, avoit ſoin de lui faire tenir l'argent dont il avoit beſoin pour s'entretenir. Il étoit toujours vétu proprement, on le recevoit fort bien par-tout Il voyoit les principales Dames de la ville, et entr'autres la Marquiſe d'Alménara. C'étoit une Veuve de ſoixante-douze ans, qui par ſes manieres engageantes et les agrémens de ſon eſprit, attiroit chez elle tout la Nobleſſe de Cordoue. Les hommes ainſi que les femmes ſe plaiſoient à ſon entretien, et l'on appelloit ſa maiſon *la bonne compagnie.*

Mon Maître étoit un des plus aſſidus courtiſans de cette Dame. Un ſoir qu'il venoit de la quiter, il me parut avoir un air animé, qui ne lui étoit pas naturel. Seigneur, lui dis-je, vous voilà bien agité ; votre fidele ſerviteur peut-il vous en demander la cauſe ? Ne vous feroit-il point arrivée quelque choſe d'extraordinaire? Le Chevalier ſourit à cette queſtion, et m'avoua qu'effectivement il étoit occupé d'une converſation ſérieuſe, qu'il venoit d'avoir avec la Marquiſe d'Alménara. Je voudrois bien, lui dis-je en riant, que cette Mignonne ſeptuagénaire vous eût fait une déclaration d'amour. Ne penſe pas te moquer, me répondit-il : aprends, mon ami, que la Marquiſe m'aime. Chevalier, m'a-t-elle dit, je connois votre peu de fortune comme votre nobleſſe, j'ai de l'inclination pour vous, et j'ai réſolu de vous épouſer pour vous mettre à votre aiſe, ne pouvant honnêtement vous enrichir d'une autre maniere. Je ſai bien que ce mariage me donnera un ridicule dans le monde ; et qu'on tiendra ſur mon compte des diſcours médiſans ; et qu'enfin je paſſerai pour une vieille folle qui veut ſe remarier. N'importe, je prétens mépriſer les caquets pour vous faire un ſort agréable. Tout ce que je crains, a-t-elle ajouté, c'eſt que vous n'ayez de la répugnance à répondre à mes intentions.

Y 3 .   Voila,

Voilà, pourfuivit le Chevalier, ce que m'a dit la Marquife ; j'en fuis d'autant plus étonné, que c'eft la femme de Cordoue la plus fage et la plus raifonnable ; auffi lui ai-je répondu que j'étois furpris qu'elle me fît l'honneur de me propofer fa main, elle qui avoit toujours perfifté dans la réfolution de foutenir jufqu'au bout fon veuvage. A quoi elle a reparti, qu'ayant des biens confidérables, elle étoit bien-aife de fon vivant d'en faire part à un honnête-homme, qu'elle chériffoit. Vous êtes apparemment, repris-je, déterminé à fauter le foffé. En peus tu douter, me répondit-il ? La Marquife a des biens immenfes avec les qualités du cœur et de l'éfprit. Il faudroit que j'euffe perdu le jugement, pour laiffér réchapper un établiffement fi avantageux pour moi.

J'approuvai fort de deffein où mon Maître étoit de profiter d'une fi belle occafion de faire fa fortune, et même je lui confeillai de brufquer les chofes, tant je craignois de les voir changer. Heureufement la Dame avoit encore plus que moi cette affaire à cœur ; elle donna de fi bons ordres, que les préparatifs de fon hymenée furent bientôt faits. Dès qu'on fut dans Cordoue que la vieille Marquife d'Alménara fe difpofoit à époufer le jeune Don Manrique de Médrano, les railleurs commencerent à s'égayer aux depens de cette Veuve ; mais ils eurent beau s'épuifer en mauvaifes plaifanteries, ils ne la détournerent point de fon entreprife ; elle laiffa parler toute la ville, et fuivit fon Chevalier à l'autel. Leurs nôces furént célébrées avec un éclat qui fournit une nouvelle matiere à la médifance. La Mariée, difoit-on, auroit du moins dû, par pudeur, fupprimer la pompe et le fracas, qui ne conviennent point-du tout aux vieilles Veuves qui prennent de jeunes Epoux.

La Marquife, au-lieu de fe montrer honteufe d'être à fon âge femme du Chevalier, fe livroit fans contrainte à la joie qu'elle en reffentoit. Il y eut chez elle un grand repas accompagné de fymphonie, et la fête finit par un bal, où fe trouva toute la Nobleffe de Cordoue de l'un et de l'autre fexe. Sur la fin du bal, nos nouveaux Mariés s'échapperent pour gagner un appartement, où s'étant enfermés avec un femme de chambre et moi, la Marquife adreffa ces paroles à mon Maître. Don Manrique, voici votre appartement, le mien eft dans un autre endroit

de

de cette maifon ; nous pafferons la nuit dans des chambres féparées, et le jour nous vivrons enfemble comme une mere et fon fils. Le Chevalier y fut trompé d'abord : il crut que la Dame ne parloit ainfi, que pour l'engager à lui faire un douce violence ; et s'imaginant devoir par politeffe paroître paffionné, il s'approcha d'elle, et s'offrit avec empreffement à lui fervir de valet de chambre : mais bien loin de lui permettre de la deshabiller, elle le repouffa d'un air férieux, et lui dit: Arrêtez Don Manrique : fi vous me prenez pour une de ces tendres Vieilles qui fe remarient par fragilité, vous êtes dans l'erreur ; je ne vous ai point époufé pour vous faire acheter les avantages que je vous fais par notre contrat de mariage ; ce font des dons purs de mon cœur, et je n'exige de votre reconnoiffance que des fentimens d'amitié. A ces mots, elle nous laiffa mon Maître et moi dans notre appartement, et fe retira dans le fien avec fa Suivante, en défendant abfolument au Chevalier de l'accompagner.

Après fa retraite nous demeurâmes affez longtems fort etourdis de ce que nous venions d'entendre. Scipion, me dit mon Maître, te ferois-tu jamais attendu au difcours que la Marquife m'a tenu ? Que penfes tu d'une pareille Dame ? Je penfe Monfieur, lui répondis-je, que c'eft une femme comme il n'y en a point. Quel bonheur pour vous de l'avoir ! C'eft poff-der un bénéfice fans être tenu d'acquiter les charges. Pour moi, reprit Don Manrique, j'admire une époufe d'un caractere fi eftimable, et je prétens compenfer par toutes les attentions imaginables le facrifice qu'elle fait à fa délicateffe. Nous continuâmes à nous entretenir de là Dame, et nous allâmes enfuite nous repofer, moi fur un grabat dans une garderobe, et mon Maitre dans un beau lit qu'on lui avoit préparé, et où je crois qu'au fond de fon ame il ne fut pas fâché de coucher feul, et d'en être quite pour la peur.

Les réjouiffances recommencerent le jour fuivant, et la nouvelle Mariée parut de fi belle humeur, qu'elle donna beau jeu aux mauvais plaifans. Elle rioit toute la premiere de ce qu'ils difoient ; elle excitoit même les rieurs à s'égayer, en fe prétant de bonne grace à leurs faillies. Le Chevalier de fon côté ne fe montroit pas moins content de fon époufe ; et l'on eût dit à l'air tendre dont il la regardoit et lui parloit, qu'il étoit dans le goût de la vieilleffe.

leffe. Lés deux époux eurent le foir une nouvelle converfation, où il fut décidé que fans fe gêner l'un à l'autre, ils vivroient de la même façon qu'ils avoient vécu avant leur mariage. Cependant il faut donner cette louange à Don Manrique, il fit par confidération pour fa femme, ce que peu de maris euffent fait à fa place ; il abandonna une petite Bourgeoife qu'il aimoit et dont il étoit aimé, ne voulant pas, difoit-il, entretenir un commerce qui fembleroit infulter à la conduite délicate que fon époufe tenoit avec lui.

. Tandisqu'il donnoit de fi fortes marques de reconnoiffance à cette vieille Dame, elle les payoit avec ufure, quoiqu'elle les ignorât. Elle le rendit maître de fon coffre-fort, qui valoit mieux que celui de Vélafquez. Comme elle avoit réformé fa maifon pendant fon veuvage, elle la remit fur le même pié où elle avoit été du vivant de fon prémier époux ; elle groffit fon domeftique, remplit fes écuries de chevaux et de mules ; en un mot, par fes généreufes bontés le Chevalier, le plus gueux de l'Ordre d'Alcantara, en devint le plus riche. Vous me demanderez peut-être ce que je gagnai à tout cela : Je reçus cinquante piftoles de ma Maîtreffe, et cent de mon Maître, qui de plus me fit fon Sécrétaire avec quatre cens écus d'appointemens ; il eut même affez de confiance en moi, pour vouloir que je fuffe fon Tréforier.

Son Tréforier, m'écriài-je, en interrompant Scipion dans cet endroit et en faifant un éclat de rire ! Oui, Monfieur, repliqua-t-il d'un air froid et ferieux, oui fon Tréforier ; j'ofe même dire que je me fuis acquité de cet emploi avec honneur. Il eft vrai que je fuis peut-être redevable de quelque chofe à la caiffe ; car comme j'y prenois mes gages d'avance, et que j'ai quité brufquement le fervice du Chevalier, il n'eft pas impoffible que le comptable foit en refte : en tout cas c'eft le dernier reproche qu'on ait à me faire, puifque j'ai toujours été depuis ce tems-là plein de droiture et de probité.

J'étois donc, pourfuivit le fils de la Cofcolina, Sécrétaire et Tréforier de Don Manrique, qui paroiffoit auffi content de moi que j'étois fatisfait de lui, lorfqu'il reçut une lettre de Tolede, par laquelle on lui mandoit que Donna Théodora Mofcofo fa tante étoit à l'extrémité. Il fut fur le champ pour fe rendre auprès de cette Dame, qui lui

lui fervoit de mere depuis plufieurs années. Je l'accom-
pagnai dans ce voyage avec un valet de chambre et un la-
quais feulement ; et tous quatre montés fur les meilleurs
chevaux de nos écuries, nous gagnâmes en diligence To-
lede, où nous trouvâmes Donna Théodora dans un état à
nous faire efpérer qu'elle ne mourroit point de fa maladie ;
et véritablement nos pronoftics, quoique contraires à ce-
lui d'un vieux Médecin qui la gouvernoit, ne furent pas
démentis par l'évenement.

Pendant que la fanté de notre bonne tante fe rétabliffoit
a vue d'œil, moins peut-être par les remedes qu'on lui
faifoit prendre, que par la préfence de fon cher neveu,
Monfieur le Tréforier paffoit fon tems le plus agréable-
ment qu'il lui étoit poffible avec de jeunes gens, dont la
connoiffance étoit fort propre à lui procurer des occafions
de dépenfer fon argent. Ils m'entrainoient quelquefois
dans des tripots, ou ils m'engageoient à jouer avec eux ;
et n'étant pas auffi habile joueur que mon Maître Don
Abel, je perdois beaucoup plus fouvent que je ne gag-
nois ; je prenois goût infenfiblement au jeu ; et fi je
me fus entierement livré à cette paffion, elle m'auroit
réduit fans doute à tirer de la caiffe quelques quartiers
d'avance ; mais heureufement l'amour fauva la caiffe
et ma vertu. Un jour, comme je paffois auprès de
l'Eglife *de los Reyes* ; j'apperçus au travers d'une jaloufie
dont les rideaux étoient ouverts, une jeune fille qui me
parut moins une Mortelle qu'une Divinité. Je me fervi-
rois d'un terme encore plus fort s'il y en avoit, pour
mieux vous exprimer l'impreffion que fa vue fit fur moi.
Je m'informai d'elle, et à force de perquifitions j'appris
qu'elle fe nommoit Béatrix, et qu'elle étoit Suivante de
Donna Julia, fille cadette du Comte de Polan.

Béatrix interrompit Scipion en riant à gorge déployée ;
puis addreffant la parole à ma femme : Charmante Anto-
nia, lui dit-elle, regardez-moi bien, je vous prie, n'ai-je
pas votre avis l'air d'un Divinité ? Vous l'aviez alors
à mes yeux, lui dit Scipion, et depuis que votre infidelité
ne m'eft plus fufpecte, vous me paroiffez plus belle que
jamais. Mon Sécretaire, après une repartie fi galante,
pourfuivit ainfi fon hiftoire.

Cette découverte acheva de m'enflammer, non à la vé-
rite d'une ardeur légitime. Je m'imaginai que je triom-
pherois facilement de fa vertu, fi je la tentois par des pré-
fens

fens capables de l'ébranler ; mais je jugeois mal de la chaſte Béatrix. J'eus beau lui faire propoſer par des femmes mercenaires ma bourſe et mes ſoins, elle rejetta fierement mes propoſitions. Sa réſiſtance irrita mes deſirs. J'eus recours au dernier expédient ; je lui fis offrir ma main, qu'elle accepta lorſqu'elle ſut que j'étois Sécrétaire et Treſorier de Don Manrique. Comme nous trouvâmes à propos de cacher notre mariage pendant quelque tems, nous nous mariâmes ſecretement en préſence de la Dame Lorença Séphora Gouvernante de Séraphine, et devant quelques autres Domeſtiques du Comte de Polan. Je n'eus pas plutôt épouſé Béatrix, qu'elle me facilita les moyens de la voir et de l'entretenir la nuit dans le jardin, où je m'introduiſois par une petite porte dont elle me donna une clé. Jamais deux epoux n'ont été plus contens que nous l'étions l'un de l'autre, Béatrix et moi : nous attendions avec une égale impatience l'heure du rendez-vous, nous y courions avec le même empreſſement ; et le tems que nous paſſions enſemble, quoiqu'il fût quelquefois aſſez long, nous ſembloit toujours trop court.

Une nuit, qui fut auſſi cruelle pour moi que les précédentes avoient été douces, je fus ſurpris, en voulant entrer dans le jardin, de trouver la petite porte ouverte. Cette nouveauté m'allarma, j'en tirai un mauvais augure. Je devins pâle et tremblant, comme ſi j'euſſe preſſenti ce qui m'alloit arriver ; et m'avançant dans l'obſcurité vers un cabinet de verdure où j'avois accoutumé de parler à mon épouſe, j'entendis la voix d'un homme. Je m'arrêtai tout-à-coup pour mieux ouir, et mon oreille fut auſſi-tôt frappée de ces paroles : *Ne me faites donc point languir, ma chere Béatrix, achevez mon bonheur, ſongez que votre fortune y eſt attachée.* Au-lieu d'avoir la patience d'écouter encore, je crus n'avoir pas beſoin d'en entendre davantage ; une fureur jalouſe s'empara de mon ame, et ne reſpirant que vengeance, je tirai mon épeé et j'entrai bruſquement dans le cabinet. Ah ! lâche ſuborneur, m'écriai-je, qui que tu ſois, il faut que tu m'arraches la vie avant que tu m'ôtes l'honneur. En diſant ces mots, je chargeai le Cavalier qui s'entretenoit avec Béatrix. Il ſe mit promptement en défenſe, et ſe battit en homme qui ſavoit mieux faire des armes que moi, qui n'avois reçu que quelques leçons d'eſcrime à Cordoue.

Ce-

Cependant, tout grand fpadaffin qu'il étoit, je lui portai un coup qu'il ne put parer ; ou plutôt il fit un faux pas, je le vis tomber, et m'imaginant l'avoir mortellement bleffé, je m'enfuis à toutes jambes, fans vouloir répondre à Béatrix qui m'appelloit.

Oui vraiment, interrompit la femme de Scipion en nous addreffant la parole, je l'appellois pour le tirer d'erreur. Le Cavalier avec qui je m'entretenois dans le cabinet, étoit Don Fernand de Leyva. Ce Seigneur, qui aimoit Julie ma Maitreffe, avoit formé la réfolution de l'enlever, croyant ne pouvoir l'obtenir que par ce moyen ; et je lui avois moi-même donné rendez-vous dans le jardin pour concerter avec lui cet enlevement, dont il m'affuroit que dépendoit ma fortune : mais j'eus beau appeller mon époux, il s'éloigna de moi comme d'un femme infidele.

Dans l'état où je me trouvai, réprit Scipion, j'étois capable de tout. Ceux qui favent par l'expérience ce que c'eft que la jaloufie, et quelles extravagances elle fait faire aux meilleurs efprits, ne feront point étonnés du defordre qu'elle produifit dans mon foible cerveau. Je paffai dans le moment d'une extrémité à l'autre. Je fentis fuccéder des mouvemens de haine, aux mouvemens de tendreffe que j'avois un inftant auparavant pour mon époufe. Je fis ferment de l'abandonner, et de la bannir pour jamais de ma mémoire. D'ailleurs je croyois avoir tué un Cavalier ; et dans cette opinion, craignant de tomber entre les mains de la Juftice, j'éprouvois ce trouble funefte qui fuit par tout, comme une furie, un homme qui vient de faire un mauvais coup. Dans cette horrible fituation, ne fongeant qu'à me fauver, je ne retournai point au logis, et je fortis à l'heure même de Tolede, n'ayant point d'autres hardes que l'habit dont j'étois revetu. Il eft vrai que j'avois dans mes poches une foixantaine de piftoles, ce qui ne laiffoit pas d'être une affez bonne reffource pour un jeune homme qui fe propofoit de vivre toujours dans la fervitude.

Je marchai toute la nuite, ou pour mieux dire je courus ; car l'image des Alguazils toujours préfenté à mon efprit, me donnoit fans ceffe un nouvelle vigueur. L'aurore me découvrit entre Rodillas et Maquéda. Lorfque je fus à ce dernier bourg, me trouvaut un peu fatigué, j'entrai dans l'Eglife qu'on venoit d'ouvrir, et après y avoir

voir

voir fait une courte priere, je m'affis fur un banc pour me repofer. Je me mis à rêver à l'état de més affaires, qui n'avoient que trop de quoi m'occuper ; mais je n'eus pas le tems de faire bien des réflexions. J'entendis retentir l'Eglife de trois ou quatre coups de fouet, qui me firent juger qu'il paffoit par-là quelque Muletier. Je me levai auffitôt pour aller voir fi je ne me trompois pas ; et quand je fus à la porte, j'en apperçus un, qui monté fur une mule en menoit deux autres en leffe. Arrêtez, mon ami, lui dis-je ; où vont ces mules? A Madrid, me répondit-il. J'ai amené de là ici deux bons Religieux de St. Dominique, et je m'en retourne.

L'occafion qui fe prefentoit de faire le voyage de Madrid, m'en infpira l'envie ; je fis marché avec le Muletier ; je montai fur une de fes mules, et nous pouffâmes vers Illefcas où nous devions aller coucher. A peine fûmes-nous hors de Maquéda, que le Muletier, homme de trente cinq à quarante ans, commença d'entonner des Chants d'Eglife à pleine tête ; il débuta par les Prieres que les Chanoines difent à Matines, enfuite il chanta le *Credo* comme on le chante aux Grandes Meffes ; puis paffant aux Vêpres, il les dit fans me faire grace du *Magnificat.* Quoique le faquin m'étourdit les oreilles, je ne pouvois m'empêcher de rire : je l'excitois même à continuer, quand il étoit obligé de s'arrêter pour reprendre haleine : Courage, l'ami, lui difois-je, pourfuivez ; fi le Ciel vous a donné de bons poûmons, vous n'en faites pas un mauvais ufage. Oh pour cela non, s'écria-t-il, je ne reffemble pas, Dieu merci, la plupart des Voituriers, qui ne chantent que des chanfons infames ou impies ; je ne chante même jamais de Romances fur nos Guerres contre les Maures ; car ce font des chofes du moins frivoles, fi elles ne font pas deshonnêtes. Vous avez, lui repliquai-je, une pureté de cœur que les Muletiers ont rarement : avec votre extrême délicateffe fur le choix de vos chants, avez-vous auffi fait vœu de chafteté dans les hôtelleries où il y a de jeunes Servantes ? Affurément, me repartit-il ; la continence eft encore une chofe dont je me pique dans ces fortes de lieux, je ne m'y occupe que du foin que je dois avoir de mes mules. Je ne fus pas peu étonné d'entendre parler de cette forte ce Phénix des Muletiers, et le

tenant

tenant pour un homme de bien et d'efprit, je liai avec
lui converfation après qu'il eut chanté tout fon faoul.

Nous arrivâmes à Illefcas fur la fin de la journée.
Lorfque nous fûmes à l'hôtellerie, je laiffai à mon com-
pagnon le foin des mules, et j'entrai dans la cuifine, où
j'ordonnai à l'hôte de nous préparer un bon fouper ; ce
qu'il promit de faire fi bien, que je me fouviendrois, dit-
il, toute ma vie d'avoir logé chez lui. Demandez, ajou-
ta-t-il, demandez à votre Muletier, quel homme je fuis.
Vive Dieu ! je défierois tous les Cuifiniers de Madrid et de
Tolede de faire une *Olla podrida* comparable aux miennes.
Je veux vous régaler ce foir d'un civé de lapreau de ma
façon, vous verrez fi j'ai tort de vanter mon favoir-faire.
Là-deffus me montrant une cafferole, où il y avoit, à ce
qu'il difoit, un lapin déja tout haché : Voilà, continua-
t-il, ce que je pretens vous donner. Quand j'aurai mis
du poivre, du fel, du vin, un paquet de fines herbes, et
quelques autres ingrédiens que j'emploie dans mes fauces,
j'efpere que je vous fervirai tantôt un ragoût digne d'un
Contador Mayor.

L'hôte, après avoir ainfi fait fon éloge, commença
d'aprêter le fouper. Pendant qu'il y travailloit, j'entrai
dans une falle, où m'étant couché fur un grabat que j'y
trouvai, je m'endormis de fatigue, n'ayant pris aucun re-
pos la nuit précédente. Au bout de deux heures, le Mu-
letier vint me réveiller. Mon Gentilhomme, me dit-il,
votre fouper eft prêt ; venez, s'il vous plaît, vous mettre
à table. Il y en avoit dans la falle une fur laquelle étoi-
ent deux couverts. Nous nous y afsîmes le Muletier et
moi, et l'on nous apporta le civé : je me jettai deffus a-
videment, et je le trouvai d'un goût exquis, foit que la
faim m'en fît juger trop favorablement, foit que ce fût
un effet des ingrédiens du Cuifinier. On nous fervit en-
fuite un morceau de mouton rôti ; et remarquant que le
Muletier ne faifoit honneur qu'à ce dernier plat, je lui
demandai pourquoi il ne touchoit point à l'autre. Il me
répondit en fouriant, qu'il n'aimoit pas les ragoûts. Cette
réponfe, ou plutôt le fouris dont il l'avoit accompagnée,
me parut myftérieux. Vous me cachez, lui dis-je, la vé-
ritable raifon qui vous empêche de manger de ce civé,
faites-moi le plaifir de me l'aprendre. Puifque vous êtes
fi curieux de la favoir, reprit-il, je vous dirai que j'ai de

la répugnance à me bourrer l'eſtomac de ces ſortes de ra-
goûts, depuis qu'en allant de Tolede à Cuença, on me
ſervit un loir dans une hôtellerie pour un lapin de ga-
renne un mâtou en hachis, cela m'a dégoûté des fricaſ-
ſées.

Le Muletier ne m'eût pas ſitôt dit ces paroles, que mal-
gré la faim qui me dévoroit, l'appétit me manqua tout-
à-coup. Je me mis en tête que je venois de manger d'un
lapin ſuppoſé, et je ne régardai plus le ragoût qu'en faiſ-
ſant la grimace. Mon compagnon ne me guerit pas l'e-
ſprit là-deſſus, en me diſant que les Maîtres d'hotelleries
en Eſpagne faiſoient aſſez ſouvent ce *qui pro quo*, de même
que les Pâtiſſiers. Le diſcours, comme vous voyez, étoit
fort conſolant : auſſi je n'eus plus aucune envie de retour-
ner au civé, pas même de toucher au plat de rôti, de peur
que le mouton ne fût pas mieux vérifié que le lapin. Je
me levai de table en maudiſſant le ragoût, l'hôte et l'hô-
tellerie ; et m'étant recouché ſur le grabat, j'y paſſai la
nuit plus tranquillement que je ne m'y étois attendu. Le
jour ſuivant de grand matin, après avoir payé mon hôte
auſſi graſſement que s'il m'eût fort bien traité, je m'éloi-
gnai d'Illeſcas, l'imagination encore ſi remplie du civé,
que je prenois pour des chats tous les animaux que j'ap-
percevois.

J'arrivai de bonne heure à Madrid, où ſitôt que j'eus
ſatisfait mon Muletier, je louai une chambre garnie au-
près de la Porte du Soleil. Mes yeux, quoiqu'accoutu-
més au grand monde, ne laiſſerent pas d'être éblouis du
concours de Seigneurs qu'on voit ordinairement dans le
quartier de la Cour. J'admirai la prodigieuſe quantité de
caroſſes, et le nombre infini de Gentilshommes, de pages
et de laquais qui étoient à la ſuite des Grands. Mon ad-
miration redoubla, lorſqu'étant allé au lever du Roi, j'ap-
perçus ce Monarque environné de ſes Courtiſans. Je fus
charmé de ce ſpectacle, et je dis en moi-même : Je ne
m'étonne plus d'avoir ouï dire qu'il faut voir la Cour de
Madrid, pour en concevoir toute la magnificence ; je ſuis
ravi d'y être venu, j'ai un preſſentiment que j'y ferai quel-
que choſe. Je n'y fis pourtant rien, que quelques con-
noiſſances infructueuſes. Je dépenſai peu à peu mon ar-
gent, et je fus trop heureux de me donner avec tout mon
mérite à un Pédant de Salamanque, qu'une affaire de fa-
mille

mille avoit attiré à Madrid, où il étoit né, et que le ha-
zard me fit connoître. Je devins son *factotum*, et je le
suivis à son Université lorsqu'il y retourna.

Mon nouveau Patron se nommoit Don Ignacio de Ipig-
na. Il prenoit le *Don* pour avoir été Précepteur d'un
Duc, qui lui faisoit par reconnoissance une pension à
vie ; il en avoit une autre comme Professeur émérite du
Collège ; et de plus il tiroit tous les ans du public un re-
venu de deux ou trois cens pistoles, par les Livres de Mo-
rale dogmatique qu'il avoit coutume de faire imprimer.
La maniere dont il composoit ses ouvrages, merite bien
que j'en fasse une glorieuse mention. Il passoit presque
toute la journée à lire les Auteurs Hébreux, Grecs et
Latins, et a mettre sur un petit carré de papier chaque a-
pophtegme ou pensée brillante qu'il y trouvoit. A me-
sure qu'il remplissoit des carrés, il m'employoit à les en-
filer dans un fil de fer en forme de guirlande, et chaque
guirlande faisoit un tome. Que nous faisions de mauvais
Livres ! Il ne se passoit gueres de mois que nous ne fis-
sions pour le moins deux volumes, et aussitôt la presse en
gémissoit : ce qu'il y a de plus surprenant, c'est que ces
compilations se donnoient pour des nouveautés ; et si les
Critiques s'avisoient de reprocher à l'Auteur qu'il pilloit
les Anciens, il leur répondoit avec une orgueilleuse ef-
fronterie, *furto lætamur in ipso.*

Il étoit aussi grand Commentateur, et il y avoit tant d'é-
rudition dans ses commentaires, qu'il faisoit souvent des
remarques sur des choses qui n'étoient pas dignes d'être
remarquées ; comme sur ses carrés de papier il écrivoit
quelquefois très mal-à-propos des passages d'Hésiode et
d'autres Auteurs. Je ne laissai pas de profiter chez ce Sa-
vant. Il y auroit de l'ingratitude à n'en pas convenir :
j'y perfectionnai mon écriture à force de copier ses ou-
vrages ; et si me traitant en éleve plutôt qu'en valet, il eut
soin de me former l'esprit, il ne négligea point mes mœurs.
Scipion, me disoit-il, quand par hazard il entendoit dire
que quelque domestique avoit fait une friponnerie, prends
bien garde, mon enfant, de suivre le mauvais exemple de
ce fripon. Il faut qu'un valet serve son Maître avec au-
tant de fidélité que de zele. En un mot, Don Ignacio
ne perdoit aucune occasion de me porter à la vertu ; et ses
exhortations faisoient sur moi un si bon effet, que je n'eus

pas la moindre tentation de lui jouer quelque tour pendant quinze mois que je demeurai chez lui.

J'ai déja dit que le Docteur de Ipigna étoit originaire de Madrid. Il y avoit une parente appellée Catalina, qui étoit femme de chambre de Madame la Nourice. Cette Soubrette, qui est la même dont je me fuis fervi depuis pour tirer de la Tour de Ségovie le Seigneur de Santillane, ayant envie de rendre fervice à Don Ignacio, engagea fa Maîtreffe à demander pour lui un Bénéfice au Duc de Lerme. Ce Ministre le fit nommer à l'Archidiaconat de Grenade, lequel étant en pays conquis est à la nomination du Roi. Nous partîmes pour Madrid fitôt que nous eûmes appris cette nouvelle, le Docteur voulant remercier fes bienfaitrices avant que d'aller à Grenade. J'eus plus d'une occafion de voir Catalina, et de lui parler. Mon humeur enjouée et mon air aifé lui plûrent : de mon côté je la trouvai fi fort à mon gré, que je ne pus me defendre de répondre aux petites marques d'amitié qu'elle me donna : enfin nous nous attachâmés l'un à l'autre. Pardonnez-moi cet aveu, ma chere Béatrix ; comme je vous croyois infidele, cette erreur doit me fauver de vos reproches.

Cependant le Docteur Don Ignacio fe préparoit à partir pour Grenade. Sa parente et moi effrayés de la prochaine féparation qui nous menaçoit, nous eûmes recours à un expédient qui nous en préferva. Je feignis d'être malade, je me plaignis de la tête et de la poitrine, et fis toutes les démonftrations d'un homme accablé de tous les maux du monde. Mon Maître appelle un Médecin, qui me dit bonnement, après m'avoir bien obfervé, que ma maladie étoit plus férieufe qu'on ne penfoit, et que felon toutes les apparences je garderois longtems la chambre. Le Docteur, impatient de fe rendre à fa Cathédrale, ne jugea pas à propos de retarder fon départ, il aima mieux prendre un autre garçon pour le fervir ; il fe contenta de m'abandonner aux foins d'une Garde, à qui il laiffa une fomme d'argent pour m'enterrer fi je mourois, ou pour récompenfer mes fervices fi je revenois de ma maladie.

Sitôt que je fus Don Ignacio parti pour Grenade, je fus guéri de tous mes maux. Je me levai, je congédiai mon Médecin qui avoit tant de pénétration, et je me défis de ma Garde, qui me vola plus de la moitié des efpeces

qu'elle

qu'elle devoit me remettre. Tandis que jé faifois ce per-
fonnage, Catalina jouoit un autre rôle auprès de Donna
Anna de Guévara fa Maîtreffe, à laquelle faifant entendre
que j'étois admirable pour l'intrigue, elle lui mit dans
l'efprit de me choifir pour un de fes Agens. Madame la
Nourrice, à qui l'amour des richeffes faifoit former des
entreprifes, ayant befoin de pareils fujets, me reçut par-
mi fes domeftiques, et ne tarda gueres à m'éprouver. Elle
me donna des commiffions qui demandoient un peu d'a-
dreffe, et fans vanité je ne m'en acquitai point mal ; auffi
fut elle autant fatisfaite de moi, que j'eus lieu d'être mé-
content d'elle. La Dame étoit fi avare, qu'elle ne me
faifoit pas la moindre part des fruites quelle recueilloit de
mon induftrie et de mes peines. Elle s'imaginoit qu'en
me payant exactement mes gages, elle en ufoit avec moi
affez généreufement. Cet excés d'avarice m'auroit bien-
tôt fait fortir de chez elle, fi je n'y euffe été rétenu par
les bontés de Catalina, qui s'enflammant de plus en plus
tous les jours, me propofa formellement de l'époufer.

Doucement, lui dis-je, mon aimable ; cette cérémonie
ne fe peut faire entre nous fi promptement, il faut aupara-
vant que j'apprenne la mort d'une jeune perfonne qui
vous a prévenue, et dont je fuis devenu l'époux pour mes
péchés. A d'autres, me répondit Catalina, vous vous
dites marié pour me cacher poliment la répugnance que
vous avez à me prendre pour votre époufe. Je lui protef-
tai vainement que je lui difois la vérité, mon aveu fincere
lui parut une défaite ; et s'en trouvant offenfée, elle chan-
gea de manieres à mon égard. Nous ne nous brouillâmes
point ; mais notre commerce fe refroidit à vue d'œil, et
nous n'eûmes plus l'un pour l'autre que des égards de
bienféance et d'honnêteté.

Dans cette conjoncture j'appris qu'il faloit un laquais
au Seigneur Gil Blas de Santillane, Sécretaire du premier
Miniftre de la Couronne d'Efpagne, et ce pofte me flatta
d'autant plus, qu'on m'en parla comme du plus gracieux
que je puffe occuper. Le Seigneur de Santillane, me
dit-on, eft un cavalier plein de mérite, un garçon chéri
du Duc de Lerme, et qui par conféquent ne fauroit man-
quer de pouffer loin fa fortune : d'ailleurs il a le cœur
généreux, en faifant fes affaires vous ferez fort bien les
vôtres. Je ne négligeai point cette occafion ; j'allai me

préfenter au Seigneur Gil Blas pour quoi d'abord je me fentis naître l'inclination,, et qui m'arrêta fur ma phifionomie. Je ne balançai point à quiter pour lui Madame la Nourrice ; et il fera, s'il plaît au Ciel, le dernier de mes Maîtres.

Scipion finit fon hiftoire en cet endroit, puis m'adreffant la parole : Seigneur de Santillane, ajouta-t-il, faites-moi la grace de témoigner à ces Dames que vous m'avez toujours connu pour un ferviteur auffi fidele que zélé. J'ai befoin de votre témoignage pour leur perfuader que le fils de la Cofcolina a purgé fes mœurs, et fait fuccéder de vertueux fentimens à fes mauvaifes inclinations.

Oui, Mefdames, dis-je alors, c'eft de quoi je puis vous répondre. Si dans fon enfance Scipion étoit un vrai *Picaro*, il s'eft depuis fi bien corrigé, qu'il eft dévenu le modele d'un parfait domeftique. Bien-loin d'avoir quelques reproches à lui faire fur la conduite qu'il à tenue avec moi, je dois plutôt avouer que je lui ai de grandes obligations. La nuit qu'on m'enleva pour me conduire à la Tour de Ségovie, il fauva du pillage et mit en fureté une partie de mes effets, qu'il pouvoit impunément s'approprier : il ne fe contenta pas même de fonger à conferver mon bien, il vint par pure amitié s'enfermer avec moi dans ma prifon, préférant aux charmes de la liberté le trifte plaifir de partager mes peines.

Fin du dixieme Livre.

LES
AVANTURES
DE
GIL BLAS,
DE SANTILLANE.

LIVRE ONZIEME.

CHAPITRE I.

De plus grand joie que Gil Blas ait jamais sentie, et du triste accident qui la troubla. Des changemens qui arrivérent à la Cour, et qui furent cause que Santillane y retourna.

J'AI déja dit qu'Antonia et Béatrix s'accordoient ensemble parfaitement bien, l'une étant accoutumée à vivre en Soubrette soumise, et l'autre s'accoutumant volontiers à faire la Maîtresse. Nous étions, Scipion et moi, des maris trop galands et trop chéris de nos femmes, pour n'avoir pas bientôt la satisfaction d'être peres : elles devinrent enceintes presque en même tems. Béatrix accoucha la premier, mit au monde une fille, et peu de jours après Antonia nous combla-tous de joie en me donnant un fils. J'envoyai mon Sécrétaire à Valence porter cette nouvelle au Gouverneur, qui vint à Lirias avec Séraphine et la Marquise de Pliégo tenir les enfans  sur les Fonds, se faisant un plaisir d'ajouter ce tèmoignage d'affection à tous ceux que j'avois déja reçus de lui. Mon fils, qui eut pour parain ce Seigneur, et pour maraine la Marquise, fut nommé Alphonse ; et Madame la Gouvernante voulant que j'eusse l'honneur d'être doublement son compere, tint avec moi la fille de Scipion, à laquelle nous donnâmes le nom de Séraphine.

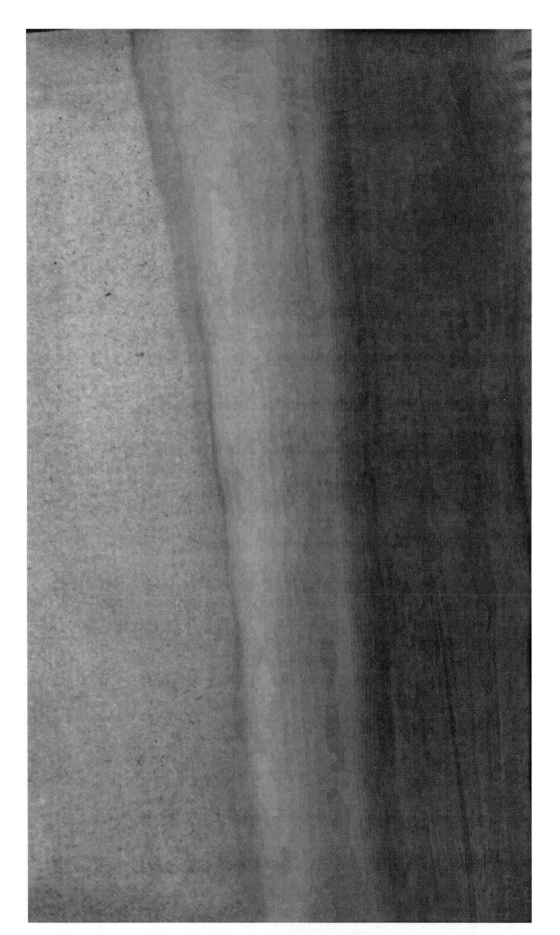

…lement qu'à ir-
…erieur. Lorſque
…le n'épargnerent
… ils mirent tour
…propres à me diſ-
…demeurai plongé
…me tirer. Il ne
…repliſſe ma tran-
…ence pour ſavoir
…ntant plus triſte
…us ou moins de

…Monſieur, me
…dans la ville un
…on dit que Phi-
…on fils eſt ſur le
…que le Cardinal
…i eſt même dé-
…ſpard de Guz-
…premier Mi-
…nouvelle, ſans
…me demanda
…gement. Eh!
…pondis-je, mon
…emens qui peu-

…fils de la Coſ-
…à votre place
…montrer mon
…remettroit;
…j'entends, lui
…Cour pour y
…y redevenir
…s'y cor-
…? ayez plus
…Je vous
…que votre
…permettent
…vous har-
…les écueils.
…es-tu las de
me

La naiſſance de mon fils ne réjouit pas ſeulement les perſonnes du Château ; les habitans de Lirias la célébrerent auſſi par des fêtes qui firent connoître que tout le hameau prenoit part au plaiſir de ſon Seigneur. Mais hélas ! nos réjouiſſances ne furent pas de longue durée ; ou, pour mieux dire, elles ſe convertirent tout-à-coup en gémiſſemens, en plaintes, en lamentations, par un évenement que plus de vingt années n'ont pu me fair oublier, et qui ſera toujours preſent à ma penſée : mon fils mourut ; et ſa mere, quoiqu'elle fut heureuſement accouchée de lui, le ſuivit de près ; une fievre violente emporta ma chere épouſe, après quatorze mois de mariage. Que le Lectéur conçoive, s'il eſt poſſible, la douleur dont je fus ſaiſi : je tombai dans un accablement ſtupide : à force de ſentir la perte que je faiſois, j'y paroiſſois, comme inſenſible. Je fus cinq ou ſix jours dans cet état, je ne voulois prendre aucune nourriture, et je crois que ſans Scipion, je me ſerois laiſſé mourir de faim, ou que la tête m'auroit tourné : mais cet adroit Sécrétaire ſut tromper ma douleur, en s'y conformant : il trouvoit le ſecret de me faire avaler des bouillons, en me les préſentant d'un air ſi mortifié, qu'il ſembloit me les donner, moins pour conſerver ma vie, que pour nourrir mon affliction.

Cet affectionné Serviteur écrivit à Don Alphonſe pour l'informer du malheur qui m'étoit arrivé, et de la ſituation pitoyable où je me trouvois. Ce Seigneur tendre et compâtiſſant, cet ami généreux, ſe rendit bientôt à Lirias. Je ne puis ſans m'attendrir rappeller le moment où il s'offrit à mes yeux : Mon cher Santillane, me dit-il en m'embraſſant, je ne viens point ici pour vous conſoler ; j'y viens pleurer avec vous Antonia, comme vous pleureriez avec moi Séraphine ſi la Parque me l'eût ravie. Effectivement il répandit des larmes, et confondit ſes ſoupirs avec le miens : tout accablé que j'étois de ma triſteſſe, je reſſentis vivement les bontés de Don Alphonſe.

Ce Gouverneur eut avec Scipion un long entretien, ſur ce qu'il y avoit à faire pour vaincre ma douleur. Ils jugerent qu'il faloit pour quelque tems m'éloigner de Lirias, où tout me retraçoit ſans ceſſe l'image d'Antonia. Sur quoi le fils de Don Céſar me propoſa de m'emmener à Valence, et mon Sécrétaire appuya ſi bien la propoſition que je l'acceptai. Je laiſſai Scipion et ſa femme au Châ-

Château, dont le séjour ne servoit véritablement qu'à ir-
riter mes ennuis, et je partis avec le Gouverneur. Lorsque
je fus à Valence, Don César et sa belle-fille n'épargnerent
rien pour faire diversion à mon chagrin ; ils mirent tour
à tour en usage les amusements les plus propres à me dis-
siper ; mais malgré tous leurs soins, je demeurai plongé
dans une mélancholie dont ils ne purent me tirer. Il ne
tenoit pas non-plus à Scipion que je ne reprisse ma tran-
quilité : il venoit souvent de Lirias à Valence pour savoir
de mes nouvelles, et il s'en retournoit d'autant plus triste
ou d'autant plus gai, qu'il me voyoit plus ou moins de
disposition à me consoler.

Il entra un matin dans ma chambre : Monsieur, me
dit-il d'un air fort agité, il se répand dans la ville un
bruit qui intéresse toute la Monarchie : on dit que Phi-
lippe III. ne vit plus, et que le Prince son fils est sur le
trone. On ajoute à cela, poursuivit-il, que le Cardinal
Duc de Lerme a perdu son poste, qu'il lui est même dé-
fendu de paroître à la Cour, et que Don Gaspard de Guz-
man, Comte d'Olivarès, est présentement premier Mi-
nistre. Je me sentis un peu ému de cette nouvelle, sans
savoir pourquoi ? Scipion s'en apperçut, et me demanda
si je ne prenois aucune part à ce grand changement. Eh !
quelle part veux-tu que j'y prenne, lui répondis-je, mon
enfant ? j'ai quité la Cour, tous les changemens qui peu-
vent y arriver me doivent être indifférens.

Pour un homme de votre âge, reprit le fils de la Cos-
colina, vous êtes bien détaché du monde. A votre place
j'aurois un desir curieux : j'irois à Madrid montrer mon
visage au jeune Monarque, pour voir s'il me remettroit ;
c'est un plaisir que je me donnerois. Je t'entends, lui
dis-je ; tu voudrois que je retournasse à la Cour pour y
tenter de nouveau la fortune, ou plutôt pour y redevenir
un avare et un ambitieux. Pourquoi vos mœurs s'y cor-
romproient-elles encore, me repartit Scipion ? ayez plus
de confiance que vous n'en avez en votre vertu. Je vous
répons de vous même. Les saines réflexions que votre
disgrace vous a fait faire sur la Cour, ne vous permettent
point d'en redouter les dangers. Rembarquez-vous har-
diment sur une mer dont vous connoissez tous les écueils.
Tais toi, flatteur, interrompis-je en souriant, es-tu las de

me

me voir mener une vie tranquille ? je croyois que mon re-
pos t'étoit plus cher.

Dans cet endroit de notre converſation, Don Céſar et
ſon fils arriverent. Ils me confirmerent la nouvelle de la
mort du Roi, ainſi que le malheur du Duc de Lerme. Ils
m'apprirent de plus que ce Mîniſtre ayant fait demander la
permiſſion de ſe retirer à Rome n'avoit pu l'obtenir, et
qu'il lui étoit ordonné de ſe rendre à ſon Marquiſat de Dé-
nia. Enſuite, comme s'ils euſſent été d'accord avec mon
Sécrétaire, ils me conſeillerent d'aller à Madrid me pré-
ſenter aux yeux du nouveau Roi, puiſque j'en étois connu,
et que je lui avois même rendu des ſervices que les Grands
récompenſent aſſez volontiers. Pour moi, dit Don Al-
phonſe, je ne doute pas qu'il ne les reconnoiſſe, Philippe
IV. doit payer les dettes du Prince d'Eſpagne. J'ai le
même preſſentiment, dit Don Céſar, et je regarde le voy-
age de Santillane à la Cour comme une occaſion pour lui
de parvenir aux grands Emplois.

En vérité, Meſſeigneurs, m'écriai-je, vous ne penſez
pas à ce que vous dites. Il ſemble, à vous entendre l'un
et l'autre, que je n'aye qu'à me rendre à Madrid pour a-
voir la Clé d'or ou quelque Gouvernement. Vous êtes
dans l'erreur. Je ſuis au contraire bien perſuadé que le
Roi ne feroit aucune attention à ma figure, ſi je m'offrois
à ces regards ; j'en ferai, ſi vous le ſouhaitez, l'épreuve
pour vous deſabuſer. Les Seigneurs de Leyva me prirent
au mot, et je ne pus me défendre de leur promettre que je
partirois inceſſamment pour Madrid. Sitôt que mon Sé-
crétaire me vit déterminé à faire ce voyage, il en reſſentit
une joie immoderée ; il s'imaginoit que je ne paroîtrois pas
plutôt devant le nouveau Monarque, que ce Prince me
démêleroit dans la foule, et m'accableroit d'honneurs et
de biens. Là-deſſus ſe berçant des plus brillantes chimeres,
il m'élevoit aux prémieres Charges de l'Etat, et ſe pouſſoit
à la faveur de mon élevation.

Je me diſpoſai donc à retourner à la Cour, non dans la
vue d'y ſacrifier encore à la fortune, mais pour contenter
Don Céſar et ſon fils, qui avoient dans l'eſprit que je poſ-
ſederois bientôt les bonnes graces du Souverain. Il eſt
vrai que je me ſentois au fond de l'ame quelque envie d'é-
prouver ſi ce jeune Prince me reconnoîtroit. Entraîné
par ce mouvement curieux, ſans eſpérance et ſans deſſein

de

de tirer quelque avantage du nouveau regne, je pris le chemin de Madrid avec Scipion, abandonnant le foin de mon Château à Béatrix, qui étoit une très bonne ménagere.

CHAPITRE II.

Gil Blas fe rend à Madrid, il paroit à la Cour. Le Roi le reconnoit, et le recommande à fon premier Miniftre. Suite de cette recommendation.

NOUS nous rendîmes à Madrid en moins de huit jours, Don Alphonfe nous ayant donné deux de fes meilleurs chevaux pour faire plus de diligence. Nous allâmes defcendre à un hôtel garni où j'avois déja logé, chez Vincent Forréro mon ancien hôte, qui fut bien-aife de me revoir.

Comme c'étoit un homme qui fe piquoit de favoir tout ce qui fe paffoit tant à la Cour qu'à la Ville, je lui demandai ce qu'il y avoit de nouveau. Bien des chofes, me répondit-il. Depuis la mort de Philippe III. les amis et les partifans du Cardinal Duc de Lerme fe font bien remués pour maintenir Son Eminence dans le Miniftre ; mais leurs efforts ont été vains, le Comte d'Olivarès l'a emporté fur eux. On prétend que l'Efpagne ne perd point au change, et que ce nouveau premier Miniftre a le génie d'une fi vafte étendue, qu'il feroit capable de gouverner le monde entier : Dieu le veuille. Ce qu'il y a de certain, continua-t-il, c'eft que le peuple a conçu la plus haute opinion de fa capacité ; nous verrons dans la fuite, fi le Duc de Lerme eft bien ou mal remplacé. Forréro s'étant mis en train de parler, me fit un détail de tous les changemens qui s'étoient faits à la Cour, depuis que le Comte d'Olivarès tenoit le gouvernail du Vaiffeau de la Monarchie.

Deux jours après mon arrivée à Madrid, j'allai chez le Roi l'après-dînée, et je me mis fur fon paffage comme il entroit dans fon cabinet ; il ne me regarda point. Je retournai le lendemain au même endroit, et je ne fus pas plus heureux. Le fur-lendemain il jetta fur moi les yeux en paffant, mais il ne parut pas faire la moindre attention à ma perfonne. Là-deffus je pris mon parti. Tu vois, dis-je à Scipion qui m'accompagnoit, que le Roi ne me reconnoit point, ou que s'il me remet, il ne fe foucie

gueres

gueres de renouveller connoiſſance avec moi. Je crois
que nous ne ferons point mal de reprendre le chemin de
Valence. N'allons pas ſi vite, Monſieur, me répondit
mon Sécrétaire ; vous ſavez mieux que moi qu'on ne réuſ-
ſit à la Cour que par la patience. Ne vous laſſez pas de
vous montrer au Prince : à force de vous offrir à ſes regards,
vous l'obligerez à vous conſidérer plus attentivement, et à
ſe rappeller les traits de ſon Agent auprès de la belle Ca-
talina.

Afin que Scipion n'eût rien à me reprocher, j'eus la com-
plaiſance de continuer le même manege pendant trois ſe-
maines ; et un jour enfin il arriva que le Monarque, frappé
de ma vue, me fit appeller. J'entrai dans ſon cabinet,
non ſans être troublé, de me trouver tête à tête avec mon
Roi. Qui êtes-vous, me dit-il ? vos traits ne me ſont pas
inconnus ; où vous ai-je vu ? Sire, lui répondis-je en trem-
blant, j'ai eu l'honneur de conduire une nuit Votre Majeſté
avec le Comte de Lémos chez. . . Ah ! je m'en ſouviens,
interrompit le Prince ; vous étiez Sécrétaire du Duc de
Lerme, et, ſi je ne me trompe, Santillane eſt votre nom.
Je n'ai pas oublié que dans cette occaſion vous me ſervites
avec beaucoup de zele, et que vous fûtes aſſez mal payé
de vos peines. N'avez-vous pas été en priſon pour cette
avanture ? Oui, Sire, lui repartis-je, j'ai été ſix mois à la
Tour de Ségovie, mais vous avez eu la bonté de m'en faire
ſortir. Cela, reprit-il, ne m'acquite point envers Santil-
lane : il ne ſuffit pas de l'avoir fait remettre en liberté, je
dois lui tenir compte des maux qu'il a ſoufferts pour l'a-
mour de moi.

Comme le Prince achevoit ces paroles, le Comte d'O-
livarès entra dans le cabinet. Tout fait ombrage aux Fa-
voris : il fut étonné de voir-là un inconnu, et le Roi re-
doubla ſa ſurpriſe en lui diſant : Comte, je mets ce jeune
homme entre vos mains ; occupez-le, je vous charge du
ſoin de l'avancer. Le Miniſtre affeſta de recevoir cet or-
dre d'un air gracieux, en me conſidérant depuis les pieds
juſq'à la tête, et fort en peine de ſavoir qui j'étois. Al-
lez, mon ami, ajouta le Monarque en m'adreſſant la parole,
et en me faiſant ſigne de me retirer, le Comte ne manque-
ra pas de vous employer utilement pour mon ſervice et
pour vos intérêts.

Je

Je fortis auffitôt du cabinet, et rejoignis le fils de la Cofcolina, qui très impatient d'apprendre ce que le Roi m'avoit dit, étoit dans une agitation inconcevable. Il me demanda d'abord s'il faloit retourner à Valence, ou demeurer à la Cour. Tu en vas juger, lui répondis-je ; en même tems je le ravis, en lui racontant mot pour mot le petit entretien que je venois d'avoir avec le Monarque. Mon cher Maître, me dit alors Scipion dans l'excès de fa joie, prendrez vous une autre fois de mes Almanacs ? A————vouez que nous n'avions pas tort, les Seigneurs de Leyva et moi, de vous exhorter à faire le voyage de Madrid. Je vous vois déja dans un pofte éminent, vous deviendrez le Calderon du Comte d'Olivarès. C'eft ce que je ne fouhaite point-du-tout, interrompis-je ; cette place eft environnée de trop de précipices pour exciter mon envie. Je voudrois un emploi où je n'euffe aucune occafion de faire des injuftices, ni un honteux trafic des bienfaits du Prince. Après l'ufage que j'ai fait de ma faveur paffée, je ne puis être affez en garde contre l'avarice et contre l'ambition. Allez Monfieur, reprit mon Sécrétaire, le Miniftre vous donnera quelque bon pofte, que vous pourrez remplir fans ceffer d'être honnête homme.

Plus preffé par Scipion que par ma curiofité, je me rendis le jour fuivant chez le Comte d'Olivarés avant le lever de l'aurore, ayant appris que tous les matins, foit en été, foit en hiver il écoutoit à la clarté des bougies tous ceux qui avoient à lui parler. Je me mis modeftement dans un coin de la falle, et de-là j'obfervai bien le Comte quand il parut ; car j'avois fait peu d'attention à lui dans le cabinet du Roi. Je vis un homme d'une taille au deffus de la médiocre, et qui pouvoit paffer pour gros dans un pays où il eft rare de voir des perfonnes qui ne foient pas maigres. Il avoit les épaules fi élevées qui je le crus boffu, quoiqu'il ne le fût pas ; fa tête, qui étoit d'une groffeur exceffive, lui tomboit fur la poitrine ; fes cheveux étoient noirs et plats, fon vifage long, fon teint olivâtre, fa bouche enfoncée, et fon menton pointu et fort relevé.

Tout cela enfemble ne faifoit pas un beau Seigneur ; néanmoins, comme je le croyois dans une difpofition obligeante pour moi, je le regardois avec indulgence, je le trouvois agréable. Il eft vrai qu'il recevoit tout le monde

d'un air affable et débonnaire, et qu'il prenoit gracieuse-
ment les Placets qu'on lui préfentoit ; ce qui fembloit lui
tenir lieu de bonne mine.   Cependant, lorfqu'à mon tour
je m'avançai pour le faluer et me faire connoître, il me
lança un regard rude et menaçant ; puis me tournant le
dos fans daigner m'entendre ; il rentra dans fon cabinet.
Je trouvai alors ce Seigneur encore plus laid qu'il n'étoit
naturellement, je fortis de la falle fort étourdi d'un accueil
fi farouche, et ne fachant ce que j'en devois penfer.

Ayant rejoint Scipion, qui m'attendoit à la porte : Sais-
tu bien, lui dis-je, la reception qu'on m'a faite ? Non,
me répondit-il, mais elle n'eft pas difficile · deviner : le
Miniftre, prompt à fe conformer aux volontés du Prince,
vous aura propofé fans doute un emploi confiderable.
C'eft ce qui te trompe, lui repliquai-je : en même tems
je lui appris de quelle façon j'avois été reçu.   Il m'écou-
ta fort attentivement, et me dit : Il faut que le Comte ne
vous ait pas remis, ou qu'il vous ait pris pour un autre.
Je vous confeille de le revoir, je ne doute pas qu'il ne
vous faffe meilleure mine. Je fuivis le confeil de mon Sé-
crétaire, je me montrai pour la feconde fois devant le
Miniftre, qui me traitant encore plus mal que la premi-
ere, fronça le fourcil en m'envifageant, comme fi ma
vue lui eût fait de la peine ; puis il détourna de moi fes
regards, et fe retira fans me dire mot.

Je fus piqué de ce procédé jufqu'au vif, et tenté de par-
tir fur le champ pour retourner à Valence : mais c'eft à
quoi Scipion ne manqua pas de s'oppofer, ne pouvant fe
réfoudre à renoncer aux efpérances qu'il avoit conçues,
Ne vois-tu pas, lui dis-je, que le Comte veut m'écarter
de la Cour ? Le Monarque lui a témoigné de la bonne
volonté pour moi, cela ne fuffit-il pas pour m'attirer l'a-
verfion de fon favori ?   Cédons, mon enfant, cédons de
bonne grace au pouvoir d'un ennemi fi redoutable. Mon-
fieur, répondit-il en colere contre le Comte d'Olivarès,
je n'abandonnerois pas fi facilement le terrain. J'irois me
plaindre au Roi du peu de cas que le Miniftre fait de fa
recommandation. Mauvais confeil, lui dis-je, mon ami;
fi je faifois cette démarche imprudente, je ne tarderois
gueres à m'en repéntir.   Je ne fais même fi je ne cours
pas quelque péril à m'arrêter dans cette ville.

                                              Mon

Mon Sécrétaire à ce difcours rentra en lui-même, et confidérant qu'en effet nous avions affaire à un homme qui pouvoit nous faire revoir la Tour de Ségovie, il partagea ma crainte. Il ne combattit plus l'envie que j'avois de quitter Madrid, d'où je réfolus de m'éloigner dês le lendemain.

CHAPITRE III.

De ce qui empêcha Gil Blas d'exécuter la réfolution où il étoit d'abandonner la Cour; et du fervice important que Jofeph Navarro lui rendit.

EN m'en retournant à mon hôtel garni, je rencontrai Jofeph Navarro, Chef-d'Office de Don Baltazar de Zuniga, et mon ancien ami. Je le faluai, l'abordai, et lui demandant s'il me reconnoiffoit, et s'il feroit encore affez bon pour vouloir parler à un miférable qui avoit payé d'ingratitude fon amitié. Vous avouez donc me dit-il, que vous n'en avez pas trop bien ufé avec moi? Oui, lui, répondis-je, et vous êtes en droit de m'accabler de reproches; je le mérite, fi toutefois je n'ai pas expié mon crime par les remords qui l'ont fuivi. Puifque vous vous êtes repenti de votre faute, reprit Navarro en m'embraffant, je ne dois plus m'en reffouvenir. De mon côté je preffai Jofeph entre mes bras, et tous deux nous reprîmes l'un pour l'autre nos premiers fentimens.

Il avoit appris mon emprifonnement et la déroute de mes affaires, mais il ignoroit tout le refte. Je l'en informai; je lui racontai jufqu'à la converfation que j'avois eue avec le Roi, et je ne lui cachai pas la mauvaife reception que le Miniftre venoit de me faire, non plus que le deffein où j'étois de me retirer dans ma folitude. Gardez-vous bien de vous en aller, me dit-il; puifque le Monarque à témoigné de l'amitié pour vous, il faut bien que cela vous ferve à quelque chofe. Entre nous, le Comte d'Olivarès a l'efprit un peu fingulier; c'eft un Seigneur plein de fantaifies; quelquefois, comme dans cette occafion, il agit d'une maniere qui révolte, et lui feul a la clé de fes actions hétéroclites. Au refte, quelques raifons qu'il ait de vous avoir mal reçu, tenez ici pié à boule; il n'empêchera pas que vous ne profitiez des bontés du

Prince,

Prince, c'eft de quoi je puis vous affurer ; j'en dirai deux mots ce foir au Seigneur Don Baltazar de Zuniga mon Maître, que eft oncle du Comte d'Olivarès et qui partage avec lui les foins du Gouvernement. Navarro m'ayant ainfi parlé, me demanda où je demeurois, et là-deffus nous nous féparâmes.

Je ne fus pas longtems fans le revoir, il vint le jour fuivant me retrouver. Seigneur de Santillane, me dit-il vous avez un protecteur ; mon Maître veut vous prêter fon appui : fur le bien que je lui ai dit de votre Seigneurie, il m'a promis de parler pour vous au Comte d'Olivarès fon neveu, et je ne doute pas qu'il ne le prévienne en votre faveur. Mon ami Navarro ne voulant pas me fervir â demi, me préfenta deux jours après à Don Baltazar, qui me dit d'un air gracieux. Seigneur de Santillane, votre ami Jofeph m'a fait votre éloge dans des termes qui m'ont mis dans vos intérêts. Je fis une profonde révérence au Seigneur de Zuniga, et lui répondis que je fentirois vivement toute ma vie l'obligation que j'avois à Navarro, de m'avoir procuré la protection d'un Miniftre qu'on appelloit à jufte titre *la Flambeau du Confeil*. Don Baltazar à cette réponfe flateufe, me frapa fur l'épaule en riant, et reprit de cette forte : Vous pouvez dès demain retourner chez le Comte d'Olivarès, vous ferez plus content de lui.

Je reparus donc pour la troifieme fois devant le premier Miniftre, qui m'ayant démêlé dans la foule, jetta fur moi un regard accompagné d'un fouris dont je tirai un bon augure. Cela va bien, dis-je en moi-même, l'oncle a fait entendre raifon au neveu. Je ne m'attendis plus qu'à un accueil favorable, et mon attente fut remplie. Le Comte, après avoir donné audience à tout le monde, me fit paffer dans fon cabinet, où il me dit d'un air familier : Ami Santillane, pardonne-moi l'embarras où je t'ai mis pour me divertir ; je me fuis fait un plaifir de t'inquiéter pour éprouver ta prudence, et voir ce que tu ferois dans ta mauvaife humeur. Je ne doute pas que tu ne te fois imaginé que tu me déplaifois ; mais au contraire, mon enfant, je t'avoûrai que ta perfonne me revient. Quand le Roi mon Maître ne m'auroit pas ordonné de prendre foin de ta fortune, je le ferois par ma propre inclination. D'ailleurs Don Baltazar de Zuniga mon oncle, à qui je ne puis rien refufer, refuser, m'a prié de te regarder comme un homme pour lequel il s'intéreffe ; il n'en faut pas-davantage pour me déterminer à t'attacher à moi.

Ce début fit une fi vive impreffion fur mes fens qu'ils en furent troublés. Je me profternai aux pieds du Miniftre, qui m'ayant dit de me relever, pourfuivit de cette maniere : Reviens ici cette après-dînée, et demande mon Intendant ; il t'apprendra les ordres dont je l'aurai chargé. A ces mots, Son Excellence fortit de fon cabinet pour aller entendre la Meffe ; ce qu'elle avoit coutume de faire tous les jours après avoir donné audience, enfuite elle fe rendoit au lever du Roi.

CHAPITRE IV.

Gil Blas fe fait aimer du Comte d'Olivarès.

JE ne manquai pas de retourner l'après-dînée chez le prémier Miniftre, et de demander fon intendant, qui s'appelloit Don Raimon Caporis. Je ne lui eus pas fitôt décliné mon nom, que me faluant avec des marques de refpeſt : Seigneur me dit-il, fuivez-moi s'il vous plaît ; je vais vous conduire à l'appartement qui vous eft deftiné dans cet Hôtel. Après avoir dit ces paroles, il me mena par un petit efcalier à une enfilade de cinq à fix pieces de plein pié, qui compofoient le fecond étage d'une aile du logis, et qui étoient affez modeftement meublées. Vous voyez, reprit-il, le logement que Monfeigneur vous donne, et vous y aurez une table de fix couverts entretenue à fes dépens. Vous ferez fervi par fes propres domeftiques, et il y aura toujours un caroffe à vos ordres. Ce n'eft pas tout, ajouta-t-il ; Son Excellence m'a fortement recommandé d'avoir pour vous les mêmes attentions, que fi vous étiez de la Maifon de Guzman.

Que diable fignifie tout ceci, dis-je en moi-même ? Comment dois-je prendre ces diftinſtions ? N'y auroit-il point de la malice là dedans, et ne feroit ce pas encore pour fe divertir que le Miniftre me feroit un traitement fi honorable ? Pendant que j'étois dans cette incertitude, flottant entre la crainte et l'efpérance, un Page vint m'avertir que le Comte me demandoit. Je me rendis dans le moment auprès de Monfeigneur, qui étoit tout feul dans

fon

son cabinet. Hé bien, Santillane, me dit-il, es tu satis-
fait de ton apartement, et des ordres que j'ai donnés à
Don Raimon ; Les bontés de Votre Excellence, lui ré-
pondis-je, me paroissent excessives, et je ne m'y prête
qu'en tremblant. Pourquoi donc, repliqua-t-il ? Puis-
je faire trop d'honneur à un homme que le Roi m'a con-
fié, et dont il veut que je prenne soin ? Non sans doute ;
je ne fais que mon devoir en te traitant honorablement.
Ne t'étonne donc plus de ce que je fais pour toi, et compte
qu'une fortune brillante et solide ne sauroit t'échaper, si
tu m'es aussi attaché que tu l'étois au Duc de Lerme.

Mais à propos de ce Seigneur, poursuivit-il, on dit que
tu vivois familierement avec lui. Je suis curieux de sa-
voir comment vous fites tous deux connoissance, et quel
emploi ce Ministre te fit exercer. Ne me déguise rien,
j'exige de toi un récit sincere. Je me souvins alors de
l'embarras où je m'étois trouvé avec le Duc de Lerme en
pareil cas, et de quelle façon je m'en étois tiré : ce que je
pratiquai encore fort heureusement, c'est-à-dire, que dans
ma narration j'adoucis les endroits rudes, et passai legére-
ment sur les choses qui me faisoient peu d'honneur. Je
ménageai aussi le Duc de Lerme, quoiqu'en ne l'épargnant
point du-tout, j'eusse fait plus de plaisir à mon auditeur.
Pour Don Rodrigue de Caldérone, je ne lui fis grace de
rien. Je détaillai tous les beaux coups que je savois qu'il
avoit faits dans le trafic des Commanderies, des Bénéfices
et des Gouvernemens.

Ce que tu m'apprens de Caldérone, interrompit le Mi-
nistre, est conforme à certains memoires qui m'ont été
présentés contre lui, et qui contiennent des chefs d'accu-
sation encore plus importans. On va bientôt lui faire
son procès ; et si tu souhaites qu'il succombe dans cette
affaire, je crois que tes vœux seront satisfaits. Je ne desire
point sa mort, lui dis-je, quoiqu'il n'ait point tenu à
lui que je n'aye trouvé la mienne dans la Tour de Sé-
govie, où il a été cause que j'ai fait un assez long se-
jour. Comment reprit son Excellence, c'est Don Ro-
drigue qui a causé ta prison ? voilà ce que j'ignorois.
Don Baltazar, à qui Navarro à raconté ton histoire, m'à
bien dit que le feu Roi te fit emprisonner, pour te punir
d'avoir mené la nuit le Prince d'Espagne dans un lieu su-
spect ; mais je n'en sais pas davantage, et je ne puis devi-
ner quel rôle Caldérone a joué dans cette piece. Le rôle
d'un

d'un Amant qui se venge d'un outrage reçu, lui répondis-je. En même tems je lui fis un détail de l'avanture, qu'il trouva si divertissante, que tout grave qu'il étoit, il ne put s'empêcher d'en rire, ou plutôt d'en pleurer de plaisir. Catalina, tantôt nièce et tantôt petite-fille, le réjouit infiniment, aussi-bien que la part qu'avoit eue à tout cela le Duc de Lerme.

Lorsque j'eus achevé mon récit, le Comte me renvoya, en me disant que le lendemain il ne manqueroit pas de m'occuper. Je courus aussi-tôt à l'hotel de Zuniga, pour remercier Don Baltazar de ses bons offices, et pour rendre compte à mon ami Joseph de la disposition favorable où le premier Ministre étoit pour moi.

CHAPITRE V.

De l'entretien secret que Gil Blas eut avec Navarro, et de la prémiere occupation que le Comte d'Olivarès lui donna.

D'ABORD que je vis Joseph, je lui dis avec agitation que j'avois bien des choses à lui apprendre. Il me mena dans un endroit particulier, où l'ayant mis au fait, je lui demandai ce qu'il pensoit de ce que je venois de lui dire. Je pense, me repondit-il, que vous êtes en train de faire un grosse fortune, tout vous rit : vous plaisez au premier Ministre ; et ce qui ne doit pas être compté pour rien, c'est que je puis vous rendre le même service que vous rendit mon oncle Melchoir de la Ronda, quand vous entrâtes à l'Archevêché de Grenade. Il vous épargna la peine d'étudier le Prélat et ses principaux Officiers, en vous découvrant leurs différens caracteres ; je veux à son exemple vous faire connoître le Comte, la Comtesse son épouse, et Donna Maria de Guzman leur fille unique.

Le Ministre a l'esprit vif, pénétrant, et propre à former de grands projets. Il se donne pour un homme universel, parce qu'il a une légere teinture de toutes les Sciences, et il se croit capable de décider de tout. Il s'imagine être un profond Jurisconsulte, un grand Capitaine, et un Politique des plus rafinés. Ajoutez à cela qu'il est si entêté de ses opinions, qu'il les veut toujours suivre pré-
fé-

férablement à celles des autres, de peur de paroître déférer aux lumieres de quelqu'un. Entre nous ce défaut peut avoir d'étranges fuites, dont le Ciel veuille préserver la Monarchie. Il brille dans le Conseil par une éloquence naturelle, et il écriroit auſſi-bien qu'il parle, s'il n'affectoit pas, pour donner plus de dignité a ſon ſtile de le rendre obſcur et trop recherché. Il penſe ſingulierement, il eſt capricieux et chimérique. Tel eſt le portrait de ſon eſprit, et voici celui de ſon cœur. Il eſt généreux et bon ami. On le dit vindicatif; mais quel Eſpagnol ne l'eſt pas? De plus on l'accuſe d'ingratitude, pour avoir fait exiler le Duc d'Uzede et le Frere Louis Aliaga auquels il avoit, dit-on, de grandes obligations: c'eſt ce qu'il faut encore lui pardonner, l'envie d'etre premier Miniſtre diſpenſe d'être reconnoiſſant.

Donna Agnez de Zuniga à Vélaſco, Comteſſe d'Olivarès, pourſuivit Joſeph, eſt une Dame à qui je ne connois que le défaut de vendre au poids de l'or les graces qu'elle fait obtenir. Pour Donna Maria de Guzman qui ſans contredit eſt aujourd'hui le premier parti d'Eſpagne, c'eſt une perſonne accomplie et l'idole de ſon pere. Reglez-vous là-deſſus; faites bien votre cour à ces deux Dames, et paroiſſez encore plus dévoué au Comte d'Olivarès que vous ne l'étiez au Duc de Lerme avant votre voyage de Ségovie, vous deviendrez un haut et puiſſant Seigneur.

Je vous conſeille encore, ajouta-t-il, de voir de tems en tems Don Baltazar mon Maître; quoique nous n'ayez plus beſoin de lui pour vous avancer, ne laiſſez pas de le ménager. Vous êtes bien dans ſon eſprit; conſervez ſon eſtime et ſon amitié, il peut dans l'occaſion vous ſervir. Comme l'oncle et le neveu, dis-je à Navarro, gouvernent enſemble l'Etat, n'y auroit-il point un peu de jalouſie entre ces deux collegues? Au contraire, me repondit-i!, ils ſont dans la plus parfaite union. Sans Don Baltazar, le Comte d'Olivarès ne ſeroit peut-être pas prémier Miniſtre : car enfin, après la mort de Phillippe III. tous les amis et les partiſans de la Maiſon de Sandoval ſe donnerent de grands mouvemens, les uns en faveur du Cardinal, et les autres pour ſon fils: mais mon Maître, le plus délié des Courtiſans, et le Comte qui n'eſt gueres moins fin que lui, rompirent leurs meſures, et en prirent de ſi juſtes pour s'aſſurer cette place, qu'ils l'emporterent ſur leurs concurrens. Le

Comte

Comte d'Olivarès étant devenu prémier Miniſtre, a fait
part de ſon adminiſtration à Don Baltazar ſon oncle, lui
a laiſſé le ſoin des affaires du dehors, et s'eſt réſervé celles
du dedans. De ſorte que reſſerrant par-là les nœuds de
l'amitié, qui doit naturellement lier les perſonnes d'un
même ſang, ces deux Seigneurs, indépendans l'un de
l'autre, vivent dans une intelligence qui me paroit inalté-
rable.

Telle fut la converſation que j'eus avec Joſeph, et dont
je me promis bien de profiter ; après quoi j'allai remercier
le Seigneur de Zuniga, de ce qu'il avoit eu la bonté de
faire pour moi. Il me dit fort poliment qu'il ſaiſiroit tou-
jours les occaſions où il s'agiroit de me faire plaiſir, et qu'il
étoit bien-aiſe que je fuſſe ſatisfait de ſon neveu, auquel
il m'aſſura qu'il parleroit encore en ma faveur : voulant,
du moins, diſoit-il, me faire voir par-là que mes intérêts
lui étoient chers, et qu'au-lieu d'un protecteur j'en avois
deux. C'eſt ainſi que Don Baltazar, par amitié pour Na-
varro, prenoit ma fortune à cœur.

Dès ce ſoir-là même j'abandonnai mon hôtel garni pour
aller loger chez le premier Miniſtre, où je ſoupai avec
Scipion dans mon appartement. Nous y fûmes ſervis tous
deux par des domeſtiques du logis, qui pendant le repas,
tandis que nous affections une gravité impoſante, rioient
peut être en eux-mêmes du reſpect de commande qu'ils a-
voient pour nous. Lorſqu'après avoir deſſervi ils ſe furent
retirés, mon Sécrétaire ceſſant de ſe contraindre, me dit
mille folies, que ſon humeur gaye et ſes eſpérances lui in-
ſpirerent. Pour moi, quoique ravi de la brillante ſituati-
on où je commençois à me voir, je ne me ſentois encore
aucune diſpoſition à m'en laiſſer éblouir. Auſſi m'étant
couché je m'endormis tranquillement, ſans livrer mon eſprit
aux idées agréables dont je pouvois l'occuper, au-lieu que
l'ambitieux Scipion prit peu de repos. Il paſſa plus de la
moitié de la nuit a théſauriſer, pour marier ſa fille Séra-
phine.

J'étois à peine habillé le lendemain matin, qu'on me
vint chercher de la part de Monſeigneur. Je fus bientôt
auprès de Son Excellence, qui me dit : Oh ça, Santillane,
voyons un peu ce que tu ſais faire. Tu m'as dit que le
Duc de Lerme te donnoit des Mémoires à rédiger, j'en
ai un que je te deſtine pour ton coup d'eſſai. Je vais t'en
dire

dire la matiere. Il eſt queſtion de compoſer un ouvrage
qui prévienne le public en faveur de mon Miniſtere. J'ai
déja fait courir le bruit ſecretement, que j'ai trouvé les
affaires fort dérangées ; il s'agit préſentement, d'expoſer
aux yeux de la Cour et de la Ville le miſérable état où la
Monarchie eſt réduite. Il faut faire la-deſſus un tableau
qui frappe le peuple, et l'empéche de regretter mon prédé-
ceſſeur. Après cela tu vanteras les meſures que j'ai priſes
pour rendre le regne du Roi glorieux, ſes Etats floriſſans,
et ſes Sujets parfaitement heureux.

Après que Monſeigneur m'eût parlé de cette ſorte, il me
mit entre les mains un papier, qui contenoit les juſtes ſu-
jets qu'on avoit de ſe plaindre de l'adminiſtration précé-
dente ; et je me ſouviens qu'il y avoit dix articles, dont le
moins important étoit capable d'allarmer les bons Eſpa-
gnols ; puis m'ayant fait paſſer dans un petit cabinet voiſin
du ſien, il m'y laiſſa travailler en liberté. Je commençai
donc à compoſer mon Mémoire le mieux qu'il me fut poſ-
ſible. J'expoſai d'abord le mauvais état où ſe trouvoit le
Royaume, les Finances diſſipées, les Revenus Royaux
engagés à des Partiſans, et la Marine ruinée. Je rapportai
enſuite les fautes commiſes par ceux qui avoient gouver-
né l'Etat ſous le dernier regne, et les ſuites fâcheuſes qu'el-
les pouvoient avoir. Enfin je peignis la Monarchie en
péril, et cenſurai ſi vivement le précédent Miniſtere, que
la perte du Duc de Lerme étoit, ſuivant mon Mémoire,
un grand bonheur pour L'Eſpagne. Pour dire la vérité,
quoique je n'euſſe aucun reſſentiment contre ce Seigneur,
je ne fus pas fâché de lui rendre ce bon office. Voilà
l'homme.

Enfin, après une peinture effrayante des maux qui me-
naçoient l'Eſpagne, je raſſurois les eſprits en faiſant avec
art concevoir aux peuples de belles eſpérances pour l'ave-
nir. Je faiſois parler le Comte d'Olivarès comme un
Reſtaurateur envoyé du Ciel pour le ſalut de la Nation, je
promettois monts et merveilles. En un mot, j'entrai ſi
bien dans les vues du nouveau Miniſtre, qu'il parut ſurpris
de mon ouvrage. Lorſqu'il l'eut lu tout entier : Santil-
lane, me dit-il, ſais-tu bien que tu viens de faire un mor-
ceau digne d'un Sécrétaire d'Etat ? Je ne m'étonne plus ſi
le Duc de Lerme exerçoit ta plume. Ton ſtile eſt concis,
et même élégant ; mais je le trouve un peu trop naturel.

En

En même tems m'ayant fait remarquer les endroits qui n'é-
toient pas de son goût, il les changea, et je jugeai par ses
corrections, qu'il aimoit, comme Navarro me l'avoit dit,
les expressions recherchées et l'obscurité. Néanmoins,
quoiqu'il voulût de la noblesse, ou, pour mieux dire, du
précieux dans la diction, il ne laissa pas de conserver les
deux tiers de mon Mémoire ; et pour me témoigner jus-
qu'à quel point il en étoit satisfait, il m'envoya par Don
Raimon trois cens pistoles à l'issue de mon diner.

CHAPITRE VI.

De l'usage que Gil Blas fit de ses trois cens pistoles, et des
soins dont il chargea Scipion. Succès du Mémoire dont
on vient de parler.

CE bienfait du Ministre fournit à Scipion un nouveau
sujet de me féliciter d'être venu à la Cour : Vous
voyez, me dit-il, que la fortune a de grands desseins sur
votre Seigneurie. Etes-vous fâché présentement d'avoir
quité votre solitude ? Vive le Comte d'Olivarès! c'est bien
un autre patron que son prédécesseur. Le Duc de Lerme,
quoique vous lui fussiez fort attaché, vous laissa languir
plusieurs mois sans vous faire présent d'une pistole ; et le
Comte vous a déja fait une gratification, que vous n'auri-
ez osé espérer qu'après de long services.

Je voudrois bien, ajouta-t-il, que les Seigneurs de Ley-
va fussent témoins du bonheur dont vous jouissez, ou du
moins qu'ils le sussent. Il est tems de les en informer, lui
répondis-je; et c'est de quoi j'allois te parler. Je ne doute
pas qu'ils n'ayent une extreme impatience d'apprendre de
mes nouvelles; mais j'attendois pour leur en donner, que
je me visse dans un état fixe, et que je pusse leur mander
positivement si je demeurerois ou non à la Cour. A pré-
sent que je suis sûr de mon fait, tu n'as qu'à partir pour
Valence quand il te plaira, pour aller instruire ces Sei-
gneurs de ma situation, que je regarde comme leur ouvrage,
puisqu'il est certain que sans eux je ne me serois jamais dé-
terminé à faire le voyage de Madrid. Mon cher Maître,
s'écria le fils de la Coscolina, que je vais leur causer de
joie en leur racontant ce qui vous est arrivé? Que ne suis-
je déja aux portes de Valence! mais j'y serai bientôt. Les
deux

deuz chevaux de Don Alphonſe ſon tout prêts. Je vais
me mettre en chemin avec un laquais de Monſeigneur.
Outre que je ſerai bien-aiſe d'avoir un compagnon ſur la
route, vous ſavez que la livrée d'un prémier Miniſtre jette
de la poudre aux yeux.

Je ne pus m'empêcher de rire de la ſotte vanité de mon
Sécretaire; et cependant plus vain peut-être encore que
lui, je le laiſſai faire ce qu'il voulut : Pars, lui dis-je, et
reviens promptement, car j'ai une autre commiſſion à te
donner. Je veux t'envoyer aux Aſturies, porter de l'ar-
gent a ma mere. J'ai par négligence laiſſé paſſer le tems
auquel j'ai promis de lui faire tenir cent piſtoles, que tu
t'es obligé de lui remettre toi-même en main propre. Ces
ſortes de paroles doivent être ſi ſacrées pour un fils, que je
me reproche mon peu d'exactitude à les garder. Monſieur,
me répondit Scipion, dans ſix ſemaines je vous rendrai
compte de ces deux commiſſions; j'aurai parlé aux Sei-
gneurs de Leyva, fait un tour à votre Château, et revu la
ville d'Oviédo, dont je ne pus me rappeller le ſouvenir,
ſans donner au diable les trois quarts et demi de ſes habi-
tans. Je comptai donc au fils de la Coſcolina, cent pi-
ſtoles pour la penſion de ma mere, avec cent autres pour
lui, voulant qu'il fît gracieuſement le long voyage qu'il al-
loit entreprendre.

Quelques jours après ſon départ, Monſeigneur fit impri-
mer notre Mémoire, qui ne fut pas plutôt rendu public,
qu'il devint le ſujet de toutes les converſations de Madrid.
Le peuple, ami de la nouveauté, fut charmé de cet
Ecrit; l'epuiſement des Finances qui étoit peint avec de
vives couleurs, le révolta contre le Duc de Lerme; et ſi
les coups de griffe qu'y recevoit ce Miniſtre ne furent pas
applaudis de tout le monde, du moins ils trouvérent des
approbateurs. Quant aux magnifiques promeſſes que le
Comte d'Olivarès y faiſoit, et entr'autres celle de fournir
par une ſage économie aux depenſes de l'Etat ſans incom-
moder les Sujets, elles éblouirent les Citoyens en général,
et les confirmerent dans la grande opinion qu'ils avoient
déja de ſes lumieres. Si bien que toute la ville retentit de
ſes louanges.

Ce Miniſtre ravi de ſe voir parvenu à ſon but, qui n'a-
voit été dans cet ouvrage que de s'attirer l'affection pu-
blique,

blique, voulut la mériter véritablement par une action
louable, et qui fut utile au Roi. Pour cet effet il eut re-
cours à l'invention de l'Empereur Galba, c'eſt-a-dire, qu'il
fit rendre gorge aux particuliers qui s'étoient enrichis,
Dieu ſait comment, dans les Régies Royales. Quand il
eut tiré des ces Sangſues le ſang qu'elles avoient ſuccé, et
qu'il en eut rempli les coffres du Roi, il entreprit de l'y
conſerver, en faiſant ſupprimer toutes les penſions, ſans en
excepter la ſienne auſſi-bien que les gratifications qui ſe
faiſoient des deniers du Prince. Pour réuſſir dans ce deſ-
ſein, qu'il ne pouvoit exécuter ſans changer la face du
Gouvernement, il me chargea de compoſer un nouveau
Mémoire, dont il me dit la ſubſtance et la forme. Enſuite
il me recommanda de m'élever autant qu'il me ſeroit poſ-
ſible au-deſſus de la ſimplicité ordinaire de mon ſtile, pour
donner plus de nobleſſe à mes fraſes. Cela ſuffit Monſei-
gneur, lui dis-je, Votre Excellence veut du ſublime et du
lumineux, elle en aura. Je m'enfermai dans le même ca-
binet où j'avois déja travaillé, et là je me mis à l'ouvrage
après avoir invoqué le génie éloquent de l'Archevêque de
Grenade.

Je débutai par repréſenter qu'il faloit garder avec ſoin
tout l'argent qui étoit dans le Tréſor Royal, et qu'il ne de-
voit être employé qu'aux ſeuls beſoins de la Monarchie,
comme étant un fond ſacré qu'il étoit à propos de réſerver
pour tenir en reſpect les ennemis de l'Eſpagne. Enſuite
je faiſois voir au Monarque, car c'étoit à lui que s'adreſ-
ſoit le Mémoire, qu'en ôtant toutes les penſions et les gra-
tifications qui ſe prenoient ſur les revenus ordinaires, il ne
ſe priveroit point pour cela du plaiſir de récompenſer ceux
de ſes Sujets qui ſe rendroient dignes de ſes graces, puiſ-
que, ſans toucher à ſon, Tréſor il étoit en étant de leur don-
ner de grandes recompenſes : qu'il avoit pour les uns des
Viceroyautés, des Gouvernemens, des Ordres de Cheva-
leries, et des Emplois Militaires ; pour les autres, des
Commanderies et penſions deſſus, des Titres avec des
Magiſtratures, et enfin toutes ſortés de Bénéfices pour les
perſonnes conſacrées au culte des Autels.

Ce Mémoire, qui étoit beaucoup plus long que le pré-
mier, m'occupa près de trois jours ; et heureuſement je le
fis à la fantaiſie de mon Maître, qui le trouvant écrit avec
emphaſe, et farci de métaphores, m'accabla de louanges.

Je fuis bien content de cela, me dit-il en me montrant les endroits les plus enflés, voilà des expreſſions marquées au bon coin. Courage, mon ami, je prévois que tu me fe-ras d'une grande utilité. Cependant, malgré les applau-diſſemens qu'il me prodigua, il ne laiſſa, pas de retoucher le Mémoire. Il y mit beaucoup du ſien, et fit une piece d'éloquence qui charma le Roi et toute la Cour. La Ville y joignit ſon approbation, augura bien pour l'avenir, et ſe flatta que la Monarchie reprendroit ſon ancien luſtre ſous le Miniſtere d'un ſi grand Perſonnage. Son Excellence voyant que cet Ecrit lui faiſoit beaucoup d'honneur, vou-lut, pour la part que j'y avois, que j'en recueilliſſe quel-que fruit : elle me fit donner une penſion de cinq cens écus ſur la Commanderie de Caſtile ; ce qui me fut d'autant plus agréable, que ce n'étoit pas un bien mal acquis, quoique je l'euſſe gagné bien aiſément.

CHAPITRE VII.

Par quel hazard, dans quel endroit, et dans quel état Gil
  Blas retrouva ſon ami Fabrice ; et de l'entretien qu'ils
  eurent enſemble.

RIEN ne faiſoit plus de plaiſir à Monſeigneur, que d'apprendre ce qu'on penſoit à Madrid de la con-duite qu'il tenoit dans ſon Miniſtere. Il me demandoit tous les jours ce qu'on diſoit de lui dans le monde. Il avoit même des eſpions qui pour ſon argent lui rendoient un compte exact de tout ce qui ſe paſſoit dans la ville. Ils lui rapportoient juſqu'aux moindres diſcours qu'ils avoient en-tendus ; et comme il leur ordonnoit d'être ſincere, ſon a-mour-propre en ſouffroit quelquefois ; car le peuple a une intempérance de langue qui ne reſpecte rien.

Quand je m'apperçus que le Comte aimoit qu'on lui fît des rapports ; je me mis ſur le pié d'aller l'après-dîné dans des lieux publics, et de me mêler à la converſation des honnêtes gens, quand il s'y en trouvoit. Lorſqu'ils parloient du Gouvernement, je les écoutois avec atten-ti-on ; et s'ils diſoient quelque choſe qui méritât d'être redit à Son Excellence, je ne manquois pas de lui en faire part. Mais il faut obſerver que je ne lui rapportois rien qui ne fut à ſon avantage.

Un

Un jour en revenant de l'un de ces endroits, je paffai devant la porte d'un hôpital. Il me prit envie d'y entrer. Je parcourus deux ou trois falles remplies de Malades alités, en promenant ma vue de toutes parts. Parmi ces malheureux, que je ne regardois pas fans compaffion, j'en remarquai un qui me frappa, je crus reconnoître en lui Fabrice mon ancien camarade et mon compatriote. Pour le voir de plus près je m'approchai de fon lit, et ne pouvant douter que ce ne fût le Poete Nugnez, je demeurai quelques momens à le confidérer fans rien dire. De fon côté il me remit auffi, et m'envifagea de la même façon. Enfin rompant le filence : Mes yeux, lui dis-je, ne me trompent-ils point ? eft ce en effet Fabrice que je rencontre ici ? C'eft lui-même, répondit-il froidement ; et tu ne dois pas t'en étonner. Depuis que je t'ai quité, j'ai toujours fait le métier d'Auteur ; j'ai compofé des Romans, des Comédies, toutes fortes d'Ouvrages d'efprit. J'ai fait mon chemin, je fuis à l'Hôpital.

Je ne pus m'empêcher de rire de ces paroles, et encore plus de l'air férieux dont il les avoit accompagnées. Hé quoi ! m'écriai-je, ta Mufe t'a conduit dans ce lieu ? elle t'a joué ce vilain tour-là ? Tu le vois, répondit-il, cette maifon fert fouvent de retraite aux Beaux-Efprits. Tu as bien fait, mon enfant, de prendre une autre route que moi ; mais tu n'es plus ce me femble à la Cour, et tes affaires ont changé de face ; je me fouviens même d'avoir ouï dire que tu étois en prifon par ordre du Roi. On t'a dit la vérité, lui repliquai-je ; la fituation charmante où tu me laiffas quand nous nous féparames, fut peu de tems après fuivie d'un revers de fortune qui m'enleva mes biens et ma liberté. Cependant, mon ami, tu me revois dans un état plus brillant encore que celui où tu m'as vu. Cela n'eft pas poffible, dit Nugnez, ton maintien eft fage et modefte ; tu n'as pas l'air vain et infolent, que donne ordinairement la profpérité. Les difgraces, repris-je, ont purifié ma vertu ; et j'appris à l'école de l'adverfité, à jouir des richeffes fans m'en laiffer poffeder.

Dis-moi donc, interrompit Fabrice en fe mettant avec tranfport fur fon féant, quel peut être ton emploi ? Que fais-tu préfentement ? Ne ferois-tu pas Intendant d'un grand Seigneur ruiné, ou de quelque Veuve opulente ? J'ai un meilleur pofte, lui repartis-je, mais difpenfe-moi je te

prie

prie de t'en dire davantage à préfent, je fatisferai une autrefois ta curiofité. Je me contente en ce moment de t'apprendre que je fuis en état de te faire plaifir, ou plutôt de te mettre à ton aife pour le refte de tes jours, pourvu que tu me promettes de ne plus compofer d'Ouvrages d'efprit, foit en vers, foit en profe. Te fens-tu capable de me faire un fi grand facrifice ? Je l'ai déja fait au Ciel, me dit-il, dans une maladie mortelle dont tu me vois échappé. Un Pere de Saint Dominique m'a fait abjurer la Poefie, comme un amufement qui, s'il n'eft pas criminel, détourne du moins du but de la fageffe.

Je t'en félicite, lui repliquai-je, moncher Nugnez ; mais gare la rechute. C'eft ce que je n'appréhende point-dutout, repartit-il ; j'ai pris une ferme réfolution d'abandonner les Mufes ; quand tu es entré dans cette falle, je compofois des vers pour leur dire un éternel adieu. Monfieur Fabrice, lui dis-je alors en branlant la tête, je ne fai fi nous devons, le Pere de Saint Dominique et moi, nous fier à votre abjuration, vous me paroiffez furieufement épris de ces doctes Pùcelles. Non, non, me répondit-il, j'ai rompu tous les nœuds qui m'attachoient à elles. J'ai plus fait, j'ai pris le Public en averfion. Il ne mérite pas qu'il y ait des Auteurs qui veuillent lui confacrer leurs travaux, je ferois fâché de faire quelque production qui lui plût. Ne crois pas, continua-t-il, que le chagrin me dicte ce languftge, je te parle de fang froid. Je méprife autant les applaudiffemens du Public que fes fiflets. On ne fait qui gagne ou qui perd avec lui. C'eft un capricieux qui penfe aujourd'hui d'une façon, et qui demain penfera d'une autre. Que les Poetes Dramatiques font fous, de tirer vanité de leurs Pieces quand elles réuffiffent ! Quelque bruit qu'elles faffent dans leur nouveauté, fi on les remet au Théâtre vingt ans après, elles font pour la plupart affez mal reçues. La génération préfente accufe de mauvais goût celle qui l'a précédée, et fes jugemens font contredits à leur tour par ceux de la génération fuivante. D'où je conclus, que les Auteurs qui font applaudis préfentement, doivent s'attendre à être fiflés dans la fuite. Il en eft de même des Romans, et des autres Livres amufans qu'on met au jour : quoiqu'ils ayent d'abord une approbation générale, ils tombent infenfiblement dans le mépris. L'honneur qui nous revient de l'heureux fuccès d'un Ouvrage, n'eft donc qu'une pure chimere, qu'une il-
lufion

lufion de l'efprit, qu'un feu de paile dont la fumée fe diffipe bientôt dans les airs.

Quoique je jugeaffe bien que le Poete des Afturies ne parloit ainfi que par mauvaife humeur, je ne fis pas femblant de m'en appercevoir. Je fuis ravi, lui dis-je, que tu fois dégoûté du bel-efprit, et radicalement guéri de la rage d'écrire. Tu peus compter que je te ferai donner inceffamment un emploi, où tu pourras t'enrichir fans être obligé de faire une grande dépenfe de génie. Tant mieux, s'écria-t-il, l'efprit me put, et je le regarde à l'heure qu'il eft comme le préfent le plus funefte que le Ciel puiffe faire à l'homme. Je fouhaite, repris-je, mon cher Fabrice, que tu conferves toujours les fentimens où tu es. Si tu perfiftes à vouloir quiter la Poefie, je te le répete, je te ferai obtenir bientôt un pofte honnête et lucratif : mais en attendant que je te rende ce fervice, ajoutai-je en lui préfentant une bourfe où il y avoit une foixantaine de piftoles, je te prie de recevoir cette petite marque d'amitié.

O généreux ami ! s'écria le fils du Barbier Nugnez, tranfporté de joie et de reconnoiffance ; quelles graces n'ai-je pas à rendre au Ciel de t'avoir fait entrer dans cet Hôpital, d'où je vais dès ce jour fortir par ton affiftance ! comme effectivement il fe fit transporter dans une chambre garnie. Mais avant que de nous féparer, je lui enfeignai ma demeure, et l'invitai à me venir voir auffitôt que fa fanté feroit rétablie. Il fit paroître une extrème furprife, lorfque je lui dis que j'étois logé chez le Comte d'Olivarès. O trop heureux Gil Blas, me dit-il, dont le fort eft de plaire au Miniftre ! je me rejouis de ton bonheur, puifque tu en fais un fi bon ufage.

CHAPITRE VIII.

Gil Blas fe rend de jour en jour plus cher à fon Maître. Du retour de Scipion à Madrid, et de la relation qu'il fit de fon voyage à Santillane.

LE Comte d'Olivarès, que j'appellerai deformais *le Comte-Duc,* parce qu'il plut au Roi dans ce temslà de l'honorer de ce titre, avoit un foible que je ne découvris pas infructueufement ; c'étoit de vouloir être

aimé. Dès qu'il s'appercevoit que quelqu'un s'attachoit
à lui par inclination, il le prenoit en amitié. Je n'eus
garde de négliger cette obfervation. Je ne me contentois
pas de bien faire ce qu'il me commandoit, j'exécutois fes
ordres avec des démonftrations de zele qui le raviffoient.
J'étudiois fon goût en toutes chofes pour m'y conformer,
et prévenois fes defirs autant qu'il m'étoit poffible.

Par cette conduite, qui mene prefque toujours au but,
je devins infenfiblement le favori de mon Maître, qui de
fon côté, comme j'avois le même foible que lui, me gagna
l'ame par les marques d'affection qu'il me donna. Je
m'infinuai fi avant dans fes bonnes graces, que je parvins
à partager fa confiance avec le Seigneur Carnéro, fon
premier Sécrétaire.

Carnéro s'étoit fervi du même moyen que moi pour
plaîre à Son Excellence ; et il y avoit fi bien réuffi, qu'elle
lui faifoit part des myfteres du Cabinet. Nous étions donc,
ce Séctétaire et moi, les deux confidens du premier Mi-
niftre, et les dépofitaires de fes fecrets : avec cette diffé-
rence, qu'il ne parlòit à Carnéro que d'affaires d'Etat, et
qu'il ne m'entretenoit moi que de fes intérêts particuliers ;
ce qui faifoit, pour ainfi dire, deux départemens féparés,
dont nous étions également fatisfaits l'un et l'autre. Nous
vivions enfemble fans jaloufie comme fans amitié. J'avois
fujet d'être content de ma place, qui me donnant fans
ceffe occafion d'être avec le Comte-Duc, me mettoit à
portée de voir le fond de fon ame, que, tout diffimulé
qu'il étoit naturellement, il ceffa de me cacher, lorfqu'il
ne douta plus de la fincérité de mon attachement pour
lui.

Santillane, me dit-il un jour, tu as vu le Duc de Lerme
jouir d'une autorité qui reffembloit moins à celle d'un
Miniftre favori, qu'à la puiffance d'un Monarque abfolu :
cependant je fuis encore plus heureux qu'il n'étoit au plus
haut point de fa fortune. Il avoit deux ennemis redou-
tables dans le Duc d'Uzede fon propre fils, et dans le
Confeffeur de Philippe III. au-lieu que je ne vois
perfonne auprès du Roi, qui ait affez de crédit pour me
nuire, ni même que je foupçonne de mauvaife volonté
pour moi.

Il eft vrai, pourfuivit-il, qu'à mon avenèment au Mi-
niftere, j'ai eu grand foin de ne fouffrir auprès du Prince
que des Sujets à qui le fang ou l'amitié me lient. Je me

fuis défait par des Viceroyautés, ou par des Ambaffades,
de tous les Seigneurs qui par leur mérite perfonnel auroi-
ent pu m'enlever quelque portion de bonnes graces du
Souverain, que je veux poffeder entierement ; de forte
que je puis dire à l'heure qu'il eft, qu'aucun Grand ne
fait ombre à mon crédit. Tu vois, Gil Blas, ajouta-t-il,
que je te découvre mon cœur. Comme j'ai lieu de penfer
que tu m'es tout dévoué, je t'ai choifi pour mon confident.
Tu as de l'efprit, je te crois fage, prudent, difcret ; en
un mot, tu me parois propre à te bien acquiter de vingt
fortes de commiffions, qui demandent un garçon plein
d'intelligence, et qui foit dans mes intérêts.

Je ne fus point à l'épreuve des images flatteufes que ces
paroles offrirent à mon efprit. Quelques vapeurs d'ava-
rice et d'ambition me monterent fubitement à la tête, et
réveillerent en moi des fentimens dont je croyois avoir
triomphé. Je proteftai au Miniftre, que je répondrois de
tout mon pouvoir a fes intentions, et je me tins prêt à ex-
écuter fans fcrupule, tous les ordres dont il jugeroit à pro-
pos de me charger.

Pendant que j'étois ainfi difpofé à dreffer de nouveaux
autels à la Fortune. Scipion revint de fon voyage. Je
n'ai pas, me dit-il, un long récit à vous faire. J'ai
charmé les Seigneurs de Leyva, en leur apprenant l'ac-
cueil que le Roi vous a fait lorfqu'il vous a reconnu,
et la maniere dont le Comte d'Olivarès en ufe avec vous.

J'interrompis Scipion : Mon ami, lui dis-je, tu leur
aurois fait encore plus de plaifir, fi tu leur avois peu dire
fur quel pié je fuis aujourd'hui auprès de Monfeigneur.
C'eft une chofe prodigieufe, que la rapidité des progrès,
que j'ai faits depuis ton départ dans le cœur de fon Ex-
cellence. Dieu en foit loué, mon cher Maître, me ré-
pondit-il, je preffens que nous aurons de belles deftinées
à remplir.

Changeons de matiere, lui dis-je, parlons d'Oviédo.
Tu as été aux Afturies. Dans quel état y as-tu laiffé ma
mere ? Ah ! Monfieur, me repartit-il en prenant tout-à-
coup un air trifte, je n'ai que des nouvelles affligeantes à
vous annoncer de ce côté-là. O Ciel ! m'écriai-je, ma
mere eft morte affurément ! Il y a fix mois, dit mon Sé-
crétaire, que la bonne Dame a payé le tribut a la nature,
auffi-bien que le Seigneur Gil-Pérez votre oncle.

La

La mort de ma mere me caufa une vive affliction, quoique dans mon énfance je n'euffe point reçu d'elle ces careffes dont les enfans ont grand befoin pour devenir reconnoiffans dans la fuite. Je donnai auffi au bon Chanoine les larmes que je lui devois, pour le foin qu'il avoit eu de mon éducation. Ma douleur à la vérité ne fut pas longue, et dégénéra bientôt en un fouvenir tendre que j'ai toujours confervé de mes parens.

CHAPITRE IX.

Comment et à qui le Comte-Duc maria fa fille unique, et des fruits amers que ce marriage produifit.

PEU de tems après le retour du fils de la Cofcolina, le Comte-Duc tomba dans une rêverie où il demeura plongé pendant huit jours. Je m'imaginois qu'il méditoit quelque grand coup d'Etat ; mais ce qui le faifoit rêver, ne regardoit que fa famille. Gil Blas, me dit-il une après-dinée, tu dois t'être apperçu que j'ai l'efprit embarraffé. Oui, mon enfant, je fuis occupé d'une affaire d'où dépend le repos de ma vie. Je veux bien t'en faire confidence.

Donna Maria ma fille, continua-t-il, eft nubile, et il fe préfente un grand nombre de Seigneurs qui fe la difputent. Le Comte de Niébles, fils aine du Duc de Médina Sidonia, chef de la maifon de Guzman, et Don Louis de Haro, fils ainé du Marquis de Carpio et de ma fœur ainée, font les deux concurrens qui paroiffent le plus en droit d'obtenir la préference. Le dernier fur-tout a un mérite fi fupérieur à celui de fes rivaux, que toute la Cour ne doute pas que je ne faffe choix de lui pour mon gendre. Néanmoins, fans entrer dans les raifons que j'ai de lui donner l'exclufion, de même qu'au Comte de Niébles, je te dirai que j'ai jetté les yeux fur Don Ramire Nugnez de Guzman, Marquis de Toral, chef de la maifon des Guzman, d'Abrados. C'eft à ce jeune Seigneur, et aux enfans qu'il aura de ma fille, que je prétens laiffer tous mes biens, et les annexer au titre de Comte d'Olivarès, au-quel je joindrai la Grandeffe : de maniere que mes petits-fils, et leurs defcendans fortis de la branche d'Abrados et de celle d'Olid'Olivarès, passeront pour les ainés de la maison de Guzman.

Hé bien, Santillane, ajouta-t-il, n'approuve-tu pas mon deffein ? Pardonnez-moi, Monseigneur, lui répondis-je, ce projet eft digne du génie qui l'a formé ; tout ce que je crains, c'eft que le Duc de Médina Sidonia pourra bien en murmurer. Qu'il en murmure s'il veut, reprit le Miniftre, je m'en mets fort peu en peine. Je n'aime point fa branche, qui a ufurpé fur celle d'Abrados le droit d'aineffe et les titres qui y font attachés. Je ferai moins fenfible à fes plaintes, qu'au chagrin qu'aura la Marquife de Carpio ma fœur, de voir échapper ma fille à fon fils. Mais après tout je veux me fatisfaire, et Don Ramire l'emportera fur fes rivaux, c'eft une chofe décidée.

Le Comte-Duc ayant pris cette réfolution, ne l'exécuta pas fans donner une nouvelle marque de fa politique finguliere. Il préfenta un Mémoire au Roi, pour le prier aufli-bien que la Reine, de vouloir bien marier eux-mêmes fa fille, en leur expofant les qualités des Seigneurs qui la recherchoient, et s'en remettant entierement au choix que feroient Leurs Majeftés ! mais il ne laiffoit pas, en parlant du Marquis de Toral, de faire connoître que c'étoit celui de tous qui lui étoit le plus agréable. Aufli le Roi, qui avoit une complaifance aveugle pour fon Miniftre, lui fit cette réponfe : *Je crois Don Ramire Nugnez digne de Donna Maria ; cependant choififfez vous-même. Le parti qui vous conviendra le mieux, fera celui qui me plaira davantage.* Le Roi.

Le Miniftre affecta de montrer cette réponfe : et feignant de la regarder comme un ordre du Prince, il fe hâta de marier fa fille au Marquis de Toral ; ce qui piqua vivement la Marquife de Carpio, de même que tous les Guzmans, qui s'étoient flattés de l'efpérance d'époufer Donna Maria. Néanmoins les uns et les autres ne pouvant empêcher ce mariage, affecterent de le célebrer avec les plus grandes démonftrations de joie. On eût dit que toute la famille en étoit charmée ; mais les mécontens furent bientôt vengés d'une maniere très cruelle pour le Comte-Duc. Donna Maria accouche au bout de dix mois d'une fille qui mourut en naiffant, et fut elle-même peu de jours après la victime de fa couche.

Quelle

Quelle perte pour un pere qui n'avoit, pour ainfi dire, des yeux que pour fa fille, et qui voyoit avorter par-là le deffein d'ôter le droit d'aineffe à la branche de Médina Sidonia! Il en fut fi pénétré, qn'il s'enferma pendant quelques jours, et ne voulut voir perfonne que moi, qui me conformant à fa vive douleur, parus auffi touché que lui. Il faut dire la vérité, je me fervis de cette occafion pour donner de nouvelles larmes à la mémoire d'Antonia. Le rapport que fa mort avoit avec celle de la Marquife de Toral, rouvrit une plaie mal fermée, et me mit fi bien en train de m'affliger, que le Miniftre, tout accablé qu'il étoit de fa propre douleur, fut frappé de la mienne. Il étoit étonné de me voir entrer fi chaudement dans fes chagrins. Gil Blas, me dit-il un jour que je lui parus plongé dans une trifteffe mortelle, c'eft une affez douce confolation pour moi, d'avoir un confident fi fenfible à mes peines. Ah! Monfeigneur, lui répondis-je en lui faifant tout l'honneur de mon affliction, il faudroit que je fuffe bien ingrat et d'un naturel bien dur, fi je ne les fentois pas vivement! Puis-je penfer que vous pleurez une fille d'un merite accompli, et que vous aimiez fi tendrement, fans méler mes pleurs aux vôtres? Non, Monfeigneur, je fuis trop plein de vos bontés, pour ne partager pas toute ma vie vos plaifirs et vos ennuis.

CHAPITRE X.

Gil Blas rencontre par bazard le Poete Nugnez, qui lui apprend qu'il a fait une Tragédie qui doit être inceffamment réprésentée fur le Théatre du Prince. Du malheureux fuccès de cette Pièce, et du bonheur étonnant dont il fut fuivi.

LE Miniftre commençoit à fe confoler, et moi par conféquent à reprendre ma bonne humeur, lorfqu'un foir je fortis tout feul en caroffe pour aller à la promenade. Je rencontrai en chemin le Poete des Afturies, que je n'avois pas revu depuis fa fortie de l'Hôpital. Il étoit fort proprement vêtu. Je l'appellai, je le fis monter dans mon caroffe, et nous nous promenâmes enfemble dans le Pré St. Jérôme.

Mon-

Monſieur Nugnez, lui dis-je, il eſt heureux pour moi de vous avoir rencontré par hazard ; ſans cela je n'aurois pas le plaiſir que j'ai de. . . . . Point de reproches, Santillane, interrompit-il avec précipitation ; je t'avoûrai de bonne foi, que je n'ai pas voulu t'aller voir ; je vais t'en dire la raiſon. Tu m'as promis un bon poſte, pourvu que j'abjure la Poeſie ; et j'en ai trouvé un très ſolide, à condition que je ferai des vers, J'ai accepté ce dernier, comme le plus convenable à mon humeur. Un de mes amis m'a placé auprès de Don Bertrand Gomez de Ribéro, Tréſorier des Galeres du Roi. Ce Don Bertrand, qui vouloit avoir un Bel-Eſprit à ſes gages, ayant trouvé ma verſification très brillante, m'a choiſi preférablement à cinq ou ſix Auteurs, qui ſe préſentoient pour remplir l'emploi de Sécrétaire de ſes Commandemens.

J'en ſuis ravi, mon cher Fabrice, lui dis-je, car ce Don Bertrand eſt apparemment fort riche. Comment riche, me répondit-il ! on dit qu'il ignore lui-mê juſqu'à quel point il l'eſt. Quoi qu'il en ſoit, voici en quoi conſiſte l'emploi que j'occupe chez lui. Comme il ſe pique d'être galant, et qu'il veut paſſer pour homme d'eſprit, il eſt en commerce de lettres avec pluſieurs Dames fort ſpirituelles, et je lui prête ma plume pour compoſer des billets remplis de ſel et d'agrément. J'écris pour lui à l'une en vers, à l'autre en proſe, et je porte quelquefois les lettres moi-même, pour faire voir la multiplicité de mes talents.

Mais tu ne m'apprens pas, lui-dis-je, ce que je ſouhaite le plus de ſavoir. Es-tu bien payé de tes Epigrammes épiſtolaires ? Très graſſement, répondit-il ; les gens riches ne ſont pas tous généreux, et j'en connois qui ſont de francs vilains ; mais Don Bertrand en uſe avec moi fort noblement. Outre deux cens piſtoles de gages fixes, je reçois de lui de tems en tems de petites gratifications ; ce qui me met en état de faire le Seigneur, et de bien paſſer mon tems avec quelques Auteurs, ennemis comme moi du chagrin. Au reſte, repris-je, ton Tréſorier a-t-il aſſez de goût pour ſentir les beautés d'un Ouvrage d'eſprit et pour en appercevoir les défauts ? Oh que non, me répondit Nugnez ; quoiqu'il ait un babil impoſant, ce n'eſt point un connoiſſeur. Il ne laiſſe pas de ſe donner pour un *Tarpa.* Il décide hardiment, et ſoutient ſon o-

pinion

pinion d'un ton fi haut et avec tant d'opiniâtreté, que le plus fouvent lorfqu'il difpute, on eft obligé de lui céder, pour éviter une grêle de traits defobligeans dont il a coutume d'accabler fes contradicteurs.

Tu peus croire, pourfuivit-il, que j'ai grand foin de ne le contredire jamais, quelque fujet qu'il m'en donne ; car outre les épithetes defagréables que je ne manquerois pas de m'attirer, je pourrois fort bien me faire mettre à la porte. J'approuve donc prudemment ce qu'il loue, et je defapprouve de même tout ce qu'il trouve mauvais. Par cette complaifance qui ne me coute gueres, poffédant, comme je fais, l'art de de m'accommoder au caractere des perfonnes qui me font utiles, j'ai gagné l'eftime et l'amitié de mon Patron. Il m'a engagé à compofer une Tragédie, dont il m'a donné l'idée. Je l'ai faite fous fes yeux ; et fi elle réuffit, je devrai à fes bons avis une partie de ma gloire.

Je demandai à notre Poete le titre de fa Tragédie. C'eft, répondit-il, *Le Comte de Saldagne :* cette Piece fera repréfentée dans trois jours fur le Théatre du Prince. Je fouhaite, lui répliquai-je, qu'elle ait une grande réuffite, et j'ai affez bonne opinion de ton génie pour l'efpérer. Je l'efpere bien auffi, me dit-il ; mais il n'y a point d'efpérance plus trompeufe que celle-là, tant les Auteurs font incertains de l'évenement d'un Ouvrage Dramatique.

Enfin, le jour de la premiere reprefentation arriva. Je ne pus aller à la Comédie, Monfeigneur m'ayant chargé d'une commiffion qui m'en empêcha. Tout ce que je pus faire, fut d'y envoyer Scipion, pour favoir du moins dès le foir-même le fuccès d'une Piece à laquelle je m'intèreffois. Aprés l'avoir impatiemment attendu je le vis revenir d'un air qui me fit concevoir un mauvais préfage. Hé bien, lui dis-je, comment *Le Comte de Saldagne* a-t-il été reçu du Public ? Fort brutalement, répondit-il ; jamais Piece n'a été plus cruellement traitée, je fuis forti indigné de l'infolence du Parterre. Et moi je le fuis, lui repliquai-je, de la fureur que Nugnez a de compofer des Poemes Dramatiques. Ne faut-il pas qu'il ait perdu le jugement, pour préférer les huées ignominieufes des Spectateurs, à l'heureux fort que je puis lui faire ? C'eft ainfi que par amitié je peftois contre le poete des Afturies, et que je m'affligeois du malheur de fa Piece, pendant qu'il s'en applaudiffoit.

En effet je le vis deux jours après entrer chez moi, tout tranfporté de joie. Santillane, s'écria-t-il, je viens te faire part du raviffement où je fuis. J'ai fait ma fortune, mon ami, en faifant une mauvaife Piece. Tu fais l'étrange accueil qu'on a fait au *Comte de Saldagne* ; tous les Spectateurs à l'envi fe font déchaînés contre lui ; et c'eft à ce déchaînement général que je dois le bonheur de ma vie.

Je fus affez étonné d'entendre parler de cette maniere le Poete Nugnez. Comment donc Fabrice, lui dis-je, feroit-il poffible que la chute de ta Tragédie eût de quoi juftifier ta joie immodérée? Oui fans doute, répondit-il : Je t'ai déja dit que Don Bertrand avoit mis du fien dans ma Piece, par conféquent il la trouvoit excellente. Il a été piqué vivement de voir les Spectateurs d'un fentiment contraire au fien. Nugnez, m'a-t-il dit ce matin, *Victrix caufa Diis placuit, fed victa Catoni.* Si ta Piece a déplu au Public, en récompenfe elle me plat à moi, et cela doit te fuffire. Pour te confoler du mauvais goût du fiecle, je te donne deux mille écus de rente à prendre fur tous mes biens, allons de ce pas chez mon Notaire en paffer le contrat. Nous y avons été fur le champ, le Tréforier a figné l'acte de la donation, et m'a payé la premiere année d'avance.

Je félicitai Fabrice fur la malheureufe deftinée du *Comte de Saldagne,* puifqu'elle avoit tourné au profit de l'Auteur. Tu as bien raifon, continua-t-il, de me faire compliment là-deffus. Que je fuis heureux d'avoir été fifflé à double carillon! Si le Public plus bénévole m'eût honoré de fes applaudiffemens, à quoi cela m'auroit-il mené? A rien. Je n'aurois tiré de mon travail qu'une fomme affez médiocre, au-lieu que les fifflets m'ont mis toutd'un-coup à mon aife pour le refte de mes jours.

CHAPITRE ·XI.

Santillane fait donner un Emploi à Scipion, qui part pour la Nouvelle Espagne.

MON Sécrétaire ne regarda pas sans envie le bonheur inopiné du Poete Nugnez, il ne cessa de m'en parler pendant huit jours. J'admire, disoit-il, le caprice de la Fortune, qui se plait quelquefois à combler de biens un détestable Auteur, tandis qu'elle en laisse de bons dans la misere : Je voudrois bien qu'elle s'avisât de m'enrichir aussi du soir au lendemain. Cela pourra bien arriver, lui disois-je, et plutôt que tu ne penses. Tu es ici dans son temple ; car il me semble qu'on peut appeller le temple de la Fortune la maison d'un premier Ministre, où l'on accorde souvent des graces qui engraissent tout-à-coup ceux qui les obtiénnent. Cela est véritable, Monsieur, me répondit-il, mais il faut avoir la patience de les attendre. Encore une fois Scipion, lui repliquois-je, sois tranquille ; peut-être es-tu sur le point d'avoir quelque bonne Commission. Effectivement il s'offrit peu de jours après une occasion de l'employer utilement au service du Comte-Duc, et je ne la laissai point échapper.

Je m'entretenois un matin avec Don Raimon Caporis, Intendant de ce premier Ministre, et notre conversation rouloit sur les revenus de Son Excellence. Monseigneur jouit, disoit-il, des Commanderies de tous les Ordres Militaires, ce qui lui vaut par an quarante mille écus, et il n'est obligé que de porter la Croix d'Alcantara. De plus, ses trois Charges de Grand-Chambellan, de Grand-Ecuyer et de Grand-Chancelier des Indes, lui rapportent deux cens mille écus ; et tout cela n'est rien encore, en comparaison des sommes immenses qu'il tire des Indes. Savez-vous bien de quelle maniere ? Lorsque les Vaisseaux du Roi partent de Séville ou de Lisbonne pour ce pays-là, il y fait embarquer du vin, de l'huile et des grains, que lui fournit sa Comté d'Olivarès ; il ne paye point de port. Avec cela il vend dans les Indes ces marchandises quatre fois plus qu'elles ne valent en Espagne ; ensuite il en emploie l'argent à acheter des épiceries, des couleurs, et d'autres choses qu'on a presque pour rien dans le Nou-

veau

veau Monde, et qui fe vendent fort cher en Europe. Il a
déja par ce trafic gagné plufieurs millions, fans faire le
moindre tort au Roi.

Ce qui ne vous paroîtra pas étonnant, continua-t-il,
c'eft que les perfonnes employées à faire ce commerce, re-
viennent toutes chargées de richeffes, Monfeigneur trou-
vant bon qu'elles faffent leurs affaires avec les fiennes.

Le fils de la Cofcolina, qui écoutoit notre entretien, ne
peut entendre parler ainfi Don Raimon fans l'interrompre:
Parbleu, Seigneur Caporis, s'écria-t-il, je ferois ravi d'ê-
tre une de ces perfonnes-là ; auffi-bien il y a longtems que
je fouhaite de voir le Mexique. Votre curiofité fera bien-
tôt fatisfaite, lui dit l'Intendant, fi le Seigneur de Santil-
lane ne s'oppofe point à votre envie. Quelque délicat
que je fois fur le choix des gens que j'envoie aux Indes
faire ce trafic (car c'eft moi qui les choifis) je vous met-
trai aveuglément fur mon régiftre, fi votre Maître le veut.
Vous me ferez plaifir, dis je à Don Raimon, donnez-moi
cette marque d'amitié. Scipion eft un garçon que j'aime,
d'ailleurs très intelligent, et qui fe gouvernera de façon
qu'on n'aura pas le moindre reproche à lui faire. En un
mot, j'en répons comme de moi-même.

Cela étant, reprit Caporis, il n'a qu'à fe rendre inceſ-
famment à Séville, les Vaiffeaux doivent mettre à la voile
dans un mois pour les Indes. Je le chargerai à fon départ
d'une lettre pour un homme qui lui donnera toutes les in-
ftructions neceffaires pour s'enrichir, fans porter aucun
préjudice aux intérêts de Son Excellence, qui doivent
être facrés pour lui.

Scipion, charmé d'avoir cet emploi, fe hâta de partir
pour Séville avec mille écus que je lui comptai, pour a-
cheter dans l'Andaloufie du vin et de l'huile, et le mettre
en état de trafiquer pour fon compte dans les Indes. Ce-
pendant tout ravi qu'il étoit de faire un voyage dont il e-
fpéroit tirer tant de profit, il ne put me quiter fans répan-
dre des pleurs, et je ne vis pas de fang froid fon départ.

CHAPITRE XII.

Don Alphonse de Leyva vient à Madrid ; motif de son voy-
age. De l'affliction qu'en eut Gil Blas, et de la joie
qui la suivit.

A PEINE eus-je perdu Scipion, qu'un Page du Mi-
niftre m'apporta un billet qui contenoit ces paroles.
Si le Seigneur de Santillane veut se donner la peine de se
rendre à l'Image Saint Gabriel dans la rue de Tolede, il
y verra un de ses meilleurs amis.

Quel peut être cet ami qui ne se nomme point, dis-je
en moi-même ? pourquoi me cache-t-il son nom ? il veut
apparemment me caufer le plaifir de la furprife Je fortis
fur le champ, je pris le chemin de la rue de Tolede ; et
en arrivant au lieu marqué, je ne fus pas peu étonné d'y
trouver Don Alphonfe de Leyva. Que vois-je ! m'écri-
ai-je. Vous ici, Seigneur ! Oui, mon cher Gil Blas, ré-
pondit-il en me ferrant étroitement entre fes bras, c'eft Don
Alphonfe lui-même qui s'offre à votre vue. He ! qui vous
amene à Madrid, lui dis-je ? Je vais vous furprendre, me
repartit-il, et vous affliger en vous apprenant le fujet de
mon voyage. On m'a ôté le Gouvernement de Valence
et le premier Miniftre me mande à la Cour pour rendre
compte de ma conduite. Je demeurai un quart-d'heure
dans un ftupide filence, puis reprenant la parole ; De quoi,
lui dis-je, vous accufe-t-on ? Je n'en fai rien, répondit-il ;
mais j'impute ma difgrace à la vifite que j'ai faite, il y a
trois femaines, au Cardinal Duc de Lerme, qui depuis un
mois eft relegué dant fon château de Dénia.

Oh vraiment, interrompis-je, vous avez raifon d'attri-
buer votre malheur à cette vifite indifcrette ; n'en cher-
chez point la caufe ailleurs ; et premettez-moi de vous
dire que vous n'avez pas confulté votre prudence ordi-
naire, lorfque vous avez été voir ce Miniftre difgracié.
La faute en eft faite, me dit-il, et j'ai pris de bonne grace
mon parti : Je vais me retirer avec ma famille au château
de Leyva, où je pafferai dans un profond repos le refte de
mes jours. Tout ce qui me fait de la peine, ajouta-t-il,
c'eft d'être obligé de paroître devant un fuperbe Miniftre,
qui pourra me recevoir peu gracieufement. Quelle mor-
tification

tification pour un Espagnol! Cependant c'est une nécessi-
té ; mais avant que de m'y soumettre, j'ai voulu vous
parler. Seigneur, lui dis-je, ne vous présentez pas de-
vant le Ministre, que je n'aye su auparavant de quoi l'on
vous accuse ; le mal n'est peut-être pas sans remede.
Quoi qu'il en soit, vous trouverez bon, s'il vous plaît,
que je me donne pour vous tous les mouvemens qu'exi-
gent de moi la reconnoissance et l'amitié. A ces mots je
le laissai dans son hôtellerie, en l'assurant qu'il auroit in-
cessamment de mes nouvelles.

Comme je ne me mêlois plus d'affaires d'Etat depuis
les deux Mémoires dont il a été fait une si éloquente men-
tion, j'allai trouver Carnéro, pour lui demander, s'il é-
toit vrai qu'on eût ôté à Don Alphonse de Leyva le Gou-
vernement de la Ville de Valence. Il me répondit qu'
oui, mais qu'il en ignoroit la raison. Lá-dessus je pris,
sans balancer, la résolution de m'adresser à Monseigneur
même, pour aprendre de sa propre bouche les sujets
qu'il pouvoit avoir de se plaindre du fils de Don César.

J'étois si pénétré de ce fâcheux évenement, que je n'eus
pas besoin d'affecter un air de tristesse pour paroître affligé
aux yeux du Comte-Duc. Qu'as-tu donc, Santillane,
me dit-il aussi-tôt qu'il me vit ? J'apperçois sur ton vi-
sage une impression de chagrin, je vois même des larmes
pretes à couler de tes yeux. Quelqu'un t'auroit-il fait
quelque offense ? Parle, tu seras bientôt vengé. Monsei-
gneur, lui répondis-je en pleurant, quand je voudrois vous
cacher ma douleur, je ne le pourrois pas, je suis au des-
espoir : On vient de me dire que Don Alphonse de Leyva
n'est plus Gouverneur de Valence, on ne pouvoit m'an-
noncer une nouvelle plus capable de me causer une mor-
telle affliction. Que dis-tu, Gil Blas. reprit le Ministre
étonné ? quel intérêt peus-tu prendre à ce Don Alphonse
et à son Gouvernement ? Alors je lui fis un détail des o-
bligations que j'avois aux Seigneurs de Leyva : ensuite je
lui racontai de quelle façon j'avois obtenu du Duc de
Lerme pour le fils de Don César, le Gouvernement dont
il s'agissoit.

Quand Son Excellence m'eut écouté jusqu'au bout a-
vec une attention pleine de bonté pour moi, il me dit:
Essuye tes pleurs, mon ami. Outre que j'ignorois ce que
tu viens de m'apprendre, je t'avoûrai que je regardois

Don

Don Alphonfe comme une créature du Cardinal de Lerme. Je te mets à ma place ; la vifite qu'il a faite à cette Eminence, ne te l'auroit-il pas rendu fufpect ? Je veux bien croire pourtant qu'ayant été pourvu de fon Emploi par ce Miniftre, il peut avoir fait cette démarche par un pur mouvement de reconnoiffance. Je fuis fâché d'avoir déplacé un homme qui te devoit fon pofte ; mais fi j'ai détruit ton ouvrage, je puis le réparer. Je veux même encore plus faire pour toi que le Duc de Lerme : Don Alphonfe ton ami n'étoit que Gouverneur de la Ville de Valence, je le fais Viceroi du Royaume d'Arragon : c'eft ce que je te promets de lui faire favoir, et tu peus lui mander de venir prêter ferment.

Lorfque j'eus entendu ces paroles, je paffai d'une extrême douleur à un excès de joie, qui me troubla l'efprit à un point, qu'il y parut au remerciment que je fis à Monfeigneur : mais le defordre de mon difcours ne lui déplut point ; et comme je lui appris que Don Alphonfe étoit à Madrid, il me dit que je pouvois le lui préfenter dès ce jour-là même. Je courus auffi-tôt à l'Image Saint Gabriel, où je ravis le fils de Don Céfar en lui annonçant fon nouvel Emploi. Il ne pouvoit croire ce que je lui difois, tant il avoit de peine à fe perfuader que le premier Miniftre, quelqu'amitié qu'il eût pour moi, fût capable de donner des Viceroyautés à ma confidération. Je le menai au Comte-Duc, qui le reçut très poliment, et lui dit qu'il s'étoit fi bien conduit dans fon Gouvernement de la Ville de Valence, que le Roi le jugeant propre à remplir une plus grande place, l'avoit nommé à la Viceroyauté d'Arragon. D'ailleurs, ajouta-t-il, cette Dignité n'eft point au-deffus de votre naiffance, et la Nobleffe Arragonoife ne fauroit murmurer contre le choix de la Cour,

Son Excellence ne fit aucune mention de moi, et le Public ignora la part que j'avois à cette affaire ; ce qui fauva Don Alphonfe et le Miniftre des mauvais difcours, qu'on auroit pu tenir dans le monde fur un Viceroi de ma façon.

Sitôt que le fils de Don Céfar fut fûr de fon fait, il dépêcha un Exprès à Valence, pour en informer fon pere et Séraphine, qui fe rendirent bientôt à Madrid. Leur premier foin fut de me venir trouver, pour m'accabler de remer-

remercimens. Quel spectacle touchant et glorieux pour moi, de voir les trois personnes du monde qui m'étoient les plus cheres m'embrasser à l'envi! Aussi sensibles à mon zele et à mon affection qu'à l'honneur que le Poste de Viceroi alloit faire à leur Maison, ils ne pouvoient se lasser de me tenir des discours reconnoissans. Ils me parloient même, comme s'ils eussent parlé à un homme d'une condition égale à la leur. Ils sembloit qu'ils eussent oublié qu'ils avoient été mes Maîtres. Ils croyoient ne pouvoir me temoigner assez d'amitié. Pour supprimer les circonstances inutiles, Don Alphonse, après avoir reçu ses Patentes, remercié le Roi et son Ministre, et prété le serment ordinaire, partit de Madrid avec sa famille, pour aller établir son séjour à Saragosse. Il y fit son entrée avec toute la magnificencè imaginable ; et les Arragonois firent connoître par leurs acclamations, que je leur avois donné un Viceroi qui leur étoit fort agréable.

CHAPITRE XIII.

Gil Blas rencontre chez le Roi, Don Gaston de Cogollos et Don André de Tordésillas. Où ils allerent tous trois. Fin de l'histoire de Don Gaston et de Donna Héléna de Galistéo. Quel service Santillane rendit. à Tordésillas.

JE nageois dans la joie d'avoir si heureusement changé en Viceroi un Gouverneur déplacé. Les Seigneurs de Leyva même en étoient moins ravis que moi. J'eus bientôt encore une autre occasion d'employer mon crédit pour un ami ; ce que je crois devoir rapporter, pour faire connoître à mes Lecteurs, que je n'étois plus ce même Gil Blas, qui sous le Ministere precédent vendoit les graces de la Cour.

J'étois un jour dans l'antichambre du Roi, où je m'entretenois avec des Seigneurs, qui me connoissant pour un homme chéri du premier Ministre, ne dédaignoient pas ma conversation. J'apperçus dans la foule Don Gaston de Cogollos, ce Prisonnier d'Etat que j'avois laissé dans la Tour de Ségovie. Il étoit avec le Châtelain Don André de Tordésillas. Je quitai volontiers ma compagnie, pour aller embrasser ces deux amis. S'ils furent étonnés

de

de me revoir-là, je le fus bien davantage de les y rencontrer. Après de vives accolades de part et d'autre, Don Gaston me dit : Seigneur de Santillane nous avons bien des questions à nous faire mutuellement, et nous ne sommes pas ici dans un lieu commode pour cela ; permettez que je vous emmene dans un endroit, où le Seigneur de Tordésillas et moi nous serons bien-aises d'avoir avec vous un long entretien. J'y consentis, nous fendîmes la presse, et nous sortîmes du Palais. Nous trouvâmes le carosse de Don Gaston qui l'attendoit dans la rue, nous y montâmes tous trois, et nous nous rendîmes à la grande place du Marché où se font les Courses de Taureaux. Là démeuroit Cogollos, dans un fort bel hôtel.

Seigneur Gil Blas, me dit Don André, lorsque nous fûmes dans une salle magnifiquement meublée, il me semble qu'à votre départ de Ségovie vous haïssiez la Cour, et que vous étiez dans la résolution de vous en éloigner pour jamais. C'étoit en effet mon dessein, lui répondis-je ; et tant qu'à vécu le feu Roi, je n'ai pas changé de sentiment : mais quand j'ai su que le Prince son fils étoit sur le trône, j'ai voulu voir si le nouveau Monarque me reconnoîtroit. Il m'a reconnu, et j'ai eu le bonheur d'en être reçu favorablement ; il m'a recommandé lui même au premier Ministre, qui m'a pris en amitié, et avec qui je suis beaucoup mieux que je ne l'ai jamais été avec le Duc de Lerme. Voilà, Seigneur Don André, ce que j'avois à vous apprendre ; et vous, dites-moi si vous êtes toujours Châtelain de la Tour de Ségovie ? Non vraiment, me répondit-il ; le Comte-Duc en a mis un autre à ma place; il m'a cru apparemment tout devoué à son prédécesseur. Et moi, dit alors Don Gaston, j'ai été remis en liberté par une raison contraire. Le premier Ministre n'a pas sitôt su que j'étois dans les prisons de Ségovie par ordre du Duc de Lerme, qu'il m'en a fait sortir. Il s'agit à présent, Seigneur Gil Blas, de vous conter ce qui m'est arrivé depuis que je suis libre.

La premiere chose que je fis, poursuivit-il, après avoir remercié Don André des attentions qu'il avoit eues pour moi pendant ma prison, fut de me rendre à Madrid. Je me présentai devant le Comte-Duc d'Olivarès, qui me dit : Ne craignez pas que le malheur qui vous est survenu, fasse le moindre tort à votre réputation ; vous êtes pleine-

pleinement juftifié : je fuis d'autant plus affuré de votre innocence, que le Marquis de Villaréal, dont on vous a foupçonné d'être complice, n'étoit pas coupable. Quoique Portugais, et parent même du Duc de Bragance, il eft moins dans fes intérêts que dans ceux du Roi mon Maître. On n'a donc point dû vous faire un crime de votre liaifon avec ce Marquis ; et pour réparer l'injuftice qu'on vous a faite en vous accufant de trahifon, le Roi vous donne une Lieutenance dans fa Garde Efpagnole. J'acceptai cet emploi en fuppliant Son Excellence de me permettre, avant que d'entrer en exercice, d'aller a Coria pour y voir Donna Eleonor de Laxarilla ma tante. Le Miniftre m'accorda un mois pour faire ce voyage, et je partis accompagné d'un feul laquais.

Nous avions déja paffé Colmenar, et nous étions engagés dans un chemin creux entre deux montagnes, quand nous apperçumes un Cavalier qui fe défendoit vaillamment contre trois hommes qui l'attaquoient tous enfemble. Je ne balançai point à le fecourir, je me hâtai de le joindre, et je me mis à fon côté. Je remarquai en me battant que nos ennemis étoient mafqués, et que nous avions affaire à de vigoureux Spadaffins. Cependant, malgré leur force et leur addreffe, nous demeurâmes vainqueurs : je perçai un des trois, il tomba de cheval, et les deux autres prirent la fuite à l'inftant. Il eft vrai que la victoire ne nous fut gueres moins funefte qu'au malheureux que j'avois tué, puifqu'après l'action nous nous trouvâmes, mon compagnon et moi, dangereufement bleffés. Mais repréfentez-vous quelle fut ma furprife, lorfque je reçonnus dans ce cavalier Combados, le mari de Donna Héléna. Il ne fut pas moins étonné de voir que j'étois fon défenfeur : Ah ! Don Gafton, s'écria-t-il ! quoi ? c'eft vous qui venez me fecourir ? Quand vous avez fi généreufement pris mon parti, vous ignoriez que c'étoit celui d'un homme qui vous a enlevé votre Maîtreffe. Je l'ignorois en effet, lui répondis-je ; mais quand je l'aurois fu, penfez-vous que j'euffe balancé à faire ce que j'ai fait ? Jugeriez-vous affez mal de moi, pour me croire une ame fi baffe ? Non, non, reprit-il, j'ai meilleure opinion de vous ; et fi je meurs des bleffures que je viens de recevoir, je fouhaite que les vôtres ne vous empechent point de profiter de ma mort. Combados, lui dis-je, quoique je n'aye pas en-

core

core oublié Donna Héléna, fachez que je ne defire point fa poffeffion aux dépens de votre vie ; je m'applaudis même d'avoir contribué à vous fauver des coups de trois affaffins, puifqu'en cela j'ai fait une action agréable à votre époufe.

Pendant que nous nous parlions de cette forte, mon laquais defcendit de cheval, et s'étant approché du Cavalier qui étoit étendu fur la pouffiere, il lui ôta fon mafque, et nous fit voir des traits que Combados reconnut d'abord. C'eft Caprara, s'ecria-t-il, ce perfide coufin qui de dépit d'avoir manqué une riche fucceffion qu'il m'avoit injuftement difputée, nourriffoit depuis longtems le defir de m'affaffiner, et avoit enfin choifi ce jour pour le fatisfaire ; mais le Ciel a permis qu'il ait été la victime de fon attentat.

Cependant notre fang couloit à bon compte, et nous nous affoibliffions à vue d'œil. Néanmoins tout bleffés que nous étions, nous eûmes la force de gagner le bourg de Villaréjo, qui n'eft qu'à deux portées de fufil du champ de bataille. En arrivant à la premiere hôtellerie, nous demandâmes des Chirurgiens. Il en vint un, qu'on nous dit être fort habile. Il vifita nos plaies, qu'il trouva très dangereufes ; il nous panfa ; et le lendemain il nous dit, après avoir levé l'appareil, que les bleffures de Don Blas étoient mortelles. Il jugea des miennes plus favorablement, et fes pronoftics ne furent point faux.

Combados fe voyant condamné à la mort, ne fongea plus qu'à s'y préparer. Il dèpêcha un Exprés à fa femme, l'informer de ce qni s'étoit paffé, et du trifte état où il fe trouvoit. Donna Héléna fut bientôt à Villaréjo. Elle y arriva, l'efprit travaillé d'une inquiétude qui avoit deux caufes différentes ; le péril que couroit la vie de fon époux, et la crainte de fentir, en me revoyant rallumer un feu mal éteint : cela lui caufoit une agitation terrible. Madame, lui dit Don Blas lorfqu'elle fut en fa préfence, vous arrivez affez à tems pour recevoir mes adieux. Je vais mourir, et je regarde ma mort conme une punition du Ciel, de vous avoir par une tromperie arrachée à Don Gafton : bien loin d'en murmurer, je vous exhorte moi même à lui rendre un cœur que je lui ai ravi. Donna Héléna ne lui répondit que par des pleurs ; et véritablement c'étoit la meilleure réponfe qu'elle lui pût faire, n'é-

tant

tant pas encore affez détachée de moi, pour avoir oublié l'artifice dont il s'étoit fervi pour la déterminer à me manquer de foi.

Il arriva, comme le Chirurgien l'avoit pronoftiqué, qu'en moins de trois jours Combados mourut de fes bleffures, au-lieu que les miennes annonçoient une prochaine guérifon. La jeune Veuve, uniquement occupée du foin de faire tranfporter à Coria le corps de fon époux pour lui rendre tous les honneurs qu'elle devoit à fa cendre, partit de Villaréjo pour s'en retourner, après s'être informée, comme par pure politeffe, de l'état où je me trouvois. Dès que je pus la fuivre, je pris le chemin de Coria, où j'achevai de me rétablir. Alors Donna Eléonor, ma tante, et Don George de Galiftéo réfolurent de nous marier promptement Héléne et moi, de peur que la fortune ne nous féparât encore par quelque nouvelle traverfe. Ce marriage fe fit fans éclat, à caufe de la mort trop récente de Don Blas ; et peu de jours après je revins à Madrid avec Donna Héléna. Comme j'avois paffé le tems prefcrit par le Comte-Duc pour mon voyage, je craignois que ce Miniftre n'eût donné à un autre la Lieutenance qu'il m'avoit promife ; mais il n'en avoit point difpofé, et il eut la bonté de recevoir les excufes que je lui fis de mon retardement.

Je fuis donc, pourfuivit Cogollos, Lieutenant de la Garde Efpagnole, et j'ai de l'agrément dans mon emploi. J'ai fait des amis d'un commerce agréable, et je vis content avec eux. Je voudrois pouvoir en dire autant, s'écria Don André, mais je fuis bien éloigné d'être fatisfait de mon fort : j'ai perdu mon pofte, qui ne laiffoit pas de m'être fort utile, et je n'ai point d'amis qui ayent affez de crédit pour m'en procurer un folide. Pardonnez-moi, Seigneur Don André, interrompis-je en fouriant, vous avez en moi un ami qui peut vous être bon à quelque chofe. Je vous ai déja dit que je fuis encore plus aimé du Comte-Duc que je ne l'étois du Duc de Lerme, et vous ofez me dire en face que vous n'avez perfonne qui puiffe vous faire obtenir un folide emploi. Ne vous ai-je pas déja rendu un pareil fervice ? Souvenez-vous que par le crédit de l'Archevêque de Grenade je vous fis nommer pour aller remplir au Mexique un pofte, où vous auriez fait votre fortune, fi l'amour ne vous eût point arrêté dans la ville

d'Alid'Alicante. Je fuis bien plus en état de vous fervir préfentement, que j'ai l'oreille du premier Miniftre. Je m'abandonne donc à vous, répliqua Tordéfillas ; mais ajouta-t-il en fouriant à fon tour, ne m'envoyez pas de grace à la Nouvelle Efpagne ; je n'y voudrois point aller, quand on m'y voudroit faire Préfident de l'Audience même de Mexique.

Nous fûmes interrompus dans cet endroit de notre entretien par Donna Héléna, qui arriva dans la falle, et dont la perfonne toute gracieufe remplit l'idée charmante que je m'en étois formée. Madame, lui dit Cogollos, je vous préfente le Seigneur de Santillane, dont je vous ai parlé quelquefois, et dont l'aimable compagnie a fouvent fufpendu mes ennuis dans ma prifon. Oui, Madame, dis-je à Donna Héléna, ma converfation lui plaifoit, car vous en faifiez toujours la matiere. La fille de Don George répondit modeftement à ma politeffe ; aprés quoi je pris congé de ces deux époux, en leur proteftant que j'étois ravi que l'hymen eût enfin fuccédé à leurs longues amours. Enfuite m'adreffant à Tordéfillas, je le priai de m'apprendre fa demeure : et lorfqu'il me l'eut enfeignée : Sans adieu, lui dis-je, Don André, j'efpere qu'avant huit jours vous verrez que je joins le pouvoir à la bonne volonté.

Je n'en eus pas le démenti. Dès le lendemain même, le Comte-Duc me fournit une occafion d'obliger ce Châtelain. Santillane, me dit Son Excellence, la place de Gouverneur de la Prifon Royale de Valladolid eft vacante, elle raporte plus de trois cens piftoles par an, il me prend envie de te la donner. Je n'en veux point, Monfeigneur, lui répondis-je, valût-elle dix mille ducats de rente : je renonce à tous les poftes que je ne puis occuper fans m'éloigner de vous. Mais, reprit le Miniftre, tu peus fort bien remplir celui-là fans être obligé de quiter Madrid, que pour aller de tems en tems à Valladolid vifiter la Prifon. Vous direz, lui repartis-je, tout ce qu'il vous plaira ; je ne veux de cet emploi, qu'à condition qu'il me fera permis de m'en démettre en faveur d'un brave Gentilhomme, appellé Don André de Tordéfillas, ci-devant Châtelain de la Tour de Ségovie : j'aimerois à lui faire ce préfent, pour reconnoître les bons traitemens qu'il ma faits pendant ma prifon.

Ce

Ce difcours fit rire le Miniftre, qui me dit : A ce que je vois, Gil Blas, tu veux faire un Gouverneur de Prifon Royale comme tu as fait un Viceroi. Hé bien foit, mon ami, je t'accorde la place vacante pour Tordéfillas ; mais dis-moi tout naturellement quel profit il doit t'en revenir : car je ne te crois pas affez fot pour vouloir employer ton crédit pour rien. Monfeigneur, lui répondis-je, ne faut-il pas payer fes dettes ? Don André m'a fait fans intérêt tous les plaifirs qu'il a pu, ne dois-je pas lui rendre la pareille ? Vous êtes devenu bien defintéreffé, Monfieur de Santillane, me repliqua Son Excellence ; il me femble que vous l'étiez beaucoup moins fous le dernier Miniftre. J'en conviens, lui repartis-je, le mauvais exemple corrompoit mes mœurs : comme tout fe vendoit alors, je me conformai à l'ufage : et comme aujourd'hui tout fe donne j'ai repris mon intégrité.

Je fis donc pourvoir Don André de Tordéfillas du Gouvernement de la Prifon Royale de Valladolid, et je l'envoyai bientôt dans cette ville, auffi fatisfait de fon nouvel établiffement, que je l'étois de m'être acquité envers lui des obligations que je lui avois.

CHAPITRE XIV.

Santillane va chez le Poete Nugnez. Quelles perfonnes il y trouva, et quels difcours y furent tenus.

IL me prit envie une après-dînée d'aller voir le Poete des Afturies, me fentant fort curieux de favoir comment il étoit logé. Je me rendis à l'hôtel du Seigneur Don Bertrand Gomez del Ribéro, et j'y demandai Nugnez. Il ne demeure plus ici, me dit un laquais qui étoit à la porte ; c'eft-là qu'il loge à préfent, ajouta-t-il en me montrant une maifon voifine, il y occupe un corps-de-logis fur le dèrriere. J'y allai ; et après avoir traverfé une petite cour, j'entrai dans une falle toute nue, où je trouvai mon ami Fabrice encore à table, avec cinq ou fix de fes confreres qu'il régaloit ce jour-là.

Ils étoient fur la fin du repas, et par conféquent en train de difputer ; mais auffitôt qu'ils m'apperçurent ils firent fuccéder un profond filence à leurs bruyans difcours. Nugnez fe leva d'un air empreffé pour me recevoir, en s'écriant : Meſſieurs, voilà le Seigneur de Santillane, qui veut bien m'honorer d'une de ſes viſites ; rendez avec moi vos homages au Favori du premier Miniſtre. A ces paroles tous les convives ſe leverent auſſi pour me ſaluer ; et en faveur du titre qui m'avoit été donné, ils me firent des civilités très reſpectueuſes. Quoique je n'euſſe beſoin ni de boire ni de manger, je ne pus m'en défendre de me mettre à table avec eux, et même de faire raiſon à une *brinde* qu'ils me porterent.

Comme il me parut que ma préſence les empechoit de continuer à s'entretenir librement : Meſſieurs, leur dis-je, il me ſemble que j'ai rompu votre entretien ; reprenez-le de grace, ou je m'en vais. Ces Meſſieurs, dit alors Fabrice, parloient de l'Iphigénie d'Euripide. Le Bachelier Melchior de Villégas, qui eſt un Savant du premier ordre, demandoit au Seigneur Don Jacinte de Romarate, ce qui l'intereſſoit dans cette Tragédie. Oui, dit Don Jacinte, je lui ai répondu que c'étoit le péril où ſe trouvoit Iphigénie. Et moi, dit le Bachelier, je lui ai repliqué, (ce que je ſuis prêt à démontrer) que ce n'eſt point ce péril qui fait le véritable intérêt de la Piece. Qu'eſt-ce que c'eſt donc, s'écria le vieux Licentié Gabriel de Léon ? C'eſt le vent, repartit le Bachelier.

Toute la compagnie fit un éclat de rire à cette repartie, que je ne crus pas ſérieuſe ; je m'imaginai que Melchior ne l'avoit faite que pour égayer la converſation. Je ne connoiſſois pas ce Savant : c'étoit un homme qui n'entendoit nullement raillerie. Riez tant qu'il vous plaîra, Meſſieurs, reprit-il froidement ; je vous ſoutiens que c'eſt le vent ſeul qui doit intéreſſer, frapper, émouvoir le Spectateur : repreſentez-vous, pourſuivit-il, une nombreuſe Armée qui s'eſt aſſemblée pour aller faire le ſiege de Troye : concevez toute l'impatience qu'ont les Chefs et les Soldats d'exécuter leur entrepriſe, pour s'en retourner promtement dans la Grece, où ils ont laiſſé ce qu'ils ont de plus cher, leurs Dieux domeſtiques, leurs femmes et leurs enfans ; cependant un maudit vent contraire les retient en Aulide, ſemble les clouer au port, et s'il ne change point, ils ne pourront aller aſſiéger la ville de Priam. C'eſt donc le vent qui fait l'intérêt de cette Tragédie. Je prens parti pour les Grecs, j'épouſe leur deſſein, je ne ſouhaite que le départ de leur Flotte, et je vois

d'un

d'un œil indifférent Iphigénie dans le péril, puifque fa mort eſt un moyen d'obtenir des Dieux un vent favorable.

Sitôt que Villégas eut achevé de parler, les ris fe renouvellerent à fes dépens. Nugnez eut la malice d'appuyer fon fentiment pour donner encore plus beau jeu aux railleurs, qui fe mirent à faire à l'envie de mauvaiſes plaiſanteries fur le vents. Mais le Bachelier les regardant tous d'un air flegmatique et orgueilleux, les traita d'ignorans et d'eſprits vulgaires. Je m'attendois à tout moment à voir ces Meſſieurs s'échauffer et fe prendre au crin, fin ordinaire de leurs differtations ; cependant je fus trompé dans mon attente ; ils fe contenterent de fe dire des injures réciproquement, et fe retirerent quand ils eurent bu et mangé à difcrétion.

Après leur retraite je demandai à Fabrice pourquoi il ne demeuroit plus chez fon Tréforier, et s'ils s'étoient brouillés tous deux ? Brouillés ! me répondit-il, le Ciel m'en préferve : je fuis mieux que jamais avec le Seigneur Don Bertrand, qui m'a permis de loger en mon particulier : ainfi j'ai loué ce corps-de-logis pour y recevoir mes amis, et me réjouir avec eux en toute liberté, ce qui m'arrive fort fouvent : car tu fais bien que je ne fuis pas d'humeur à vouloir laiſſer de grandes richeſſes à mes héritiers : et ce qu'il y a d'heureux pour moi, je fuis préfentement en état de faire tous les jour des parties de plaifir. J'en fuis ravi, repris-je, mon cher Nugnez ; et je ne puis m'empêcher de te féliciter encore fur le fuccès de ta derniere Tragédie ; les huit cent Pieces Dramatiques du grand Lope ne lui ont pas rapporté le quart de ce que t'a valu ton *Comte de Saldagne.*

Fin de l'onzieme Livre.

L E S

LES
AVANTURES
DE
GIL BLAS,
DE SANTILLANE.
LIVRE DOUZIEME.

CHAPITRE I.

Gil Blas eſt envoyé par le Miniſtre à Tolede. Du motif et du ſuccès de ſon voyage.

IL y avoit déja près d'un mois que Monſeigneur me diſoit tous les jours ; Santillane, le tems approche où je veux mettre ton addreſſe en œuvre ; et ce tems ne venoit point. Il arriva pourtant, et Son Excellence enfin me parla dans ces termes. On dit qu'il y a dans la Troupe des Comédiens de Tolede, une jeune Actrice qui fait du bruit par ſes talens : on pretend qu'elle danſe et chante divinement, et qu'elle enleve le Spectateur par ſa déclamation : on aſſure même qu'elle a de la beauté. Un pareil ſujet mérite bien de paroître à la Cour. Le Roi aime la Comédie, la Muſique et la Danſe ; il ne faut pas qu'il ſoit privé du plaiſir de voir et d'entendre une perſonne d'un mérite ſi rare. J'ai donc réſolu de t'envoyer à Tolede, pour juger par toi-même ſi c'eſt en effet une Actrice ſi merveilleuſe : je m'en tiendrai à l'impreſſion qu'elle aura faite ſur toi, je m'en fie à ton diſcernement.

Je répondis à Monſeigneur que je lui rendrois bon compte de cette affaire, et je me diſpoſai à partir avec un ſeul laquais, à qui je fis quitter la livrée du Miniſtre, pour faire les choſes plus miſtérieuſement ; ce qui fut fort du

goût

goût de Son Excellence. Je pris donc le chemin de To-
lede, où étant arrivé, j'allai descendre à une hôtellerie près
du château. A peine eus-je mis pié à terre, que l'hôte
me prenant sans doute pour quelque Gentilhomme du Pays,
me dit : Seigneur Cavalier, vous venez apparemment dans
cette ville pour voir l'auguste cerémonie de l'*Auto da Fé* †,
qui doit se faire demain. Je lui répondis qu' oui, juge-
ant plus à propos de le lui laisser croire, que de lui don-
ner occasion de me questionner sur ce qui m'amenoit à
Tolede. Vous verrez, reprit-il, une des plus belles Pro-
cessions qui ayent jamais été faites : il y a, dit-on, plus
de cent prisonniers, parmi lesquels on en compte plus de
dix qui doivent être brulés.

Véritablement le lendemain, avant le lever du soleil,
j'entendis sonner toutes les cloches de la ville ; et l'on
faisoit ce carillon, pour avertir les peuples qu'on alloit
commencer l'*Auto da Fé.* Curieux de voir cette fête, je
m'habillai à la hâte et me rendis à l'Inquisition. Il y a-
voit tout auprès, et le long des rues par où la Procession
devoit passer, des échaffauts, sur l'un desquels je me pla-
çai pour mon argent. J'apperçus bientôt les Domini-
cains qui marchoient les premiers, précédés de la banni-
ere de l'Inquisition. Ces bons Peres étoient immédiate-
ment suivis des tristes victimes que le Saint Office vouloit
immoler ce jour là. Ces malheureux alloient l'un après
l'autre, la tête et les pieds nuds, ayant chacun un cierge à
la main, et son parain ‡ à son côté. Les uns avoient un
grand Scapulaire de toile jaune, parsemé de croix de St.
André peintes en rouge, et appellé *Sambénito ;* les autres
portoient des *Carochas,* qui sont des bonnets de carton é-
levés en forme de pain de sucre, et couverts de flammes et
de figures diaboliques.

Comme je regardois de tous mes yeux ces infortunés a-
vec une compassion que je me gardois bien de laisser pa-
roître, de peur qu'on ne m'en fît un crime, je crus recon-
noître, parmi ceux qui avoient la tête ornée de *Carochas,*
le Révérend Pére Hilaire et son compagnon le Frere Am-
broise. Ils passerent près de moi, que ne pouvant m'y

trom-

† Acte de Foi.

‡ On appelle *Parains* toutes les personnes que l'Inquisiteur
nomme pour accompagner les Prisonniers dans l'*Auto da Fé,*
et qui sont obligés d'en répondre.

tromper : Que vois-je, dis-je en moi-même ! Le Ciel, las des defordres de la vie de ces deux fcélérats, les a donc livrés à la Juftice de l'Inquifition ! En parlant de cette forte, je me fentis faifi d'effroi, il me prit un tremblement univerfel, et mes efprits fe troublerent au point que je penfai m'évanouïr. La liaifon que j'avois eue avec ces fripons, l'avanture de Xelva, enfin tout ce que nous avions fait emfemble, vint dans ce moment s'offrir à ma penfée, et je m'imaginai ne pouvoir affez remercier Dieu de m'avoir préfervé du Scapulaire et des *Carochas*.

Lorfque la cérémonie fut achevée je m'en retournai à mon hôtellerie, tout tremblant du fpectacle affreux que je venois de voir ; mais les images affligeantes dont j'avois l'efprit rempli, fe diffiperent infenfiblement, et je ne penfai plus qu'à me bien acquiter de la commiffion dont mon Maître m'avoit chargé. J'attendis avec impatience l'heure de la Comédie pour y aller, jugeant que c'étoit par-là que je devois commencer ; et fitôt qu'elle fut venue, je me rendis au Théatre, où je m'affis auprès d'un Chevalier d'Alcantara. J'eus bientôt lié converfation avec lui : Seigneur, lui dis-je, eft-il permis à un Etranger d'ofer vous faire une queftion ? Seigneur Cavalier, me répondit-il fort poliment, c'eft de quoi je me tiendrai fort honoré. On m'a vanté, repris-je, les Comédiens de Tolede ; auroit-on eu tort de m'en dire du bien ? Non, repartis le Chevalier, leur Troupe n'eft pas mauvaife, il y a même parmi eux de grands fujets. Vous verrez entr'autres la belle Lucrece, une Actrice de quatorze ans, qui vous étonnera. Vous n'aurez pas befoin, lorfqu'elle fe montrera fur la fcene, que je vous la faffe remarquer, vous la démêlerez aifément. Je demandai au Chevalier fi elle joueroit ce jour-là. Il me répondit qu' oui, et même qu'elle avoit un rôle très brillant dans la Piece qu'on alloit repréfenter.

La Comédie commença. Il parut deux Actrices qui n'avoient rien négligé de tout ce qui pouvoit contribuer à les rendre charmantes ; mais malgré l'éclat de leurs diamans, je ne pris ni l'une ni l'autre pour celle que j'attendois. Enfin Lucrece fortit du fond du Théatre, et fon arrivée fur la fcene fut annoncée par un battement de mains long et général. Ah ' la voici, dis-je en moi-même : Quel air de nobleffe ! que de graces ! les béaux yeux ! la piquante creature !

ture ! Effectivement j'en fus fort satisfait, où plutôt sa
personne me frappa vivement. Dès la premiere tirade
de vers qu'elle récita, je lui trouvai du naturel, du feu,
une intelligence au-deffus de son âge, et je joignis volon-
tiers mes applaudiffemens à ceux qu'elle reçut de toute
l'affemblée pendant la Piece. Hé bien, me dit le Cheva-
lier, vous voyez comme Lucrece eft avec le Public. Je
n'en fuis pas furpris, lui répondis-je Vous le feriez en-
core moins, me repliqua-t-il, fi vous l'euffiez entendu
chanter, c'eft une Syrene : malheur à ceux qui l'écoutent
fans fe boucher les oreilles. Sa danfe, pourfuivit-il, n'eft
pas moins redoutable ; fes pas, auffi dangereux que fa voix,
charment les yeux, et forcent les cœurs à fe rendre. Sur
ce pié-là, m'écriai-je, il faut avouer que c'eft un prodige.
Quel heureux mortel a le plaifir de fe ruiner pour une fi
amiable fille ? Elle n'a point d'Amant déclaré, me dit-il,
et la médifance même ne lui donne aucune intrigue fe-
crete : cependant, ajouta-t-il, elle pourroit en avoir ; car
Lucrece eft fous la conduite de fa tante Eftelle, qui fans
contredit eft la plus adroit de toutes les Comédiennes.

Au nom d'Eftelle, j'interrompis avec précipitation le
Chevalier, pour lui demander fi cette Eftelle étoit une
Actrice de la Troupe de Tolede. C'en eft une des meil-
leures, me dit-il : elle n'a pas joué aujourd'hui, et nous
n'y avons pas gagné : elle fait ordinairement la Suivante,
et c'eft un emploi qu'elle remplit admirablement bien.
Qu'elle fait voir d'efprit dans fon jeu ! peut-être même en
met-elle trop : mais c'eft un beau défaut qui doit trouver
grace. Le Chevalier me dit donc des merveilles de cette
Eftelle ; et fur le portrait qu'il me fit de fa perfonne, je
ne doutai point que ce ne fût Laure, cette même Laure
dont j'ai tant parlé dans mon hiftoire, et que j'avois laiffée
à Grenade.

Pour en être plus fûr, je paffai derriere le Théâtre a-
près la Comédie. Je demandai Eftelle, et la cherchant
des yeux par-tout, je la trouvai dans les foyers, où elle
s'entretenoit avec quelques Seigneurs, qui ne regardoient
peut-être en elle que la tante de Lucrece. Je m'avançai
pour faluer Laure : mais foit par fantaifie, foit pour me
punir de mon départ précipité de la ville de Grenade, elle
ne fit pas femblant de me connoître, et reçut mes civilités
d'un air fi fec que j'en fus un peu déconcerté. Au-lieu de
lui

lui reprocher en riant son accueil glacé, je 'fus assez sot
pour m'en fâcher ; je me retirai même brusquement, et je
résolus dans ma colere de m'en retourner à Madrid dès
le lendemain. Pour me venger de Laure, disois-je, je ne
veux pas que sa niece ait l'honneur de paroître devant le
Roi ; je n'ai pour cela qu'à faire au Ministre le portrait
qu'il me plaîra de Lucrece : je n'ai qu'à lui dire qu'elle
danse de mauvaise grace, qu'il y a de l'aigreur dans sa
voix, et qu'enfin ses charmes ne consistent que dans sa
jeunesse ; je suis assuré que Son Excellence perdra l'envie
de l'attirer à la Cour.

Telle étoit la vengeance que je me promettois de tirer
du procédé de Laure à mon égard ; mais mon ressenti-
ment ne fut pas de longue durée. Le jour suivant, comme
je me préparois à partir, un petit laquais entra dans ma
chambre, et me dit : Voici un billet que j'ai à remettre au
Seigneur de Santillane. C'est moi, mon enfant, lui ré-
pondis-je en prenant la lettre que j'ouvris, et qui conte-
noit ces paroles : *Oubliez la maniere dont vous avez été
reçu hier au soir dans les foyers comiques, et laissez vous
conduire ou le porteur vous menera.* Je suivis aussi-tôt
le petit laquais, qui, quand nous fûmes auprès de la Co-
médie, m'introduisit dans une fort belle maison, où dans
un appartement des plus propres je trouvai Laure à sa toi-
lette.

Elle se leva pour m'embrasser, en me disant : Seigneur
Gil Blas, je sais bien que vous n'avez pas sujet d'être con-
tent de la reception que je vous ai faite quand vous m'ê-
tes venu saluer dans nos foyers, un ancien ami comme
vous, étoit en droit d'attendre de moi un accueil plus gra-
cieux : mais je vous dirai pour m'excuser, que j'étois de
la plus mauvaise humeur du monde. Lorsque vous vous
êtes montré à mes yeux, j'etois occupée de certains dis-
cours médisans qu'un de nos Messieurs a tenus sur le compte
de ma niece, dont l'honneur m'interesse plus que le mien.
Votre brusque retraite, ajouta-t-elle, me fit tout-à-coup ap-
percevoir de ma distraction, et dans le moment je charge-
ai mon petit laquais de vous suivre pour savoir votre de-
meure, dans le dessein de réparer aujourd'hui ma faute.
Elle est toute réparée, lui dis-je, ma chere Laure, n'en
parlons plus : apprenons-nous plutôt mutuellement ce qui
nous est arrivé depuis le jour malheureux où la crainte

d'un

d'un jufte châtiment me fit fortir de Grenade avec préci-
pitation.   Je vous laiffai, s'il vous en fouvient, dans un
affez grand embarras.   Comment vous . en tirâtes-vous ?
N'eft-il pas vrai que vous eûtes befoin de toute votre a-
dreffe pour appaifer votre Amant Portugais ? Point du
tout, répondit Laure : ne favez-vous pas bien qu'en pa-
reil cas les hommes font fi foibles, qu'ils épargnent quel-
quefois aux femmes jufqu'à la peine de fe juftifier.

Je foutins, continua-t-elle, au Marquis de Marialva que
tu étois mon frere.   Pardonnez-moi, Monfieur de San-
tillane, fi je vous parle auffi familierement qu'autrefois ;
mais je ne puis me défaire de mes vieilles habitudes.   Je
te dirai donc que je payai d'audace.   Ne voyez-vous pas,
dis-je au Seigneur Portugais, que tout ceci eft l'ouvrage
de la jaloufie et de la fureur.   Narciffa ma camarade et
ma rivale, enragée de me voir poffeder tranquillement un
cœur qu'elle a manqué, m'a joué ce tour-là ; elle a cor-
rompu le fous-moucheur de chandelles, qui pour fervir
fon reffentiment, a l'effronterie de dire qu'il m'a vue à
Madrid femme de chambre d'Arfénie.   Rien n'eft plus
faux : la Veuve de Don Antonio Coello a toujours eu des
fentiments trop relevés, pour vouloir fe mettre au fervice
d'une Fille de Théatre. D'ailleurs, ce qui prouve la fauf-
feté de cette accufation, et le complot de mes accufateurs,
c'eft la retraite précipitée de mon frere ; s'il étoit pré-
fent, il pourroit confondre la calomnie, mais Narciffa fans
doute aura employé quelque nouvel artifice pour le faire
difparoître.

Quoique ces raifons, pourfuivit Laure, ne fiffent pas
trop bien mon apologie, le Marquis eut la bonté de s'en
contenter, et ce débonnaire Seigneur continua de m'aimer
jufqu'au jour qu'il partit de Grenade pour retourner en
Portugal.   Véritablement fon départ fuivit de fort près le
tien, et la femme de Zapata eut le plaifir de me voir per-
dre l'Amant que je lui avois enlevé.   Après cela je de-
meurai encore quelques années à Grenade ; enfuite la di-
vifion s'étant mife dans notre Troupe, (ce qui arrive quel-
quefois parmi nous) tous les Comédiens fe féparerent ;
les uns s'en allerent à Séville, les autres à Cordoue ; et
moi je vins à Tolede, où je fuis depuis dix ans avec ma
niece Lucrece, que tu as vu jouer hier au foir, puifque tu
étois à la Comédie.

Je

Je ne pus m'empecher de rire dans cet endroit ; Laure m'en demanda la caufe. Ne la devinez-vous pas bien, lui dis-je ? Vous n'avez ni frere ni fœur, par conféquent vous ne pouvez être tante de Lucrece. Outre cela, quand je calcule en moi-même le tems qui s'eft écoulé depuis notre derniere féparation, et que je confronte ce tems a-vec l'âge de votre niece, il me femble que vous pourriez être toutes deux encore plus proches parentes.

Je vous entens, Monfieur Gil Blas, reprit, en rougiffant un peu, la Veuve de Don Antonio : comme vous faififfez les époques ! il n'y a pas moyen de vous en faire accroire. Hé bien oui, mon ami, Lucrece eft fille du Marquis de Marialva et la mienne, elle eft le fruit de notre union, je ne faurois te le celer plus longtems. Le grand effort que vous faites, lui dis-je, ma Princeffe, en me revelant ce fecret, après m'avoir fait confidence de vos équipées avec l'Econome de l'Hôpital de Zamora ! Je vous dirai de plus que Lucrece eft un fujet d'un mérite fi fingulier, que le Public ne peut affez vous remercier de lui avoir fait ce préfent. Il feroit à fouhaiter que toutes vos camarades ne lui en fiffent pas de plus mauvais.

Si quelque Lecteur malin, rappellant ici les entretiens particuliers que j'eus à Grenade avec Laure, lorfque j'é-tois Sécrétaire du Marquis de Marialva, me foupçonne de pouvoir difputer à ce Seigneur l'honneur d'être pere de Lucrece, c'eft un foupçon dont je veux bien à ma honte lui avouer l'injuftice.

Je rendis compte à mon tour à Laure de mes princi-pales avantures, et de l'état préfent de mes affaires. Elle écouta mon récit avec une attention qui me fit connoître qu'il ne lui étoit pas indifférent. Ami Santillane, me dit-elle quand je l'eus achévé, vous jouez à ce que je vois un affez beau rôle fur le théatre du monde, vous ne fau-riez croire jufqu'à quel point j'en fuis ravie. Lorfque je menerai Lucrece à Madrid pour la faire entrer dans la Troupe du Prince, j'ôfe me flatter qu'elle trouvera dans le Seigneur de Santillane un puiffant protecteur. N'en doutez nullement, lui répondis-je, vous pouvez compter fur moi, je ferai recevoir votre fille dans la Troupe du Prince quand il vous plaîra ; c'eft ce que je puis vous pro-mettre fans trop préfumer de mon pouvoir. Je vous pren-drois au mot, reprit Laure, et je partirois dès demain

pour

pour Madrid, si je n'étois pas liée ici par des engagemens
avec ma Troupe. Un ordre de la Cour peut rompre vos
liens, lui repartis-je, et c'est de quoi je me charge, vous
e recevrez avant huit jours. Je me fais un plaisir d'en-
lever Lucrece aux Toledans ; une Actrice si jolie est faite
pour les gens de Cour, elle nous appartient de droit.

Lucrece entra dans la chambre au moment que j'ache-
vois ces paroles. Je crus voir la Déesse Hébé, tant elle
étoit mignonne et gracieuse. Elle venoit de se lever ; et
sa beauté naturelle brillant sans le secours de l'art, presen-
toit à la vue un objet ravissant. Venez, ma niece, lui
dit sa mere, venez remercier Monsieur de la bonne volon-
té qu'il a pour nous : c'est un de mes anciens amis, qui a
beaucoup de crédit à la Cour, et qui se fait fort de nous
mettre toutes deux dans la Troupe du Prince. Ce dis-
cours parut faire plaisir à la petite fille, qui me fit une pro-
fonde révérence, et me dit avec un souris enchanteur : Je
vous rends de très humbles graces de votre obligeante in-
tention ; mais en voulant m'ôter à un Public qui m'aime,
êtes-vous sûr que je ne déplaîrai point à celui de Madrid ?
Je perdrai peut-être au change. Je me souviens d'avoir
oui dire à ma tante, qu'elle a vu des Acteurs briller dans
une ville, et révolter dans une autre, cela me fait peur :
craignez de m'exposer au mépris de la Cour, et vous à ses
reproches. Belle Lucrece, lui répondis-je, c'est ce que
nous ne devons appréhender ni l'un ni l'autre : je crains
plutôt qu'enflammant tous les cœurs, vous ne causiez de
la division parmi nos Grands. La frayeur de ma niece,
me dit Laure, est mieux fondée que la vôtre ; mais j'e-
spere qu'elles seront vaines toutes deux : si Lucrece ne peut
faire de bruit pas ses charmes, en récompense elle n'est
pas assez mauvaise Actrice pour devoir être méprisée.

Nous continuâmes encore quelque tems cette conversa-
tion, et j'eus lieu de juger par tout ce que Lucrece y mit
du sien, que c'étoit une fille d'un esprit supérieur : en-
suite je pris congé de ces deux Dames, en leur protestant
qu'elles auroient incessamment un ordre de la Cour pour
se rendre à Madrid.

C H A-

CHAPITRE II.

Santillane rend compte de sa commission au Ministre, qui
le charge du soin de faire venir Lucrece à Madrid.
De l'arrivée de cette Comédienne, et de son début à
la Cour.

A MON retour à Madrid je trouvai le Comte-Duc
fort impatient d'apprendre le succès de mon voyage.
Gil Blas, me dit-il, as-tu vu la Comédienne en question?
vaut-elle la peine qu'on la fasse venir à la Cour? Mon-
seigneur, lui répondis-je, la renommée qui loue ordinaire-
ment plus qu'il ne faut les belles personnes, ne dit pas
assez de bien de la jeune Lucréce ; c'est un sujet admirable,
tant pour sa beauté, que pour ses talens.

Est-il possible ! s'écria le Ministre avec une satisfaction
intérieure, que je lus dans ses yeux, et qui me fit penser
que c'étoit pour son propre compte qu'il m'avoit envoyé
à Tolede, est-il possible qu'elle soit aussi aimable que tu
le dis? Quand vous la verrez, lui repartis-je, vous avoû-
rez qu'on ne peut faire son éloge qu'au rabais de ses
charmes. Santillane, reprit Son Excellence, fais-moi une
fidele relation de ton voyage, je serai bien-aise de l'en-
tendre. Alors prenant la parole pour contenter mon
Maître, je lui contai jusqu'à l'histoire de Laure inclusive-
ment. Je lui appris que cette Actrice avoit eu Lucrece
du Marquis de Marialva, Seigneur Portugais, qui s'étant
arrêté à Grenade en voyageant, étoit devenu amoureux
d'elle. Enfin, quand j'eus fait à Monseigneur un détail
de ce qui s'étoit passé entre ces Comédiennes et moi, il
me dit : Je suis ravi que Lucrece soit fille d'un homme de
qualité, cela m'intéresse encore davantage pour elle, il
faut l'attirer ici. Mais continue, ajouta-t-il, comme tu as
commencé ; ne me mêle point là-dedans ; que tout roule
sur Gil Blas de Santillane.

J'allai trouver Carnéro, à qui je dis que Son Excel
lence vouloit qu'il expédiât un ordre par lequel le Roi re-
cevoit dans sa Troupe Estelle et Lucrece, Actrices de la
Comédie de Tolede. Oui-da, Seigneur de Santillane, ré-
pondit Carnéro avec un souris malin, vous serez bientôt
servi, puisque selon toutes les apparences vous vous inté-
reffez

reſſez pour ces deux Dames. En même tems il dreſſa l'ordre lui-même, et m'en délivra l'expédition, que j'envoyai ſur le champ à Eſtelle par le même laquais qui m'avoit accompagné à Tolede. Huit jours après, la mere et la fille arriverent à Madrid. Elles allerent loger dans un hôtel garni à deux pas de la Troupe du Prince, et leur premier ſoin fut de m'en donner avis par un billet. Je me rendis dans le moment à cet hôtel, ou après mille offres de ſervice de ma part, et autant de remercimens de la leur, je les laiſſai ſe préparer à leur début, que je leur ſouhaitai heureux et brillant.

Elles ſe firent annoncer au Public comme deux Actrices nouvelles, que la Troupe du Prince venoit de recevoir par ordre de la Cour. Elles débuterent par une Comédie, qu'elles avoient coutume de jouer à Tolede avec applaudiſſement.

Dans quel endroit du monde n'aime-t-on pas la nouveauté en fait de Spectacles ? Il ſe trouva ce jour-là dans la ſalle des Comédiens, un concours extraordinaire de Spectateurs. On juge bien que je ne manquai pas cette repréſentation. Je ſouffris un peu avant que la Piece commençât. Tout prévenu que j'étois en faveur des talens de la mere et de la fille, je tremblai pour elles, tant j'étois dans leurs intérets. Mais à peine eurent-elles ouvert la bouche, qu'elles m'ôterent toute ma crainte par les applaudiſſemens qu'elles reçurent. On regarda Eſtelle comme une Actrice conſommée dans le Comique, et Lucrece comme un prodige pour les rôles d'Amoureuſes. Cette derniere enleva tous les cœurs. Les uns admirent la beauté de ſes yeux, les autres furent touchés de la douceur de ſa voix ; et tous, frappés de ſes graces et du vif éclat de ſa jeuneſſe, ſortirent enchantés de ſa perſonne.

Le Comte-Duc, qui prenoit encore plus de part que je ne croyois au début de cette Actrice, étoit à la Comédie ce ſoir-là. Je le vis ſortir ſur la fin de la Piece, fort ſatiſfait, à ce qu'il me parut, de nos deux Commédiennes. Curieux de ſavoir s'il en étoit véritablement bien affecté, je le ſuivis chez lui, et m'introduiſant dans ſon cabinet, où il venoit d'entrer : Hé bien, Monſeigneur, lui dis-je, Votre Excellence eſt elle contente de la petite Marialva ? Mon Excellence, répondit-il en ſouriant, ſeroit bien difficile, ſi elle refuſoit de joindre ſon ſuffrage à celui du Public :

Tome II.   E e   Oui,

Oui, mon enfant, je fuis charmé de ta Lucrece, et je ne doute pas que le Roi ne prenne plaifir à la voir.

CHAPITRE III.

Lucrece fait grand bruit à la Cour et joue devant le Roi, qui en devient amoureux. Suites de cet amour.

LE début des deux nouvelles Actrices fit bientôt du bruit à la Cour : dès le lendemain il en fut parlé au lever du Roi. Quelques Seigneurs vanterent fur-tout la jeune Lucrece : ils en firent un fi beau portrait, que le Monarque en fut frappé : mais diffimulant l'impreffion que leurs difcours faifoient fur lui, il gardoit le filence, et fembloit n'y prêter aucune attention.

Cependant, d'abord qu'il fe trouva feul avec le Comte-Duc, il lui demanda ce que c'étoit que certaine Actrice qu'on louoit tant. Le Miniftre lui répondit que c'étoit une jeune Comédienne de Tolede, qui avoit débuté le foir précédent avec beaucoup de fuccès. Cette Actrice, ajouta-t-il, fe nomme Lucrece, nom fort convenable aux perfonnes de fa profeffion : elle eft de la connoiffance de Santillane, qui m'a dit tant de bien d'elle, que j'ai jugé à propos de la recevoir dans la Troupe de Votre Majefté. Le Roi fourit en entendant prononcer mon nom ; peut-être parce qu'il fe reffouvint dans ce moment, que c'étoit moi qui lui avoit fait connoître Catalina, et qu'il eut un preffentiment que je lui rendrois le même fervice dans cette occafion. Comte, dit-il au Miniftre je veux voir jouer dès demain cette Lucrece, je vous charge du foin de le lui faire favoir.

Le Comte-Duc m'ayant rapporté cet entretien, et appris l'intention du Roi, m'envoya chez nos deux Comédiennes pour les en avertir. Je viens, dis-je à Laure que je rencontrai la premiere, vous annoncer une grand nouvelle : Vous aurez demain parmi vos Spectateurs le Souverain de la Monarchie ; c'eft de quoi le Miniftre m'a ordonné de vous informer. Je ne doute pas que vous ne faffiez tous vos efforts, votre fille et vous, pour répondre à l'honneur que ce Monarque veut vous faire ; mais je vous confeille de choifir une Piece où il y ait de la danfe et de la mufi-que, pour lui faire admirer tous les talens que Lucrece

poffede.

poſſede. Nous ſuivrons votre conſeil, me répondit Laure,
et il ne tiendra pas à nous que le Prince ne ſoit ſatisfait.
Il ne ſauroit manquer de l'être, lui dis-je en voyant arri-
ver Lucrece dans un deſhabillé qui lui prétoit plus de
charmes que ſes habits de Théatre les plus ſuperbes : il
ſera d'autant plus content de votre aimable piece, qu'il
aime plus que toute autre choſe la danſe et le chant ; il
pourroit bien même être tenté de lui jetter le mouchoir.
Je ne ſouhaite point du tout, reprit Laure, qu'il ait cette
tentation : tout puiſſant Monarque qu'il eſt, il pourroit
trouver des obſtacles à l'accompliſſement de ſes deſirs.
Lucrece, quoiqu' élevée dans les couliſſes d'un Théatre, a
de la vertu, et quelque plaiſir qu'elle prenne à ſe voir ap-
plaudir ſur la Scene, elle aime encore mieux paſſer pour
honnête fille, que pour bonne Actrice.

Ma tante, dit alors la petite Marïalva en ſe mêlant à la
converſation, pourquoi ſe faire des monſtres pour les com-
battre ? Je ne ſerai jamais dans la peine de repouſſer les
ſoupirs du Roi ; la délicateſſe de ſon goût le ſauvera des
reproches qu'il mériteroit, s'il abaiſſoit ſes regards juſqu'à
moi. Mais charmante Lucrece, lui dis-je, s'il arrivoit
que ce Prince voulût s'attacher à vous, et vous choiſir pour
ſa Maîtreſſe, ſeriez-vous aſſez cruelle pour le laiſſer languir
dans vos fers comme un Amant ordinaire ? Pourquoi
non, répondit-elle ? Oui ſans doute ; et vertu à part,
je ſens que ma vanité ſeroit plus flattée d'avoir reſiſté a ſa
paſſion, que ſi je m'y étois rendue. Je ne fus pas peu
étonné d'entendre parler de cette ſorte une éleve de Laure,
et je quitai ces Dames, en louant la derniere d'avoir donné
à l'autre une ſi belle éducation.

Le jour ſuivant, le Roi impatient de voir Lucrece, ſe
rendit à la Comédie. On joua une Piece entremêlée de
chants et de danſes, et dans laquelle notre jeune Actrice
brilla beaucoup. Depuis le commencement juſqu'à la fin,
j'eus les yeux attachés ſur le Monarque, et je m'appliquai
à démêler dans les ſiens ce qu'il penſoit ; mais il mit en
défaut ma pénétration, par un air de gravité qu'il affecta
de conſerver toujours. Je ne fus que le lendemain ce
que j'étois en peine de ſavoir. Santillane, me dit le Mi-
niſtre, je viens de quiter le Roi, qui m'a parlé de Lu-
crece avec tant de vivacité, que je ne doute pas qu'il ne
ſoit épris de cette jeune Comédienne ; et comme je lui ai

dit que c'eſt toi qui l'as fait venir de Tolede, il m'a té-
moigné qu'il ſeroit bien-aiſe de t'entretenir là deſſus en
particulier : Va de ce pas te préſenter à la porte de ſa
chambre, où l'ordre de te faire entrer eſt déja donné ;
cours, et reviens promptement me rendre compte de cette
converſation.

Je volai d'abord chez le Roi, que je trouvai ſeul. Il
ſe promenoit à grands pas en m'attendant, et paroiſſoit a-
voir la tête embarraſſée. Il me fit pluſieurs queſtions ſur
Lucrece, dont il m'obligea de lui conter l'hiſtoire : en-
ſuite il me demanda ſi la petite perſonne n'avoit pas déja
eu quelque galanterie. J'aſſurai hardiment que non, mal-
gré la témérité de ces ſortes d'aſſurances ; ce qui me pa-
rut faire au Prince un fort grand plaiſir. Cela étant, re-
prit-il, je te choiſis pour mon agent auprès de Lucrece ;
je veux que ce ſoit par ton entremiſe qu'elle apprenne ſa
victoire. Va la lui annoncer de ma part, ajouta-t-il en
me mettant entre les mains un écrin où il y avoit pour
plus de cinquante mille écus de pierreries, et dis-lui que
je la prie d'accepter ce préſent, en attendant de plus ſo-
lides marques de ma paſſion.

Avant que de m'acquiter de cette commiſſion, j'allai re-
joindre le Comte-Duc, à qui je fis une fidele rapport de
ce que le Roi m'avoit dit. Je m'imaginois que ce Mini-
ſtre en ſeroit plus affligé que réjoui ; car je croyois,
comme je l'ai déja dit, qu'il avoit des vues amoureuſes ſur
Lucrece, et qu'il apprendroit avec chagrin que ſon Maître
étoit devenu ſon rival : mais je me trompois. Bien-loin
d'en paroître mortifié, il en eut une ſi grande joie, que ne
pouvant la contenir, il laiſſa échapper quelques paroles
qui ne tomberent point à terre : *Oh ! parbleu, Philippe,*
s'écria-t-il, *je vous tiens ; c'eſt pour le coup que les affaires
vont vous faire peur.* Cette apoſtrophe me découvrit
toute la manœuvre du Comte-Duc : je vis par-là que ce
Seigneur craignant que le Prince ne voulût s'occuper de
choſes ſérieuſes, cherchoit à l'amuſer par les plaiſirs les
plus convenables à ſon humeur. Santillane, me dit-il en-
ſuite, ne perds point de tems ; hâte-toi, mon ami, d'aller
exécuter l'ordre important qu'on t'a donné, et dont il y a
bien des Seigneurs à la Cour qui feroient gloire d'être
chargés. Songe, pourſuivit-il, que tu n'as point ici de
Comte de Lémos qui t'enleve la meilleure partie de l'hon-

neur

neur du service rendu ; tu l'auras tout entier, et de plus tout le fruit.

C'est ainsi que Son Excellence me dora la pilule, que j'avalai tout doucement, non sans en sentir l'amertume ; car depuis ma prison je m'étois accoutumé à regarder les choses dans un point de vue moral, et je ne trouvois pas l'emploi de Mercure en chef aussi honorable qu'on me le disoit : cependant si je n'étois point assez vicieux pour m'en acquiter sans remords, je n'avois pas non plus assez de vertu pour refuser de le remplir. J'obéis donc d'autant plus volontiers au Roi, que je voyois en même tems que mon obéissance seroit agréable au Ministre, à qui je ne songeois qu'à plaire.

Je jugeai à propos de m'adresser d'abord à Laure, et de l'entretenir en particulier. Je lui exposai ma mission en termes mesurés, et lui présentai l'écrin à la fin de mon discours. A la vue des pierreries, la Dame ne pouvant cacher sa joie, la fit éclater en liberté : Seigneur Gil Blas, s'écria t-elle, ce n'est pas devant le meilleur et le plus ancien de mes amis que je dois me contraindre : j'aurois tort de me parer d'une fausse sévérité de mœurs, et de faire des grimaces avec vous. Oui, n'en doutez pas, continua-t-elle, je suis ravi que ma fille ait fait une conquête si précieuse, j'en conçois tous les avantages ; mais entre nous je crains que Lucrece ne les regarde d'un autre œil que moi : quoique fille de Théatre, elle a la sagesse si fort en recommandation, qu'elle a déja rejetté les vœux de deux jeunes Seigneurs aimables et riches. Vous me direz, poursuivit-elle, que ces deux Seigneurs ne sont pas des Rois. J'en conviens, et vrai-semblablement l'amour d'un Amant couronné doit étourdir la vertu de Lucrece : néanmoins je ne puis m'empêcher de vous dire que la chose est incertaine, et je vous déclare que je ne contraindrai pas ma fille : si bien-loin de se croire honorée de la tendresse passagere du Roi, elle envisage cet honneur comme une infamie, que ce grand Prince ne lui sache pas mauvaise gré de s'y dérober. Revenez demain, ajouta-t-elle, je vous dirai s'il faut lui rendre une réponse favorable, ou ses pierreries.

Je ne doutois point du tout que Laure n'exhortât plutôt Lucrece à s'écarter de son devoir qu'à s'y maintenir, et je comptois fort sur cette exhortation. Néanmoins j'ap-

pris

pris avec furprife le jour fuivant, que Laure avoit eu au-
tant de peine à porter fa fille au mal, que les autres meres
en ont à porter les leurs au bien ; et ce qu'il y a de plus
étonnant encore, c'eft que Lucrece, après avoir eu
quelques entretiens fecrets avec le Monarque, eut tant de
regret de s'être livrée à fes defirs, qu'elle quita tout-à-coup
le Monde, et s'enferma dans le Monaftere de l'Incarnation,
où bientôt elle tomba malade et mourut de chagrin.
Laure de fon côté ne pouvant fe confoler de la perte de fa
fille, et d'avoir fa mort à fe reprocher, fe retira dans le
Couvent des *Filles Pénitentes,* pour y pleurer les plaifirs
de fes beaux jours.   Le Roi fut touché de la retraite in-
opinée de Lucrece ; mais ce jeune Prince n'étant pas d'hu-
meur à s'affliger longtems, s'en confola peu-à-peu. Pour
le Comte-Duc, quoiqu'il ne parût gueres fenfible à cet
incident, il ne laiffa pas d'en être très mortifié ; ce que le
Lecteur n'aura pas de peine à croire.

CHAPITRE IV.

Du nouvel Emploi que donna le Miniftre à Santillane.

JE fentis auffi très vivement le malheur de Lucrece, et
j'eus tant de remords d'y avoir contribué, que me re-
gardant comme un infame, malgré la qualité de l'Amant
dont j'avois fervi les amours, je refolus d'abandonner pour
jamais le Caducée ; je témoignai même au Miniftre la ré-
pugnance que j'avois à le porter, et je le priai de m'em-
ployer à toute autre chofe. Santillane, me dit-il, ta dé-
licateffe me charme ; et puifque tu es un fi honnête gar-
çon, je veux te donner une occupation plus convenable à
ta fageffe.   Voici ce que c'eft, écoute attentivement la
confidence que je vais te faire.

Quelques années avant que je fuffe en faveur, continua-
t-il, le hazard offrit un jour à ma vue une Dame qui me
parut fi bien faite et fi belle, que je la fis fuivre. J'appris
que c'étoit une Génoife, nommée Donna Margarita Spi-
nola, qui vivoit à Madrid du revenu de fa beauté : on me
dit même que D. Francifco de Valcafar, Alcade de Cour,
homme riche, vieux et marié, faifoit pour cette Coquette
une dépenfe confidérable. Ce rapport, qui n'auroit dû
m'infpirer que du mépris pour elle, me fit concevoir un

defir violent de partager fes bonnes graces avec Valéafar. J'eus cette fantaifie ; et pour la fatisfaire, j'eus recours à une mediatrice d'amour, qui eut l'adreffe de me ménager en peu de tems une fecrette entrevue avec la Génoife, et cette entrevue fut fuivie de plufieurs autres ; fi bien que mon rival et moi nous étions également bien traités pour nos préfens. Peut-être même avoit elle encore quelqu' autre galant auffi heureux que nous.

Quoi qu'il en foit, Marguerite, en recevant tant d'hommages confus, devint infenfiblement mere, et mit au monde un garçon, dont elle voulut faire honneur à chacun de fes Amans en particulier : mais aucun ne pouvant en confcience fe vanter d'être pere de cet enfant, ne voulut le reconnoître, de forte que la Génoife fut obligée de le nourir du fruit de fes galanteries : ce qu'elle a fait pendant dix-huit années, au bout defquelles étant morte, elle a laiffé fon fils fans bien, et qui pis eft fans education.

Voilà, pourfuivit Monfeigneur, la confidence que j'avois à te faire, et je vais préfentment t'inftruire du grand deffein que j'ai formé. Je veux tirer du néant cet enfant malheureux, et le faifant paffer d'une extrémité à l'autre, l'elever aux honneurs, et le reconnoître pour mon fils.

A ce projet extravagant il me fut impoffible de me taire. Comment, Seigneur, m'écriai-je, Votre Excellence peut-elle avoir pris une réfolution fi étrange ? pardonnez-moi ce terme, il échappe à mon zele. Tu la trouveras raifonnable, reprit-il avec précipitation, quand je t'aurai dit les raifons qui m'ont déterminé à la prendre. Je ne veux point que mes collatéraux foient mes héritiers. Tu me diras que je ne fuis point encore dans un âge affez avancé pour defefpérer d'avoir des enfans de Madame d'Olivarès. Mais chacun fe connoit ; qu'il te fuffife d'apprendre que la Chymie n'a pas de fecrets que je n'aye inutilement mis en ufage pour redevenir pere. Ainfi, puifque la fortune fuppléant au défaut de la nature me préfente un enfant, dont peut-être dans le fond je fuis le veritable pere, je l'adopte, c'eft une chofe réfolue.

Quand je vis que le Miniftre avoit en tête cette adoption, je ceffai de la combattre, le connoiffant pour un homme capable de faire une fottife, plutôt que de dé-

mordre

mordre de fon fentiment. Il ne s'agit plus ajouta-t-il, que de donner de l'education à D. Henry Philippe de Guzman, (car c'eft le nom que je prétens qu'il porte dans le monde, jufqu' à ce qu'il foit en état de poffédet les Dignités qui l'attendent.) C'eft toi, mon cher Santillane, que je choifis pour le conduire : je me repofe fur ton efprit, et fur ton attachement pour moi, du foin de faire fa maifon, de lui donner toutes fortes de Maîtres, en un mot de le rendre un cavalier accompli. Je voulus me défendre d'accepter cet emploi, en repréfentant au Comte-Duc qu'il ne me convenoit gueres d'élever de jeunes Seigneurs, n'ayant jamais fait ce métier, qui demandoit plus de lumieres et de mérite que je n'en avois . mais il m'interrompit et me ferma la bouche, en me difant qu'il prétendoit abfolument que je fuffe le Gouverneur de ce fils adopté, qu'il deftinoit aux premieres Charges de la Monarchie. Je me préparai donc à remplir cette place pour contenter Monfeigneur, qui pour prix de ma complaifance groffit mon petit revenu d'une penfion de mille écus qu'il me fit obtenir, ou plutôt qu'il me donna fur la Commanderie de Mamdra.

CHAPITRE V.

Le Fils de la Génoife eft reconnu par Acte autentique, et nommé D. Henry Philippe de Guzman. Santillane fait la maifon de ce jeune Seigneur, et lui donne toutes fortes de Maîtres.

EFfectivement le Comte-Duc ne tarda gueres à reconnoître le fils de Donna Margarita Spinola, et l'Acte de reconnoiffance s'en fit avec l'agrément et fous le bonplaifir du Roi. D. Henri Philippe de Guzman (c'eft le nom que l'on donna à cet enfant de plufieurs peres) y fut déclaré unique héritier de la Comté d'Olivarès et du Duché de San-Lucar. Le Miniftre, afin que perfonne n'en ignorât, fit favoir par Carnéro cette déclaration aux Ambaffadeurs et aux Grands d'Efpagne, qui n'en furent pas peu furpris. Les rieurs de Madrid en eurent pour longtems à s'égayer, et les Poëtes fatyriques ne perdirent pas une fi belle occafion de faire couler le fiel de leur plume.

Je demandai au Comte-Duc où étoit le fujet qu'il vouloit

loit confier à mes foins. Il eſt dans cette ville, me ré-
pondit-il, ſous la conduite d'une tante, à qui je l'ôterai
d'abord que tu auras fait préparer une maiſon pour lui ;
ce qui fut bientôt exécuté. Je louai un hôtel, que je fis
meubler magnifiquement ; j'arrêtai des pages, un porteur
des eſtafiers ; et à l'aide de Caporis, je remplis les places
d'Officiers. Quand j'eus tout mon monde, j'allai en a-
vertir Son Excellence, qui fur le champ envoya chercher
l'équivoque et nouveau rejetton de la tige des Guzmans.
Je vis un grand garçon, d'une figure aſſez agréable. D.
Henri, lui dit Monſeigneur en me montrant du doigt, ce
cavalier que vous voyez eſt le guide que j'ai choiſi pour
vous conduire dans la carriere du Monde : j'ai une entiere
confiance en lui, et je lui donne un pouvoir abſolu ſur
vous. Oui, Santillane, ajouta-t-il en m'adreſſant la pa-
role, je vous l'abandonne, et je ne doute pas que vous ne
m'en rendiez bon compte. A ce diſcours le Miniſtre en
joignit encore d'autres, pour exhorter le jeune homme à
ſe conformer à mes volontés ; après quoi j'emmenai D.
Henri avec moi à ſon hôtel.

Auſſitôt que nous y fûmes arrivés, je fis paſſer en revue
devant lui tous ſes domeſtiques, en lui diſant l'emploi que
chacun avoit dans ſa maiſon. Il ne parut point étourdi du
changement de ſa condition ; et ſe prêtant volontiers au
reſpeƈt et aux déférences attentives qu'on avoit pour lui,
il ſembloit avoir toujours été ce qu'il étoit devenu par ha-
zard. Il ne manquoit pas d'eſprit, mais il étoit d'une
ignorance craſſe ; à peine ſavoit-il lire et écrire. Je mis
auprès de lui un Précepteur pour lui enſeigner les élemens
de la Langue Latine, et j'arrêtai un Maître de Géo-
graphie, un Maître d'Hiſtoire, avec un Maître d'Eſcrime.
On juge bien que je n'eus garde d'oublier un Maître à
danſer : je ne fus embarraſſé que ſur le choix : il y en
avoit dans ce tems-là un grand nombre de fameux a
Madrid, et je ne ſavois auquel je devois donner la pré-
férence.

Tandis que j'étois dans cet embarras, je vis entrer dans
la cour de notre hôtel un homme richement vétu. On
me dit qu'il demandoit à me parler. J'allai au devant de
lui, m'imaginant que c'étoit tout au moins un Chevalier
de St. Jaques ou d'Alcantara. Je lui demandai ce qu'il
y avoit

y avoit pour son service. Seigneur de Santillane, me répondit-il, après m'avoir fait plusieurs revérences qui sentoient bien son métier, comme on m'a dit que c'est Votre Seigneurie qui choisit les Maîtres du Seigneur D. Henri, je viens vous offrir mes services : je m'appelle Martin Ligéro, et j'ai, graces au Ciel, quelque réputation. Je n'ai pas coutume d'aller mandier des Ecoliers, cela ne convient qu'à de petits Maîtres à danser. J'attens ordinairement qu'on me vienne chercher : mais montrant au Duc de Médina Sidonia, à D. Luis de Haro, et à quelques autres Seigneurs de la Maison de Guzman, dont je suis en quelque façon le serviteur-né, je me fais un devoir de vous prévenir. Je vois par ce discours, lui repondis-je, que vous êtes l'homme qu'il nous faut. Combien prenez-vous par mois ? Quatre double pistoles, reprit-il, c'est le prix courant, et je ne donne que deux leçons par semaine : Quatre doublons par mois ! m'écriai-je, c'est beaucoup. Comment beaucoup ! repliqua-t-il d'un air étonné ; vous donneriez bien une pistole par mois à un Maître de Philosophie.

Il n'y eut pas moyen de tenir contre une si plaisante replique, j'en ris de bon cœur, et je demandai au Seigneur Ligéro, s'il croyoit véritablement qu'un homme de son métier fût préférable à un Maître de Philosophie. Je le crois sans doute, me dit-il, nous sommes d'une plus grande utilité que ses Messieurs. Que font les hommes avant qu'ils passent par nos mains ? Des corps tout d'une piece, des ours mal lechés ; mais nos leçons les développent peu-à-peu, et leur font prendre insensiblement une forme : en un mot nous leur enseignons à se mouvoir avec grace, nous leur donnons des attitudes avec des airs de noblesse et de gravité.

Je me rendis aux raisons de ce Maître à danser, et je le retins pour montrer à D. Henri sur le pied de quatre doubles-pistoles par mois, puisque c'étoit un prix fait par les grands Maîtres de l'Art.

C H A-

CHAPITRE VI.

Scipion revient de la Nouvelle Espagne. Gil Blas le place auprès de Don Henri. Des études de ce jeune Seigneur. Des honneurs qu'on lui fit, et à quelle Dame le Comte-Duc le maria. Comment Gil Blas fut fait noble malgré lui.

JE n'avois point encore fait la moitié de la Maison de D. Henri, lorsque Scipion revint du Mexique. Je lui demandai s'il étoit satisfait de son voyage. Je dois l'être, me repondit-il, puisqu' avec trois mille ducats en especes, j'ai apporté pour deux fois autant en marchandises de défaite en ce pays-ci. Je t'en felicite, repris-je, mon enfant ; voilà ta fortune commencée ; il ne tiendra qu'à toi de l'achever, en retournant aux Indes l'année prochaine : ou bien, si tu préferes à la peine d'aller si loin amasser du bien, un poste agréable à Madrid, tu n'as qu'à parler, j'en ai un à te donner. Oh parbleu, dit le fils de la Coscolina, il n'y a point à balancer ! j'aime mieux remplir un bon emploi auprès de Votre Seigneurie, que de m'exposer de nouveau aux périls d'une longue navigation : expliquez-vous, mon Maître, quelle occupation destinez-vous à votre serviteur ?

Pour le mettre mieux au fait, je lui contai l'histoire du petit Seigneur que le Comte-Duc venoit d'introduire dans la maisons de Guzman. Après lui avoir appris que ce Ministre m'avoit nommé Gouverneur de D. Henri, je lui dis que je voulois le faire valet de chambre de ce fils adopté. Scipion, qui ne demandoit pas mieux, accepta volontiers ce poste, et se remplit si bien, qu'en moins de trois ou quatre jours il s'attira la confiance et l'amitié de son nouveau Maître.

Je m'étois imaginé que les Pédagogues dont j'avois fait choix pour endoctriner le fils de la Génoise, y perdroient leur latin, le croyant à son âge un sujet peu disciplinable ; néanmoins il trompa mon attente. Il comprenoit et retenoit aisément tout ce qu'on lui enseignoit, ses Maîtres en étoient très contens. J'allai avec empressement annoncer cette nouvelle au Comte-Duc, qui la reçut avec une joie excessive. Santillane, s'écria-t-il avec transport, tu me

ravis

ravis en m'apprenant que D. Henri a beaucoup de mémoire et de pénétration ; je reconnois en lui mon sang ; et ce qui acheve de me persuader qu'il est mon fils, c'est que je me sens autant de tendresse pour lui que si je l'eusse eu de Madame d'Olivarès. Tu vois par-là, mon ami, que la nature se déclare. Je n'eus garde de dire à Monseigneur ce que je pensois là-dessus ; et respectant sa foiblesse, je le laissai jouir du plaisir faux ou véritable de se croire pere de D. Henri.

Quoique tous les Guzmans eussent une haine mortelle pour ce jeune Seigneur de fraîche date, ils la dissimulerent par politique ; il y en eut même qui affecterent de rechercher son amitié ; les Ambassadeurs et les Grands qui étoient alors à Madrid, le visiterent, et lui firent tous les honneurs qu'ils auroient rendu à un enfant légitime du Comte-Duc. Ce Ministre, ravi de voir encenser son idole, ne tarda gueres à le parer de Dignités. Il commença par demander au Roi pour D. Henry la Croix d'Alcantara avec une Commanderie de dix mille écus. Peu de tems après il le fit recevoir Gentilhomme de la Chambre ; ensuite ayant pris la resolution de le marier, et voulant lui donner une Dame de la plus noble Maison d'Espagne, il jetta les yeux sur Donna Juanna de Vélosco, fille du Duc de Castille, et il eut assez d'autorité pour la lui faire épouser en dépit de ce Duc et de ses parens.

Quelques jours avant ce marriage, Monseigneur m'ayant envoyé chercher, me dit en me mettant des papiers entre les mains : tiens Gil Blas, voici des Lettres de Noblesse que j'ai fait expédier pour toi. Monseigneur, lui repondis-je, assez surpris de ces paroles, Votre Excellence sait que je suis fils d'une Duegne et d'un Ecuyer ; ce seroit, ce me semble, profaner la Noblesse que de m'y aggréger ; et c'est de toutes les graces que Sa Majesté me peut faire, celle que je mérite et que je desire le moins. Ta naissance réprit le Ministre, est un obstacle facile à lever ; tu as été occupé des affaires de l'Etat sous le Ministére du Duc de Lerme et sous le mien : d'ailleurs, ajouta-t-il avec un souris, n'as-tu pas rendu au Monarque des services qui méritent une récompense ? En un mot, Santillane, tu n'es pas indigne de l'honneur que j'ai voulu te faire : de plus, le rang que tu tiens auprès de mon fils, demande que tu sois noble ; c'est à cause de cela que je t'ai donné des

Lettres

Lettres de Noblesse. Je me rends, Monseigneur, lui repliquai-je, puisque Votre Excellence le veut absolument. En achevant ces mots, je sortis avec mes Patentes que je serrai dans ma poche.

Je suis donc présentement Gentilhomme, dis-je en moi-même lorsque je fus dans la rue, me voila noble sans que j'en aye l'obligation à mes parens : je pourrai quand il me plaira me faire appeller Don Gil Blas ; et si quelqu'un de ma connoissance s'avise de me rire au nez en me nommant ainsi, je lui ferai signifier mes Lettres : mais lisons-les, continuai-je en les tirant de ma poche, voyons un peu de quelle façon on y décrasse le vilain. Je lus donc mes Patentes, qui portoient en substance, que le Roi, pour reconnoître le zele que j'avois fait paroître en plus d'une occasion pour son service et pour le bien de l'Etat, avoit jugé à propos de me gratifier de Lettres de Noblesse. J'ose dire à ma louange qu'elles ne m'inspirerent aucun orgueil. Ayant toujours devant les yeux la bassesse de mon origine, cet honneur m'humilioit au lieu de me donner de la vanité : aussi je me promis bien de renfermer mes Patentes dans un tiroir, sans me vanter d'en être pourvu.

CHAPITRE VII.

Gil Blas rencontre encore Fabrice par hazard. De la
derniere conversation qu'ils eurent ensemble, et de l'a-
vis important que Nugnez donna à Santillane.

LE Poëte des Asturies, comme on a dû le remarquer, me négligeoit assez volontiers. De mon côté, mes occupations ne me permettoient gueres de l'aller voir. Je ne l'avois point revu depuis le jour de la dissertation sur l'Iphigénie d'Euripile, lorsque le hazard me le fit encore rencontrer près de la Porte du Soleil. Il sortoit d'une Imprimerie. Je l'abordai en lui disant : Ho, ho ! Monsieur Nugnez, vous venez de chez un Imprimeur : cela semble menacer le Public d'un nouvel ouvrage de votre composition

C'est à quoi il doit en effet s'attendre, me répondit-il ; j'ai sous la presse actuellement une brochure qui doit faire du bruit dans la République des Lettres. Je ne doute pas du mérite de ta Production, lui repliquai-je ; mais je m'étonne que tu t'amuſes à compoſer des brochures ; il me ſemble que ce ſont des colifichets qui ne font pas grand honneur à l'eſprit.   Je le ſai bien, repartit Fabrice, et je n'ignore pas qu'il n'y a que les gens qui liſent tout, qui s'amuſent à lire des brochures ; cependant en voila une qui m'échappe, et je t'avoûrai que c'eſt un enfant de la néceſſité. La faim, comme tu ſais, fait ſortir le loup hors du bois.

Comment ! m'écriai-je, eſt ce l'Auteur du *Comte de Saldagne* qui me tient ce diſcours ? Un homme qui a deux mille écus de rente peut-il parler ainſi ? Douce-ment, mon ami, interrompit Nugnez, je ne ſuis plus ce Poëte fortuné qui jouiſſoit d'une penſion bien payée.   Le deſordre s'eſt mis ſubitement dans les affaires du Tréſorier D. Bertrand : il a manié, diſſipé les deniers du Roi ; tous ſes biens ſont ſaiſis, et ma penſion eſt allée à tous les di-ables. Cela eſt triſte, lui dis-je, mais ne te reſte-t-il pas encore quelque eſpérance de ce côté-là ? Pas la moindre, me répondit-il ; le Seigneur Gomez del Ribéro, gueux que ſon Bel-Eſprit, eſt abîmé : il ne reviendra, dit-on, ja-mais ſur l'eau.

Sur ce pied-là, lui repliquai-je, mon enfant, il faut que je te cherche quelque poſte qui te conſole de la perte de ta penſion. Je te diſpenſe de ce ſoin-là, me dit-il ; quand tu m'offrirois dans les Bureaux du Miniſtre un em-ploi de trois mille écus d'appointemens, je le refuſerois: des occupations de Commis ne conviennent pas au génie d'un nourriſſon des Muſes, il me faut des amuſemens litéraires.   Que te dirai-je enfin ? Je ſuis né pour vivre et mourir en Poëte, et je me veux remplir mon ſort.

Au reſte, continua-t-il, ne t'imagine pas que nous ſoy-ons fort malheureux : outre que nous vîvons dans une parfaite indépendance, nous ſommes des gaillards ſans ſouci : on croit que nous faiſons ſouvent des repas de Dé-mocrite, et l'on eſt là-deſſus dans l'erreur.   Il n'y a pas un de mes confreres, ſans en excepter les faiſeurs d'Alma-nacs, qui ne ſoit commenſal dans quelque bonne maiſon ; pour moi j'en ai deux où l'on me reçoit avec plaiſir : j'ai deux couverts aſſurés ; l'un chez un gros Directeur des Fermes, à qui j'ai dédié un Roman ; et l'autre chez un riche Bourgeois de Madrid, qui a la rage de vouloir toujours avoir à ſa table de Beaux-Eſprits ; heureuſement

il

il n'eſt pas fort délicat ſur le choix, et la ville lui en fournit autant qu'il en veut.

Je ceſſe donc de te plaindre, dis-je au Poëte des Aſturies, puiſque tu es content de ta condition. Quoi qu'il en ſoit, je te proteſte de nouveau que tu as toujours dans Gil Blas un ami à l'épreuve de ta négligence à le cultiver ; ſi tu as beſoin de ma bourſe, viens hardiment à moi ; qu'une mauvaiſe honte ne te prive point d'un ſecours infallible, et ne me raviſſe pas le plaiſir de t'obliger.

A ce ſentiment généreux, s'écria Nugnez, je te reconnois Santillane, et je te rends mille graces de la diſpoſition favorable où je te vois pour moi : il faut, par reconnoiſſance, que je te donne un avis ſalutaire. Pendant que le Comte-Duc peut tout encore, et que tu poſſedes ſes bonnes graces, profite du tems : hâte-toi de t'enrichir ; car ce Miniſtre, à ce qu'on m'a dit, branle dans la manche. Je demandai à Fabrice s'il ſavoit cela de bonne part, et il me répondit : Je tiens cette nouvelle d'un vieux Chevalier de Calatrave, qui a un talent tout particulier pour découvrir les choſes les plus ſecretes ; on écoute cet homme comme un Oracle, et voici ce que je lui ai entendu dire hier. Le Comte-Duc, diſoit-il, a un grand nombre d'ennemis, qui ſe réuniſſent tous pour le perdre ; il compte trop ſur l'aſcendant qu'il a ſur l'eſprit du Roi : ce Monarque, à ce qu'on prétend, commence à prêter l'oreille aux plaintes qui déja vont juſqu'à lui. Je remerciai Nugnez de ſon avertiſſement ; mais j'y fis peu d'attention, et je m'en retournai au logis, perſuadé que l'autorité de mon Maître étoit inébranlable, le regardant comme un de ces vieux chênes qui ont pris racine dans une forêt, et que les orages ne ſauroient abattre.

CHAPITRE VIII.

Comment Gil Blas apprit que l'avis de Fabrice n'étoit point faux. Du voyage que le Roi fit à Saragoce.

CEpendant ce que le Poëte des Aſturies m'avoit dit, n'étoit pas ſans fondement. Il y avoit au Palais une confédération furtive contre le Comte-Duc, de laquelle on prétendoit que la Reine étoit le chef, et toutefois il ne tranſpiroit rien dans le public de meſures que les confédé-

rés prenoient pour déplacer ce Miniſtre. Il s'écoula même
depuis ce tems-là plus d'une année, ſans que je m'apper-
çuſſe que ſa faveur eût reçu la moindre atteinte.

Mais la révolte des Catalans ſoutenus par la France, et
les mauvais ſuccès de la guerre contre ces Rebelles, exci-
terent les murmures du Peuple, qui ſe plaignit du Gou-
vernement. Ces plaintes donnerent lieu à la tenue d'un
Conſeil en préſence du Roi, qui voulut que le Marquis
de Grana, Ambaſſadeur de l'Empereur à la Cour d'Eſpagne,
s'y trouvât. Il y fut mis en délibération, s'il étoit plus à
propos que le Roi demeurât en Caſtille, ou qu'il paſſât en
Arragon pour ſe faire voir à ſes troupes. Le Comte-Duc,
qui avoit envie que ce Prince ne partît point pour l'Ar-
mée, parla le premier. Il repréſenta qu'il étoit plus con-
venable à Sa Majeſté Royale de ne pas ſortir du centre de
ſes Etats, et il appuya ſon ſentiment de toutes les raiſons
que ſon éloquence put lui fournir. Il n'eut pas plutôt a-
chevé ſon diſcours, que ſon avis fut généralement ſuivi de
toutes les perſonnes du Conſeil, à la réſerve du Marquis
de Grana, qui n'écoutant que ſon zele pour la Maiſon
d'Autriche, et ſe laiſſant aller à la franchiſe de ſa nation,
combattit le ſentiment du premier Miniſtre, et ſoutint l'a-
vis contraire avec tant de force, que le Roi, frappé de la
ſolidité de ſes raiſonnemens, embraſſa ſon opinion, quoi-
qu'elle fût oppoſée à toutes les voix du Conſeil, et marqua
le jours de ſon départ pour l'Armée.

C'étoit pour la premiere fois de ſa vie que ce Monarque
avoit oſé penſer autrement que ſon Favori, qui regardant
cette nouveauté comme un ſanglant affront, en fut très
mortifié. Dans le tems que ce Miniſtre alloit ſe retirer
dans ſon cabinet pour y ronger en liberté ſon frein, il
m'apperçut, m'appella, et m'ayant fait entrer avec lui, il
me raconta d'un air agîté ce qui c'étoit paſſé au Con-
ſeil ; enſuite, comme un homme qui ne pouvoit revenir de
ſa ſurpriſe : Oui, Santillane, continua-t-il, le Roi qui de-
puis plus de vingt ans ne parle que par ma bouche, et ne
voit que par mes yeux, a préféré l'avis de Grana au mien ;
et de quelle maniere encore ? en comblant d'éloges cet
Ambaſſadeur, et ſur-tout en louant ſon zele pour la Mai-
ſon d'Autriche, comme ſi cet Allemand en avoit plus que
moi.

Il eſt aiſé de juger par-la, pourſuivit le Miniſtre, qu'il y a un parti formé contre moi, et que la Reine eſt à la tête. Hé, Monſeigneur, lui dis-je, de quoi vous inquiétez-vous! La Reine depuis plus de douze ans n'eſt-elle pas accountumée à vous voir maître des affaires, et n'avez-vous pas mis le Roi dans l'habitude de ne la pas conſulter? A l'égard du Marquis de Grana, le Monarque peut s'être rangé de ſon ſentiment, par l'envi qu'il a de voir ſon Armée et de faire une campagne. Tu n'y es pas, interrompit le Comte-Duc: dis plutôt que mes ennemis eſperent que le Roi étant parmi ſes troupes, ſera toujours environné des Grands qui l'auront ſuivi, et qu'ils s'en trouvera plus d'un aſſez mécontent de moi, pour oſer lui tenir des diſcours injurieux à mon Miniſtere. Mais ils ſe trompent, ajouta-t-il, je ſaurai bien pendant le voyage rendre ce Prince inacceſſible à tous les Grands: ce qu'il fit en effet d'une maniere qui mérite bien d'être détaillée.

Le jour du départ du Roi étant venu, ce Monarque, après avoir chargé la Reine du ſoin du Gouvernement en ſon abſence, ſe mit en chemin pour Saragoce: mais avant que d'y arriver, il paſſa par Aranjuez, dont il trouva le ſéjour ſi délicieux, qu'il s'y arrêta près de trois ſemaines. D'Aranjuez le Miniſtre le fit aller à Cuença, où il l'amuſa encore plus longtems par les divertiſſemens qu'il lui donna. Enſuite les plaiſirs de la chaſſe occuperent ce Prince à Molina d'Arragon, après quoi il fut conduit à Sarragoce. Son Armée n'étoit pas loin de-là, et il ſe préparoit à s'y rendre; mais le Comte-Duc lui en ôta l'envie, en lui faiſant accroire qu'il ſe mettroit en danger d'être pris par les François, qui étoient maîtres de la plaine de Monçom: de ſorte que le Roi, épouvanté d'un péril qu'il n'avoit nullement à craindre, prit le parti de demeurer enfermé chez lui comme dans une priſon. Le Miniſtre profitant de ſa terreur, et ſous prétexte de veiller à ſa ſureté, le garda, pour ainſi dire, à vue; ſi bien, que les Grands, qui avoient fait une exceſſive dépenſe pour ſe mettre en état de ſuivre leur Souverain, n'eurent pas même la ſatisfaction d'obtenir de lui une audience particuliere. Philippe enfin s'ennuyant d'être mal logé à Sarragoce, d'y paſſer, encore plus mal ſon tems, ou, ſi vous voulez, d'être priſonnier, s'en retourna bientôt à Madrid. Ce Monarque finit ainſi ſa campagne, laiſſant au Marquis de los Vélez, Gé-

neral

néral de ſes Troupes, le ſoin de ſoutenir l'honneur des armes d'Eſpagne.

CHAPITRE IX.

De la révolution de Portugal, et de la diſgrace du Comte-Duc.

PEU de jours après le retour du Roi, il ſe répandit à Madrid une fâcheuſe nouvelle. On apprit que les Portugais regardant la révolte des Catalans comme une belle occaſion que la fortune leur offroit de ſecouer le joug Eſpagnol, avoient pris les armes, et choiſi pour leur Roi le Duc de Bragance ; qu'ils étoient dans la réſolution de le maintenir ſur le trône, et qu'ils comptoient bien de n'en pas avoir le démenti, l'Eſpagne ayant alors ſur les bras des ennemis en Allemagne, en Italie, en Flandre et en Catalogne. Ils ne pouvoient effectivement trouver une conjoncture plus favorable, pour s'affranchir d'une domination qu'ils déteſtoient.

Ce qu'il y a de ſingulier, c'eſt que le Comte-Duc, dans le tems que la Cour et la Ville paroiſſoient conſternées de cette nouvelle, en voulut plaiſanter avec le Roi aux dépens du Duc de Bragance ; mais Philippe, bien loin de ſe prêter à ſes mauvaiſes plaiſanteries, prit un air ſérieux qui le déconcerta et lui fit preſſentir ſa diſgrace. Ce Miniſtre ne douta plus de ſa chute, quand il apprit que la Reine s'étoit ouvertement déclarée contre lui, et qu'elle l'accuſoit hautement d'avoir, par ſa mauvaiſe adminiſtration, cauſé la révolte du Portugal. La plupart des Grands, et ſur-tout ceux qui avoient été à Sarragoce, ne s'apperçurent pas plutôt, qu'il ſe formoit un orage ſur la tête du Comte-Duc, qu'ils ſe joignirent à la Reine ; et ce qui porta le dernier coup à ſa faveur, c'eſt que la Ducheſſe Douairiere de Mantoue, ci-devant Gouvernante de Portugal, revint de Liſbonne à Madrid, et fit voir clairement au Roi, que la révolution de ce Royaume n'étoit arrivée que par la faute de ſon Premier Miniſtre.

Les diſcours de cette Princeſſe firent toute l'impreſſion qu'ils pouvoient faire ſur l'eſprit du Monarque, qui revenant enfin de ſon entêtement pour ſon Favori, ſe dépouilla de toute l'affection qu'il avoit pour lui. Lorſque ce Mi-

niſtre

niftre fut informé que le Roi écoutoit fes ennemis, il lui écrivit un billet, pour lui démander la permiffion de fe démettre de, fon emploi, et de s'éloigner de la Cour, puifqu'on lui faifoit l'injuftice de lui imputer tous les malheurs arrivés à la Monarchie pendant le cours de fon Miniftere. Il croyoit que cette lettre feroit un grand effet, et que le Prince confervoit encore pour lui affez d'amitié, pour ne vouloir pas confentir à fon éloignement; mais toute la réponfe que lui fit Sa Majefté, fut qu'elle lui accordoit la permiffion qu'il demandoit, et qu'il pouvoit fe retirer où bon lui fembleroit.

Ces paroles, écrites de la main du Roi, furent un coup de tonnere pour Monfeigneur, qui ne s'y étoit nullement attendu. Néanmoins, quoiqu'il en fût étourdi, il affecta un air de conftance, et me demanda ce que je ferois à fa place. Je prendrois, lui dis-je, aifement mon parti; j'abandonnerois la Cour, et j'irois à quelqu'une de me terres paffer tranquillement le refte de mes jours. Tu penfes fainement, repliqua mon Maître, et je prétends bien aller finir ma carriere à Loéches, après que j'aurai feulement une fois entretenu le Monarque : je fuis bien aife de lui remontrer que j'ai fait humainement tout ce que j'ai pu pour bien foutenir le pefant fardeau dont j'étois chargé, et qu'il n'a pas dépendu de moi de prévenir les triftes évenemens dont on me fait un crime; n'étant point en cela plus coupable qu'un habile Pilote, qui, malgré tout ce qu'il peut faire, voit fon vaiffeau emporté par les vents et par les flots. Ce Miniftre fe flattoit encore qu'en parlant au Prince il pourroit rejufter les chofes et regagner le terrain qu'il avoit perdu; mais il ne peut en avoir audience, et de plus on lui envoya demander la clé dont il fe fervoit pour entrer, quand il lui plaifoit, dans l'appartement de Sa Majefté.

Jugeant alors qu'il n'y avoit plus d'efpérance pour lui, il fe determina tout de bon à la retraite. Il vifita fes papiers, dont il brula prudemment une grand quantité; enfuite il nomma les Officiers de fa Maifon et les Valets dont il vouloit être fuivi, donna des ordres pour fon départ, et en fixa le jour au lendemain. Comme il craignoit d'être infulté par la populace en fortant du Palais, il s'échappa de grand matin par la porte des cuifines, monta dans un méchant caroffe avec fon Confeffeur et moi, et

prit

prit impunément la route de Loéches, village dont il étoit Seigneur, et où la Comtesse son épouse a fait bâtir un magnifique Couvent de Religieuses de l'Ordre de St. Dominique. Nous nous y rendîmes en moins de quatre heures, et toutes les personnes de sa suite y arriverent peu de tems après nous.

CHAPITRE X.

De l'inquiétude et des soins qui troublerent d'abord le re-
pos du Comte-Duc, et de l'heureuse tranquillité qui
leur succéda. Des Occupations de ce Ministre dans sa
retraite.

Madame d'Olivarès laissa partir son mari pour Loéches, et demeura quelques jours après lui à la Cour, dans le dessein d'essayer si par ses prieres et par ses larmes elle ne pourroit pas le faire rappeller : mais elle eut beau se prosterner devant Leurs Majestés, le Roi n'eut aucun égard à ses remontrances quoique préparées avec art ; et la Reine qui la haïssoit mortellement, vit avec plaisir couler ses pleurs. L'épouse du Ministre ne se rebuta point, elle s'humilia jusqu'à implorer les bons offices des Dames de la Reine : mais le fruit qu'elle recueillit de ses bassesses, fut de s'appercevoir qu'elles excitoient le mépris plutôt que la pitié. Désolée d'avoir fait en vain tant de démarches humiliantes, elle alla rejoindre son époux, pour s'affliger avec lui de la perte d'une place, qui sous un regne tel que celui de Philippe IV. étoit peut-être la premiere de la Monarchie.

Le rapport que cette Dame fit de l'état où elle avoit laissé Madrid, redoubla le chagrin du Comte-Duc : Vos ennemis, lui dit-elle en pleurant, le Duc de Médina Celi et les autres Grands qui vous haïssent, ne cessent de louer le Roi de vous avoir ôté du Ministere, et le peuple célébre votre disgrace avec une joie insolente, comme si la fin des malheurs de l'Etat étoit attachée à celle de votre administration. Madame, lui dit mon Maître, suivez mon exemple, dévorez vos chagrins, il faut céder à l'orage qu'on ne peut détourner. J'avois cru, il est vrai, que je pourrois perpétuer ma faveur jusqu'à la fin de ma vie : illusion ordinaire des Ministres et des Favoris, qui oublient

que

que leur fort dépend de leur Souverain. Le Duc de
Lerme n'y a-t-il pas été trompé auffi-bien que moi, quoi-
qu'il s'imaginât que la pourpre dont il étoit revêtu, fût
un fûr garant de l'éternelle durée de fon auto.ité.

C'eft de cette façon que le Comte-Duc exhortoit fon é-
poufe à s'armer de patience, pendant qu'il étoit lui-même
dans une agitation qui fe renouvelloit tous les jours par
les dépêches qu'il recevoit de Don Henri, qui étant de-
meuré à la Cour pour obferver ce qui s'y pafferoit, avoit
foin de l'en informer exactement. C'étoit Scipion qui
apportoit les lettres de ce jeune Seigneur, auprès de qui
il étoit encore, et avec qui je ne demeurois plus depuis
fon mariage avec Donna Juanna. Les dépêches de ce fils
adopté étoient toujours remplis de facheufes nouvelles, et
malheureufement on n'en attendoit pas d'autres de lui.
Tantôt il mandoit que les Grands ne fe contentoient pas
de fe-réjouir publiquement de la retraite du Comte-Duc,
qu'ils s'étoient encore tous réunis pour faire chaffer fes
créatures des charges et des emplois qu'elles poffédoient,
et les faire remplacer par fes ennemis. Une autre fois il
écrivoit que Don Luis de Haro commençoit d'entrer en
faveur, et que fuivant toutes les apparences il alloit de-
venir Premier Miniftre. De toutes les chofes chagri-
nantes que mon Maître apprit, celle qui parut l'affliger
davantage, fut le changement qui fe fit dans la Viceroy-
auté de Naples, que la Cour, pour le mortifier feule-
ment, ôta au Duc de Médina de las Torrès qu'il aimoit,
pour la donner à l'Amirante de Caftille qu'il avoit tou-
jours haï.

On peut dire que pendant trois mois Monfeigneur ne
fentit dans fa folitude que trouble et que chagrin ; mais
fon Confeffeur, qui étoit un Religieux de l'Ordre de St.
Dominiqne, et qui joignoit à une folide pieté une mâle é-
loquence, eut le pouvoir de le confoler. A force de re-
préfenter avec énergie qu'il ne devoit plus penfer qu'à
fon falut, il eut, avec le fecours de la Grace, le bonheur
de détacher fon efprit de la Cour. Son Excellence ne
voulut plus favoir de nouvelles de Madrid, et n'eut plus
d'autre foin que de fe difpofer à bien mourir. Madame
d'Olivarès de fon côté faifant auffi un bon ufage de fa re-
traite, trouva dans le Couvent, dont elle étoit Fondatrice,
une confolation préparée par la providence. Il y eut par-
mi

mi les Religieufes de faintes filles, dont les difcours pleins d'onction tournerent infenfiblement en douceur l'amertume de fa vie. A mefure que mon Maître détournoit fa penfée des affaires du Monde, il devenoit plus tranquile. Voici de quelle maniere il regloit fa journée. Il paffoit prefque toute la matinée à entendre des Meffes dans l'Eglife des Religieufes, enfuite il revenoit dîner ; après quoi il s'amufoit pendant deux heures à jouer à toutes fortes de jeux avec moi et avec quelques-uns de fes plus affectionnés domeftiques ; puis il fe retiroit ordinairement tout feul dans fon cabinet, où il demeuroit jufqu'àu coucher du Soleil : alors il faifoit le tour de fon jardin, ou bien il alloit en caroffe fe promener aux environs de fon château, accompagné de fon Confeffeur, et tantôt de moi.

Un jour que j'étois feul avec lui, et que j'admirois la férénité qui brilloit fur fon vifage, je pris la liberté dé lui dire, Monfeigneur, permettez moi de laiffer éclater ma joie : à l'air de fatisfaction que je vous vois, je juge que Votre Excellence commence à s'accoutumer à la retraite. J'y fuis déja tout accoutumé, me répondit-il ; et quoique je fois depuis longtems dans l'habitude de m'occuper d'affaires, je te protefte, mon enfant, que je prends de jour en jour plus de goût à la vie douce et paifible que je mene ici.

CHAPITRE XI.

Le Comte-Duc devient tout-à-coup trifte et rêveur. Du fujet étonnant de fa trifteffe, et de la fuite fâcheufe qu'elle eut.

MOnfeigneur, pour varier fes occupations, s'amufoit auffi quelquefois à cultiver fon jardin. Un jour que je le regardois travailler, il me dit en plaifantant: Tu vois, Santillane, un Miniftre banni de la Cour devenu Jardinier à Loéches. Monfeigneur, lui répondis-je fur le même ton, je m'imagine voir Denis de Syracufe Maître d'Ecole à Corinthe. Mon Maître fourit de ma réponfe, et ne me fut pas mauvais gré de la comparaifon.

Nous étions tous ravis au château, de voir le Patron, fupérieur à fa difgrace, trouver des charmes dans une vie

ſi différente de celle qu'il avoit toujours menée, lorſque
nous nous apperçûmes avec douleur qu'il changeoit à vue
d'œil. Il devint ſombre, reveur, et tomba dans une mé-
lancholie profonde. Il ceſſa de jouer avec nous, et ne
parut plus ſenſible à tout ce que nous pouvions inventer
pour le divertir. Il s'enfermoit après ſon dîner dans ſon
cabinet, où il demeuroit tout ſeul juſqu'au ſoir. Nous
nous imaginions que ſa triſteſſe étoit cauſée par des re-
tours de ſa grandeur paſſée, et dans cette opinion nous
lâchions après lui le Pere Dominicain, dont pourtanr l'é-
loquence ne pouvoit triompher de la mélancolie de Mon-
ſeigneur, la quelle, au-lieu de diminuer, ſembloit aller en
augmentant.

Il me vint dans l'eſprit que la triſteſſe de ce Miniſtre
pouvoit avoir une cauſe particuliere qu'il ne vouloit pas
dire, ce qui me fit former le deſſein de lui arracher ſon
ſecret. Pour y parvenir, j'épiai le moment de lui parler
ſans témoins, et l'ayant trouvé: Monſeigneur, lui dis-je
d'un air mêlé de reſpect et d'affection, eſt-il permis à Gil
Blas d'oſer faire une queſtion à ſon Maître? Tu peux
parler, me répondit-il, je te le permets. Qu'eſt devenu,
repris-je, cet air content qui paroiſſoit ſur le viſage de
Votre Excellence? N'auriez-vous plus l'aſcendant que
vous aviez pris ſur la Fortune? Votre faveur perdue ex-
citeroit-elle en vous de nouveaux regrets? Seriez-vous
replongé dans cet abîme d'ennuis d'où votre vertu vous
avoit tiré? Non, graces au Ciel, repartit le Miniſtre,
ma mémoire n'eſt plus occupée du perſonnage que j'ai
fait à la Cour, et j'ai pour jamais oublié les honneurs
qu'on m'y a rendus. Hé pourquoi donc, lui repliquai-je,
ſi vous avez la force de n'en plus rappeller le ſouvenir,
avez-vous la foibleſſe de vous abandonner à une mélan-
colie qui nous allarme tous? Qu'avez-vous, mon cher
Maître, pourſuivis-je en me jettant à ſes genoux? vous
avez ſans doute un ſecret chagrin qui vous dévore: pou-
vez-vous en faire un myſtere à Santillane, dont vous con-
noiſſez la diſcrétion, le zele et la fidélité? Par quel mal-
heur ai-je perdu votre confiance?

Tu la poſſedes toujours, me dit Monſeigneur, mais je
t'avoûrai que j'ai de la répugnance à te révéler ce qui
fait le ſujet de la triſteſſe où tu me vois enſeveli: cepen-
dant je ne puis tenir contre les inſtances d'un ſerviteur et

d'un

d'un ami tel que toi.   Apprends donc ce qui fait ma
peine : ce n'est qu'au seul Santillane que je puis me résou-
dre à faire une pareille confidence.   Oui, continua-t-il,
je suis la proie d'une noire mélancolie, qui consume peu
à peu mes jours. Je vois presqu'à tout moment un spectre
qui se présente devant moi sous une forme effroyable.
J'ai beau me dire à moi-même que ce n'est qu'une illu-
fion, qu'un phantôme qui n'a rien de réel, ses apparitions
continuelles me blessent la vue et m'inquietent. Si j'ai la
tête assez forte pour être persuadé qu'en voyant ce spectre
je ne vois rien, je suis assez foible pour m'affliger de cette
vision. Voilà ce que tu m'as forcé de te dire, ajouta-t-
il ; juge à présent si j'ai tort de vouloir cacher à tout le
monde la cause de ma mélancolie.

J'appris avec autant de douleur que d'étonnement une
chose si extraordinaire, et qui supposoit un dérangement
dans la machine. Monseigneur, dis-je au Ministre, ce-
la ne viendroit-il point du peu de nourriture que vous
prenez ? car votre sobriété est excessive.   C'est ce que j'ai
pensé d'abord, répondit-il ; et pour éprouver si c'étoit à
la diete que je m'en devois prendre, je mange depuis
quelques jours plus qu'à l'ordinaire, et tout cela est inu-
tile, le phantôme ne disparoit point.   Il disparoîtra, re-
pris-je pour le consoler ; et si Votre Excellence vouloit
un peu se dissiper en jouant encore avec ses fideles servi-
teurs, je crois qu'elle ne tarderoit gueres se voir délivrée
de ses noires vapeurs.

Peu de tems après cet entretien Monseigneur tomba
malade, et sentant que l'affaire deviendroit sérieuse il en-
voya chercher deux Notaires à Madrid pour faire son tes-
tament. Il fit venir aussi trois fameux Médicins, qui avoi-
ent la réputation de guérir *quelquefois* leurs malades. Aus-
sitôt que le bruit de l'arrivée de ces derniers se répandit
dans le château, on n'y entendit que des plaintes et des
gémissemens ; on y regarda la mort du Maître comme
prochaine, tant on y étoit prévenu contre ces Messieurs.
Ils avoient amené avec eux un Apoticaire et un Chirur-
gien, ordinaires executeurs de leurs ordonnances. Ils lais-
serent d'abord les Notaires faire leur métier, apres quoi
ils se disposerent à faire le leur. Comme ils étoient dans
les principes du Docteur Sangrado, dès la première con-
sultation ils ordonnerent saignées sur saignées ; ensorte

qu'au

qu'au bout de fix jours ils réduifirent le Comte-Duc à l'extrémité, et le feptieme ils le délivrerent de fa vifion.

Après la mort de ce Miniftre il regna dans le château de Loéches une vive et fincere douleur. Tous fes domeftiques le pleurerent amerement. Bien-loin de fe confoler de fa perte par la certitude d'être compris dans fon teftament, il n'y en avoit pas un qui n'eût volontiers renoncé à fon legs pour le rappeller à la vie. Pour moi, qu'il avoit le plus chéri, et qui m'étois attaché à lui par pure inclination pour fa perfonne, j'en fus encore plus touché que les autres. Je doute qu'Antonia m'ait couté plus de larmes que le Comte-Duc.

CHAPITRE XII.

De ce qui fe paffa au Château de Loéches après la mort du Comte-Duc, et du parti que prit Santillane.

LE Miniftre, ainfi qu'il l'avoit ordonné, fut inhumé fans pompe et fans éclat dans le Monaftere des Religieufes, au bruit de nos lamentations. Après les funerailles, Madame d'Olivarès nous fit lire le teftament, dont tous les domeftiques eurent fujet d'être fatisfaits. Chacun avoit un legs proportionné à la place qu'il occupoit, et le moindre legs étoit de deux mille écus : le mien étoit le plus confidérable de tous : Monfeigneur me laiffoit dix mille piftoles pour marquer l'affection finguliere qu'il avoit eue pour moi. Il n'oublia pas les Hôpitaux, et fonda des Services annuels dans plufieurs Couvens.

Madame d'Olivarès renvoya tous les Domeftiques à Madrid toucher leurs legs chez l'Intendant D. Raimon Caporis, qui avoit ordre de les leur délivrer ; mais je ne pus partir avec eux : une groffe fievre, fruit de mon affliction, me retint au château fept à huit jours. Pendant ce tems-là, le Pere de St. Dominique ne m'abandonna point. Ce bon Religieux m'avoit pris en amitié, et s'intereffant à mon falut, il me demanda, quand il me vit convalefcent, ce que je voulois devenir. Je n'en fai rien, lui repondis-je, mon Révérend Pere, je ne fuis point encore d'accord avec moi-même là-deffus : il y a des momens où je fuis tenté de m'enfermer dans une cellule pour y faire pénitence. Momens précieux! s'écria le Dominicain ; Seigneur de Santillane, vous feriez bien d'en profiter. Je vous conseille en ami, sans que vous cessiez pour cela d'être séculier, de vous retirer dans notre Couvent de Madrid, par exemple ; de vous en rendre bienfaicteur par une donation de tous vos biens, et d'y mourir sous l'habit de St. Dominique. Il y a bien des personnes qui expient une vie mondaine par une pareille fin.

Dans la disposition où étoit mon esprit, le conseil du Religieux ne me révolta point, et je répondis à sa Révérence que je ferois mes réflexions sur cela. Mais ayant consulté là-dessus Scipion, que je vis un moment après le Moine, il s'éleva contre cette pensée, qui lui parut une idée de malade. Fi donc, Seigneur de Santillane, me dit-il, une semblable retraite peut-elle vous flatter ? Votre château de Lirias ne vous en offre-t-il pas une plus agréable ? Si vous en étiez autrefois charmé, vous en goûterez encore mieux les douceurs, présentement que vous êtes dans un âge plus propre à vous laisser toucher des beautés de la nature.

Le fils de la Coscolina n'eut pas de peine à me faire changer de sentiment. Mon ami, lui dis-je, tu l'emportes sur le Pere de St. Dominique. Je vois bien en effet que je ferai mieux de retourner à mon château, je m'arrête à ce parti. Nous regagnerons Lirias aussi-tôt que je serai en état d'en reprendre le chemin : ce qui arriva bientôt ; car n'ayant plus de fievre, je me sentis en peu de tems assez fort pour exécuter cette résolution. Nous nous rendîmes à Madrid Scipion et moi. La vue de cette ville ne me fit plus autant de plaisir qu'elle m'en avoit fait auparavant. Comme je savois que presque tous ses habitans avoient en horreur la mémoire d'un Ministre dont je conservois le plus tendre souvenir, je ne pouvois la regarder de bon œil : aussi je n'y demeurai que cinq ou six jours, que Scipion employa aux préparatifs de notre départ pour Lirias. Pendant qu'il songeoit à notre équipage, j'allai trouver Caporis, qui me donna mon legs en doublons. Je vis aussi les Receveurs des Commanderies sur lesquelles j'avois des pensions ; je pris des arrangemens avec eux pour le payement ; en un mot je mis ordre à toutes mes affaires.

La veille de notre départ, je demandai au fils de la Coscolina s'il avoit pris congé de Don Henri. Oui, me répondit-

répondit-il, nous nous sommes séparés ce matin tous deux à l'amiable : il m'a pourtant témoigné qu'il étoit faché que je le quitasse ; mais s'il étoit content de moi, je ne l'étois gueres de lui. Ce n'est point assez que le valet plaîse au Maître, il faut en même tems que le Maître plaîse au valet ; autrement ils font l'un et l'autre fort mal ensemble. D'ailleurs, ajouta-t-il, Don Henri ne fait plus à la Cour qu'une pitoyable figure, il y est tombé dans le dernier mépris, on le montre au doigt dans les rues, et on ne l'appelle plus que le fils de la Génoise. Jugez s'il est gracieux pour un garçon d'honneur de servir un homme deshonoré.

Nous partîmes enfin de Madrid un beau jour au lever de l'Aurore, et nous prîmes la route de Cuença ; voici dans quel ordre et dans quel équipage. Nous étions mon confident et moi dans une chaise tirée par deux mules conduites par un postillion ; trois mulets chargés de nos hardes et de notre argent, et menés par deux palfreniers, nous suivoient immédiatement ; et deux grands laquais, choisis par Scipion, venoient ensuite montés sur deux mules, et armés jusqu'aux dents : les palfreniers de leur côté portoient des sabres, et le postillion avoit deux bons pistolets à l'arçon de sa selle. Comme nous étions sept hommes, dont il y en avoit six fort résolus, je me mis gayement en chemin, sans appréhender pour mon legs Dans les villages par où nous passions, nos mulets faisoient orgueilleusement entendre leurs sonnettes ; les Paysans accouroient à leurs portes voir défiler notre équipage, qui leur paroissoit tout au moins celui d'un Grand qui alloit prendre possession d'une Viceroyauté.

CHAPITRE XIII.

Du retour de Gil Blas dans son Château. De la joie qu'il eut de trouver Séraphine sa filleule, nubile ; et de quelle Dame il devint amoureux.

J'Employai quinze jours à me rendre à Lirias, rien ne m'obligeant d'y aller à grandes journées ; tout ce que je souhaitois, c'étoit d'y arriver heureusement, et mon souhait fut exaucé. La vue de mon château m'inspira d'abord quelques pensées tristes, en me rappellant le sou-

venir

venir d'Antonia : mais je fus bientôt m'en diftraire, ne voulant m'occuper que de ce qui pouvoit me faire plaifir ; outre que vingt-deux ans qui s'etoient écoulés depuis fa mort, en avoient fort affoibli le fentiment.

Sitôt que je fus entré dans le château, Béatrix et fa fille vinrent me faluer d'un air empreffé ; enfuite le pere, la mere et la fille s'accablerent d'accolades avec des tranf-ports de joie qui me charmerent. Après tant d'embraffe-mens, je dis en regardant avec attention ma filleule : eft-il poffible que ce foit-là cette Séraphine, que je laiffai au berceau quand je partis de Lirias ? Je fuis ravi de la revoir fi grande et fi jolie, il faut que nous fongions à l'établir. Comment donc mon cher parrain, s'écria ma filleule en rougiffant un peu de mes dernieres paroles, il n'y a qu'un inftant que vous me voyez, et vous fongez déja à vous défaire de moi ! Non, ma fille, lui repliquai-je, nous ne prétendons point vous perdre en vous mariant : nous voulons un mari qui vous poffede fans qu'il vous enleve à vos parens, et qui vive pour ainfi dire avec nous.

Il s'en préfente un de cette efpece, dit alors Béatrix. Un Gentilhomme de ce pays-ci a vu Séraphine un jour à la Meffe, dans la Chapelle de ce hameau, et en eft devenu amoureux. Il m'eft venu voir, m'a déclaré fa paffion, et demandé mon aveu. Quand vous l'auriez, lui ai-je dit, vous n'en feriez pas plus avancé ; Séraphine dépend de fon pere et de fon parrain, qui feuls peuvent difpofer d'elle. Tout ce que je puis faire pour vous, c'eft de leur écrire pour les informer de votre recherche, qui fait hon-neur à ma fille. Effectivement Meffieurs, pourfuivit-elle, c'eft ce que j'allois inceffamment vous mander ; mais vous voilà revenus, vous ferez ce que vous jugerez à pro-pos.

Au refte, dit Scipion, de quel caractere eft cet *Hidalgo* ? ne reffemble-t-il pas à la plupart de fes pareils ? n'eft-il pas fier de fa nobleffe et infolent avec les roturiers ? Oh pour cela, non, répondit Béatrix : c'eft un garçon d'une douceur et d'une politeffe achevée, de bonne mine d'ail-leurs : et qui n'a pas encore trente ans accomplis. Vous nous faites, dis-je à Béatrix, un affez beau portrait de ce Cavalier. Comment s'appelle-t-il ? Don Juan de Jutella repartit la femme de Scipion : il n'y a pas longtems qu'il a recueilli la fucceffion de fon pere, et il vit dans fon château éloigné d'ici d'une lieue, avec une sœur cadette qu'il a sous sa conduite. J'ai autrefois, repris-je, entendu parler de la famille de ce Gentilhomme, c'est une des plus nobles du Royaume de Valence. J'estime moins la noblesse, s'écria Scipion, que les qualités du cœur et de l'esprit, et ce Don Juan nous conviendra si c'est un honnête homme. Il en a la réputation, dit Séraphine en se mêlant à l'entretien ; les habitans de Lirias qui le connoissent, en disent tous les biens du monde. A ces paroles de ma filleule, je regardai avec un souris son pere, qui les ayant saisies aussi-bien que moi, jugea que le Galant ne déplaîsoit point à sa fille.

Ce Cavalier apprit bientôt notre arrivée à Lirias, puisque deux jours après nous le vîmes paroitre au château. Il nous aborda de bonne grace ; et bien-loin de démentir par sa presence ce que Béatrix nous avoit dit de lui, il nous fit concevoir une haute opinion de son mérite. Il nous dit qu'en qualité de voisin il venoit nous féliciter sur notre heureux retour. Nous le reçûmes le plus gracieusement qu'il nous fut possible ; mais cette visite ne fut que de pure civilité, elle se passa tout en complimens de part et d'autre ; et Don Juan, sans nous dire un mot de son amour pour Séraphine, se retira en nous priant seulement de lui permettre de nous revenir voir, et profiter d'un voisinage qu'il prévoyoit lui devoir être d'un grand agrément. Lorsqu'il nous eut quités, Beatrix nous demanda ce que nous pensions de ce Gentilhomme. Nous lui répondîmes qu'il nous avoit prévenus en sa faveur, et qu'il nous sembloit que la Fortune ne pouvoit offrir à Séraphine un meilleur parti.

Dès le jour suivant, je sortis après le dîner avec le fils de la Coscolina, pour aller rendre la visite que nous devions à Don Juan. Nous prîmes la route de son château conduits par un guide, qui nous dit après trois quarts d'heure de chemin : Voici le château du Seigneur Don Juan de Jutella. Nous eûmes beau regarder de tous nos yeux dans la campagne, nous fûmes longtems sans l'appercevoir : nous ne le découvrimes qu'en y arrivant, attendu qu'il étoit situé au pied d'une montagne, au milieu d'un Bois dont les arbres élevés le déroboient à notre vue. Il avoit moins l'opulence de son Maître, que sa noblesse. Néanmoins, quand nous y fumes entrés, nous trouvâmes

la

la caducité du bâtiment compenfée par la propreté des meubles.

Don Juan nous reçut dans une falle bien ornée, où il nous préfenta une Dame, qu'il appella devant nous fa fœur Dorothée, et qui pouvoit avoir dix-neuf à vingt ans. Elle étoit fort parée, comme une perfonne qui s'étant attendue à notre vifite avoit envie de nous paroître aimable ; et s'offrant à ma vue avec tous fes charmes, elle fit fur moi la même impreffion qu' Antonia, c'eft-à-dire que je fus troublé ; mais je cachai fi bien mon trouble, que Scipion même ne le remarqua pas. Notre converfation roula comme celle du jour précédent, fur le plaifir mutuel que nous nous faifions de nous voir quelquefois, et de vivre enfemble en bons voifins. Il ne nous parla point encore de Séraphine, et nous ne lui dîmes rien qui pût l'engager à nous déclarer fon amour, nous étions bien-aife de le voir venir là-deffus. Pendant notre entretien je jettois fouvent la vue fur Dorothée, quoique j'affectaffe de l'envifager le moins qu'il m'étoit poffible ; et toutes les fois que mes regards rencontroient les fiens, c'étoient autant de traits nouveaux quelle me lançoit dans le cœur. Je dirai pourtant, pour rendre une exacte juftice à l'objet aimé, que ce n'étoit point une beauté parfaite ; fi elle avoit la peau d'une blancheur éblouiffante, et la bouche plus vermeille que la rofe, fon nez étoit un peu trop long, et fes yeux trop petits : cependant le tout enfemble m'enchantoit.

Enfin je ne fortis point du château de Jutella comme j'y étois entré ; et m'en retournant à Lirias l'efprit rempli de Dorothée, je ne voyois qu'elle, je ne parlois que d'elle. Comment donc mon Maître, me dit Scipion en me confidérant d'un air étonné, vous êtes bien occupé de la fœur de Don Juan ! vous auroit-elle infpiré de l'amour ? Oui, mon ami, lui répondis-je, et j'en rougis de honte : ô Ciel ! moi qui depuis la mort d'Antonia ai regardé mille jolies perfonnes avec indifférence, faut-il que j'en rencontre une qui m'enflamme à mon âge, fans que je puiffe m'en défendre ? Hé bien, Monfieur, reprit le fils de la Cofcolina, vous devez vous applaudir de l'avanture au-lieu de vous en plaindre : vous êtes encore dans un âge où il n'y a point de ridicule à bruler d'une amoureufe ardeur, et le tems n'a point affez flétri votre front pour vous ôter l'efpérance de plaire. Croyez moi, quand vous reverrez Don

Juan

Juan, demandez-lui hardiment sa sœur : il ne peut la refuser à un homme comme vous : et d'ailleurs, s'il faut absolument être Gentilhomme pour épouser Dorothée, ne l'êtes-vous pas ? vous avez des Lettres de Noblesse, cela suffit pour votre Postérité : lorsque le tems aura mis sur ces Lettres le voile épais dont il couvre l'origine de toutes les Maisons, après quatre ou cinq générations, la race des Santillanes sera des plus illustres.

CHAPITRE DERNIER.

Du double mariage qui fut fait à Lirias, et qui finit enfin l'histoire de Gil Blas de Santillane.

SCipion m'encouragea par ses discours à me déclarer amant de Dorothée, sans songer qu'il m'exposoit à essuyer un refus. Je ne m'y déterminai néanmoins qu'en tremblant. Quoique je ne parusse pas avoir mon âge, et que je pusse me donner dix bonnes années moins que je n'en avois, je ne laissois pas de me croire bien fondé à douter que je plusse à une jeune Beauté. Je pris pourtant la résolution d'en risquer la demande sitôt que je verrois son frere, qui de son côté n'étant pas sûr d'obtenir ma filleule, n'étoit pas sans inquiétude.

Il revint à mon château le lendemain matin, dans le tems que j'achevois de m'habiller. Seigneur de Santillane, me dit-il, je viens aujourd'hui à Lirias pour vous parler d'une affaire sérieuse. Je le fis passer dans mon cabinet, où d'abord entrant en matiere ; Je crois, continua-t-il, que vous n'ignorez pas le sujet qui m'amene, j'aime Séraphine. Vous pouvez tout sur son pere ; je vous prie de me le rendre favorable ; faites-moi obtenir l'objet de mon amour ; que je vous doive le bonheur de ma vie. Seigneur Don Juan, lui répondis-je, comme vous allez d'abord au fait, vous ne trouverez pas mauvais que je suive votre exemple, et qu'après vous avoir promis mes bons offices auprès du pere de ma filleule, je vous demande les vôtres auprès de votre sœur.

A ces derniers mots Don Juan laissa éclater une agréable surprise, dont je tirai un augure favorable. Seroit-il possible, s'écria-t-il ensuite, que Dorothée eût fait hier la conquête de votre cœur ? Elle m'a charmé, lui dis-je, et je me croirai le plus heureux de tous les hommes, si ma recherche

recherche vous plaît à l'un et à l'autre. C'est de quoi vous devez être assuré, me repliqua-t-il ; tous nobles que nous sommes, nous ne dédaignerons pas votre alliance. Je suis bien-aise, lui repartis-je, que vous ne fassiez pas difficulté de recevoir pour beau-frere un roturier : je vous en estime davantage, vous montrez en cela votre bon esprit: mais quand vous seriez assez vain pour ne vouloir accorder la main de votre sœur qu'à un Noble, sachez que j'ai de quoi contenter votre vanité : j'ai travaillé vingt ans dans les Bureaux du Ministre, et le Roi, pour récompenser les services que j'ai rendus à l'Etat, m'a gratifié des Lettres de Noblesse que je vais vous faire voir. En achevant ces paroles, je tirai mes Patentes d'un tiroir où je les tenois cachées, et je les présentai au Gentilhomme, qui les lut d'un bout à l'autre attentivement avec une extreme satisfaction. Voilà qui est bon, reprit-il en me les rendant, Dorothée est à vous. Et vous, m'écriai-je, comptez sur Séraphine.

Ces deux mariages furent donc ainsi résolus entre nous. Il ne fut plus question que de savoir si les futures y consentiroient de bonne grace : car Don Juan et moi, également délicats, nous ne prétendions point les obtenir malgré elles. Ce Gentilhomme retourna donc au château de Jutella pour me proposer à sa sœur ; et moi j'assemblai Scipion, Béatrix et ma Filleule, pour leur faire part de l'entretien que je venois d'avoir avec ce Cavalier. Béatrix fut d'avis qu'on l'acceptât pour époux sans hésiter, et Séraphine fit connoître par son silence qu'elle étoit du sentiment de sa mere. Pour le pere, il ne fut pas à la vérité d'une autre opinion ; mais il témoigna quelque inquiétude sur la dot qu'il faudroit, disoit-il, donner à un Gentilhomme dont le château avoit un si pressant besoin de réparations. Je fermai la bouche à Scipion, en lui disant que cela me regardoit, et que je faisois présent à ma filleule de quatre mille pistoles pour payer sa dot.

Je revis Don Juan dès le soir même. Vos affaires, lui dis-je, vont à merveilles ; je souhaite que les miennes ne soient pas dans un plus mauvais état. Elles vont aussi le mieux du monde, me répondit-il ; je n'ai pas été dans la peine d'employer l'autorité pour avoir le consentment de Dorothée ; votre personne lui revient, et vos manieres lui plaisent. Vous appréhendiez de n'être pas de son

goût,

goût, et elle craint avec plus de raifon, que n'ayant à vous offrir que fon cœur et fa main. . . . Que voudrois-je de plus ! interrompis-je tout tranfporté de joie ; puifque la charmante Dorothée n'a point de répugnance à lier fon fort au mien, je n'en demande pas davantage : je fuis affez riche pour l'époufer fans dot, et fa feule poffeffion comblera tous mes vœux.

Don Juan et moi, fort fatisfaits d'avoir heureufement amené les chofes jufques-là, nous réfolûmes, pour hâter nos nôces, d'en fupprimer les cérémonies fuperflues. J'a-bouchai ce Gentilhomme avec les parens de Séraphine ; et après qu'ils furent convenus des conditions du mariage, il prit congé de nous, en nous promettant de revenir le lendemain avec Dorothée. L'envie que j'avois de pa-roître agréable à cette Dame, me fit employer trois bon-nes heures pour le moins à m'ajufter, à m'adonifer ; en-core ne pus-je parvenir à me rendre content de ma per-fonne. Pour un adolefcent qui fe prépare à voir fa Maî-treffe, ce n'eft qu'un plaifir ; mais pour un homme qui commence à vieillir, c'eft une occupation. Cependant je fus plus heureux que je ne le méritois : je revis la fœur de Don Juan, et j'en fus regardé d'un œil fi favorable, que je m'imaginai valoir encore quelque chofe. J'eus avec elle un long entretien, je fus charmé du caractere de fon efprit, et je jugeai qu'avec de bonnes façons et beaucoup de complaifance je deviendrois un époux chéri. Plein d'une fi douce efpérance, j'envoyai chercher deux No-taires à Valence, qui firent le contrat de mariage ; puis nous eûmes recours au Curé de Paterna, qui vint à Li-rias, et nous maria Don Juan et moi à nos maîtreffes.

Je fis donc allumer pour la feconde fois le flambeau de l'hymenée, et je n'eus pas fujet de m'en repentir. Doro-thée, en femme vertueufe, fe fit un plaifir de fon devoir ; et fenfible au foin que je prenois d'aller au devant de fes defirs, elle s'attacha bientôt à moi comme fi j'euffe été jeune. D'une autre part, Don Juan et ma filleule s'en-flammerent d'une ardeur mutuelle ; et ce qu'il y a de fin-gulier, les deux belles-fœurs conçurent l'une pour l'autre la plus vive et la plus fincere amitié. De mon côté, je trouvai dans mon beau-frere tant de bonnes qualités, que je me fentis naître pour lui une véritable affection, qu'il ne paya point d'ingratitude. Enfin, l'union qui regnoit

entre

entre nous tous étoit telle, que le foir, lorfqu'il faloit nous quiter pour nous raffembler le lendemain, cette féparation ne fe faifoit pas fans peine ; ce qui fut caufe que des deux familles nous réfolûmes de n'en faire qu'une, qui demeuroit tantôt au château de Lirias, et tantôt à celui de Jutella, auquel pour cet effet on fit de grandes réparations des piftoles de Son Excellence.

Il y a déja trois ans, Ami Lecteur, que je mene une vie délicieufe avec des perfonnes fi cheres. Pour comble de fatisfaction, le Ciel a daigné m'accorder deux enfans, dont l'éducation va devenir l'amufement de mes vieux jours, et dont je crois pieufement être le pere.

Fin du douzieme et dernier Livre.

TABLE

TABLE
DES CHAPITRES.

CHAP.

TABLE.

LIVRE HUITIEME.

CHAP.

DES CHAPITRES.

LIVRE NEUVIEME.

TABLE

LIVRE DIXIEME.

LIVRE ONZIEME.

TABLE

LIVRE DOUZIEME.

CHAP.

DES CHAPITRES.

Fin de la Table des Chapitres.

CPSIA information can be obtained at www.ICGtesting.com
Printed in the USA
245328LV00004B/66/P